阐释学年鉴

（2021年）

陈开举　主编

周新　张伟　副主编

社会科学文献出版社
SOCIAL SCIENCES ACADEMIC PRESS (CHINA)

《阐释学年鉴》编辑委员会

目 录
CONTENTS

第一部分 学术成果

第二部分　学术动态

第一部分

学术成果

文学阐释学

论文学阐释的有效性*

李春青

摘　要　文学阐释是关于文学文本的隐含意义及其与外部社会文化因素之关系的言说，其合法性常常遭到来自“审美中心主义”的质疑。“反对阐释”的观点始终存在着。无论是从文学研究的角度还是从阐释学的角度来看，文学阐释都有着悠久的历史。文学研究存在着两大基本路向：一是对文学审美特性，即风格、修辞、语言、结构等因素的分析，二是对文本隐含意义，即它表征了什么、意味着什么的探寻。前者被称为诗学批评或美学批评，后者则被称为文学阐释。文学阐释有效性的判断标准来自阐释共同体的“常识”和“共识”。由于阐释共同体是具体的社会存在，具有历史性，文学阐释的有效性也受到历史条件的制约，对同一部作品不同时代会有不同的阐释。文学的文本意义也正因为阐释的这种历史性而显现出无限的可能。

文学是可以阐释的吗？这是一个被长期争论的问题。围绕这个问题形成两种不同的文学研究模式，二者此消彼长，构成了一个多世纪以来文学理论与批评的历史。“反对阐释”的呼声一直不绝于耳，而“回归美学”“回到文学本身”的主张也从未消歇，“过度阐释”“憎恨学派”的质疑至今犹存。然而在争论和质疑声中，文学阐释不仅一直存在，还形成了“文学阐释学”（接受美学、读者反应批评等）这样一门学问。那么文学阐释的必要性和意义究竟何在，怎样的文学阐释才是恰当且有效的，判断和评价的标准是什么，这些都是需要深入讨论的问题。

本文所说的“文学阐释”，是指通过分析论证揭示文学形象或意象背后隐含的意义与关联因素的理解性言说。“文学阐释的有效性”则有三层意思：一是文学为什么可以

*　本文为国家社会科学基金重大项目“中国文学阐释学的中外话语资源、理论形态研究与文献整理”（批准号：19ZDA264）阶段性成果。

成为阐释的对象，讨论文学阐释的合法性问题；二是文学阐释的功能范围，讨论文学阐释的目标和任务问题；三是文学阐释的评价标准，讨论文学阐释的合理性问题。

一　文学可以阐释吗

常常听到有人说，一首诗或一篇小说是一个有机整体，是活的，有着自己的“灵魂”和“血脉”，而在研究者对作品进行条分缕析的解剖之后，作品就死了。言外之意很明显：对文学艺术作品只可以欣赏，不可以阐释。这种看法转化为理论话语后，最有代表性的莫过于苏珊·桑塔格的《反对阐释》（1964）。《反对阐释》一文当然有其特定的语境和问题域，但其主张保持艺术品的整体性、反对揭示作品背后的隐含意义则是确定无疑的。桑塔格反对把艺术分为“形式”和“内容”，拒绝“把内容当作本质、把形式当作附属”[①]，主张艺术品是一个整体，给人以感觉和情感方面的触动，因而不该“从作品整体中抽取一系列的因素（X，Y，Z，等等）”[②]。她直接面对的是在20世纪五六十年代风靡一时的弗洛伊德主义和马克思主义文学批评，认为这两种文学批评是“一种阐明某种阐释符码、某些‘规则’的有意的心理行为”[③]，其特点是从作品表层看到的东西中挖掘其背后隐含的看不到的东西。她坚持认为，对于文学作品来说，“批评的功能应该是显示它如何是这样，甚至是它本来就是这样，而不是显示它意味着什么”[④]。桑塔格实际上是在捍卫传统意义上的鉴赏性批评而反对文学阐释，她的见解显然具有审美中心主义或唯美主义倾向。她对文学批评功能的理解并没有错，因为传统意义上的文学批评就是要按照文本固有的逻辑对其美丑善恶做出评价。但问题在于，是不是因为以往的文学批评如此，一切关于文学的言说都应该如此呢？与鉴赏性和修辞性文学批评不同，文学阐释恰恰是要穿过文本表面逻辑关系，探寻其背后隐含的意义和关联。文学艺术固然是审美对象，但绝不仅仅是审美对象。因此，桑塔格用“艺术色情学”来取代“艺术阐释学”的主张是不可能实现的。事实上，在她的《反对阐释》一文发表之后不久，一场更大规模的“文学阐释”浪潮汹涌而至。这便是形形色色的后现代主义文化理论。正如精神分析式的文学阐释一样，各种文化理论都从自己的理论“符码”“规则”出发去发掘文学文本背后的意义，德里达代表的解构主义更是“给予读者无拘无束、天马行空地‘阅读’文本的权利”[⑤]。然而20世纪90年代以来，随着各种文化理论的式微，“理论之后”“理论死了”等说法相继出现，

① 苏珊·桑塔格：《反对阐释》，程巍译，上海译文出版社，2003，第4页。
② 苏珊·桑塔格：《反对阐释》，程巍译，上海译文出版社，2003，第6页。
③ 苏珊·桑塔格：《反对阐释》，程巍译，上海译文出版社，2003，第6页。
④ 苏珊·桑塔格：《反对阐释》，程巍译，上海译文出版社，2003，第17页。
⑤ 斯特凡·柯里尼：《诠释：有限与无限》，斯特凡·柯里尼编《诠释与过度诠释》，王宇根译，生活·读书·新知三联书店，2005，第9页。

“美学回归”“回到文学本身”“以审美为中心”等口号也被提了出来。看上去审美中心主义的批评观又复活了。在经历了“审美中心”和“文化中心”两种文学研究模式的此消彼长之后，今日的文学研究应该何去何从呢？这显然是一个需要深入讨论的问题。

与“反对阐释”和“回到文学本身”等口号不同，文学阐释并不是个别人的理论主张，而是文学研究史上一个久已存在的事实。阐释和文学实在有着不解之缘，甚至可以说，人类的阐释行为本身就是伴随着文学的产生而产生的。文学从未离开过阐释，阐释也从未离开过文学，这可以说是文学阐释合法性最有力的证明。狄尔泰说：“在古希腊，对诗人的合乎技术的解释是由于教育的需要而发展起来的。在希腊启蒙时代，凡讲希腊语的地方，都流行对荷马和其他诗人进行解释和考证的理智游戏。当这种解释在智者派和修辞学派那里与修辞学结合起来时，诠释学的一个更为稳定的基础就被奠定了。”[①] 狄尔泰认为，人文科学和自然科学有着本质的不同，因为人文科学是人的“生命表现”，而自然科学则是对客观存在的说明。文学、哲学、历史、艺术等全部人文科学本质上都是人的“生命表现”的外化形式，或者说是被“固定了的”生命表现，只有通过某种“合乎技术的理解”，也就是阐释才能够把握。文学艺术作为“生命表现”的独特之处在于它是一种“体验表达”，这种表达方式使得文学艺术“在知识和行为的边缘处，产生了这样一个领域：在这个领域中，生命似乎在一个观察、反省和理论所无法进入的深处袒露自身”[②]。与自然科学是人对物的认识不同，人文科学是人对人的理解，是不同生命体之间的交流，由于人们的“生命表现”是相通的，对他人的“生命表现”的理解在很大程度上依赖对自身生命状态的自我理解，这便是体验。与其他各种被固化的“生命表现”相比，文学作为一种“体验表达”，能够更加充分地展示生命的隐微之处，因而更能激发读者对自身生命的深入理解。所以说，“文学之所以对我们理解精神生活和历史具有不可估量的意义正在于：只有在语言里，人的内在性才找到其完全的、无所不包的和客观可理解的表达。因此，理解艺术的中心点在于对包含在著作中的人类此在留存物进行阐释或解释”[③]。这就是说，文学艺术所呈现的“生命表现”，只有通过以“体验”为主要方式的阐释才能够被揭示和把握。因此，在狄尔泰看来，文学艺术不仅可以阐释、需要阐释，而且是阐释最重要的对象。

海德格尔对阐释之于文学艺术的重要性同样有清晰的表述。按照他的观点，语言就其源初性而言乃是存在之家，是存在之“敞开”、真理之“澄明”，这样的语言本身

---

① 狄尔泰：《诠释学的起源》，洪汉鼎译，洪汉鼎主编《理解与解释：诠释学经典文选》，东方出版社，2001，第 78 页。

② 狄尔泰：《诠释学的起源》，洪汉鼎译，洪汉鼎主编《理解与解释：诠释学经典文选》，东方出版社，2001，第 77 页。

③ 狄尔泰：《对他人及其生命表现的理解》，李超杰译，洪汉鼎主编《理解与解释：诠释学经典文选》，东方出版社，2001，第 95 页。

就是诗意的。但在日常生活中语言沦为一种工具，反而遮蔽了存在。只有语言的特殊形式，比如诗歌，保留了语言的源初性，因而是存在或真理的呈现方式。在海德格尔这里，“存在”“真理”“诗意”等概念都是相通的，它们都指人的一种生存状态，是兼备天、地、人、神四重性的整体性存在，可以理解为一种自由自觉的、摆脱一切内在和外在强制的艺术化生存状态，即所谓“诗意地栖居”。诗、语言、思的三位一体，乃是这种生存状态之表征。由于海德格尔不是在认识论框架内看待阐释者与文学艺术的关系的，他理解的阐释并不是主体对客体的解剖与揭示，而是一种呈现，或云领悟（领会），“通过诠释，存在的本真意义与此在本己存在的基本结构就向居于此在本身的存在之领会宣告出来”[①]。简言之，文学阐释根本上乃是对此在之存在或真理的领悟（领会），其重要性是不言而喻的。

在伽达默尔的哲学阐释学中，文学阐释同样居于重要位置。他的代表作《真理与方法》共分为三大部分，第一部分专门讨论“艺术经验里真理问题的展现”，所占篇幅超过全书三分之一，可见包括文学艺术在内的审美经验在其眼中的重要性。原因并不难理解，从狄尔泰到海德格尔再到伽达默尔，他们都有一个共同的目标，那就是抵御科学主义或曰工具理性对人文科学的入侵，并探寻人文科学的独特价值以及特殊言说方式。人文科学的独特价值对狄尔泰来说是“生命”，对海德格尔来说是“存在”，对伽达默尔来说则是“传统”或“历史性”。人文科学的特殊言说方式无论在狄尔泰、海德格尔还是伽达默尔那里都是“阐释”。人的生命表现、存在和历史性都只有在阐释中才能实现，阐释因此就具有了本体意义，它是生命表现的方式，也是传统赖以存在的方式。经过他们的论证，人文科学领域的独特性就显现出来了，而在人文领域中最能够体现与自然科学相区别的独特价值和言说方式的，正是文学艺术。因此，阐释最重要的任务之一就是对文学艺术的阐释。科学经验与审美经验是人类精神世界的两极，一是实证性的说明，一是体验性的理解，说明指向自然科学，理解则指向阐释。前者的目标是客观规律，后者的目标是意义。因此，作为审美经验的集中体现，文学阐释最能够体现阐释的价值与特性。在伽达默尔看来，正如整个文化传统都只有在阐释中才能存在一样，文学作品的存在同样离不开阐释，“文学所依据的唯一条件就是它的语言传承物以及通过阅读理解这些东西”，而“所有理解性的阅读始终是一种再创造和解释”。[②] 文学阐释的真正意义并不是对作品固有的意义或者作者赋予的意义进行揭示，而是不断生成新的意义，因此文学阐释实际上乃是一个意义生成、意义建构的过程。从这个意义上说，文学文本不再是作者意图的载体或固化，而是创造新的意义的空间：“文学其实是一种精神性保持和流传的功能，并且因此把它的隐匿的历史带进了每一个

---

① 海德格尔：《存在与时间》（修订版），陈嘉映、王庆节译，生活·读书·新知三联书店，2014，第44页。
② 汉斯－格奥尔格·伽达默尔：《真理与方法》，洪汉鼎译，商务印书馆，2010，第235页。

现时之中。"[①] 换言之，文学是历史与现时对话的结果，就像生命之流在不断更新中延续一样。"艺术作品的存在就是那种需要被观赏者接受才能完成的游戏。所以对于所有文本来说，只有在理解过程中才能实现由无生气的意义痕迹向有生气的意义转换。"[②] 如此一来，文学阐释就不仅是对文学文本的把握，而且直接参与了文学的创作过程。

由以上阐述可以看出，狄尔泰、海德格尔和伽达默尔的阐释学实际上都可以被称为文学阐释学，对文学艺术的阐释在他们的学说中都占据核心位置。但在西方学术史上，一提到"文学阐释学"，人们首先想到的并不是狄尔泰的体验阐释学，也不是海德格尔的存在论阐释学或伽达默尔的哲学阐释学，而是在他们的基础上产生的接受美学。这是因为接受美学是一种比较纯粹的文学研究方法论，而且比较系统、具体地讨论了读者在文学文本意义生产过程中的重要作用。在这个意义上说，作为一种文学研究方法和批评理论的"文学阐释学"，是在康斯坦茨学派的代表人物汉斯·罗伯特·尧斯（也译姚斯）和沃尔夫冈·伊瑟尔等人那里才真正完成的。事实上，他们也确实把自己的研究方法称为"文学阐释学"，尧斯 1977 年就出版了论文集《审美经验与文学解释学》，而所谓"接受美学"则是文学阐释学的别名。伽达默尔的"视域融合"理论是接受美学最主要的理论资源。在尧斯看来，一方面文学阐释者要通过阅读来改变自己原有的阅读期待："打开自己的视域以吸收别人的视域，通过新的经验来纠正自己的期待，以便最后在承认别人的同时重新认识自己。解释学关于视域融合的咒语指的就是这种可能性。"[③] 另一方面也要发现作品新的意义："我期望读者在我的书中读到我所不知道的东西。"[④] 文学阐释就是作品和阐释者这两种因素相互触发、融汇的产物。只要有新的接受者，作品就会呈现新的意义。尧斯从这一观点出发，认为一部文学作品的生命力不仅仅在于它再现或表现了什么，更在于它历久弥新的影响，也就是作品与不同时代、不同地域的接受者之间的相互作用。作品的生命或历史延续性在这种相互作用中才存在。基于此，他认为文学史的写作不能停留在对文本本义、作者原意以及作品之间的相互影响的关注上，而应该把"作品与人的相互作用"作为最重要的关注点。换言之，文学史从根本上来说应该是文学作品接受史。因为"只有当作品的连续性不仅通过生产主体，而且通过消费主体，即通过作者与读者之间的相互作用来调节时，文学艺术才能获得具有过程性特征的历史"[⑤]。尧斯的观点说明，一种文学阐释学理论必然也是一

---

① 汉斯－格奥尔格·伽达默尔：《真理与方法》，洪汉鼎译，商务印书馆，2010，第 237 页。

② 汉斯－格奥尔格·伽达默尔：《真理与方法》，洪汉鼎译，商务印书馆，2010，第 240 页。

③ 汉斯·罗伯特·尧斯：《审美经验与文学解释学》"序言"，顾建光等译，上海译文出版社，1997，第 2 页。

④ 汉斯·罗伯特·尧斯：《审美经验与文学解释学》"序言"，顾建光等译，上海译文出版社，1997，第 5 页。

⑤ H·R. 姚斯：《文学史作为向文学理论的挑战》，《接受美学与接受理论》，周宁、金元浦译，辽宁人民出版社，1987，第 19 页。

种文学史理论。

总之，从学术史的角度看，关于文学阐释的理论与实践始终都是阐释学最重要的组成部分，也是文学理论与批评史的重要组成部分。文学阐释的合法性不是个别理论家赋予的，而是由文学批评史和阐释学史的发展所决定的。接下来的问题是，文学阐释的功能是什么，它将涉及哪些意义层面。

二　文学阐释能做什么

如果我们把文学阐释界定为通过分析论证揭示文学形象和意象系统背后隐含的意义与关联的理解性言说，那就出现了一个无法回避的问题：它与通常说的“文学批评”是怎样的关系呢？概括言之，文学批评是按照一定规则和技巧对作品已经表现出来的意义和审美价值做出判断和分析，说明作品为什么会产生如此这般的效果，从而帮助读者进一步理解作品；文学阐释则是对作品表面意义背后隐含的深层意蕴的追寻。如果说俄国形式主义、英美新批评和法国结构主义主要是一种文学批评，那么女权主义、马克思主义、福柯的知识考古学、后结构主义和新历史主义等“文化理论”关于文学的言说则属于文学阐释。可以说，文学批评和文学阐释是两种不同的文学研究模式。希利斯·米勒曾指出：

> 事实上，自1979年以来，文学研究的兴趣中心已发生大规模的转移：从对文学作修辞学式的“内部”研究，转为研究文学的“外部”联系，确定它在心理学、历史或社会学背景中的位置。换言之，文学研究的兴趣已由解读（即集中注意研究语言本身及其性质和能力）转移到各种形式的阐释学解释上（即注意语言同上帝、自然、社会、历史等被看作是语言之外的事物的关系）。通过其中的一种兴趣的转移（也许令人费解，但无疑“过分确定的”），大大地增强了像拉康的女权主义、马克思主义、富科主义等心理学和社会学文学理论的号召力。①

这就是说，文学阐释或者说从阐释学角度对文学进行的研究，与以往文学批评的区别主要在于：前者关注文学文本与“外部”因素，诸如“上帝、自然、社会、历史等被看作是语言之外的事物的关系”；后者则主要关注文本“内部”诸因素。米勒的这一划分无疑与20世纪七八十年代文学研究的实际情况相符。但文学研究这两种迥然不同的

① J.希里斯·米勒：《文学理论在今天的功能》，拉尔夫·科恩编《文学理论的未来》，程锡麟等译，中国社会科学出版社，1993，第121~122页。

模式却并不是七八十年代才出现的。新批评的代表人物韦勒克和沃伦早在40年代出版的《文学理论》中就对文学研究做出过“外部研究”和“内部研究”的著名划分，可见这两种研究模式由来已久。而除了“外部”“内部”这种划分方式之外,还有“诗歌学”和“解释学”的划分。乔纳森·卡勒说：

> 在文学研究中，这是诗歌学和解释学的对比。诗歌学以已经验证的意义或者效果为起点，研究它们是怎样取得的。（是什么使一段文字在一本小说里看起来具有讽刺意味？是什么使我们对某一个人物产生同情？为什么一首诗的结尾会显得含混不清？）而解释学则不同，它以文本为基点，研究文本的意义，力图发现新的、更好的解释。①

在卡勒这里,“诗歌学”是指以文本为中心的文学批评,属于“语言学模式”;而“解释学”则是指以文本与其他各种关联因素为中心的文学阐释，属于“解释学模式”。前者追问文本已经说出的东西是怎样被说出的，后者追问文本表层意义下隐含的未说出的东西是什么。卡勒的这种划分显然较之“内部研究”和“外部研究”的划分更能够体现两种模式在研究目标上的差异。更重要的是,卡勒实际上涉及了文本意义的“显”和“隐”两个层面，这对于我们讨论的文学阐释的功能问题具有启发意义。

早在20世纪60年代，在对伽达默尔的著名批评中，美国批评家赫施就提出“保卫作者”的口号，坚持“一件本文（Text）的意义应是该文本作者意欲表达的意义”这一传统观点。② 他把文本意义分为“含义”（meaning）与“意义”（significance）两个层面,认为阐释过程中“发生变化的实际上并不是本文的含义,而是本文对作者来说的意义”③,而“意义永远是含义与某事物的关系，而从不会是某事物之中的含义”④。这就是说,“含义”是文本所固有的意思，是作者所赋予的；而“意义”则是在文本与读者的关系中呈现出来的意思，是读者与文本相互作用的产物。前者是不变的，后者则随着读者的不同而变化。在赫施看来，伽达默尔的哲学阐释学过于强调意义的建构，不重视作者意图和文本固有之义，有相对主义倾向，所以他提出以“含义”与“意义”的二重结构来矫正伽达默尔的偏失。赫施对伽达默尔的批评未必完全符合实际，但他的意义二重划分却有一定道理。从赫施到卡勒关于文本意义层次的划分，可以说是对“反对阐释”论的有力反驳。但是相对于文学意义的复杂性而言，两个层面的划分似乎过于简单了。意大利作家和符号学家安贝托·艾柯在强调文本意义和阐释的确定性时指出：“对文本的

① 乔纳森·卡勒：《当代学术入门·文学理论》，李平译，辽宁教育出版社，1998，第64页。
② 赫施：《解释的有效性》，王才勇译，生活·读书·新知三联书店，1991，第9页。
③ 赫施：《解释的有效性》，王才勇译，生活·读书·新知三联书店，1991，第16页。
④ 赫施：《解释的有效性》，王才勇译，生活·读书·新知三联书店，1991，第74页。

任何解释都涉及三个方面的因素：第一，文本的线性展开；第二，从某个特定的‘期待视域’进行解读的读者；第三，理解某种特定语言所需的‘文化百科全书’以及前人对此文本所作的各种各样的解读。”① 这里实际上涉及文本意义的三个层次：一是文本所具有的，二是在阐释者和文本的相互作用中才显现出来的，三是阐释者将文本置于更大的视域中考察发现的。这是很有启发性的见解。另外，海外华裔学者傅伟勋曾致力于“创造的解释学”之建构，他的解释学分为五个辩证的步骤，一是“原作者实际上说了什么”，二是“原作者真正意谓什么”，三是“原作者可能说什么”，四是“原作者本来应该说什么”，五是“作为创造的解释家，我应该说什么”②。显然，这里将阐释分为五个层面，看上去较赫施等人的划分更细密，但有过于烦琐之嫌，例如第三、第四两个层次似乎可以合并，而第五个层次则似乎超出“阐释”范畴了。

在赫施、卡勒、艾柯和傅伟勋等人的基础上，我们可以进一步把文学阐释总结为三个递进的层面：一是文本文字符号给出的信息系统，二是阐释者解读出来的有文本依据的意义系统，三是阐释者通过研究揭示出来的文本与产生该文本的历史语境之间的意义关联系统。下面让我们通过一个例子来说明这三个层次的意义建构。

苏轼有一首绝句《听武道士弹贺若》：“清风终日自开帘，凉月今宵肯挂檐。琴里若能知贺若，诗中定合爱陶潜。”③ 我们先来看第一个意义层面，即文本文字符号给出的信息系统。这一“信息系统”与赫施所说的“含义”以及卡勒所说的“语言学模式”、米勒所说的“修辞学式”有相近之处，是指从文本字面上可以看出来的意思。常识告诉我们，在一个相对稳定的文化语境中，文字符号所负载的信息也是相对稳定的，这些信息构成了一个文本的基本意指系统。这个相对稳定的意指系统乃是一切阅读、理解、阐释、交流活动的基础，而且它对这些活动具有制约作用。有时候由于年代久远，语境变迁，文本字面意义也会变得不那么确定，于是需要文字学家、训诂学家、音韵学家来考订其正确含义。这正是乾嘉学派所做的事情，他们坚信字义明然后经义明的道理。那么这首小诗包含了哪些信息呢？在一个月明风清的秋夜，诗人在欣赏一位姓武的道士弹奏的名为《贺若》的古琴曲，在赏月、听琴的同时不禁联想到了陶潜的诗。字面信息仅此而已。无论什么时代，无论怎样的人，只要他识汉字，在阅读这首诗的时候首先都会获得这些基本信息。他们对诗歌文本的进一步解读必须从这里起步，否则就不是关于该文本的阐释。因此对文本文字符号给出的信息系统之客观性的充分尊重，应该是文学阐释有效性的一个基本条件。

我们再来看第二个意义层面，即阐释者可以读出来的有文本依据的意义系统。这

① 安贝托·艾柯:《应答》，斯特凡·柯里尼编《诠释与过度诠释》，王宇根译，生活·读书·新知三联书店，2005，第154页。

② 傅伟勋:《从西方哲学到禅佛教》，生活·读书·新知三联书店，1989，第51~52页。

③ 张志烈、马德富、周裕锴主编《苏轼全集校注》，河北人民出版社，2011，第3723页。

是指那些从文本字面上看不出来，但通过分析文本词语可以揭示出来的意蕴。诗的前两句是景句，除了传达出时间信息之外，其中还包含着丰富的情感体验。从“清风”“凉月”两个意象中不难体会到一种清幽雅淡的情调。从“自开帘”和“肯挂檐”这两个拟人化意象中可以体验到一种“万物静观皆自得”的意味。如果再联系诗中提到的《贺若》之曲、陶潜之诗，我们可以读出诗人对平淡闲适生活状态和精神状态的向往之情。这种生活情趣暗含于诗的意象之中，不能一望而知。但是毫无疑问的是，这个层面的意义虽然需要有一定中国文化修养的人才能够解读出来，但它与第一个层面的意义一样，也是文本所具有的，是苏东坡精神世界自觉或不自觉的流露，因此这层意义还是属于文本固有之义，是诗人精神世界的体现。这也就意味着，对于文学阐释来说，一味地反对追问作者原意和文本本义显然是失之偏颇的。

文学阐释的第三个意义层面是指阐释者将文本置于具体的历史语境之中，在文本与语境的关联中所发现的那些决定文本如此这般的政治、文化和意识形态因素。对这些因素的揭示，一方面可以大大加深对文本意义的理解，另一方面也是从一个侧面对特定时代整体性文化状态和精神倾向的把握。因此，对这个层面的意义的探寻就涉及更为宽广和复杂的社会文化领域。这首小诗的第一个意义层面展现了诗人在风清月明的秋夜欣赏古琴曲《贺若》的画面，第二个意义层面让阐释者体会到一种淡雅清幽的文学风格和平淡闲适的生活情趣，从而体察到诗人的精神追求。在此基础上，阐释者可以而且有必要展开进一步追问：诗人的这种精神旨趣是如何产生的？它究竟意味着什么？我们可以以苏东坡的身份为基点展开分析。东坡是一个文人，属于士人阶层，是北宋中叶的一位官员，同时也是熟读经史子集且在《易经》方面有精深研究的学者，是在生前就已经享有盛名的诗人、词人、古文家、学者、书法家和画家。这是一位天才型人物，是近乎“全面发展的人”。他所处的时代是怎样的呢？考之史籍，这是一个“右文”的时代，文人士大夫受到君主空前礼遇，不仅有着优厚的待遇，而且极少因言获罪，意识形态控制相对宽松，文人士大夫享受较大的精神自由。整体来看，东坡一生仕途固然算不得畅达，却也不能算是过于坎坷，更非命途多舛。这样一个人，处于这样的语境之中，他的诗文创作就是个人的天分才情与其所处文化语境共同作用的产物。具体到这首小诗，根据相关考证，该诗作于北宋元祐六年（1091）七月[①]，当时诗人在朝中任翰林承旨，正是一生中仕途较为顺遂之时。这一年他54岁，穷达荣辱的人生滋味已经尝遍，个人的进退得失已不再挂怀，原本就很通达的性格更是近于澄明无碍之境。从东坡此期的诗文中我们不难看出，传承了上千年的文人趣味在他这里更加圆融纯粹了。就诗歌风格的历史演变来看，如果说在魏晋文人那里，人生苦短的悲

① 张志烈、马德富、周裕锴主编《苏轼全集校注》，河北人民出版社，2011，第3724页。

凉之叹、有志不获骋的愤懑无奈以及知音难觅的巨大孤独感是其基调，在唐代文人那里，建功立业的豪情与壮志难酬的失落感乃其主调，那么，以苏东坡为代表的北宋文人的诗文，则普遍具有一种平和从容、理性达观的特点。东坡虽然极为赞赏陶渊明的诗，推崇平淡的诗文风格，但他并不以隐逸为高，从不标榜自己轻视仕进。他和当时的一流文人一样，在一定程度上打破了进与退、仕与隐的二元选择模式，在进中能退，于仕中能隐，在任何情况下都能够保持一种平和愉悦的心态。这从他的诗文作品中不难看出。即使处于戴罪黄州、贬谪儋耳的艰难境况中，他的诗作、词作中也充溢着对事物丰富的美感体验，足以看出其心灵之充实。这种特点在范仲淹、欧阳修、王安石、曾巩、司马光、苏辙、黄庭坚等著名文人那里也可以见到。由此可知，北宋文人是精神世界比较充实的一群人，唐代文人的急功近利，明代文人的浅陋虚伪，宋代文人在人格境界上确实是值得赞赏的。如果进一步追问，北宋文人何以有如此精神世界和人格境界呢？考其原因，除了前面谈到的君主的“右文”政策之外，北宋在充分借鉴历朝政治制度之得失的基础上建立起了比较健全的制度是最为重要的原因。宋太祖、太宗建立的“二府三司”及“台谏”制是君主官僚政体中最为完善有效的政治制度。在这样的制度中，君权、相权都得到有效限制，因此，其他朝代那种外戚、宦官干政或者大臣专权的事情也就不大可能发生。正是因为有了这样的政治环境，文人士大夫的自信心被激发起来，在精神上有了更高的追求，而他们的心态也就大体上可以保持理性而平和的状态。东坡的这首诗即是北宋中叶文人精神状态之表征。

通过这个例子不难看出，文学阐释的第一个层次是为文本文字符号所固定的、已经呈现出的意义，是最具有确定性的。第二个层次是文本呈现出来的信息系统背后隐含的意义系统，是在特定文化语境和文学共同体中不难被发现的意蕴，在这里“被认为是符号的意义的东西实际上只不过是另一个意义的符号”①。这“另一个意义”虽然没有被直接说出来，但它与文本文字符号及其信息系统的关联具有确定性，绝不是任意言说的结果，因此依然属于文本意义。第三个层次不是文本已经说出的意义，也不是文本的隐含意义，而是阐释者借助文本之外的历史文化资料，站在自身立场上并运用某种理论方法解读出来的意义，是产生文本信息系统、意义系统的文化历史原因及其所表征的文本之外的意义。这种意义看上去与文本的关联性不是那么紧密，但如果从社会历史与文化的大系统来看，则任何一个文化或文学文本都不是孤立存在或凭空产生的，它必定是某些外在因素相互作用的产物，因而也必定是某种具有客观性的历史文化因素的表征形式。这些因素往往是文本作者没有意识到的，一般读者也不可能从文本中读出来，但是对那些掌握了一定文化历史知识和理论方法的阐释者来说，它们

① 安贝托·艾柯：《过度诠释文本》，斯特凡·柯里尼编《诠释与过度诠释》，王宇根译，生活·读书·新知三联书店，2005，第 49 页。

是具有客观性的存在，与文本的信息系统和意义系统具有密切关联。因此文学阐释第三个层次的意义虽然不是文本固有的，但也具有确定性。

总之，文学阐释是具有确定性的。尽管哲学阐释学给“前见”或“前结构”以合理性论证，但“先入之见”依然需要克服。“前见”或“前结构”是指那些文化传统赋予阐释者的知识、价值取向、趣味等因素，是阐释者在进行阐释活动时没有意识到却发挥着决定性作用的各种因素。而“先入之见”却是某种观点或倾向，是阐释者在进行阐释活动时能够意识到并且成为其阐释动机的因素。[①] 例如，一位学者在解读《论语》之前已经形成了中国春秋时期是奴隶制社会的观点，他之所以解读《论语》正是要证明这一观点。于是他在《论语》中发现了许多自认为可以证明春秋时期是奴隶制社会、孔子就是维护奴隶主阶级利益的思想家的材料。然而，这样的学术研究是虚假的学术研究，这样的文本阐释不是有效的阐释。严谨的学者或文本阐释者在面对阐释对象时，首先需要“悬置”自己已有的观点，进入文本，寻找其内在逻辑，然后把文本逻辑与文本生成的文化语境关联起来，进一步分析文本逻辑所表征的深层意义。比如，即使自己先前已经接受了“春秋时期是奴隶制社会”这样的观点，在解读《论语》时也必须放弃“证明自己观点”这一动机，而是要坚持一种客观的立场，使文本阐释成为检验而不是证明自己观点的过程。做到这一点当然不易，但对于一个优秀学者来说却必不可少。先入之见，理论先行，在阐释之前就已经有了结论，都不是真正的学术研究。从某种意义上说，阐释的过程就是修正自己原有的观点、产生新观点的过程。真正有效的阐释本质上乃是对话，而对话的首要条件就是对话双方的平等关系，既不要仰视对方、只知顺从、不敢表达自己的意见，也不能俯视对方、信口雌黄、任意评说。在这里最重要的是孟子的“尚友”精神，是“以意逆志”而不是“我注六经”或“六经注我”。

三　如何评判文学阐释的有效性？

在讨论了文学阐释的合法性和基本功能之后，我们再来看文学阐释有效性的评价标准问题。阐释不是一种自娱自乐的行为，而是一种公共性行为，是为了在一个共同体中获得他人的承认。那么，如何评判一种阐释是正当的、合理的或有效的呢？正如艾柯所说：“要去断定某一诠释是好还是坏是非常困难的。然而，我认定，为诠释设立某种界限是有可能的：超过这一界限的诠释可以被认为是不好的诠释或勉强的诠释。”[②]

---

① 张江：《再论强制阐释》，《中国社会科学》2021 年第 2 期。该文对阐释对象的确定性、“阐释期望”“阐释动机”的重要影响以及克服其负面影响的方式都有充分阐述，可以参见。

② 安贝托·艾柯：《应答》，斯特凡·柯里尼编《诠释与过度诠释》，王宇根译，生活·读书·新知三联书店，2005，第 155 页。

这一见解无疑是正确的，没有任何限度和标准的阐释是不可思议的。那么这个“界限”衡量标准是什么？它从哪里来？

根据阐释活动的历史可知，任何阐释的合法性及评价标准都来自某个阐释共同体，是共同体的需要使阐释获得意义。所谓“阐释共同体”，也就是具体的历史条件和社会需求构成的特定社会群体，只有在这一社会群体中，某种阐释行为才得以形成。阐释与阐释共同体是互为条件的关系：一方面，只有在一个共同体中阐释才能够存在；另一方面，阐释又是共同体得以维系不可或缺的条件，二者相互依存。因此，衡量一种阐释是否有效的标准也只有在特定的阐释共同体中才能够形成。如果要进一步追问阐释衡量标准的形成机制，那就不能不涉及共同体的“公共性”和“公共理性”问题。赫施曾说：“如果人们能向解释活动的结果提出正确性要求的话，那么，对于解释活动人们提出的要求只能是，应重视理智把握。”[①] 这里所谓“理智把握”，也就是张江所说的符合“公共性”或“公共理性”的把握。张江在《公共阐释论纲》一文中强调阐释的公共性，并认为“公共理性”乃是阐释公共性的决定性因素[②]。这是很有启发性的见解。需要进一步说明的是，所谓“公共理性”也同样是历史的产物，具有历史性。它并不是某种先验存在，也不是超历史的人之本性，而是在特定历史条件下，在某一具体的共同体中形成的，故而只在该共同体中具有普遍性。这种“公共理性”并不是共同体成员协商制定的，也不是共同体中的权威人物发布的，从根本上说，它是共同体中自然形成的“常识”与“共识”。所谓“常识”，是指共同体成员知识结构方面的一致性。例如，如果把六朝时期士族名士看作一个“清谈共同体”，那么关于《老子》《庄子》《周易》等先秦典籍的基本知识都算是这个共同体中的“常识”。对于一个共同体来说，“常识”是准入证，不具备这些基本知识的人是不会被共同体所接纳的。“共识”则是在价值观上的一致性，大家存在着相同或相近的价值取向或趣味才能够构成一个共同体。例如在“清谈共同体”中，超迈飘逸的人生境界就是大家一致向往的，而对“俗”的生活方式的鄙视也是这个共同体所共有的。正是作为知识基础的“常识”和作为价值观念的“共识”相结合，构成了“公共性”和“公共理性”。这说明，“公共性”和“公共理性”并非“客观”“正确”“真理”的代名词，二者只在特定时期的特定共同体中才具有合理性。

“公共性”原本是一个社会学概念，在哈贝马斯那里与“公共领域”密不可分。在哈贝马斯看来，“国家”作为“公共权力机关”自然具有“公共性”，“因为它担负着为全体公民谋幸福这样一种使命”。而“公共领域”之所以具有公共性，则是因为它承担着公共舆论。因此，与国家权力机关不同的是，与“公共领域”相关联的“公共性本身表现为一个独立的领域，即公共领域，它和私人领域是相对立的。有些时候，公共

① 赫施：《解释的有效性》，王才勇译，生活·读书·新知三联书店，1991，第 188 页。
② 张江：《公共阐释论纲》，《学术研究》2017 年第 6 期。

领域说到底就是公众舆论领域，它和公共权力机关直接相抗衡”①。在哈贝马斯这里，“公共领域”和“公共性”主要指近代以来在西方国家伴随着市民社会的兴起而产生的那种社会交往方式。这两个概念是否也适用于理解中国古代社会呢？不可否认的是，中国古代确实存在着一个既不同于作为个人生活空间的“私人领域”，也不同于以君权为核心的国家权力机构，而是居于二者之间的“公共领域”，这就是士人阶层所构成的社会空间。对此我们姑且可以称之为“文人公共领域”。文人们在这里以学术探讨或者琴棋书画、诗词歌赋的创作、欣赏与评价为纽带联结起来，形成一种社会交往的场域，常常被称为“士林”“学林”“文坛”“诗坛”等。在这个“公共领域”中逐渐形成了大家公认的评价体系和价值标准，依据这些评价标准也就形成了这一领域中的等级以及准入制度。与资产阶级公共领域以“公众舆论”为核心不同，在“文人公共领域”中居于主导地位的乃是一种趣味，可以称之为“文人趣味”，是一种融合着人格追求与审美趣味的精神旨趣，其核心价值乃是“雅”——与世俗之衣食住行、功名利禄拉开距离的精神追求。与资产阶级公共领域另一个重要差异是，在“文人公共领域”中，“批判性”并不占据主导地位，只是在特殊情况下，例如东汉后期的“党锢之祸”以及明朝后期东林党人那里，政治批判才成为主导意向。与哈贝马斯所说的那种欧洲中世纪的“代表型公共领域”主要是贵族等级制之表征不同②，文人公共领域体现的乃是一种“中间人”的精神特征。作为“中间人”，士人阶层努力在统治阶层和被统治阶层之间保持平衡，时而站在统治阶级立场上教化被统治阶级，时而站在被统治阶级的立场上劝诫和警告统治阶级，试图以“代圣人立言”或“道”的承担者的名义充当全社会（天下）的代言人。因此，“文人公共领域”不仅与庶民百姓有着严格区隔，也和统治阶层保持着距离，是一个具有相对独立性的文化空间。汉魏以后形成的形形色色的“文学共同体”正是这种“文人公共领域”的具体表现。例如，建安七子所代表的邺下文人群体就是最典型的。下面我们就以建安文学为例来说明文学共同体对阐释标准形成的决定作用。

东汉后期，由于社会动荡，大一统的政治秩序动摇了，实行了几百年的察举征辟制度也遭到破坏。地方割据势力为了壮大自己纷纷招揽人才，于是类似于战国时期的游士之风再度兴起。由于遭际不同，宦游的士人分化为三类：一是本人成为一方诸侯，如刘表、袁绍、袁术、曹操等；二是成为依附于地方诸侯的门客和官吏，如建安七子之流；三是命途多舛、投靠无门的漂泊无依者，如《古诗十九首》的作者群体。这三类人中，第一类极少，屈指可数；第三类最多，不胜枚举。正是这三类士人中那些喜欢诗文的，在西汉以降流行的辞赋、乐府、歌诗以及民间歌谣的基础上发展出比较成熟的文人五

---

① 尤尔根·哈贝马斯：《论资产阶级公共领域》，曹卫东选译《哈贝马斯精粹》，南京大学出版社，2004，第38页。

② 西周贵族社会似乎更接近哈贝马斯描述的所谓“代表型公共领域”。

言诗。由于身份和境遇的不同，他们的五言诗创作形成两大风格迥异的类型。其一以吟咏生命无常的幻灭感、一事无成的失落感以及离愁别绪和莫名的惆怅为主要内容，以《古诗十九首》为代表，体现的乃是第三类士人的精神状态，其总体风格是哀婉消沉的。其二则以吟咏建功立业的豪情和时不我待的生命体验为主，总体风格是豪迈悲凉的，以三曹及建安七子为代表，表达了第一类和第二类士人的精神状态。曹操就其出身而言，原本就是士人阶层中的一员，而且是位酷爱诗赋、颇有文学天赋的士人。由于后来政治上的成功，拥有了王者之尊，所以在他和他同样有文学天赋的儿子曹丕、曹植身边聚拢了一大批文学之士。钟嵘就说："降及建安，曹公父子，笃好斯文；平原兄弟，郁为文栋；刘桢、王粲，为其羽翼。次有攀龙托凤，自致于属车者，盖将百计。彬彬之盛，大备于时矣。"① 可见，这个被文学史家称为"邺下文人集团"的文人群体规模相当庞大，建安七子不过是其中卓然秀出者而已。正如王瑶所说："'建安七子'这一词的用处就在它可以表示出当时邺下文风的盛况来。"② 以三曹及建安七子为核心的这一文人群体主导了当时文学发展走向，并形成一个名副其实的文学共同体。正是在这个共同体中逐渐酝酿出来的那种"公共性"决定了魏晋时代文学评价标准的形成。对于以建安七子为代表的邺下文人所构成的文学共同体来说，常识就是他们之前代代相传的《诗经》、《楚辞》、汉赋、乐府诗等构成的文学传统，对这些文学经典不熟知就无法进入这个文人共同体之中。共识则主要表现在对诗文可以抒写个人情趣这一新功能以及文质并重的评价标准的普遍认同上。这一共识普遍存在于三曹和建安七子以及围绕在他们身边的其他文人的诗文作品中，而在理论上的集中体现则是曹丕那篇著名的《典论·论文》。在这篇被认为是中国文学批评史上第一篇真正的文论作品中，曹丕所表达的"文人意识""文体意识""风格意识"，是邺下文人共同体之"公共性"的集中体现，而且在中国文学思想史或文论史上具有划时代意义。在曹丕之前，"文人""文士""文章之士"等词语都缺乏"个体性"，无论是"铺采摛文，体物写志"③ 的辞赋之士，还是"采掇传书，以上书奏记者"④ 的文吏，都不具备个体性特征。而在曹丕这里，"文人"方始成为有血有肉的具体人：他们往往"各以所长，相轻所短"，"暗于自见"⑤，又"类不护细行，鲜能以名节自立"⑥。这样的"文人"就"活"了起来。这说明，曹丕代表的建安文人已经有了鲜明的自我认同，一种不同于往代"士大夫"的"文人身份"形成了。"文体意识"则表现为所谓"四科八体"的提出并且指出了不同文体的特征，这在以往是

① 钟嵘：《诗品》，杨焄辑校，上海古籍出版社，2020，第1页。
② 王瑶：《中古文学史论》，北京大学出版社，1998，第233页。
③ 刘勰：《文心雕龙·时序》，黄叔琳注，李详补注，杨明照校注拾遗《增订文心雕龙校注》，中华书局，2012，第98页。
④ 王充：《论衡·超奇》，刘盼遂：《论衡集解》，古籍出版社，1957，第280页。
⑤ 曹丕：《典论·论文》，魏宏灿校注《曹丕集校注》，安徽大学出版社，2009，第313页。
⑥ 曹丕：《又与吴质书》，魏宏灿校注《曹丕集校注》，安徽大学出版社，2019，第258页。

没有过的，表明诗文不同于经史子各类书写的独特性已然为人们所普遍认识。“风格意识”主要表现在“文以气为主，气之清浊有体，不可力强而致”[①]的见解上。这在今天看来可能是常识，但在汉末却有划时代的伟大意义。这不仅仅是对诗文风格的认识与强调，更是对创作个性的肯定，也是对人的个体性的张扬。总之，曹丕这三个“意识”代表着一个新的时代的到来。从文学史的角度看，这个新时代就是“文人的时代”，其“新”的标志便是个人的离愁别绪、忧生之嗟、莫名惆怅等瞬间体验可以堂而皇之地成为诗文创作的重要内容。一句话，与现实政治相疏离乃是诗文获得独立性的标志。

然而“公共性”也罢，“公共理性”也罢，它们本身还不是阐释有效性的评价标准，而仅仅是这种评价标准形成的前提和条件而已。“公共理性”是一种判断能力，评价标准则是这种能力的具体化。还以邺下文人共同体为例，前面提到的“常识”和“共识”是共同体成员欣赏、判断和评价诗文的基本能力，也是共同体的入门条件。而当他们面对阐释对象时，这种能力和具体文学现象相触发，才会形成具体的评价标准。即如曹丕《典论·论文》所言“奏议宜雅，书论宜理，铭诔尚实，诗赋欲丽”[②]之“雅”“理”“实”“丽”四个字，可以说正是汉魏之际诗文阐释准则的高度概括。这四个字固然突出了不同文体的风格特征，实则并不仅限于某种文体，而是文学的四种基本价值，只是针对不同文体时有所侧重而已。在彼时语境中，“雅”既有正大堂皇之义，亦可与“俗”相对，诗词歌赋、琴棋书画的“雅化”实乃文人的基本追求。“理”即有条理之谓，与“紊乱”相对，无论何种文体都要遵循这一标准。“实”即真实之义，与“虚妄”相对，也是各类文体基本准则。“丽”即有文采，与“素朴”相对，是汉魏乃至六朝文人最为重视的趣味之一。这四种文学价值以及它们之间的平衡就成为魏晋以降历代文学阐释的基本标准，而就其产生来说，这些标准是三曹和建安七子代表的邺下文人共同体精神旨趣的体现，随着其影响范围逐渐扩大，最终成为历代文人共有的文学观念。

总而言之，文学从来就不是单纯的审美对象，它更是社会文化、政治、意识形态诸因素之显现方式。文学阐释既是文学研究的重要方法，又是阐释学研究的重要内容。文学阐释的基本功能是对文本隐含意义的追问，从而把文学从“审美”的象牙塔中解放出来，使其显现为一个更加丰富多彩的意义世界。正是有了文学阐释，文学才会成为人们观察世界、了解人类精神奥秘的一个独特视角。

（作者单位　华南师范大学文学院）

本文原载《文艺研究》2021年第9期

① 曹丕:《典论·论文》，魏宏灿校注《曹丕集校注》，安徽大学出版社，2009，第313页。
② 曹丕:《典论·论文》，魏宏灿校注《曹丕集校注》，安徽大学出版社，2009，第313页。

强制阐释与比较文学阐释学

曹顺庆　翟　鹿

摘　要　强制阐释已成为当今文学研究中的普遍现象，也是一个亟待解决的问题。在比较文学学科领域，西方理论对中国文学、中国文论的强制阐释一直存在，并产生了明显的阐释变异。从阐释学视角进入比较文学研究，可以将比较文学中的双向阐释纳入比较文学的研究范式。作为比较文学学科提出的新话语，比较文学阐释学包括六个基本方法论：理论阐释作品、作品阐释作品、理论阐释理论、翻译阐释学、跨文明阐释学和阐释变异学。比较文学阐释学可以为我们提供一个反思当前强制阐释问题的新视角，化问题为机遇，通过对比较文学研究中的阐释实践进行系统性建构，为目前中国比较文学研究开辟一片新领域。

强制阐释已成为当今文学研究中的普遍现象，也是一个亟待解决的问题。2014年，张江在《文学评论》第6期发表《强制阐释论》一文，引发了学界讨论[①]。2021年，张江在《中国社会科学》第2期发表《再论强制阐释》一文，将强制阐释理论进一步推衍完善。学界形成讨论局面，意味着该现象及现象背后的问题已然存在。人文学科需要在争论中不断自我反思、进步，于此，“强制阐释论”有较大的探讨价值。笔者就“强制阐释论”延伸至比较文学研究实践中进行考量，反思当下比较文学研究中的强制阐释现象，提出“比较文学阐释学”作为比较文学研究的新话语、新转向。

一　文学研究中的强制阐释

阐释至少包含“理解”（understanding）与“解释”（interpretation）两层含义，人

① 有学者概括新时期以来中国文论界的三次重要论争：第一次是20世纪80年代刘再复引发的“文学的主体性”讨论；第二次是20世纪90年代曹顺庆提出“失语症”及其引发的“古代文论的现代转化”讨论；第三次就是张江所提出的“强制阐释论”。参见毛宣国《“主体性”“失语症”与“强制阐释”——从三次重要论争看40年来中国文论的演进》，《文艺争鸣》2020年第12期。

类知识系统的完善与发展离不开阐释。广义上的阐释学包罗万象，指整个人类理解与解释世界的过程。狭义上的阐释学则专指对经典文本的阐发与解释。纵观阐释学的学术史，可以发现，阐释已不再囿于一个学术研究方法领域，而是逐渐成为一个可以系统归纳的、上升为一般性的关于理解与解释的专门理论。李清良在《中国阐释学》一书中指出："阐释学不是圈定一块'闲人免入'的领地，而是为所有学科提供一个新的观察角度、一种新的关注中心。"①

阐释学在中国仍处于发展和建构阶段。当前，西方阐释学理论基本主导了文本阐释研究的实践,中国本土的阐释理论在实践中仍然显露出种种局限性。纵观西方文论史，从现象学、阐释学到接受理论已然形成一个连贯的、批判继承的文论体系。相比而言，中国自古只有阐释，并无专门的"阐释学"。新时期以来，学术界不得不依据西方阐释学模型，将中国古代有关阐释概念的片段一一选摘，整理归纳为一门既"新颖"又"古老"的学科——中国阐释学。像中国文学批评史一样，中国阐释学需要参照西方模式进行自我建构。诸如"道可道,非常道""言不尽意""名实之辩"等中国特有阐释观念，生发于使用象形文字的中国传统文化土壤，与使用拼音文字、遵循逻各斯主义的西方文明对照，具有明显的异质性。中国阐释学能否建立起一套完备、系统、具有普适性的理论，抑或已经有所构建，却未受到"海德格尔热"般的关注和推广，这些问题皆值得进一步思考。

曹顺庆认为，中国理论声音的薄弱，与学界一直忽视西方理论的局限性直接相关。这并不仅仅是文化软实力的强弱问题，更是站在文化相对主义角度上，对欧洲文化中心主义的反思。张江在《强制阐释论》一文中开篇即言，西方文论在带给中国学术界想象力、活力的同时，也存在"一些基础性、本质性的问题"，例如"割断与历史传统的联系、否定相邻学派的优长、从一个极端转向另一个极端，以及轻视和脱离文学实践、方法偏执与僵化、话语强权与教条"②等。曹顺庆 20 世纪 90 年代提出"失语症"，连续发表有关"失语症"、"重建中国文论话语"以及"异质性"等系列论文，在学术界引发讨论③，出发点就在于试图破除西方文论统摄中国文学研究的局面。

西方文论的大行其道与中国文论的失语几乎前后展开。不可否认,西方的科学方法、逻各斯中心思维、系统化的学科理念，促进了中国当代学术的形成与发展，但是，同时也存在西方文论切割中国文学材料，使中国文论沦为西方理论的注脚，导致中国文论离开了西方话语便无法说话的情况。这亦是中西比较诗学需要解决的问题。西方文论对中国文论乃至中国文学研究的消极影响，在于"过犹不及"。其一，"过"体现在

① 李清良:《中国阐释学》，湖南师范大学出版社，2001，第 18 页。
② 张江:《强制阐释论》,《文学评论》2014 年第 6 期。
③ 曹顺庆:《比较文学中国学派基本理论特征及其方法论体系初探》,《中国比较文学》1995 年第 1 期;《文论失语症与文化病态》,《文艺争鸣》1996 年第 2 期。

过度应用。如今大学里的文学理论课几乎就是西方文论课，而中国文论则被分门别类纳入中国文学批评史课，成为学者案头的秦砖汉瓦，成为一种学术“史”，而无法在当代文学研究中焕发活力。其二，“过”体现在过度阐释，也就是张江所提出的“强制阐释”。西方文论大多由哲学发展而来，本身就具有强大的系统性与理论生命力，因此在具体的文学研究实践中，西方文论对于文学文本有“反客为主”之嫌。张江对强制阐释做了如下界定：“强制阐释是指，背离文本话语，消解文学指征，以前在立场和模式，对文本和文学作符合论者主观意图和结论的阐释。”[①] 在《再论强制阐释》一文中，张江重新论证、明晰了一些概念，明确了强制阐释的根基性错误——将对他物的阐释强加于此物[②]。“强加”意味着本不应该而强行使用，即使用过度、阐释过度的体现。

如何判断是否过度使用、过度阐释？究其核心，在于理论的出发点与落脚点。所谓“借文本之名，阐本己之意”[③]，即阐释的出发点不在阐释对象，却落到阐释者本人或者理论自身上。这正与比较文学尤其是跨文明研究中的一些问题息息相关，且多有印证。颜元叔用弗洛伊德精神分析学解读中国古诗，将“自君之出矣，金炉香不燃。思君如明烛，中宵空自煎”[④] 中的“烛”视为男性象征，“炉”视为女性象征[⑤]，这一分析忽视了中国诗歌在意象使用上的传统，把中国古诗变成了近代弗洛伊德理论的注脚。此类典型的强制阐释，并非无意为之，而是源于一种理论的傲慢。张江在《再论强制阐释》一文中便引入心理学视角，认为强制阐释主要出于“证实策略的应用”“意识主体先天自证满足的期望”“自我服务偏差”等心理学原因[⑥]，此种傲慢类于曹丕在《典论·论文》中所言：“常人贵远贱近，向声背实；又患暗于自见，谓己为贤。”[⑦] 就阐释结果而言，验证阐释是否有效，可以借鉴西方阐释学的方法：验证该阐释是否产生了“阐释循环”。[⑧] 如果一种阐释能够同时作用于文本部分与文本整体，达到一个整体和谐的解释，那么该阐释的有效性便可以得到承认。

目前，使用某一理论（通常是外国理论）套用某一部作品展开分析，已成为学术研究的惯例，似乎学术论述一旦离开套用理论，便无法展开文本分析，或失去学术价值。尽管理论在于帮助人们更好地观照世界、研究作品，但是，无论什么作品，只要有自然描写便套用生态批评理论，只要谈到女性便用女性主义批评进行分析，诸如此类，是否有强制阐释之处？抑或文学研究已经形成了这样一种理论套作品的“研究公式”？

---

① 张江:《强制阐释论》,《文学评论》2014 年第 6 期。
② 张江:《再论强制阐释》,《中国社会科学》2021 年第 2 期。
③ 张江:《再论强制阐释》,《中国社会科学》2021 年第 2 期。
④ 王融:《奉和代徐诗二首·其二》。
⑤ 颜元叔:《谈民族文学》，台湾：学生书局，1975，第 63 页。
⑥ 张江:《再论强制阐释》,《中国社会科学》2021 年第 2 期。
⑦ 郭绍虞编《中国历代文论选》，上海古籍出版社，1979，第 60 页。
⑧ Terry Eagleton, *Literary Theory: An Introduction*, Oxford: Basil Blackwell Publisher Limited, 1983, p.64.

邱晓林在其最近出版的著作中直面了这一问题，即理论的过度阐释是否熬制了太多“意义的浓汤”，而忽视了文学本身的“筋腱”。[①]他做出一种全新的尝试，尽量排除通过使用理论阐释出的意义，重新进行文本细读，关注文本带给人的原本感受。文学研究可以不完全依赖理论，而一旦依赖理论，从文本外部某个理论出发，则必须落在阐释的对象上，从而避免对理论的一种公式化的使用。在学术研究中，尤其在比较文学研究中，应当警惕理论对文学的过度阐释、强制阐释，尽量去还原一部文学作品、一种文化本身的面貌，这是我们学术研究的根本目的。

二　强制阐释论之反思

张江的强制阐释论为如今理论大行其道的学术界敲响了警钟。阐释，究竟何为，是工具还是目的？尼采指出：“人们必须要认识到，一个行动决不是由一个目的引起的；目的和手段是解释，在解释中，一个事件的某些要点会得到强调和遴选，代价是牺牲其他要点，而且是大多数要点。”[②]对强制阐释论之反思提醒我们：人如果不是为了扩展知识的边界而进行认识活动，最终只会收获一个膨胀过度的、空虚的自我；在文学阐释中，以西方文论作为参考来观照、阐释自我并无不可，但是，如何拿捏尺度是中国知识分子始终应当注意的。

自曹顺庆20世纪90年代提出“失语症”以来，中国学界开始尝试进行“中国古代文论的现代转换”，希望重构中国文学批评体系，以此解决古代文论的失语、失效问题。在十余年“现代转换”的实践中，其成果主要体现在中国文学批评体系的横向建构上，以童庆炳、顾祖钊、陈良运为代表的学者们，出版了《现代学术视野中的中华古代文论》[③]、《中国诗学体系论》[④]等著作，为重新理解中国文学批评带来了许多启发。在近年的中国文学批评史编著中，可以看到学者们对以往编写模式的突破与尽量避免西方概念化理解的尝试。“现代转换”学术实践以来，众多新著开始尝试以范畴、概念等为纲的问题式思考方式，力图在强调中国文论原貌的基础上，构建中国文论自己的新体系。但是，一些“转换”的失败，在于仍旧以西方文论作为衡量的工具与尺度。张江在《再论强制阐释》一文中指出：“本为对此物的阐释，迁移为对他物的阐释，并将对他物的阐释强加于此物。以阐释学的规则检视，强制阐释的根基性错误就在于此。”[⑤]可以说，“失语症”的病根就是西方文论对中国文论的强制阐释。

---

① 邱晓林：《意义的浓汤与文学的筋腱》，四川大学出版社，2019。
② 尼采：《权力意志》，孙周兴译，商务印书馆，2007，第288页。
③ 童庆炳等：《现代学术视野中的中华古代文论》，北京出版社，2002。
④ 陈良运：《中国诗学体系论》，中国社会科学出版社，1992。
⑤ 张江：《再论强制阐释》，《中国社会科学》2021年第2期。

对强制阐释进一步反思，可从如下三点展开。

第一，克服西方理论的缺点与阐释欲望的过剩。

在以古希腊为精神故乡的西方文化传统里，辩论、批评几乎笼罩了西方从古至今各个时期，辩论与批评的核心是说服，说服则需要阐释现象、论证道理，于是西方产生了以逻各斯（logos）为核心的哲学。西方文化热衷解释自然、探究自然，而以中国为代表的古老东方则更追求顺应自然、利用自然。这是欧洲崇尚开拓的海洋文明与中国崇尚稳定的农耕社会所决定的。中国哲学中有“天—地—人”一体的思维，讲究顺应天道。孔子云：“天何言哉？四时行焉，百物生焉，天何言哉？”① 天地运行自有其规律，无须言说，万物也可以适应生存，人也是一样，无须过度言说。《庄子·外篇·知北游》曰：“天地有大美而不言，四时有明法而不议，万物有成理而不说。”

中国文化不过度崇尚言谈、阐释，更重视体悟、感应式的理解；而西方文化更倾向于直接、明晰地解读事物。这种认识世界的方式，就如同中医擅长望、闻、问、切，由外及里；而西医擅长解剖实验，要从内部剖析出个究竟。整体而言，西方文化对自然、社会的阐释欲望，使得科学快速发展；而对于人文精神世界的阐释欲望，倾向于更抽象的术语建构，促成了西方近代以来各色文艺理论的盛行。作为当代中国学者，我们应该反思：是否一切都需要阐释？或许并非如此。最有代表性的文学形式——诗，就几乎不需要阐释，因为阐释本身是对诗性的消解。理论在阐释的过程中，其目的究竟是更好地理解对象，还是更彻底地膨胀自身——这是在运用理论尤其是西方的理论化思维时需要反思的。

第二，继承中国阐释学传统的可取之处。

与西方过度膨胀的理论不同，中国的“文学批评”几乎是为了更合理地阐释对象而生，几乎没有喧宾夺主的存在。从这一角度而言，中国文论虽有《文心雕龙》之体大思精，而大多数则有如《文赋》巧而碎乱的特点，反而蕴含着一种更谦逊的阐释态度。事实上，同为批评，在中西语言中本就含义不同。来自西方的“批评”（criticism）一词，包含分析、评判的意思：“批评（criticism）从词源上讲，‘to criticize’起初的意思是‘to analyse’（分析），后来变成了‘to judge’（评判）。……批评理论也应该同批评区别开来，因为理论着重分析和评判概念而不是作品。”② 而在中国古代，接近于“批评”一词的有“诗文评”“诗话”“评点”“批注”等文学范畴。汉代王充在《论衡》中指“论”为“就世俗之书，订其真伪，辨其实虚”，即文献的考订、论述的真伪；曹丕《典论·论文》指出“文非一体，鲜能备善”，即不同的文体具有不同特点；李贽《批评忠义水浒传》以“批评”命名，实际上是对《水浒传》每一回内容的阐释。可以看到，在中国古代，“批评”的对象可以是人，

① 《论语·阳货》。

② 罗杰·福勒：《现代西方文学批评术语词典》，薛满堂等译，春风文艺出版社，1988，第 163 页。

可以是事，也可以是作品。对比中西文学批评史与理论体系，中国古代几乎没有不会文学创作的职业批评家，也鲜有大张旗鼓的强制阐释与过度评点。至于经学研究，则与阐释学的经典与权威问题相关，却是另外一个问题。《文心雕龙·序志》曰："原始以表末，释名以章义，选文以定篇，敷理以举统。"简言之，中国阐释传统中尊重作者、尊重文本的谦逊态度，应当被本土学者继承，亦是对强制阐释论的一种补足。

第三，当务之急是回归中国话语，重振东方话语。

强制阐释之由，在于对已有理论的普适性认知，以及对于阐释对象缺乏了解。就此而言，只有首先掌握了西方话语以外的理论工具，才可以用多维、全面的视角看待问题，从而为一国之文学找到最适合的阐释，而不是用西方理论工具剖析一切。英美意象派诗歌领军人埃兹拉·庞德就充分吸收了中国的表意文化与阐释传统。在论及中西阐释的区别时，庞德认为费诺罗萨"达到了问题的根本，达到了中国的思维之中有效的东西与诸多欧洲思想和语言中无效或误入歧途的东西之间的差别的根源"，那就是欧洲善于使用抽象的概念解释具体的事物，从而离具象的事实愈来愈远；而迥异于这种"哲学讨论"的方法，庞德极为认可"中国人处理他们的表意文字或缩略图形的方式"①。西方学者尚且如此，中国学者更应增加对东方话语尤其是本土话语的了解。

回归中国话语，重振整个东方文论话语，是当下中国学术界需要努力去做的事。包括中国文论在内的东方古代文论虽然曾有辉煌的历史，但在当代世界文学的语境中却并未发出足够强有力的声音。2019年，由曹顺庆担任首席专家的国家社会科学基金重大项目"东方古代文艺理论重要范畴、话语体系研究与资料整理"，力图全面整理东方古代文艺理论的资料，研究东方古代文艺理论的重要范畴和话语体系，重建东方文论、东方文学话语体系。当然，在回归中国话语的过程中，仍需注意对中国话语的过度强调，依旧容易陷入强制阐释的误区。现在有一种声音，认为我们要超越西方，就必须以儒学解释儒学，以儒学解释中国，以儒学解释西方，以儒学解释世界。②这是一种中国文化中心主义，本质与欧洲文化中心主义并无不同，在回归中国话语的过程中应警惕掉入这样的误区。

三　新话语：比较文学阐释学

比较文学阐释学是曹顺庆提出的新话语。在完善比较文学学科体系的过程中，曹顺庆提出的变异学理论③构建了比较文学中国话语。但是，已有的比较文学学科体系仍

① 埃兹拉·庞德：《阅读ABC》，陈东飚译，译林出版社，2014，第5~6页。
② 参见蒋庆《再论政治儒学》，华东师范大学出版社，2011，第263~264页。
③ Cao Shunqing, *The Variation Theory of Comparative Literature*, Heidelberg: Springer Press, 2013；曹顺庆主编《比较文学概论》，高等教育出版社，2015。

然存在不足。事实上，除了影响研究、平行研究、变异研究以外，还有一种研究无法归类，王国维、钱锺书、朱光潜、刘若愚等学者为代表的研究都集中在对比较诗学的深刻探讨上，既没有用影响研究的方法进行文学寻根之旅，也并非仅从平行研究角度将两部文学、文论拿来比较。这类研究并不被现有的比较文学方法论所包含，论其核心，就在于用跨语言、跨文明的方式阐释文学作品或文学理论。因此，曹顺庆将比较文学阐释学列为与影响研究、平行研究、变异研究具有相同地位的比较文学重要研究范式，包括六个基本研究类型：理论阐释作品、作品阐释作品、理论阐释理论、翻译阐释学、跨文明阐释学和阐释变异学。一些比较文学中的经典学术实践，就可以在比较文学阐释学中归纳为这样六种类型。

其一，理论阐释作品。20世纪70年代，以古添洪、陈鹏翔（陈慧桦）为代表的中国台湾学者提出比较文学“阐发法”①，建构了一种用西方文学理论单向阐释中国文学作品的研究模式，成效颇多，但也存在以西释中的单一片面性。

其二，作品阐释作品。这一类型代表是钱锺书所倡导的“打通”式比较文学研究思路，其著作《谈艺录》《管锥编》具有突出的比较文学阐释学特色，通过旁征博引中外的丰富知识来类比阐释中国古典文学中的具体问题，可视为一种以作品阐释作品的研究范式。

其三，理论阐释理论。比较诗学是理论阐释理论的重要研究领域，以刘若愚《中国的文学理论》（*Chinese Theories of Literature*，1975）为代表，刘若愚从当代西方文学理论视角来研究和阐释中国传统的文学理论，将隐含在中国批评家著作中的文学理论提取出来并形成了一种体系和框架，使中国的文学理论具有了世界性。

其四，翻译阐释学。从阐释学角度来看，翻译实质上是用另一种语言对文本信息进行阐释，会直接影响跨语言领域内对文本的解读，如庞德《华夏集》（*Cathy*）中对中国古典诗歌的翻译，可以视为在英美意象派诗歌语境下对中国诗的创造性阐释。

其五，跨文明阐释学。东西方的跨文明比较与阐释，以萨义德的《东方学》（*Orientalism*）为代表，该著作以西方文明视域分析了西方眼中的作为他者的东方形象，对文学、社会科学领域的重要影响，体现出跨文明阐释在今天东西方文学与文化比较与阐释的重要意义。

其六，阐释变异学。阐释研究在不同文化或文明的异质性作用下会出现阐释变异，佛教中国化的核心问题是将注重语言的印度文化规则转换成“不立文字，以心传心”的中国文化规则，佛经在中国的阐释变异成为文化创新的潜在动力。

比较文学阐释学既有以西释中，亦有以中释西，是一种跨文明的双向阐释活动。

---

① 参见古添洪、陈慧桦《比较文学的垦拓在台湾》，台北：东大图书股份有限公司，1976，第1~4页。

以西释中的代表是刘若愚的英文专著《中国的文学理论》，从艾布拉姆斯的艺术四要素理论：宇宙、作品、艺术家、欣赏者[①]出发，将其修正并重新排列为世界、作家、作品、读者的双循环圆形理论，对构成文学理论的艺术过程进行阶段分析、详尽图解，最终将中国文学理论分为形而上论、决定论、表现论、技巧论、审美论、实用论六种有中国特色的文学理论，以建立一种具有世界性普遍意义的中国诗学。[②]刘若愚以西方文学理论的建构方式为基础，借鉴艾布拉姆斯的文学理论，用以分析、阐释中国传统文学批评，这是典型的以西方理论阐释中国理论的例子。王国维的《红楼梦评论》亦使用了叔本华的悲剧论，用以阐释《红楼梦》。叔本华认为人生的悲剧来自"欲"："又如果作为表象的这世界，要是人们把它和欲求分开，孤立地加以考察，仅仅只让它来占领（全部）意识，就是人生中最令人愉快和唯一纯洁无罪的一面。"[③]于是，王国维开篇第二段即言："生活之本质何？欲而已矣。欲之为性无厌，而其原生于不足。不足之状态，苦痛是也。"[④]玉，欲也，王国维根据叔本华的哲学加以个人的阐发，从而解读出《红楼梦》特有的哲学意蕴。中西文论互释，尤其是以中释西的尝试，则在朱光潜《诗论》中体现得淋漓尽致。用西方诗论来解释中国古典诗歌，用中国诗论来印证西方诗论。在朱光潜看来："一切价值都由比较得来，不比较无由见长短优劣。"[⑤]

在某种程度上讲，翻译也是一种阐释。现代阐释学为翻译研究提供了两种新理解：一是原著的生命在译本中得到更新和延续，二是肯定译者的历史性。当然，译者的历史性客观存在，译作是否真正体现作者原意，是一个见仁见智的问题。翻译过程中，译者难免会从个人的理解出发对文本进行有意无意的阐释。譬如，17世纪荷兰哲学家斯宾诺莎创作的《神学政治论》（*Tractatus Theologico-Politicus*）是一部阐释并同时翻译了《圣经》的著作，尽管他主要是借阐释这部西方正典来发挥他自己的伦理学思想，该书的前15章都在阐释《圣经》，直到16章至20章斯宾诺莎才开始正式阐述个人思想[⑥]。斯宾诺莎表示："我从来无法充分赞赏《圣经》中那些难以理解的神秘事物，我还发现他们除了亚里士多德和柏拉图式的推测之外什么也说不出。"[⑦]也就是说，在不赞同文本观点的情况下，也可以对其进行翻译、阐释。那么，这样得来的观点，究竟何种程度上应当被认为是阐释者的观点，又在何种程度上属于被阐释对象涵盖的范围？当然，承认译者对文本的创造性价值，已是学界的共同认知。如在关于"世界文学"的

---

① M. H. Abrams, *The Mirror and the Lamp: Romantic Theory and the Traditional Critics*, Oxford: Oxford University Press, 1953.

② James J. Y. Liu, *Chinese Theories of Literature*, Chicago: University of Chicago Press, 1975.

③ 叔本华：《作为意志和表象的世界》，石冲白译，商务印书馆，1982，第369页。

④ 王国维、蔡元培：《红楼梦评论·石头记索引》，上海古籍出版社，2005，第2页。

⑤ 朱光潜：《诗论》"抗战版序"，上海古籍出版社，2005，第2页。

⑥ 斯宾诺莎：《神学政治论》，温锡增译，商务印书馆，1963。

⑦ 转引自马修·阿诺德《批评集：1865》，杨果译，中央编译出版社，2017，第244页。

讨论中，大卫·丹穆若什在世界文学的定义中专门讲到一条，就是世界文学一定是从翻译中获益的文学。换言之，一部文学作品若想在世界范围内成为经典，必定要经过翻译以及一定程度上的变形，甚至产生出多种版本，如《赵氏孤儿》《花木兰》《西游记》等中国传统故事，经过多种语言译介流传至世界各地，成为世界级的文学著作。

在阐释中，我们无法杜绝“先见”，比较文学阐释学中的先见就是阐释者的文化背景。所谓“先见”“成见”“前见”，是加达默尔提出的概念。加达默尔“视域融合论”认为，解释者和被理解的对象都有各自的视域，被理解的对象亦有它们自己所由来的历史视域[①]。因此，当我们带着历史给予的视域去理解历史作品或某种文化时，势必会出现两个不同的视域和历史背景的冲突问题。理解是从先有的观念开始，不断从原有的视域出发，在同被理解对象的接触中不断检验我们的成见，不断扩大个人视域，从而使理解者与被理解者的视域相融合，形成一个全新视域的过程。因此，先见既是造成有可能的强制阐释、阐释变异的原因，也是理解之所以可能的基础。比较文学阐释学，其实就是跨文化、跨文明视域的融合。先见之同与异，既是跨文化沟通、理解的开始，也是跨文化学习的开始。跨文化阐释实质上是两种文化在各自先有之见的基础上相互沟通、理解与学习的过程。

阐释变异普遍存在于跨文化阐释与强制阐释的过程中。“不同文化或不同文明的话语在相互对话、阐发的过程中，其彼此异质的话语规则必然会发生碰撞，从而形成一定程度的阐释变异。”[②] 例如，《红楼梦》的九种英文译本，将书名译为“*Dream of the Red Chamber*”（《红色阁楼之梦》）[③] 或“*A Dream of Red Mansions*”（《红色宅院之梦》）[④]。此类直译难免引起作品在国外接受过程中的文化误读，因为，对于外国读者尤其是西方读者而言，“red”（红色）意味着残暴、流血、疯狂等含义，并不是一个正面、积极的意象。同时，在中国诗歌中，“红楼”泛指华美的女子闺房，如“红楼归晚，看足柳昏花暝”（史达祖《双双燕·咏燕》），“花外红楼，当时青鬓颜如玉”（王庭珪《点绛唇·花外红楼》），“人散曲终红楼静，半墙残月摇花影”（洪昇《长生殿·偷曲》），并非“红色的楼阁”之意。这样一种阐释变异会直接对中华名著的海外传播及接受效果产生影响。

阐释变异还集中体现在外国文学史的写作中。比如，同一部外国文学经典在本国与他国受到的评价不同，以《红与黑》为例，主人公“于连”在西方是一种个人主义的、与命运抗争不屈的形象，而在中国却常常被评价为一个具有野心的、投机主义的代表，这是源于阐释的语境不同，即中西之间的文化差异。在中国崇尚“君子”人格的文化环境中，于连这种鲜明的个人主义并不符合中国传统价值观。而含有殖民主义反讽意

① 汉斯－格奥尔格·加达默尔：《真理与方法》，洪汉鼎译，上海译文出版社，2004，第 394 页。
② 曹顺庆、曾诣：《平行研究与阐释变异》，《中国比较文学》2018 年第 1 期。
③ Pauline A. Chen and Grayce Wey, *Dream of the Red Chamber*, London: Random House Audio, 2012.
④ Cao Xueqin and Gao E, *A Dream of Red Mansions*, Beijing:Foreign Language Press, 2001.

味的《鲁滨孙漂流记》，在中国却成为简单淳朴的儿童启蒙读物，读者也并未发现其中的文化隐喻，这是由于中国普通读者对产生于西方航海文明的殖民主义、后殖民主义理论不了解。

需要注意的是，阐释变异很难界定“好”和“坏”，并不是出现了阐释变异就应当否定。有时，错误的阐释亦会产生符合情理的新理解。战国时期有“郢书燕说”的故事，《韩非子·外储说左上》记载：“郢人有遗燕相国书者，夜书，火不明，因谓持烛者曰‘举烛’，云而过书‘举烛’。举烛，非书意也。燕相受书而说之，曰：‘举烛者，尚明也者，举贤而任之。’燕相白王，王大悦，国以治。治则治矣，非书意也。”郢人写下“举烛”二字，本是无意之间的误写，燕王却从中有所领悟，将其意义阐释为希望君王擦亮双眼、政治开明，于是付诸实践，这一对文本的误读意外造就了读者新的体悟。

阐释变异有时也是文化创新的源泉。例如，假使没有美国诗人庞德、爱米·洛威尔和亚瑟·韦利等人对中国诗歌拆文解字式的翻译，即明显的翻译与阐释变异，就不会出现明显受到中国诗歌影响的英美意象派诗歌浪潮。文学思潮的兴起更是如此。近代中国自清末民初起大量引进西学，翻译西方书籍，学习西方思想，对其进行中国化的尝试，因此产生了马克思主义中国化的政治理论，在文学领域出现了文学史、文学批评史、纯文学等学科建立与学科细分。一国文化对另一国文化的批判性吸收，可以视为一种阐释变异。这种阐释变异不一定源于强制阐释，而是在原有理论的基础上结合本国情况发展出的理论新形态。总之，阐释变异尽管是一种异于本国主流阐释的异质性解读，本国读者往往也不会认可，但对文化交流、文化创新有重要作用，是人类文化交流精彩纷呈的新思之体现。

相比科学方法，文学研究总是仁智互见，难有一个公允的阐释定论。然而，我们能够判断的是，这种阐释能否自圆其说，是否给我们理解文本、看待世界带来帮助，能否创造价值。在阐释学尤其是比较文学阐释学中，文本是开放的，意义是敞开的，经典的“无时间性”使其可以跨越时空。经典文本像一个取之不尽用之不竭的宝库，在古往今来的新情境中得到重新阐释。我们要做的是找到阐释变异现象背后的根源，以及研究其对文化交流的影响。

在强制阐释盛行之时，比较文学阐释学或许可以为我们提供一个反思当前强制阐释问题的新视角，化问题为机遇，通过对比较文学研究中的阐释实践进行系统性建构，为目前中国比较文学研究开辟出一片大有可为的新领域。

（作者单位　四川大学文学与新闻学院）

本文原载《天津社会科学》2021 年第 6 期

文学阐释学发凡

卓　今

文学阐释学有一种内在的文化互动功能，它包含观念重构，重构的资源来自表现为文本的他人的生活经验、表达方式、价值标准和审美取向。为了拓展自己的经验视界，通过对某个文本进行阐释，打开视野，在他人经验之上丰富经历，提升智慧，获得愉悦、美和善的陶冶，在获得心灵自由的同时也认识到自身的局限。由于每个个体判断力的差异，即使面对同一个对象也会产生各自不同的见解（独识）。要把个人的经验视界拓展到普遍性层次需要创作者与阐释者共建。由于阐释主体间存在着不懂和误解，以及交往理性的不对称性，阐释者希望达成一种不同主体间可交流、沟通的愿望。这种强烈的行为冲动产生某种共识，即各阐释主体与对象之间由于大相径庭的生活经验和知识背景而产生陌生化体验，并促成一种“行为共识”；反之，各阐释主体与对象之间由于大致相近的生活经验和知识背景而产生的憧憬，形成一种“目标共识”。这一认识论基础使得文学阐释具有可实现性。

一　交往理性与共识

按照康德对人类情感类型的划分，人类内心全部能力有三种类型，即认识能力、愉快和不愉快的情感、欲求能力。认识能力在诸能力中属于知性能力，它是合规律的，主要应用于自然；愉快和不愉快的情感则属于判断力，属于合目的性的行为，广泛应用于文学艺术；欲求能力是一种理性的认识能力，人类为了达到自由，在先天原则中被视为终极目的。文学阐释活动需要运用内心的全部能力，但最核心的是判断力。康德对判断力即愉快和不愉快的情感做了进一步细分，分为快适、美、善三种情感类型。对于这三种情感的定义，康德在《判断力批判》中说得很明白：“快适对某个人来说就是使他快乐的东西；美则是使他喜欢的东西；善则是被尊敬的、被赞成的东西，也就是在里面被他认可了一种客观价值的东西。快意对于无理性的动物也适用；美只适用于人类，即适用于动物性的但却有理性的存在物，但这存在物又不单是作为有理性的（例如精灵），而是同时又作为动物性的存在物，但善则是一般地对任何一个有理性的存在物都适用的。”[①] 按照这个标准，文学阐释就不单单是判断力的问题了，因为文学文本综合地包含了快适、美和善三种要素，接受者往往分不清自己被感动是动用了哪一种情感，或者三种情感天然地混合在一起。作品中的某种情节使他快乐（快适）、喜欢（美），并且由衷地尊敬和赞成（善），这当然是由于作品达到了极高的层次，人才会产生如此丰富高级的情感。然而大多数情况下，接受者是容易混淆的。

有些写作和阅读就是为了获得心灵的自由，在达到善的同时也获得了快适和美的享受。这里头只有美是无利害的一种情感，“对美的鉴赏的愉悦才是一种无利害的和自由的愉悦；因为没有任何利害，既没有感官的利害，也没有理性的利害对赞许加以强迫”[②]。人们常说“产生阅读快感”是一种笼统的说法，作为接受者，哪种是快适、哪种是美、哪种是善，读者感受对象的存在时可以不加区分，但如果要把它阐释清楚，就有必要说得更明白一些。那么，要对它们进行区别就必须运用理性，这与康德所说的前两个环节不需要理性又是矛盾的。

理性的运用是实现文学由混沌到澄明的必要环节。理性并不是一个独立存在物，理性的可信任之处其实是在一种实存状态，即理性总是在意见之中寄托自身，通过意见显现出来并具身化。也就是说阐释行为本身即包含了理性，不存在一种脱离阐释行为的绝对理性。理性可能在阐释过程中某个任意时空节点上显现，如果把这个节点的密植增加并无限扩大，它可以充盈整个阐释过程。把理性实现过程上升到概念，理性就是存在，就是一切事物本身。阐释主体这个自我也不是通俗意义上的“自己”，它打破自己的界限，把自己对象化，形成“自我意识”，是自我意识与事物（阐释对象）共同作用形成的理性。正如黑格尔所说：“理性的自我意识通过其自身的活动而实现，自我意识发现事物即是它，它即是事物：这就是说它明确意识到它自身即是客观事实这一事实了。”[③] 但我们也不能忽视高蹈于实践理性之上的“纯粹理性”。纯粹理性总是寄身于其不纯粹之中。意识形态、文化战略也是从日常生活实践中提炼出来的，纯粹理性也包含“不纯粹行为”。哈贝马斯和谢林共同认可的一个观点，即失误、犯罪和欺骗不是没有理性，而是被颠倒的理性的外观形式。黑格尔在论及“心的规律与自大狂”时，认为个体性的自大狂也是一种被颠倒的形式，或者被颠倒的世界真相。理性是不承认幸运的，它只承认必然性。它有自己的原则。哈贝马斯所说的理性想成为可信托的理性不能还原到纯粹理性，而是要引入其他理性。从实践理性到纯粹理性的提升，必须

---

① 〔德〕康德：《康德三大批判合集》（下），邓晓芒译，杨祖陶校，人民出版社，2009，第 255 页。
② 〔德〕康德：《康德三大批判合集》（下），邓晓芒译，杨祖陶校，人民出版社，2009，第 255 页。
③ 〔德〕黑格尔：《精神现象学》（上），贺麟、王玖兴译，上海人民出版社，2013，第 294 页。

经过自我意识的反向运动。要让各路阐释相互言说、倾听，并理解对方的理解，最终达成某种共识。也就是说在阐释活动中理性的最低要求要做到众口喧哗、各路言说。非理性在这种交往中被理性的力量所淘汰。因此“交往理性”是在“主体间性”和“他性”的制约之下，其结果则是可见、可实行和可结出丰硕果实的。理性是交往的前提，如果说真理、真诚、正当、可理解是“交往理性”得以顺利实现的四项基本条件，并且也可以把这四项条件看成公共理性应当遵从的原则；那么就像金惠敏所说的那样，“共识在交往理性中形成”①。

二　行为共识与目标共识

共识是在交往理性中形成，交往理性以及理性的公共阐释强调共识，其意义不言自明。如何理解交往理性以及理性在文学阐释中的“共识”？其总体性原则应该有以下几点。其一，共识是各个个体性阐释观点的集合，可交换、可通融。其二，共识必须照顾到各方利益诉求，最大可能纳入不同意见。其三，共识是在现实性基础上的虚构性想象，往下可以作为行动准则，往上可以升华为集体理想。并不是所有行为动机有趋向共识的意向，鉴于这个共识过于笼统，在阐释实践中，有必要对共识做进一步区分，或可分为“行为共识”和“目标共识”。行为共识即阐释者受思想支配和情感冲动做出的阐释行为与其他阐释者有某种一致性，在阐释过程中有一些共享的行业规则、共同的生命体验、类似的行为冲动，并遵循总体的历史前提、客观事实、方式方法等。目标共识即阐释者的阐释活动通过阐释的不同的路径达到某个预期的目标，阐释主体以期达到某种目标，在阐释过程中通过主体间性制约，理性介入程度比较高，在减少损耗节约能量的前提下，形成某种共识，如文化权力、话语体系、美学标准、伦理规范、利益诉求等。

（一）行为共识

文学阐释似乎从来就要标新立异，要“独识”。每个人的“独识”意识即独立表达意见的意愿，某种意义上就是一种“行为共识”。在以文本为对象的阐释中，某种观点一旦被人阐释出来（尽管绝对正确，并产生英雄所见略同之感），其他阐释者就只好另辟蹊径，换一种说法，只有理解出现障碍后才会附和另一种与自己一致的意见。在文学阐释中，因为文学文本留给阐释者的途径山重水复，阐释者打开的方式有无数种可能，

① 金惠敏：《阐释的政治学——从“没有文学的文学理论”谈起》，《学术研究》2019 年第 1 期。

任何一种阐释实践由于阐释者的个人经验、生命历程、知识背景的不同，都可能产生与众不同的结论。他的这种具有个性化的“别有洞天”的阐释结果，才是文学阐释的“真理”。不同阐释者所依据的原点，产生出无数的辐射区，其交叉和重叠部分，形成一种共同可接受的东西。但这并不是无意识间达到的共识，而是由阐释者生活阅历、情感需求、文化基础的某种一致性促成的。阐释者追寻的目标也各不一样，他们从文本中寻找诸如理性精神、情感慰藉、知识见闻、伦理原则、政治谋略、文化滋养等。阐释者通过某种可以不断打开长期被遮蔽的自性，让它始终处于一种认知的开放状态。因此他们实际上处于行为共识之中，而不是目标的共识。

需要说明的是在“个体阐释”阶段，不参照他人观点的前提下，依据自己对文本的理解，一般会产生不同于他人的独特阐释。当个体阐释进入“公共阐释”[①]领域，同类型阐释观点聚合，形成“达成共识”的假象。阐释的实践环节包含了文学理论与社会学的跨学科行为。英国社会学家约翰·汤普森就提出过“社会阐释”，他认为：“从社会阐释学的观点来看，我们有阐释相互冲突的空间，而这个空间里没人能够确切知道冲突会怎么展开。”[②]社会空间充满了彼此不同、相互冲突的阐释，每一种阐释都有它自己的利益诉求，审美需要和情感表达也是一种利益。社会阐释可能并不追求共识（或者有一个隐性的模糊的共识）。公共阐释的确隐含了“共识”的假定，或者对“共识”有着某种期待。正如汤普森所说，共识是让我感到不安的一个术语。与社会阐释不同的是，文学阐释并不假定也不期待每个人都同意，因为这个假定的存在就是对文学丰富性和复杂性的否定。分歧似乎是文学阐释的宿命，而不是“必须被动接受”。在文学阐释中，文学批评家避免与他人见解雷同，并不是说他必须无中生有开发出一套见解来，而是文学本身就包含了无穷的可能性，这里指的是经典文本或者普遍的文学现象。

（二）目标共识

在文学阐释中，也存在着某种信念，追求快适、美、善的“目标共识”。自由、和谐、圆满的共识可能是最终想要达到的效果之一，但行为共识这个环节恰恰不能省略掉。共识的前提和基础必须是无数的“独识”，由“有着类似的行为冲动”的阐释者表达意愿促成。人首先要解决阐释的生理诉求。大约在 7 万年前人类的“认知革命”[③]启动以后，“说话”就成了人的基本的生理属性和社会属性。文学阐释的终极关怀是存在的，但目标共识却要极力避免“一言以蔽之”“总的来说”这样的结论。面对一个文本，可

① “公共阐释”概念由张江提出，见《公共阐释论纲》，《学术研究》2017 年第 6 期。

② 张江、〔英〕约翰·汤普森：《公共阐释还是社会阐释——张江与约翰·汤普森的对话》，《学术研究》2017 年第 11 期。

③ Yuval Noah Harari, *Sapiens: A Brief History of Humankind*, Penguin Random House UK, Vintage 20 Vauxhall Bridge Road, London SWIV 2SA, p.3.

能一开始就达成的共识是“总的来说这是一部好作品”，或者“毫无疑问这是一个平庸的作品”。这种结论性的话语会掩盖很多事实，因为它需要千千万万个“独识”来解释这个“好”或者“不好”的原因。文学阐释“何以可能”可以看成目标共识的动机。它被公共理性所推动，也就是伽达默尔所说的“公理的极端自明性”以及康德的“善良意志”①。在文学阐释中，公共阐释的最末端，涉及公理的极端自明性。这个自明性靠什么来达到？在“德法之争”（伽达默尔与德里达的辩论）中德里达曾经对此表示疑虑。“善良意志”是否在相互理解方面有绝对的约束力。事实上，人们都有意愿认可这个公共阐释的极端自明性。它其实不仅仅是一个伦理问题，它应该成为言说的共同体的有效伦理起点。德里达提出一个非常根本性的问题，这个无条件的公理性是否还预设着一个隐形的条件，即意志作为最高的规定性？“如果像康德所说的那样，在善良意志之外没有任何无条件的善，那么，意志到底是什么呢？难道这种规定——作为最终机关——不会属于海德格尔完全合理地称之为意志或者意愿主体性的存在者之存在的规定？难道这样一种讲法——包括它的必然性——并不属于一个过去的时代，即那个意志形而上学的时代吗？”②在公共阐释中，这种以善良意志为基础的理性阐释即包含了“公理的极端自明性”的阐释，对于众声喧哗的文学阐释，可以视为理性和人性的双重标尺，尤其是对“准经典”的阐释。“共识以共同的信念为基础”（哈贝马斯）。经由信念达到的共识是非强制性的、彼此心悦诚服的。行为共识的主观能动促成目标共识的自在自为，可能有“无心插柳柳成荫”的效果，客观上形成了文化权力的统一、话语体系的构建、美学标准的形成、伦理规范的养成，各利益诉求者也因此得到一定回报。在一般性的公共阐释里，这个逻辑是圆满的。

（三）两种共识的交互力量

哈贝马斯与汤普森一样对“共识”感到紧张，甚至有“专制的压力和恐怖”，这种恐怖和紧张是所有理性阐释都想要消除的。比较极端的是文学艺术为了抵制这种“共识”，不惜以违背真相和真理原则为代价。文学阐释有一个本能的冲动，即拒绝独断、总体化。但并不是说文学阐释的公共性就是众声喧哗、各说各话，文学阐释要回避的是“被规定的目标共识”，防止情感认知与精神灵动方面的固化、板结，防止走向文学阐释的开放性、多样性的反面。文学作品尤其是经典作品，它的本质是活性的是有生长力的一个“生命体”。文学阐释在阐释行为上普遍存在一种不可名状的“阐释冲动”。

① “善良意志”是康德的道德哲学的核心概念，以此为中轴展开的义务论对西方道德哲学的现代发展影响深远。他在《道德形而上学基础》开篇就表明观点，认为在世界之内，甚至根本在它之外，除一个善的意志之外，我们不能设想任何事物，它能无限制地被视为善的。

② 〔德〕伽达默尔、〔法〕德里达：《德法之争：伽达默尔与德里达的对话》，孙周兴、孙善春编译，商务印书馆，2005，第51页。

由于公共性阐释最初的冲动并不一定是理性的阐释，个人体验诉诸语言、行动，便成为一种公共阐释。当阐释进入公共领域就包含了交往理性，其行为共识和目标共识互相交织在一起。承认文学类的公共阐释存在某种共识，是在文学阐释中达成对某一文本的经典认知，可以算作一种总体上的共识，它是“行为共识”和“目标共识”通力合作的结果。两种共识的更高层面，应该是在公共阐释中每个阐释主体都无法保持原来的样子，由交往、对话、影响而升级到一种更高的普遍性。在理解中达到的这个新层次，实际上使两种特殊都得到了克服，即自身的特殊性和他者的特殊性。在这个过程中个人学会超越自己狭隘视域，站在更高层面审视自我、他者以及整个世界。

区分行为共识与目标共识，有利于走出长期以来我们所认为的共识的误区。因为阐释者总是从自身有限的视域出发，对千姿百态的文学文本进行解释的时候，将“他者”看成“同一”，形成一种无差别的共识。行为共识可能会将自己的见解预设为高于其他人的见解，因为阐释行为仅仅表现为阐释者对阐释的需要。个体都有一种愿望，希望从差异中得到学习和提升，体验那些不同于自己预判的陌生的“他者性”和“差异性”。分享他者的不同之处，以作为一个参与者为目标。鉴于这种原因，目标共识就更为明朗了，为了理解和认识某物，探索更好的表达或者创建一种共同的愿景，伽达默尔在这个理论上向前发展一步，他在《真理与方法》中强调视界拓展的最终落脚点为“视界融合”。

三　“独识”与更高程度的普遍性

由于人类经验的有限性——人类总是生存在一种特定的空间与时间里，约斯·德·穆尔称之为“视界”。他的视界理论由三部分组成，即视界拓展、视界融合和视界播撒；并认为这三段同时也是阐释学的三个阶段。个人与文化、文学与隐喻都有一种视界。因此，穆尔认为有些文本因为有着截然不同的历史视界或迥异的思想、习惯和传统，读者有解释与沟通的需求。在阐释学实践中体验到困惑和误解，反思就非常有必要。每个阐释主体独有的视界和经验，经由反思而产生独特见解。

做到与众不同还只是“独”，在阐释学中重点是“识”。阐释者对某一文本的本质特征在发现和解释的基础上而产生真知灼见。从自身生命体验出发，通过一种知识化形式揭示文本的秘密，发现非同寻常的意义。知识化不等于科学化。文学理论家设计出层出不穷的公理性、框架性的理论，目的是让阐释者不费力气地读懂尽可能多的文本内容。这一策略带来的严重后果是：它遮蔽了读者对文学的想象力和感悟能力。这里的知识化应该倾向于感知、认识和反思。文学文本展现的是活性的、流动的、充满想象的空间和世界，它可能设置了某种难以达到的理想标杆，但这个标杆设置恰好是人性向上的动力。它可能揭示了人性的某些黑暗和不堪，此种状态恰好是警示人性有向背黑暗和光明的选择。文学指向有不确定性，这种不确定性恰好是对固化阐释的一种拒绝。模式化阐释触摸不到文学的敏感区域，其价值也难以呈现。文学的真理在认知领域，它不像科学真理可以验证。阐释者面对文学文本，需要与其他学科文本进行区别性对待：（1）对“文学是什么”这个最基本的问题是清晰的。（2）不为文学有用与无用而困惑。（3）承认文学阐释客观上有去蔽与加魅的效果。去蔽即公共阐释论中所说的“澄明性阐释”①。阐释者应该对难以理解的晦暗文本、不易接受的疏异性文本加以观照、解释和说明，使文本向公众渐次敞开，释放其固有的自在性。加魅类似于“光晕现象”，本雅明认为“早期的照片，表现在人的转瞬即逝的面部表情中，我们看到了最后一缕光晕，就是这光晕给了他们忧郁、无与伦比的美”②。在阐释过程中对文本意义的升华也存在一种照相原理中的光晕现象。（4）了解作为语言艺术的文学的特性。看起来是一个最低要求，但在实际操作过程中，阐释者往往忘记了这一基础性原则，转而用科学手段分析文学。文学阐释的独识并不拒绝诸如女性主义、后殖民主义、生态批评等外在的文化批评。文化批评可以打开认识路径，但如果要从中获得某种体验，则需要抛开主义、方法和规则，带着感知进入文本内部。倾听人物的欢欣和悲苦，真切感受烟尘、汗水、血泪后面颤抖的灵魂，既有洞穿宏大历史叙事的眼光，也有把握微观世界细小脉动的能力。把流动的、转瞬即逝的感觉固定下来，认识其价值，通过知识化表达，将其上升为更高程度的普遍性。

文学阐释的独识不被重视，文学评论容易陷入“机械主义”误区。文学阐释既有它自身的本体性法则，同时还要警惕如何避免法则本身可能导致的僵死。那么，一种活性的，排除自身陷入死循环的法则是否存在？如果把阐释者看作一个中立的认知主体，阐释者自身有限的经验视界不被考虑在内的话，“偏见”总是被围剿和抵制。为什么会造成对“偏见”的偏见？绝对中立的阐释者是不存在的。按照伽达默尔的说法，偏见恰是理解之可能性的前提条件，因为理解是在“前见”“前理解”的基础之上达成的。海德格尔所说的“前见”或者“前判断”（Vorurteil，prejudice），伽达默尔把它扩展到知识层面的成见。

我们可以从以下几个方面考察文学阐释实践中独特见解。首先是艺术感知力，包括审美感知力、共情能力、艺术表现感知力。人类内心深处的情感，能够敏锐地把握艺术特性，通过对人物命运、情境铺排、事物细节、文字表现性等方面的感知，综合

① 张江在《公共阐释论纲》中认为公共阐释具有六个特征，即理性阐释、澄明性阐释、公度性阐释、建构性阐释、超越性阐释、反思性阐释。

② Walter Benjamin, *The Work of Art in the Age of Mechanical Reproduction*, Penguin Books Ltd., 80 strand, London WC2R, ORL England, 2008, p. 14.

起来形成一种感受。艺术感知力很大程度上是一种“天赋异禀”的能力，感知力弱的人经过训练也能得到相应提高。艺术感知力强的人对于艺术表现力所给予的刺激反应比常人激烈，能够感受到文字背后的情感力量和价值导向。其次是生活与教养。人文艺术感染力能够对人产生深刻的精神转变。现代文化批评将文本内部艺术价值和思想价值排在次要位置，强调阐释行为本身，集中精力关注某一特定群体和对象，并为这些对象所遭受的不公而辩护，提出批评和反思，将从特定对象反射出来的现象上升为普遍的价值意识和权利意识。阐释者拥有特定领域深刻的生活经验和文化背景，能够提出独特见解。最后是阐释能力。艺术感知力、生活与教养大都停留在知性层面，阐释能力需要有逻辑和理性能力。笛卡儿确定了理性的原则，认为有了理性的清楚明白，就可以把握一切真理。对规律的观察已经进入本质论阶段，但还不是本质。在观察理性中存在或然性。或然性有大有小，1% 与 99% 在真理性面前是一样的。没有区别就不好断言。精神科学不同于自然科学，因此，文学阐释中的理性和逻辑并不是要追求绝对真理，而是采取一种类比的方法。我们所说的阐释能力表现为历史性逻辑和价值性逻辑。

四　冲突性阐释

阐释的多样性决定了阐释不仅是公共的，同时也是冲突性的，阐释者的观点彼此之间的冲突、对抗构成了阐释的总体性行为。每一种阐释在反对者看来都是“强制阐释”或者“反面阐释”，这种冲突性阐释正是文学阐释的活力。按照康德的审美判断力批判对“美的理想”的看法，认为审美的理想的规定根据是主体情感而不是客体的概念。鉴赏判断只以一个对象的合目的性的形式为根据，“使一个对象在某个确定概念的条件下被宣称为美的那个鉴赏判断是不纯粹的”[①]。他认为有两种不同的美，即自由美，或只是依附的美。花朵是自由的自然美，它不归于任何按照概念在其目的上被规定了的对象，它自由地凭着自身使人喜欢。而一个人的美，或者一座建筑的美，则是以一个目的概念为前提的，这概念规定着此物应当是什么，附加其上的善与美同样造成对鉴赏判断的纯粹性伤害。因此，“这种判断就不再是一个纯粹的鉴赏判断了”[②]。文学作为以概念为前提的依附的美（即第二种美），其阐释行为预设了杂多的目的、杂多的愉悦。其鉴赏判断的先天根据以愉快或不愉快的情感作为一个结果，或者由普遍的道德概念先天性地推导出来。纯粹鉴赏判断是不依赖于刺激和激动的，而文学阐释，可以套用康德

① 〔德〕康德：《康德三大批判合集》（下），邓晓芒译，杨祖陶校，人民出版社，2009，第 273 页。
② 〔德〕康德：《康德三大批判合集》（下），邓晓芒译，杨祖陶校，人民出版社，2009，第 275 页。

的原话——“这种鉴赏当它为了愉悦而需要混有刺激和激动时，甚至将这作为自己赞赏的尺度时，它就永远还是野蛮的。”[①]那么，冲突性阐释就成为文学阐释不可避免的现象。文学阐释的冲突性大致有以下特征：（1）冲突性阐释是以文本为基础的冲突，每一种阐释的意义本体都能从文本中实现对应（包括实物和情感）。（2）冲突性阐释虽然是以公共理性为前提的，但混杂着因个体愉悦目的而产生的刺激和激动等非理性因素。（3）冲突性阐释是否定和扬弃的过程，最终表现为一种合目的的形式。（4）冲突性阐释汇合各种意见，保证文本的每一种意义都最大限度地彰显，能够实现从混沌到澄明。每一种独特的见解与其他独特见解相遇，充分表明了阐释主体的存在价值，以及阐释对象意义的多样性。政治阐释、宗教阐释的总体性有强制性特征，既保持其本身的合法性，同时也以此方式维持其阐释行为的合法性。一旦这合法性被解构，对政治或者宗教内部来说都是一场革命。文学的阐释权是开放的、公开的，而且大多数时候是平等的。其与政治阐释、宗教阐释不同，不用争夺阐释权。它的所有阐释动机是为文本、为阐释者自身争取生存空间。对文本来说，不论是否定性阐释，还是肯定性阐释，经过冲突、协商，对于被阐释对象来说，客观上实现了空间的拓展和时间的广延。对阐释主体来说，这种阐释行为进一步确立自我与世界的关系，可视为生命价值的延展，具有存在论意义。由此可以推断：（1）阐释是一种生存权，这一权利将最大限度地符合自己的利益诉求。（2）在实现这个权利的过程中，阐释者以自我生命体验作为立法依据，对社会整体的价值尺度、审美标准既有服从也有挑战，以创新性体验探索生命自由。这一过程会形成激烈的冲突。（3）在互相冲突的阐释中，引入反思阐释与建构阐释，不断调整自身，超越个体阐释的狭隘局面，从而获得一种总体上的、具有普遍意义的阐释。其行为动机符合人的“类本质”。（4）个体阐释汇入公共阐释之后，即成为一种具有公共理性的阐释。那么，文学阐释的目标也变得明确起来，在个体进入公共这一集体性行为中，达到说服别人（观点摇摆的人），将其他边缘群体一同纳入这种看待世界的方式之中。这种意愿不像政治和宗教那么强烈。

从社会学的角度考察，造成冲突性阐释的原因与抢占资源、争夺权力、自我利益最大化相关。每一种阐释背后都有一个强大的利益共同体，阐释者为这个共同体代言，集中所有成员的诉求，以某种现实为依据，虚构一种观念性的东西，有现实性但不一定有真理性。文学阐释的冲突性存在着多种可能，有些可能集中了某一利益共同体的集体意愿，达到某种诉求。有些纯粹是个人见解。各种同类型冲突性阐释合并的同时也是冲突性被消失的过程。为了保证在冲突性阐释中获胜，占据某一领域制高点是冲突的最终形式。以屈原的作品为例，最终形成三种制高点，即以爱国情怀为核心的道

① 〔德〕康德：《康德三大批判合集》（下），邓晓芒译，杨祖陶校，人民出版社，2009，第 267 页。

德制高点，以浪漫主义为核心的情感制高点，以诗歌创新手法为核心的知识制高点。最后各种制高点并不是完全排斥对方。

余　论

其他学科的阐释可能只需要阐释者做一个冷静旁观者，便可做出理解和判断。文学阐释需要阐释者既是旁观者同时也是参与者，尤其是情感参与。前者的判断和理解是知识认知的结果，后者是知识认知 + 情感认知，两种认知都是困难的，文学阐释是两种困难的结合。文学阐释学是阐释学的分支学科，作为一门新兴学科，目前在文论界还处于“开路破题”的阶段。要把文学阐释学说清楚是艰难的，尽管文学本质上属于感性事物，如果尝试把这门学科知识形态化，它仍然需要形式逻辑和先验逻辑两种逻辑思维的介入。形式逻辑判断虽然不用考虑对象，但它要考虑概念与概念相符合，需要一个靠得住的整体框架；先验逻辑直接与对象打交道，它同时考虑实践部分和理论部分，需要以大量生动活泼的文学文本为对象的不那么纯粹的实践理性。文学阐释学作为精神学科，还要解决方法上难题和存在论难题。在学科建构上，既要构建适合解决中国文艺现实的文学理论，同时它作为一种从实践中提炼而来的一般理论，应该是普遍意义上的文学理论，某种意义上它应该超越“民族性”和地域性局限。文学阐释学的真理性问题，在以上方法工具达不到的情况下，其不确定性或许可以通过“提问研究”的方式获得进一步确认。

（作者单位　湖南省社会科学院文学研究所）

本文原载《南方文坛》2021年第2期

摘要收录

在“追问真相”与“意义建构”之间

——论阐释的确定性及其他

张江教授的《再论强制阐释》一文对“强制阐释”问题做了进一步深入阐发，在阐释对象的确定性、“强制阐释”现象产生的心理原因以及克服“强制阐释”的具体措施等方面提出了新的见解，对推动阐释问题的学理性探讨和建构中国当代阐释学具有重要意义。但该文在阐释的有效性及“文学阐释”等问题上所持观点尚可进一步商榷。主张阐释对象的确定性并没有问题，但这种确定性不能理解为意义的唯一性，它还包括文字背后隐含的丰富意蕴。对于阐释而言，“追问真相”是“意义建构”的基础，文学阐释不仅仅是寻求“共鸣”，更是一种“意义建构”。

作者：李春青

单位：华南师范大学文学院

文献出处:《学术研究》2021 年第 9 期

“重返 19 世纪”与外国文学研究话语更新

——以西方文学思潮研究为例

在相当长的时期内，我国学界因过于追捧 20 世纪西方文学尤其是现代主义文学而疏于开垦 19 世纪西方文学这片肥田沃土，比如对至关重要的 19 世纪文学思潮，就存在着学理认知上的系统误判或误读。19 世纪西方文学思潮与本土之文学理论及现当代文学有着密切的关联，很有必要从人学逻辑、审美现代性和关系辨析等多重路径，对这一时期的六大文学思潮做反思性、系统性、整体性阐释，揭示其本原性特质和彼此之内在联系以及与20世纪现代主义文学的勾连。“重返”西方文学的19世纪，重新阐释19世纪西方文学思潮，有助于我们准确理解19世纪的西方文学，而且对准确把握20世纪现代主义亦具有重大裨益，尤其是有助于更新与重构我国外国文学研究乃至文学理论、现当代文学研究之知识谱系、学术范式和话语体系。

作者：蒋承勇
单位：浙江工商大学西方文学与文化研究院
文献出处：《浙江社会科学》2021年第10期

女性文学与艳体文学的关联性及其阐释语境

——从“香奁诗”的两种含义谈起

“香奁”本指女性的梳妆用具，后在诗学层面逐渐具备了艳诗与闺阁诗的双重含义，其逻辑在于二者具有相似的题材并共享了相同的书写传统，这是古代女性文学与艳体文学存在关联的一个典型案例。在艳体文学对闺情题材的处理已经较为成熟的前提下，女性文学中的闺情题材创作很难不受其影响；且女性的文学创作多被视为其自然情感的流露，特定的身份又使其情感多指向男女之情，晚明的崇情论由此为其与艳体文学提供了同一套诗学话语体系，女性文学在该语境中也容易被加以艳体化的阅读与阐释。探讨这一问题的意义在于，对古代女性文学的研究应注意还原与之共生的语境，避免过度解读或理论先行的情况，文学研究应致力于呈现文学史版图的复杂性与多样性。

作者：熊啸
单位：浙江财经大学人文与传播学院
文献出处：《文学遗产》2021年第5期

中国当代文学批评与阐释的焦虑

——兼论诺思洛普·弗莱的《批评的剖析》

10世纪是批评理论和批评流派层出不穷、光辉灿烂的岁月，仅“新批评”就雄霸了几十年，何况还有许许多多哲学家和社会学家、心理学家对批评和阐释做出了无尽的理论阈定，成为我们批评的武器。但是什么才是真正适合中国文学的批评和阐释，尤其在针对文学文本的时候，我们如何批评才是亟待解决的具体问题。

作者：丁帆

单位：南京大学中国新闻学研究中心

文献出处:《文艺争鸣》2021年第1期

论阐释的四种模式

当代阐释理路可选取四种主要思路，不妨命名为小说家、哲学家、批评家和理论家的阐释模式。在小说家，阐释尽可以海阔天空大胆假设，但是文本最初的历史和文化语境不容忽视。在哲学家，具体来说是实用主义哲学家，认为意义原本就存在，严格运用某种方法可将之阐释出来，那是荒唐透顶。在批评家，不温不火的阐释呼应共识，然而平庸无奇，阐释一样需要想象，是以但凡有文本依据，所谓的“过度阐释”并不为过。在理论家，阐释本质上应是超越私人性质的“公共阐释”，须具有“共通理性”。凡是往事，皆为序章，一切阐释洞见，说到底是建立在百分之九十九的汗水之上。

作者：陆扬

单位：复旦大学中文系

文献出处:《文学评论》2021年第5期

论文学史学“理论机制”的“中国话语”建构

20世纪中国文学史的写作实践包含着根植于中国文学历史的逻辑章法、美学经验、哲学理念及在场体验等，包蕴着文学实践史、文学史实践、文学史理论三重意义结构与内涵，对中国文学史文本的写作机制阐释、史学谱系归位、学理意义评价和价值批评对话，既要批判性地借鉴与汲取西方文学史学的阐释理论和批评话语，更要还原文学史实践亦为中华民族国家“总体历史叙事”的“中国本位”，在立足世界经验展开学术批评与文本阐释的同时，更应秉持“中国性”“当代性”和“本体性”的文化价值视阈，通过“理论方法维度的立体性整合”“整体性学术观的革新性建构”“叙事文本谱系的批评话语创设”等维度的方法论生产，积极构建生成于中国文学历史、蕴含中国文学经验、契合中国文学本体、具备当代中国意识的“中国话语”的文学史学理论机制。

作者：金春平

单位：山西财经大学新闻与艺术学院

文献出处:《内蒙古社会科学》2021 年第 5 期

强制阐释的意义生产工艺学批判

强制阐释的主观化、相对化与无视语言这种意义生产工具的物质性、社会性约束相关，并与消费社会转型中接受的绝对化相互影响。处于上升期的资本主义具有客观倾向，在逐步走向衰亡的进程中则呈现出主客体二分而越来越主观化的倾向，反启蒙、反理性主义的接受美学尤其后现代解构主义的强制阐释主观化的无边膨胀，乃是晚期资本主义试图通过消费社会转型克服而又无法摆脱的现实危机的表征。生产的机器工艺方式开启了现代文化大众化、平等化发展趋势，而文化生产为资本增殖服务的社会方式则又与之存在对抗性。消费社会中生产者、作者地位的下降不过表明他们更深地从属于资本而已，而貌似被抬高的读者作为消费者也只是资本增殖的一个环节而受制于资本。在晚期资本主义时代，重构马克思生产工艺学批判，批判性地反思强制阐释的主观化等倾向，具有多方面重要意义。

作者：刘方喜

单位：中国社会科学院文学研究所

文献出处:《社会科学辑刊》2021 年第 5 期

论阐释的辩证平衡

张江教授的《再论强制阐释》接续了《强制阐释论》的主题,并且拓展了理论纵深。借助心理学研究，张江深入揭示了“强制阐释”的任性、固执包含的心理原因，细致地阐述了阐释的活跃与“强制阐释”之间的辩证平衡。阐释史表明，某些“强制阐释”带有“生产性”特征，一些不正确的认识仍然可能补充和扩张思想空间，重新确定阐释对象；另一些条件下，“强制阐释”也可能产生积极后果，譬如利用种种惊世骇俗的阐释惊醒世人。“强制阐释”始终是一个刺眼的偏见，但是，完整地考虑周围思想环境的种种复杂关系，或许可以合理地认识、处置甚至利用这个偏见。

作者：南帆

单位：福建社会科学院　中国文艺理论学会　福建省文联

文献出处：《社会科学辑刊》2021 年第 5 期

法国 20 世纪上半叶大众戏剧流变研究："大众戏剧"（Théatre Populaire）的中西阐释与定义思辨

法国 20 世纪上半叶的大众戏剧流变在法国戏剧历史长河中留下了一条引人注目且无法忽视的流变轨迹。本文试图通过法国文化和戏剧历史形成的语境框架对该定义的含混性加以分析，梳理其在法国学界的研究进展；进而结合拉丁文、法文、英文、意文、中文等语境中的文献材料展开译介研究，探寻其在不同思想中的对应象限；最终通过中法比较的研究视角，力图对"大众戏剧"（Théatre Populaire）的中西阐释及其经历 20 世纪上半叶流变至今所呈现的时代现实意义做出思考，由此观照和探究大众戏剧在中国的多维演绎和嬗变价值。

作者：鲁楠

单位：中国人民大学文学院

文献出处：《戏剧（中央戏剧学院学报）》2021 年第 4 期

从《三体诗》注释史看江户俳人森川许六的唐诗阐释

《三体诗》是宋人周弼编纂的一部唐诗选集。自 14 世纪以来，《三体诗》在室町时代禅僧之间反复被讲读、注释，形成了一个庞大的"抄物"文献体系。这些"抄物"既是江户俳人注释、接受《三体诗》的基础，也是其批判与超越的对象，森川许六《和训三体诗》就是其中的代表性著作之一。《和训三体诗》是"蕉门"俳人森川许六临终之际遗留的一部未竟之稿，该书从注释形式、内容、审美风格三个层面，实现了对日本《三体诗》注释史的超越。具体而言，《和训三体诗》在注释形式上选择了松尾芭蕉新创立的"俳文"文体，内容上注重以江户时代的风土文化进行"翻案"，审美风格上则强调和汉交融、雅俗折衷。正是通过这三个层面的超越，森川许六将《三体诗》从室町禅僧以"政治讽喻说"为主流的注释史中释放出来，将唐诗审美带入一种冲淡、风雅的俳趣境界。

作者：郭雪妮
单位：陕西师范大学文学院
文献出处:《日语学习与研究》2021 年第 4 期

作为一个诗学命题的“知人论世”说及其诠释学问题

孟子提出的“知人论世”说本不是“论诗”而是讲如何“尚友”，但在从汉代到当代的理解和阐释中逐渐成了一个重要的诗学命题，特别是近年来，诸多论者赋予这个命题以崇高的地位，并认为它“构建了中国诗学的千年阐释传统”。由于孟子“知人论世”说表达的模糊性具有差异性理解的诠释学空间，论者们做出了各种不同的理解和阐释。各种不同的理解都有其合理性，使这个命题的内涵变得更加丰富，也存在不少可以深入探讨的问题，主要体现在未能充分意识到“知人论世”说作为一个诗学命题的诠释学限度，未能充分考虑理解者的历史性和时间性在阐释中的作用，更重要的是认为理解的目标在于客观地“逆古人之志”或把握作者的意图，忽视了对作品本身的理解和阐释，而这些都是对作为一个诗学诠释学命题的“知人论世”说应该深入探讨和阐释的问题。

作者：李建盛
单位：北京外国语大学中国语言文学学院
文献出处:《江淮论坛》2021 年第 4 期

论阐释“主体”的诞生

——以王国维对“美术”概念的阐释为个案

从作为术语的“美术”来看，经过王国维的阐释和运用之后，消解了外来语这一层隔膜。“美术”作为一个现代概念进入中国学术语境获得了思想的含量。“美术”在王国维的思想结构当中获得生命的过程，也是一个具有方法论自觉的阐释主体逐步“诞生”的过程：王国维不仅精细地处理阐释对象，还对阐释的环节和限度有清晰的认知和反思，从历史的自觉达到方法论的自觉。王国维的方法论探索产生了重要的思想积累，所谓的文化建设，或者文化对接正是在他对这个概念进行阐释和运用的过程中展开。

作者：唐卫萍

单位：杭州师范大学艺术教育研究院

文献出处:《江淮论坛》2021 年第 4 期

论苏珊·桑塔格的“反对阐释”与“反理论主义”

苏珊·桑塔格在美国文学批评理论即将进入繁盛期之际表现出最早的反理论主义情绪，我们不难发现其“反对阐释”含有反本质主义意味，而本质主义与理论主义有着深刻的逻辑关联；在反理论主义之路上桑塔格并非单枪匹马，“反对阐释”不仅呼应了新左派“反文化”大潮和激进文化运动，同时提前触动和震撼了欧美理论界，对欧美之外的文学批评理论和美学理论亦有启示。

作者：陈文钢

单位：江西财经大学人文学院

文献出处:《江西社会科学》2021 年第 8 期

“经典重估”的一个实践案例

——对《经典重估与西方文学研究方法创新》的阐释

“经典重估”是近年来我国文学研究界的一种不绝于耳的声音，也是国际学界的强烈呼声。文学经典不是一成不变的，而是随着时代的变迁、文化的变更、审美趣味的转换而不断调整、流动的，所以，每个时代都有重估经典的必要，每个时代都有自己的经典系统。对于专业工作者来说，必须在对此有所认识的基础上，探究引发经典流动和调整的深层原因，以期准确把脉经典与时代和社会之关系，进而实现重新评判经典之初衷。

作者：肖丽华

单位：宁波大学科学技术学院

文献出处:《浙江社会科学》2021 年第 8 期

翻译与“打通”：艾朗诺与钱锺书的跨语际对话

艾朗诺借由《管锥编》与钱锺书就“翻译”与“打通”展开了跨语际对话。在翻译部分，艾朗诺一方面推崇翻译应当主信的理念，与钱锺书形成肯定式对话关系；另一方面，又因语言转换的非等值特征，认为部分内容需在翻译中显露译迹，并在实践中加以呈现，以此与钱锺书的“化境说”形成补充式对话关系。而在“打通说”部分，艾朗诺以两种方式构建与钱锺书的肯定式对话关系，其一是直接阐释“打通”说，其二是以“打通”作为自己学术研究的方法与追求。发生在艾、钱之间的对话，是中西文化深度交流的范例，在方法与学理层面给当代学界带来有益的启示。

作者：陈燕萍

单位：四川大学文学与新闻学院

文献出处：《福建论坛》（人文社会科学版）2021 年第 8 期

海外华人学者对“兴”范畴阐释路径的理论评述

通过梳理海外华人学者对中国传统诗学“兴”范畴的阐释，首先，考察其运用的理论策略及研究视角，以获得“兴”范畴在异质理论话语中的多层次、多维度呈现。其次，通过中西两种话语的比较，探讨“兴”范畴中可与西学相沟通的理论内涵并寻找传统诗学的现代言说路径。最后，在二元语境的差异中见出异理论阐释的错位和偏差之处，以反思本土诗学在走向现代、走向世界过程中保持本土文化内涵的重要性。

作者：曾旭彤

单位：暨南大学中文系

文献出处：《中国文学研究》2021 年第 3 期

政治无意识：理论构成与阐释实践

詹姆逊提出的“政治无意识”已经成为西方马克思主义文学理论中非常重要的关键词。詹姆逊提出“政治无意识”的目的是对当时美国文学理论与批评中新批评与历史文化学派之间的矛盾予以介入和回应，并恢复马克思主义的理论活力。詹姆逊对精神分析的“无意识”进行了马克思主义的“符码转换”，并与“政治”相嫁接，形成了“政治无意识”理论。这种理论以“政治”为主符码，强调历史化方法，认为政治和历史都必须经过文学的形式化，才可以成为文学中的“政治无意识”。以探寻文学中的“政治无意识”为目标，詹姆逊提出了一种“三个同心圆”的马克思主义文学阐释模式。这种阐释模式本质上是一种充满空间想象的文学认知理论。

作者：杨建刚

单位：山东大学文艺美学研究中心

文献出处:《天津社会科学》2021 年第 4 期

“阐”“诠”视角与当代文学的经典化

作为文学研究与批评的主要路径，“阐论”和“诠证”彼此既独立又统一,二者的独立性形成文学批评的内在逻辑，统一性又为文学史的书写提供了参考和选择。这可为思考当代文学批评实践提供一种视角，考察其如何在不同的现实语境中展开，又呈现怎样的文学史形态，面对文本和面对文化场域嬗变时的结构性区别是什么，以及在何种逻辑中组织批评和批评史，并最终如何进入知识的生产、传播与接受、参与作家作品的经典化过程。

作者：赵坤

单位：山东大学人文社会科学青岛研究院

文献出处:《中国文学批评》2021 年第 3 期

文学经典的内部构成：原创性和可阐释性

何为经典？构成经典的内在因素是否存在某种规律性的东西？或可用历史主义、实证主义等方法论证构成经典的某种内在规定性，即原创性和可阐释性。原创性由三个维度构成：思想价值维度、知识创新维度和情感表现维度。三者之间互相依存且互为目的，同时每一个维度又都由若干子项目构成独立的坐标。可阐释性在原创性的基础上生成，即在思想、知识、情感三维之上加上时间的维度，二者构成经典的内部核心要素。

作者：卓今

单位：湖南省社会科学院文学研究所
文献出处:《中国文学批评》2021 年第 3 期

20 世纪 80 年代中国鲁迅研究历史批判

——以《狂人日记》阐释史为中心

在中国文学史上,《狂人日记》的存在是独一无二的。纵观百年《狂人日记》阐述史，其中交缠着政治、文化与百年间知识分子的思想精神变迁，是知识分子自我建构的一面镜子。通过史料梳理的方式，回溯 20 世纪 80 年代《狂人日记》的阐释史，剖析其中所寄寓的学者们的自我意识及其对现实的指向，尤其关注新启蒙思潮中提出关键性理论的研究者——王富仁、钱理群、汪晖的《狂人日记》研究，还原新时期知识分子的思想变迁史。

作者：赵珍　刘春勇
单位：中国传媒大学人文学院
文献出处:《杭州师范大学学报》(社会科学版)2021 年第 4 期

金庸文学成就再阐释：以奥登的大诗人标准为参照

金庸作为 20 世纪武侠小说集大成者的地位已毋庸置疑，长期以来学界对金庸小说的深刻阐释和经典化塑造，使金庸具备了更多的成为中国现代文学大作家的可能性。奥登提出界定大诗人的多产、题材和手法广泛涉猎、洞察力和风格有独创性、技巧精湛、不断蜕变等五个条件，其中蕴含对文学作品深刻性、多样性、进展性三个维度的考量，以及对文学创作内在规律的深刻认知。虽然文体差异不可忽视，但这五条标准，亦不失为评价金庸文学成就的一条富有启发性的路径，并对类型文学的创作与研究有着良好的借鉴作用。

作者：池若飞[1,2]　卢敦基[1,3]
单位：1. 浙江师范大学人文学院　2. 绍兴文理学院元培学院　3. 浙江省社会科学院
文献出处:《西南大学学报》(社会科学版)2021 年第 4 期

中国文学外译批评的审美维度

中外文化的交流互鉴是中国文学外译的根本目标。针对当前中国文学外译接受中存在的非文学性倾向及其对中国文学文化“走出去”的现实影响，本文提出，翻译界与批评界应进一步重视中国文学外译批评的审美维度，在树立明确的审美批评意识基础上，充分认识文学作为一种语言艺术的根本审美属性，进而以审美价值为导向探析翻译从生产到接受的整个生成性过程，发挥翻译批评应有的阐释、评价与引导作用。

作者：刘云虹

单位：南京大学外国语学院

文献出处:《外语教学》2021 年第 4 期

“路空文隐喻”阐释与网络文学高质量发展的系统观

——奇幻电影《刺杀小说家》思辨

网络文学形成于网络系统和文学系统在社会层面、产品层面和运营层面的互动。我国网络文学目前已经形成巨大规模，取得可喜成果，也存在亟待解决的“空耗”等问题。至于高质量发展，是由网络系统和文学系统的矛盾以及其他社会历史条件决定的。影片《刺杀小说家》以网络文学写作及其引发的反应为构思线索，主角路空文的名字成为网络文学态势的隐喻。对它所进行的阐释有助于理解网络文学高质量发展的系统观。

作者：黄鸣奋

单位：厦门大学人文学院中文系

文献出处:《福建论坛》（人文社会科学版）2021 年第 6 期

文艺理论建构的本土化实践

——蒋述卓文化诗学批评论略

蒋述卓倡导的第三种批评——文化诗学批评是 1990 年代中国文艺批评转型过程中

出现的一种新型文艺批评阐释系统。在倡导和研究过程中，蒋述卓逐步建构起包括概念定义、建构取径、价值基点、理论基础等在内的相互关联的文化诗学批评的理论框架。蒋述卓“文化诗学批评”的实践品格源自其对文艺创作的实际批评，而从中国问题中国经验出发创造中国的理论话语，是他文化诗学批评的内在动力和终极诉求。

作者：伍世昭

单位：惠州学院文学与传媒学院

文献出处：《当代文坛》2021 年第 4 期

从强制阐释看中国百年文学批评的症结

文学批评不是为了阐释作品的思想艺术，而是为自己理论的正确性提供佐证材料。百余年来，中国社会处于现代转型的痛苦裂变之中，中国的人文学者远未获得坐而论道的从容。中国近现代的文学批评史充塞着强制阐释，从性质上看与西方的强制阐释大异其趣：新时期以前强制阐释的主要性质是政治文化的强力渗透；新时期以后则主要是因为本土文学理论发育不充分，无力应对新出现的文学现象，依靠挪用西方理论话语予以阐释，结果水土不服，造成另一种情形的强制阐释。如果从强制阐释的理论视野来审视中国百年文学批评史，很多困惑都可以迎刃而解。

作者：翟文铖

单位：北京师范大学国际写作中心

文献出处：《文艺争鸣》2021 年第 6 期

少年小说语篇的语用取效阐析

本文采用语用文体学视角，以现当代美国少年小说为语料，在言语行为理论框架内，将取效行为应用于少年小说语篇的阐释，旨在拓展少年小说语篇解读的维度。本文在厘清取效行为与少年小说语篇关系的基础上，从明示取效、隐义取效和受动取效三个层面探讨少年小说语篇的多元阐析。研究发现少年小说语篇的显性特征、美育功能和多元阐释与取效行为的三个层面具有呼应关系，具体体现在副文本特征明示化、措辞风格明示化和叙述视角明示化，审美功能和教育功能，以及社会文化阐释和个体认知阐释上。本文不仅为少年小说语篇接受和阐释提供了新模式和视角，也为少年小说的译介提供了启示。

作者：夏宗凤[1] 刘风光[2]
单位：1. 大连外国语大学公共外语教研部 / 东北亚研究中心
2. 大连外国语大学英语学院

文献出处:《西安外国语大学学报》2021 年第 2 期

邓以蛰对西方美学的借鉴和再阐释及当代启示

作为中国现代美学转型时期的代表人物，邓以蛰学术的典型特征在于中西融汇。他一方面借鉴了以黑格尔、克罗齐、温克尔曼等为代表的西方美学中的“表现论”“绝对精神”“理想论”；另一方面结合中国传统美学思想中的“心画”“气韵生动”“意境”“境遇”等理论资源予以再阐释，自出机杼，新意迭出。这对纠正当代美学研究注重文学美学而忽视艺术美学，艺术理论研究脱离艺术本体，中西美学交流食洋不化等弊端具有启示意义。

作者：宋学勤
单位：四川师范大学文学院

文献出处:《中国文艺评论》2021 年第 5 期

经典的公共性与公共性的经典：论文学经典改编电视剧的时代变迁

文学经典改编电视剧的发展历程，是“经典”以其公共性凝聚一般公众、形成公共领域的过程。1980 年代，“经典”内在公共性中的他律因素发挥主要作用，精英知识分子通过改编形成“启蒙性公众领域”的探索，但知识分子凸显自我价值的定位，造成“公共性”意义上的不完整；1990 年代以来，“经典”内在公共性中的中介因素成为主导，“观众”与“创作者”作为推动更大包容性公共领域的主要动力，形成以功利目标为出发点的“生产性公共领域”,是一种伪公共领域式的存在。21 世纪以后,通过“经典”对于世俗人性的深刻展现,一种个体对于社会深切经验和自我反思的“经验性公共领域”形成。当下，改编进入自律因素为主的“阐释性公共领域”，即通过“经典”艺术价值与阐释共同体的建构，形成理解与交流的公共舆论领域。从经典的公共性到公共性的经典，在中国的文艺语境中，以“经典”文本形成的公共领域与西方公共领域的概念不尽相同，其具有自我更新、自我调节的生命力。

作者：王静
单位：中国传媒大学人文学院
文献出处：《现代传播（中国传媒大学学报）》2021 年第 5 期

强制阐释与阐释的合法性

关于“强制阐释”及其批判具有原创性意义，这一话题并非国际学界本来就有的，而是由中国学者张江自己设计并提出的，并吸引了相当一批重量级的国际学者的关注，国际主流学界围绕这一话题开展的讨论以及与中国学者的对话开启了中西文学理论平等对话的征程。强制阐释的现象已经流行很广，而且涉及人文社会科学的各个分支学科，它有可能成为一种学术范式。因此，即使是强制阐释本身，也有合法的强制阐释与不合法的强制阐释之分；此外，还有成功的强制阐释与失败的强制阐释之分。合法的强制阐释可以导致理论的创新，而不合法的强制阐释本身就会被人们所忽视，更无法引起人们的关注和讨论。同样，成功的强制阐释所引发的是一种新的理论概念或范式的诞生，而失败的强制阐释则由于其本身不能自圆其说很快就被人们所忽视进而彻底遗忘。

作者：王宁
单位：欧洲科学院　拉丁美洲科学院　上海交通大学
文献出处：《社会科学辑刊》2021 年第 3 期

解释的限度与有效性问题

——赫施解释学思想的中国回声

“强制阐释”这一话题紧扣“边界”与“有效性”，如何回归界限、实现有效性的问题则紧随其后。张江教授提出重建中国当代文论的路径是由“强制阐释”到“本体阐释”。根据张江教授的提法，本体阐释包含核心、本源、效应这三个层次，核心阐释是对原生话语的阐释，其中包含着文本与作者所能传递与表达的所有信息。本体阐释的根本是回归文本与作者，同时正确处理次生话语和衍生话语。这种路径与赫施的解释学思想不谋而合，赫施理论以“保卫作者”为核心旨归，对作者意图的有效性验定又在于对文本“言说主体”的想象性重建。作为对强制阐释的修正，本体阐释强调阐释的边界性和有效性，本体阐释的“本体”是指对文学、文本以及作者的回归，赫施理论在回归作者意图与重建文本言说主体这两个方面与其有一定契合之处。

作者：曹顺庆[1, 2, 3, 4, 5] 黄文[6]

单位：1. 北京师范大学 2. 欧洲科学与艺术院 3. 四川大学 4. 四川省社科联 5. 教育部教学指导委员会 6. 北京师范大学文学院

文献出处:《社会科学辑刊》2021 年第 3 期

“强制阐释论”的基本立场、理论建树与学术关怀

强制阐释产生的原因、发生的影响以及怎样使当代阐释学和人文社会科学研究走出强制阐释的误区，一直是“强制阐释论”的问题意识所在。六年来，“强制阐释论”虽然不断深化与调整，但理论首先应当来源于实践、阐释对象的确定性、阐释者的中介地位、公共理性为阐释设定边界等作为其基本立场却没有改变。“强制阐释论”的理论建树主要体现在对于强制阐释发生原因的深入解析、对阐释伦理的强调、对阐释公共性问题的深入思考以及对中国阐释学思想的总结与借鉴等方面，而学术研究是否还保有科学性与客观性一直是其学术关怀的焦点。

作者：泓峻

单位：山东大学马克思主义文艺理论研究中心

文献出处:《社会科学辑刊》2021 年第 3 期

孟子“知人论世”说与儒家交往行为美学阐释学

孟子“知人论世”这一经典命题的阐释聚讼纷纭，但此命题却关涉着儒家交往行为美学阐释学的深刻理论内涵。孟子“知人论世”作为经典阐释学理论命题蕴藏的儒家交往行为美学阐释学内涵在于：“知人论世”本意在强调“此在”的今人通过“知言”的文本阐释学和“知世”的生活语境与往世行迹的理解所实现的知人的人本阐释学，与“曾在”的古人缔建儒家朋友式交往关系和交往行为，并遵从孔子儒学的“毋友不如己者”的教导，通过与古人交友、以“友其德”来“极

其善道”这一根本的“尚友”旨趣。它具体表现在五个方面:一,“知人论世”是“以文会友,以友辅仁”的历史变式;二,“知人论世”实现了“知言”的文本阐释学之审美鉴赏判断与“知人”的“人本阐释学”之道德情感判断的统一;三,“知人论世”饱含着儒家交往行为美学阐释学的命题公式:知人 = 知言 + 知世;四,“知人论世”内含着儒家交往行为美学的阐释学循环;五,“知人论世”是孔子道德情感判断公式的历史发展变式。

作者:曾仲权

单位:江苏师范大学文学院　华东师范大学中文系

文献出处:《中国政法大学学报》2021 年第 3 期

刘心武在法国的接受与阐释

刘心武是最早一批中国当代作家海外译介的成功范例。其作品最先在法国得到译介,迄今已有 40 余年的历史。本文梳理刘心武作品在法国的翻译与传播,考察作家作品的接受情况,从传统与现代融合的创作手法、反思伤痕的创作动机、歌颂无名之辈的创作主题三个方面呈现刘心武作品的法国阐释,揭示其作品立足本土文化之根、表达世界性主题的特点,以期能为我国的当代文学研究和传播提供有益的思考。

作者:庞茂森

单位:南京大学外国语学院　索邦大学文学院

文献出处:《当代文坛》2021 年第 3 期

学术交融与穆旦诗歌经典化建构

文学经典化建构是一个与时代语境、传播接受机制、话语权力、文化力量等因素紧密相关的复杂话题。20 世纪 80 年代以来,随着思想解放运动的开展,以及文化语境和学术氛围的好转,精英话语重申纯文学的标准,利用其所掌握的文化权力和文学资本,通过阐释批评、文学史书写、专业选本编撰、学术会议的召开等多种学术形式,对穆旦诗歌的价值意义做出阐释与发掘,对穆旦诗歌做出经典指认和命名。在持续不断的学术交融的过程中,穆旦作为新诗史上的经典诗人的身份逐渐得到确认和巩固。同时，在官方话语与民间话语的合力作用之下，穆旦诗歌的经典化进程与熟知化进程得到极大推进。

作者：李蒙蒙
单位：太原师范学院文学院
文献出处：《南昌大学学报》（人文社会科学版）2021 年第 2 期

苏珊·桑塔格论阐释

在桑塔格的理论体系中，阐释是人类理解事物做出的积极努力，事物是可以被阐释的。但对艺术作品内容与形式的失衡性阐释会成为过度阐释滋长的温床，人们同时也应该对转换型和隐喻化的阐释方式保持警惕。桑塔格为语言创作者受困于语言的不可靠性而颇感担忧，因而鼓励人们重视静默的力量以恢复语言的张力。艺术家选择中止创作而踏入完全崭新的领域和直白创作手法的呈现都是静默在文学中的重要体现。在静默的众多功用之中，桑塔格强调阻隔性功用，即创作者借由静默可以从尘世的眼光和历史的重压中抽离出来，更加自由而专心地投入创作。

作者：崔玮崧
单位：华东政法大学外语学院
文献出处：《当代外国文学》2021 年第 2 期

本雅明寓言理论的中国旅行：阐释与对话

本文尝试对本雅明寓言理论在中国的阐释、对话和所面对问题三个层面进行观察和梳理。首先指出本雅明寓言理论如何在马克思主义的框架下被阐释为一种解放性理论，其次展现在这种阐释结构下文化研究学者的运用与对话，最后指出如何规避问题并真正完成理论的中国化。

作者：刘骏
单位：南开大学文学院
文献出处：《中国图书评论》2021 年第 4 期

《长恨歌》文本的现代阐释和世界文学价值重构

唐代诗人白居易对历史上的杨玉环怀有怜悯之情，并发乎“情”于其《长恨歌》诗中，对她做了相对客观的评判，在当时的社会风气下无异于一种现代主义象征。当代中国台湾诗人洛夫别出心裁，将白居易的这一长篇叙事诗改写成现代主义风格的汉语短诗。比较文学学者奚密对洛夫版《长恨歌》的英译，则充分借助了汉语自身的发展与嬗变，将古典文本被现代语境重写后所焕发的人性光辉展现得淋漓尽致，进而延续并催发了白居易诗中的现代主义萌芽。通过语内翻译和语际翻译两种文本阐释，一则原本囿于中国传统叙事的浪漫传奇以崭新的面貌登上世界文学舞台，为不同文化背景的读者所欣赏、评判、熟知。

作者：熊莺

单位：国家重点学科上海师范大学比较文学与世界文学学科创新团队

文献出处:《上海师范大学学报》（哲学社会科学版）2021 年第 2 期

关于移动空间的书写

——旅行文学批评谱系及其跨学科交叉阐释

20 世纪 80 年代以来，随着文化研究的兴起和深入，旅行文学从西方学界少人问津的亚文类一跃成为普遍关注的重要文本场域，后殖民、女性主义、人类学、地理学、比较文学的研究者都将学术兴趣转向旅行书写，纷纷探讨其诗学与政治、文学审美与文化再现。本文认为旅行文学作为亚文类浮出文学研究的历史地表，不仅承载着复杂多变的地缘政治和社会文化元素，更有着跨种族、跨语言和跨学科的动态特质。论文对旅行文学范畴、研究谱系及其跨学科性质进行耙梳，以期对国内旅行文学研究有所裨益。

作者：黄丽娟

单位：北京外国语大学国际中国文化研究院

文献出处:《外国文学》2021 年第 2 期

作为理论的文学与间在解释学

——为“没有文学的文学理论”一辩

“没有文学的文学理论”被批判得多，而反批判或辩解则很少。文艺理论研究的对象也可以不是文学作品，而是具有审美特性的人类的种种活动及其成果。将文艺理论从文学研究、文学批评中解放出来，将极大地促进文艺理论社会功能的发挥和实现。文学作品本身便是一 种理论，而作为学科的文学理论只不过是将混杂在文学作品中的原生态理论提纯、升华、科学化或学科化，使之成为一种便于学习和使用的知识。“没有文学的文学理论”这一“非文学性”的呼吁将为文学 和文学研究开辟出更大的“理论”疆域和社会空间。我们应认清“唯美主义”和“唯美主义认识”的误区。为了构建“人类命运共同体”，我们不是要放弃民 族立场、民族本位，而是要以我们民族的“独在”协商于他者的“独在”，相向展开自身，接受彼此的凝视和阐释。

作者：金惠敏

单位：四川大学文学与新闻学院

文献出处:《文艺争鸣》2021 年第 3 期

文学阐释学的“圈”问题及其双向困境

每个阐释者的认知、想象力、情境共振、专业知识都会与其他阐释者构成某种既定的“圈”。这个“圈”一方面最大限度地发挥个人才能，并在某一领域专业化、精细化；另一方面极大地限制和围困人的精神自由度。由于知识内部繁衍、行业壁垒造成的因循守旧，这个圈变得越来越纯粹单一。每一位阐释者都不知不觉处在矛盾中，既有必要维护个人长期养成的独特气质，保证观点的真诚、感受的真实，同时还要超越这个“圈”，使自己融入社会公共性阐释的总体性之中。“圈”问题的双向困境还体现在“偏见”与纯粹客观鉴赏的困境，文化趣味固化与文化动态发展的困境，主体预设与文本客观性呈现的困境。文学阐释者要破“圈”，需要跨越经典的层级和分类，摒弃情感上因激情和魅力的吸引，淡漠利益上的优惠，将阐释主体的认知水平提升到纯粹理性。

作者：卓今

单位：湖南省社会科学院

文献出处:《求索》2021 年第 2 期

少数民族口传文学的权威版本生产与遗产话语实践

——以拉祜族创世史诗《牡帕密帕》为例

与西方语境中的权威遗产话语不同，中国语境中的权威遗产话语有助于加强弱势民族和社群在社会公共文化领域的集体叙事并为其争取文化权益。以拉祜族创世史诗为例的少数民族口传文学遗产话语实践涉及文本、话语阐释和社会实践三个层面。少数民族在官方权威版本生产和话语阐释方面具有一定的主体性和反身性。在多元主体共同参与的遗产社会实践中，官方权威遗产话语是生产少数民族象征资本的主导力量，文化旅游背景下的非遗资本转化已成常态，少数民族社会资本的建构得益于科技传媒的普遍应用。在非遗资本的生产、建构和转化过程中，由于受权力、资本、利益、价值观念等因素的影响，遗产社会实践往往存在问题。从遗产话语实践角度出发，为更好地推进少数民族非遗的保护传承与发展，有必要强调：赋予非遗“活”在当下的现实合法性是必要前提，建立相关主体的合作制衡机制是重要保障，鼓励面向未来的遗产心态和创造性至关重要。

作者：桂榕[1]　袁廷[2]

单位：1. 云南大学民族学与社会学学院暨西南边疆少数民族研究中心

2. 云南大学民族学与社会学学院

文献出处:《文化遗产》2021 年第 2 期

经史子集与中国文论的兼性阐释

“中国文论”又称“中国古代文论”或“中国文学批评史”：前者偏指研究领域，后者偏指现代学科，二者的共通之处是深植于经史子集知识学谱系的“兼性阐释”。兼者通也，经史子集的兼收并蓄和参稽众说，从阐释主体、思维方式和文本纂集等不同层面构成兼性阐释的学理依据。经史子集典籍的互文性、学派的融通性以及批评方法及心态的“平心而论”，铸成兼性阐释的古典形态。“集”奠其基、“史”开其局、“子”拓其疆和“经”聚其力的百年历程，形成兼性阐释的现代嬗变。经史子集之兼性阐释理念及方法在中国文论领域的创造性转换，催生出文论典籍的“新四部”、大学教育的“新文科”和学术话语的“中国性”，从而彰显出兼性阐释的当代价值。中国文论的兼性阐释，既区别于“以西律中”的强制阐释，又区别于“专业主义”的端性思维，从而在镜鉴西方、通变传统的基础上于文学理论领域重塑中国方案、中国范式和中国特色。

作者：李建中

单位：武汉大学文学院

文献出处：《社会科学》2021 年第 3 期

语文学与经学

语文学在西方学术发展史上占有重要地位，是一门历史悠久、包容甚广的学问，在走向近代化的过程中，逐渐发生裂变，领地收缩，变成以历史文献考证为主业的专门知识。而经学是中国传统文化的支柱性学问，位居各科之首，是所有知识的统领，在西学东渐、儒学向现代形态转化的过程中遭到瓦解，变成文献学和古典史研究的对象。现存的语文学和经学研究，都是以文献考证和文本释读作为主要内容，但其对文献的董理和文本的理解，均受到实证科学观念的限制，因而举步维艰、解释乏力，很难对经典的现实性有所说明。要让古典文本产生更大的意义，就必须走出文献学的狭小视野，引入诠释学的理念，重新挖掘文本的深刻内涵，在诠释活动中，最大限度地释放出文献所蕴含的历史意义及能量。

作者：景海峰

单位：深圳大学国学院

文献来源：《江海学刊》2021 年第 2 期

新中国精神与文学经典的生成

新中国精神是指新中国成立以来，与不同时期重大历史事件相伴随的具有引领性的精神品质，它与文学创作及文学经典的生成密切相关。在新中国文学的不同历史阶段，新中国精神呈现出不同的表现形态。这主要包括："爱国主义精神""独立自主、自力更生、艰苦奋斗精神""民族团结精神""反思精神""改革开放精神""与时俱进精神""多元共融精神""人民创造与人类命运共同体精神"等。经过"文学制度—文学创作—文学批评"三个环节，新中国精神与文学经典生成的互动关系得以彰显。一方面，新中国精神需要经过审美转换，以落实到具体的文学生产机制中，进而借助理论批评话语的介入和阐释，生成文学经典；另一方面，文学与政治的互动又不断丰富着新中国精神的内涵。因此，有必要立足于政治性、人民性、文学批评和文学创造四个层面，创造出不辜负时代与人民的经典文学作品。

作者：蒋述卓[1]　李石[2]
单位：1. 暨南大学文学院　2. 中山大学中文系
文献来源:《中国社会科学》2021 年第 2 期

文学经典化的反思性阐释

文本本身在读者接受过程中也会造成损毁、遮蔽、失真、误解、拔高等不可预测的遭遇。反思性阐释的职责是如何去蔽。那些不被理解的部分，通过去蔽、重构、修复、调整，其真正的价值和意义逐一显现出来。反思性阐释除了反思文本传播和接受过程中的外部环境的干扰，同时还要反思接受主体在理解时来自权威的引诱干扰和轻率的自我。阐释者需要做到审美超越，在拥有知识的前提下再进行鉴赏能力的培养，摆脱权威，重视自我内心直接性和本能性的东西，同时还要将理性精神凌驾于直接性和本能性之上，撇开自己的本真看到某种普遍性。

作者：卓今
单位：湖南省社会科学院文学研究所
文献来源:《文艺论坛》2021 年第 1 期

诗教二种：“兴”的强制阐释与密释

子曰:“兴于诗，立于礼，成于乐。”“兴”之于中国诗教传统具有重要意义。叶嘉莹认为“中国所说的‘兴’的这种关系，在西方没有相当的一个字来表达”，周英雄则认为“若能以兴为枢纽，进而循历史的一轴，追踪此一修辞与文学观之演化，则或能将中国诗词的精义，做更精确的界定”。从两汉到魏晋，“兴”的一个重要变迁是“从政治语用到审美语用的巨大转型”。刘勰《文心雕龙·比兴》所谓“诗刺道丧，故兴义销亡”。

作者：冯强
单位：广西师范大学文学院
文献出处:《文艺争鸣》2021 年第 1 期

阐释学与批评的实践问题

关于阐释与批评二者之间的关系，这个问题目前困扰着阐释学理论研究者。200 年前的德国哲学家施莱尔马赫在他的《阐释学与批评及其他著作》中提到了这两个词的关联性，他认为阐释学和批评二者都是语言学学科，两种理论是相辅相成的，因为一种理论的实践必须以另一种理论为前提。前者是正确理解他人的书面话语的一般艺术，后者是根据充分的证据和数据正确判断文本和部分文本的真实性的艺术。因为批评只能认识到，在适当正确地理解文本或部分文本之后。

作者：卓今

单位：湖南省社会科学院文学研究所

文献出处:《文艺争鸣》2021 年第 1 期

“记忆的阐释学”与当代文学的记忆书写问题

——以毕飞宇为例

关于文学与记忆的关系，毕飞宇曾说:“记忆是不可靠的。是动态的，充满了不确定性。这种动态或不确定使记忆本身带上了戏剧性，也就是说，带有浓重的文学色彩。”这是哲学现代性层面的讨论：理性主义将记忆书写纳入文学的范畴，经验主义则证明记忆与文学之间必然的关系，问题就这样集中到文学的主体性。当代文学中，围绕现代国家的合法化、后革命时代的革命书写、社会主义道路的想象与认同，以及创伤记忆的清理和反思等问题，关于个体与集体的记忆主题不断展开、深入，记忆书写也呈现出与历史叙述之间的复杂关系，以至于关于记忆的写作，越来越多地被视为文学重返、发现、重写历史，解释、认识现实。

作者：赵坤

单位：山东大学人文社会科学青岛研究院

文献来源:《当代作家评论》2021 年第 1 期

进乎技：中国艺术哲学实践论阐释的核心命题

以老子“名”“道”辩证的阐释哲学为起点，中国艺术哲学的实践论自觉通过庄子“好道进技”的核心命题，以言说辩证和技艺阐扬的相互转换为契机，揭示出从技艺讲求内部自我超越的终极关怀方式。苏轼以“如手自用”和“技道两进”为“接着说”的话语标志，进而确立了艺术技巧化为生命本能的主体性理想。传承先贤由绝技入神而进境于技道合一美学理想的实践哲学精神，养成文学艺术家以其特有的精湛技艺来抒写人生社会的主体人格，是当代艺术哲学的创新使命。

作者：韩经太

单位：北京语言大学中华文化研究院

文献出处：《山西大学学报》（哲学社会科学版）2021 第 1 期

文学阐释公共性的现实困境、学理依据及实践出路

公共阐释论对西方文论的强制阐释现象进行了有力批判，建构了有别于西方现代阐释学的本土阐释理论。公共阐释论虽然提供了一种有效的理论生成路径，但具体到方法论层面，依旧有很多理论环节没有打通。这一问题的背后存在着诸多方面的原因，其中包括文学理论的合法性危机、文学批评的学科化诉求、西方文论发展的“语言转向”以及中西方文论的话语权争夺等。公共阐释既有别于基于个体的文学鉴赏，又有别于基于作者的意图还原。语境的特殊性、语言的公共性以及历史的积淀性都在一定程度上使阐释的公共性成为可能。文学阐释的最终目的是要解决文本内部的问题，因而在阐释实践上不仅要从文本出发，更要从对批评方法的研究转向对文本问题的研究。“多研究些问题，少谈些主义”是重建文学阐释公共性的基本路径。

作者：杨宁

单位：中国劳动关系学院文化传播学院

文献出处：《中州学刊》2021 年第 10 期

沉实、自觉的生命阐释学

——以史铁生的短篇小说为中心

史铁生创作总是从“真实”出发，直抵人性和内心，探索命运的奥义和生命的终极价值。本文以史铁生的短篇小说创作为中心，分析史铁生如何在文学写作中，不断地寻找生命意义，自觉地寻求阐释生命本身的方法和途径。这些都直接关乎他深刻的生命体验、命运感悟和哲学思辨。这其中蕴含巨大的思想力量和信念力量。这种力量使得史铁生的叙述气正道大，在庄重、肃穆且富于创造力的境界里，实现着他对于生命自觉的、沉实的、具有哲性诗学的审美观照。

作者：关岫一

单位：辽宁师范大学文学院

文献出处:《当代文坛》2021年第6期

“解释世界”与“改变世界”

解释世界是改变世界的先导。马克思恩格斯一再强调理论的优先性与先导性，强调理论与实践的统一性。在某种意义上，解释世界的方式更加重要。马克思恩格斯著作中散见的与思维形式相关的论述，对于探索建构当代中国阐释学极具启发性和指导性。阐释学是研究与揭示思想或思维形式的学问。马克思恩格斯从自然史与人类史相互融通的视角阐释人类史。阐释学的核心概念是阐释、诠释、解释、说明。阐释在于呈现开放状态，诠释在于确定认识对象，解释在于分析对象，说明在于揭示功能与要素。四个概念依次递进，其间蕴含着非标准逻辑与标准逻辑的区隔及关系。

作者：李红岩

单位：中国社会科学杂志社

文献出处:《学术研究》2021年第10期

从前理解、强制阐释到公共阐释

前理解是阐释的前提，它是由历史和文化塑造和建构的。这意味着前理解既是不可避免的，同时又是可以在阐释的历史发展过程中得到反思、丰富和修正的。不能把前理解非历史化、神秘化或自然化。从交往论的思路看，阐释是一种基于语言公共符码的公共交往行为。基于对语言符号的指意与解码规则，语言文化共同体长期以来形成了一系列基本共识，违背这种共识就会导致牵强阐释。牵强阐释的核心是牵强，缺乏基本的文本依据并违背了阐释共同体的一般共识，而“强制阐释”的核心是强制，它是通过权力强行推行的一种牵强阐释。由于文学语言的特殊性，对文学文本的阐释分歧常常出现在其象征含义、隐喻含义等方面。公共阐释概念的哲学建构为经验类型的社会阐释树立了评判标准，如果从反思社会学角度对公共阐释、公共理性及相关概念进行社会历史反思，并以此来补充哲学层面的公共阐释概念，则可以揭示理想型公共阐释出现的社会历史条件。

作者：陶东风

单位：广州大学人文学院　广州大学当代文化研究中心

文献出处:《学术研究》2021 年第 10 期

“故事”和“话语”的相互阐释

——评冯玉雷文化小说《野马，尘埃》

2021 年 1 月，冯玉雷还原神话、想象历史的文化小说《野马，尘埃》出版。这是作者沉潜人类历史、敦煌文献和考古新发现而努力讲好“中国故事”的精品之作，也是契合新时代文艺思想的探索之作。在深入推进“一带一路”经济合作和文化创新的背景下，其文学创作以敦煌及丝路文化延伸的更广大地区的人文历史和考古文献为资源，站在人类命运共同体的高度去回溯和想象人类活动的族群关系、宗教信仰和日常情态，将华夏文明演进发展的各种历史信息和文化密码内化为小说的内涵和精神特质。

作者：李生滨　安骞

单位：西北师范大学

文献出处:《当代作家评论》2021 年第 5 期

资本现代性批判

——马克思视域中的文化资本问题及其审美阐释价值

马克思在他的历史唯物主义理论中提出并阐释资本问题，将资本问题视为决定和影响社会文化再生产关键问题。马克思在提出并阐释资本问题的过程中没有拒绝和遗忘感性，包括审美问题，而是强调在分析“资本运动规律”过程中关注人的感性和理性的融合。马克思对资本问题的阐释不但奠定了资本主义社会文化批判理论的基础，而且为后来的文化批判理论发展提供了理论和实践的契机。资本不完全是冰冷的现实的货币价值的一部分，而是社会文化生产和再生产交换领域重要的支配因素。以这种理论形式，资本现代性批判进入当代批判理论的视野，并产生了重要的理论反响。

作者：段吉方

单位：华南师范大学审美文化与批判理论研究中心
华南师范大学文学院

文献出处:《外国文学研究》2021 年第 4 期

经典阐释传统中的文章气象问题

在中国经典阐释话语系统中，文章气象是指造艺者以天赋的生命力为基础，辅之后天学养的涵养充盈，借由语言文字等为文技巧而呈现出的文章整体风貌与精神品相，并在读者的阅读鉴赏中得以辉映生色,开出自我理解的新意。其间蕴含了本体性的消融、整体性的烘托、意会性的感知等多重意蕴。

作者：夏静　沈强

单位：首都师范大学文学院

文献出处:《江淮论坛》2021 年第 4 期

壮族《董永和仙女歌》“食人”叙事阐释

董永传说是中华民族共同的文化遗产，方块壮字歌本《董永和仙女歌》是壮族以自己的方式讲好这一中国故事的典范。在壮族的《董永与仙女歌》故事中，“食人”叙事是区别于其他民族同题材故事的显著标志，故剖析“食人”叙事是解读壮族董永传说及壮族文化的关键。《董永和仙女歌》的“食人”叙事并非影射壮族的野蛮，而是对远古食人习俗的文学再现。故事中的董永与壮族神话中的童灵因“食人”叙事而互涉，且涉及壮族丧葬的移俗。此外，“食人”叙事的移植痕迹明显，其目的与壮族创作者的叙事策略、弘扬孝文化及奉献精神有关。

作者：韦亮节[1]　蒙元耀[2]

单位：1. 广西民族大学民族学与社会学学院　2. 广西民族大学文学院

文献出处:《民族文学研究》2021 年第 4 期

论《豳风·鸱鸮》的阐释与主旨流变

古今社会对《豳风·鸱鸮》的认识，存在着一个持久而复杂的过程，“鸱鸮为恶鸟”的观念并非自古而然的认知。毛传、郑笺认为鸱鸮为小鸟且喻指周公，对此唐人加以承继；至五代、北宋时期，时人逐渐坚信“鸱鸮为恶鸟”，迭至两宋之际，“鸱鸮为恶鸟且喻指商人武庚”的观点正式形成。其后，有关《鸱鸮》的阐释得以定型，许多学者以宋人观点为基础力证“鸱鸮为恶鸟”。通观古今，有关《鸱鸮》的阐释可分为四个阶段：先秦至西汉“三家诗”，认为鸱鸮为小鸟且与周公无关；毛传、郑笺至唐代，认为鸱鸮为小鸟且喻指周公；五代至两宋之际，鸱鸮为恶鸟且喻指商人武庚；南宋及其以后，许多学者在坚守“鸱鸮为恶鸟且喻指武庚”的观点上，尽力弥合毛传与两宋学者的缝隙，这一阐释倾向一直延续至当今学界。

作者：刘全志

单位：北京师范大学文学院

文献出处:《文学评论》2021 年第 4 期

“变形”的多重阐释：论麦克尤恩《蟑螂》的“脱欧”叙事

《蟑螂》是当代英国作家麦克尤恩的第一部“脱欧”讽刺小说。“变形”构成了贯穿全书的隐喻性概念，既是展现《蟑螂》“脱欧”主题的修辞策略，也是指涉民族共同体“团结”的反讽表达。麦克尤恩通过叙述者的具身化“脱欧”叙事，描绘出个体在脱欧事件中怪诞、恐怖的情感体验，同时揭示官方的“脱欧”叙事和伪合法性建构。作家将“脱欧”事件中媒体角色和普通民众的情感反应并置杂糅，构建出“脱欧”叙事的伦理维度：对民族主义者呼吁的社会团结问题提出质疑。麦克尤恩借此隐含地传达自己在深度分化社会中的团结立场与价值观。

作者：陈丽

单位：南京大学外国语学院　安徽师范大学外国语学院

文献出处：《当代外国文学》2021 年第 3 期

《西游记》故事嬗变的世俗伦理阐释

以“玄奘取经”为基础的《西游记》故事，受佛教阐义、世俗伦理与文学传播等因素的影响而产生持续嬗变。早期的《大唐三藏取经诗话》带有俗讲、说经之成分，未脱宗教阐法之主旨。降及元季，因民众好尚与理学之浸淫而沾濡世俗风气，宗教阐法一变为勾栏瓦肆之戏剧娱众。迄至明代，小说的文字想象打破了戏剧的技术局限，《西游记》故事被极度扩容，并不断被社会伦理施以世俗化、道德化。吴承恩通过情节嫁接、人物重构等方式不断改造与丰富《西游记》故事的主体情节，并形成了皇皇巨著。“玄奘取经”故事的戏剧与小说化嬗变，在道德、人伦、情爱、价值观等方面反映了社会伦理对故事本体的深层渗透及改造。“取经”故事的伦理化阐释亦为文学与社会学交叉研究提供新的思考范式。

单位：刘士义

作者：山西师范大学文学院

文献出处：《明清小说研究》2021 年第 3 期

争胜与对话：石涛对苏轼诗歌的视觉阐释

——以《东坡诗意图册》为中心

清代画家石涛的《东坡诗意图册》，在画面呈现与诗意阐释上别具新意，为今人探讨苏轼诗歌的视觉阐释提供了一个经典案例。石涛对苏轼诗歌的描绘与表现，展示出较为明显的“争胜”意识：他运用独特的艺术语言，一方面将苏轼诗境巧妙转化为视觉画面；另一方面注重表现苏轼诗中不易具象化的视觉细节与感知，深度发掘视觉表现的感染力和创造性，既实现东坡诗意的扩展与衍生，又为画面注入诗性品格与追求，开拓出新的审美领域。与此同时，借由诗意图册的创作，石涛用视觉形式回应并强化了苏轼的艺术主张，传达出对苏轼艺术精神的理解与认同。通过拈取“幽寻独往”的经典图式，石涛将自我形象投射到画面之中，与画中苏轼构成形象的叠映。《东坡诗意图册》不仅呈示了诗与绘画两种不同艺术类型的竞赛，更反映出石涛、苏轼两个伟大艺术心灵之间跨越时空的精神对话。

作者：陈琳琳

出处：北京大学艺术学院

文献出处:《文艺研究》2021 第 7 期

从读－解关系走向读－写关系的当代文本

——创意写作学视域下的文本研究

人和文本的关系构成了现代、后现代此在在世的根本处境。古典时代，文本的创作权由神或者天赋之人掌握，现代以降，普通人获得了创作文本的权利，网络时代，网络文本交流代替了大多数面对面口耳交流，文本对人类生活的意义大幅提升。从释义学到解释学，读者对文本经历了“客观解读”“主观解读”的权能上升，但人和文本的关系没有摆脱“读－解关系”的羁绊。世界经历农业经济、工业经济、服务经济而进入创意经济时代，创意经济时代因其教育的发达和创意指向而让大多数民众由文盲（没有阅读能力的非阅读性听者）或者读者（只能阅读而不能写作者）转变为读－写者（既能读又能写作者），“纯粹读者”不复存在，一种“既是读者又是作者”的混合“读－写者”得以诞生，文本的创意时代处境由“读－解关系”走向“读－写关系”，主体和文本的关系，不再仅是认识论意义上的，而呈现为创造性主体生成意义上的本体论实践关系，由此，文本成为一种生产性公共场域，它生产“主体”和“世界”：一个“‘创作者主体’和‘创造性世界’”的世界。

作者：葛红兵

单位：三亚学院人文与传播学院　上海大学中国创意写作中心

文献出处:《当代文坛》2021 年第 4 期

走向“后批判”：西方文学研究的未来之辩

“理论之后”的西方文学研究“该往何处去”，一直是学术界讨论的热点。近年来，菲尔斯基与诺斯对文学研究如何走出方法论和学科建制上的困局都提出了自己的反思。菲尔斯基在深入厘清当代文学批评的缺陷之后，提出摆脱“怀疑的阐释学”并走向“后批判”，以拉图尔所倡导的“行动者网络理论”来重组文学批评的未来版图；诺斯则以新的文学史分期法为出发点，批判了新自由主义主导下文学批评的“学者转向”，并在检视了新世纪各种新式文学批评潮流的基础上为批评范式的转换提出预言。两人看似立场迥异，但对“理论”危机的反思具有对话性，为我们思考西方文学研究的未来道路提供了有益参考。

作者：但汉松

单位：南京大学外国语学院英语系

文献出处：《文艺理论研究》2021 年第 3 期

论“中国文学阐释学”之义界

“中国文学阐释学”之提法，常用作指称中国古代诗文评的方法、思想和实践。这里，则是指一种尚处于建构过程中的文学研究方法论或文学阐释理论。这种文学研究方法论或文学阐释理论在充分借鉴并吸收西方哲学阐释学和文学阐释学（接受美学）一些重要理论观点的基础上，对中国经典阐释传统和文学阐释传统也有充分的继承，而且主要是以中国文学现象为参照对象，是中西两种文学阐释传统相结合的产物，有着自己独特的学术品格，故被称为“中国文学阐释学”。

作者：李春青

单位：华南师范大学

文献出处：《河北学刊》2021 第 6 期

康有为对先秦诸子学术的新阐释

——从《孔子改制考》的再认识谈起

康有为不仅是近代经今文学的代表性人物，也是近代诸子学的关键性人物。在诸子学的分析路径下，《孔子改制考》在近代中国学术史上具有不可轻估的位置。它不仅提出了牵动学术结构性变动的“诸子托古改制”说，促进了先秦诸子学术的复兴，重估了诸子时代的历史地位；而且还纳孔子于诸子、再识老子年代、重审名侠与墨的关系。这些命题和观念经过清末民初的发酵与沉淀，成为学术界争论的热点，有效地促进了近代诸子学的嬗变和转型。因此，在学术转型的视野下，康有为对先秦诸子学术的新阐释开辟了近代中国诸子学研究的新纪元。

作者：任芮欣[1]　宁腾飞[2, 3]

单位：1. 南开大学历史学院　2. 河南大学历史文化学院

3. 河南大学中国史博士后流动站

文献出处:《史学月刊》2021 年第 12 期

从“《诗》无达诂”到“诗无达诂”：一个诠释学问题的探讨

“《诗》无达诂”现在被人们称为中国古代一个重要的诠释学命题，多数论者结合和根据哲学诠释学或接受理论对它进行比较和阐释，强调“《诗》无达诂”的理解开放性和差异性维度，但忽视了这个命题的其他诠释学含义，存在着盲目对应比较、简单优劣评价以及随用意挪用的现象。这个命题包含丰富深刻的内容，可以做更深入全面的阐释；不能单纯从经学转变的历史考察“《诗》无达诂”的应用性经学阐释向“诗无达诂”的审美性诗学阐释的转变，而必须重视“文学的自觉时代”的文本自觉和本体诗学的发展在这个转变中具有的举足轻重的作用。中国古代诠释学命题与现代诠释学理解既有某种“暗合”之处，也有诸多显著的差异。我们既要深入理解“《诗》无达诂”的中国阐释传统，也要完整地把握西方诠释学的理论和逻辑，才能在差异性的中西比较阐释中实现某种诠释学的“视域融合”。

作者：李建盛

单位：北京外国语大学中文学院

文献出处:《清华大学学报》（哲学社会科学版）2021 年第 6 期

生存的美学维度与文学记忆本体内涵的阐释

基于创作主体的文学记忆研究，重在关注作家记忆对文学生成的意义。记忆与人之生存具有密切的关联性，从“生存”这个本源性问题出发，能窥视到人类诸多精神现象的内核。基于生存的多维性、苦难性和符号性等人之生存的一般性特征，美学意义上的生存应是指生存的多维向度、生存苦难的美学升华及生存符号的诗意栖居。因此，文学记忆的本体内涵承担了以穿越时间的方式追求生命的完整、以苦难性记忆承载生命的厚重、以诗意的记忆符号安放“存在”之灵魂的叙事功能。立足当下消费时代或后现代现实语境，秉持文学记忆本体的美学维度，我们能理性考量现代人类活动的得与失，客观评判作家对记忆资源的选择给文学带来的诸多影响，帮助作家及时纠偏负面的生存观念，使生存记忆的文学书写无愧于新时代人们对美好生活的向往。

作者：沙家强

单位：河南财经政法大学素质教育中心

文献出处：《齐鲁学刊》2021 年第 6 期

论“趣味共同体”

——文学阐释的条件与限制

与一般的文本阐释不同，文学阐释的公共性常常不是以观念的形式而是以趣味的形式存在的，这就意味着趣味并不是纯粹个人性的，它同样具有普遍性。对“趣味”的阐释或者通过“趣味”进行阐释乃是文学阐释不同于其他文本阐释的主要特征。文学阐释首先应该是一种趣味阐释，其次才是政治的或者意识形态等观念阐释。趣味的普遍性或公共性是历史的产物，因而是有限度的。这种限度来自某种决定着趣味产生并使之存在其中的公共领域，我们称之为“趣味共同体”。“趣味共同体”具有共时性和历时性双重特性，有着广泛而复杂的关联，是趣味阐释赖以进行的具体条件，因而也是文学阐释学应该予以高度关注的问题。

作者：李春青

单位：华南师范大学文学院

文献出处：《社会科学战线》2021 年第 3 期

“用尽平生的力画圆圈”

——论鲁迅《阿Q正传》阿Q画押的图像阐释

在《阿Q正传》的图像阐释中，阿Q画押成为众多画家关注的画题。阿Q画押，是阿Q精神胜利法的重要表现，也是小说具有喜剧因素悲剧风格的生动呈现。20世纪三四十年代的画家们对于阿Q画押的描画，凸显出画家们对于小说《阿Q正传》的接受与阐释，也呈现画家们不同的艺术风格。20世纪50年代以后阿Q画押的描画，更加丰富更加生动。丰子恺、刘建庵、丁聪等画家，将图像创作与抗战联系在一起；赵延年、裘沙、王伟君等画家，将图像创作与“文革”联系在一起。在关于阿Q画押画题的创作中，画家们以其对于文学经典的解读与阐释，在不同美术类型与艺术构思中，呈现出忠实于原作基础上的艺术创造。

作者：杨剑龙
单位：上海师范大学

文献出处:《贵州社会科学》2021年第2期

规范、阐释与重构：仇兆鳌对杜诗文本的臆改

杜诗传至清朝已近千年，坊刻流传多有讹误。仇兆鳌撰《杜诗详注》对之颇做刊正，但改动多无版本依据。其调整杜诗句序，更换杜诗字词，所在有之。仇兆鳌臆改杜诗文本亦多因袭前人者，尤受《杜臆》影响。其刊正讹误常背离诗歌原意，实则蕴藏其看待杜诗的独特观念，是对杜诗的新的阐释。仇兆鳌以后代的诗学标准来建构杜诗的典范地位，实非杜诗自身的艺术追求，故而其臆改多已偏离杜诗原有面目。但仇兆鳌涵咏杜诗有得，对杜诗流传讹误的判定独具只眼，仍不失为杜诗校勘的重要参考。

作者：乐进进
单位：南京大学文学院

文献出处:《中国文学研究》2021年第1期

“西方”如何作为方法

——反思当代西方文论的知识论维度与方法论立场

当代西方文论诞生在20世纪以来西方社会复杂的历史文化语境之中，当代西方文论反思研究首先应该基于历史文化语境的知识论维度的考察，即考察当代西方文论在知识话语层面上的特性，其次要深入方法论层面上，辨析当代西方文论旅行的有效性及其弊端。在当代西方文论反思研究中，探究“西方”如何作为方法问题既是理论反思研究的目标，也是中国文论话语建构的核心问题。当我们建立起有效的反思研究的方法与路径的时候，理论话语的反思研究就是一种积极的建设性策略，这种策略的意义体现在有效把握中西文论研究的不同语境以及理论范式上的特征，从而起到跨越中西文论阐释间隔及其理论模式间的理解应用差异的作用。中国文论建构需要在“作为‘方法’的西方”与“‘西方’作为方法”所提供的路径上，在参照借鉴的过程中走向理论建构和体系建设，最终锤炼出中国文论建构的学理问题及其解决之道。

作者：段吉方

单位：华南师范大学文学院

华南师范大学审美文化与批判理论研究中心

文献出处：《学术研究》2021年第1期

义位/自设义位：释义话语风格特征之广义修辞阐释

在广义修辞学解释框架中探讨义位/自设义位释义话语风格的区别特征及关联话题：（1）在修辞技巧层面描述与解释义位/自设义位释义话语风格；（2）在修辞诗学层面解释从义位强制推向自设义位的释义话语作为文本建构修辞路径的可推导性；（3）在修辞哲学层面解释义位/自设义位释义话语所体现的认知确定性和不确定性互补及后者的负面效应和适用语境；（4）从“表达－接受”互动过程解释义位/自设义位释义话语生产与消费；（5）释义研究的问题空间和解释空间可挖掘的修辞资源不限于狭义的修辞知识，在修辞学研究视界拓展的学术生态中，问题空间和解释空间具有更灵活更多样的打开方式。

作者：谭学纯

单位：福建师范大学文学院

文献出处：《当代修辞学》2021年第1期

陶渊明《闲情赋》的历代接受与阐释

纵观历代对《闲情赋》的理性阐发，读者常拘束于道德和政治，其共同的接受视野主要是建立在传统农业社会基础上的儒家文化价值观念。萧统是《闲情赋》接受史上的第一读者，其否定该赋“卒无讽谏”的批评引发了后代读者的争论。萧统的否定并没有影响唐宋金元读者对《闲情赋》的认可、喜爱和模拟，苏轼是《闲情赋》阐释的第二读者，他针对萧统的批评提出该赋如《诗经·国风》“好色而不淫”，远承楚骚。元代读者认为《闲情赋》无妨渊明“处士节”。明清读者对《闲情赋》多从儒家正统立场给予阐释和拔高。传统读者虽对《闲情赋》中所寄寓的人生理想有所阐发，但对情爱的解读难免有误解为“情色”的局限，这有待于依托现代社会形态的现代性爱观念的传播和普及。

作者：李剑锋

单位：山东大学文学院

文献出处:《中国人民大学学报》2021 年第 1 期

“文质模式”与中国古代经典阐释学

“文质模式”是儒家理解社会政治、历史和文学艺术的独特视角，是一种极为重要的阐释模式，集中体现了儒家的政治理念与人格理想。在孔子那里，“文质模式”原本是关于君子人格的规范性标准，其内涵是传统贵族精神与新兴士人趣味的复合体。在汉儒那里，这一模式就演变成考察社会历史的阐释框架，衍化为一种政治标准。而到了汉魏之际，这一模式进而演变为衡量诗文书画风格特征的尺度，成为一种审美趣味。值得注意的是，这一阐释模式意义与功能的演变始终与古代士人阶层身份意识紧密相关。

作者：李春青

单位：华南师范大学文学院

文献出处:《山西大学学报》（哲学社会科学版）2021 年第 1 期

谈胡适对《红楼梦》的误读与强制阐释

——写在《红楼梦考证》发表 100 周年之际

《红楼梦考证》的问世，开创了红学研究的新时代。该文是胡适借鉴、征用西方“实验主义”理论及方法，研究、阐释中国传统经典文本的一次尝试，对“红学”的发展产生了深远且复杂的影响。“新红学”在作者家世、著作权、脂本考证等方面多有建树，其中也存在着大量对原著的误读、曲解及强制阐释。这是由其在学术取向、研究方法上存在的诸多内在矛盾和认识的谬误所决定的，并在深层上反映出那个时代的局限。对这段历史进行反思，其意义并不仅仅限于红学本身，也并非单纯的澄清事实、还原真相，更在于借助历史的镜鉴作用，在更高的向度上实现对既往精神史的批判性重构。

作者：赖振寅

单位：三亚学院人文与传播学院

文献出处：《红楼梦学刊》2021 年第 1 期

巴赫金对作者意图的独到诠释

诠释学者在诠释文学作品的意义时，总是会涉及如何看待作者意图这一问题。诠释学界对这一问题有不同看法，巴赫金的看法与一般看法有相近之处，同时又有独到之处。巴赫金始终认为，作品中总是存在或明或暗、可以揭示的作者意图。巴赫金主要是从小说话语中的多声性和对话性视角来深入诠释作品中的作者意图，这一点在复调小说理论中也得到了集中体现。巴赫金把陀思妥耶夫斯基的小说视为复调小说，认为这类小说不同于独白小说的一个根本之处就在于作家在实现自己的作者意图时，采用了一种与人物对话的表现方式，从而使复调小说的作者意图充满对话性表现力。

作者：列夫

单位：《回族文学》杂志社

文献出处：《浙江大学学报》（人文社会科学版）2021 年第 1 期

媒介批评与当代文论体系的话语生产

——兼及“强制阐释”媒介发生的可能性

作为技术媒介介入文学批评场域的形式表征，媒介批评的提出不仅是文学批评对“媒介文艺论”的回应与调适，更是非语言符号对文学批评语言专属地位的挑战。作为媒介时代兴起的文学批评样式，媒介批评形构了复合符号的批评文本形态及其集成式叙事策略，构建了媒介转化与批评实践于一体的隐形批评结构，创造了集体协商的批评机制与公约性话语生成模式，同时也增强了感官审美体验在文学批评中的比重。媒介批评的现代发生既缘于科技发展的文化供给，也离不开日常生活审美化与消费意识等语境参数的潜在规约，其作为文学批评范式的现代呈显，为当下文论建设中的“强制阐释”论提供了新的议题，使基于媒介层面考察强制阐释问题成为可能。

作者：张伟

单位：广东外语外贸大学阐释学研究院

文献出处：《探索与争鸣》2021 年第 12 期

关于阐释对象及相关问题的几点思考

——兼与张江先生讨论

朱立元

摘　要　张江《再论强制阐释》一文借鉴现代心理学重要成果，提出了批判强制阐释、建构中国当代阐释学一系列新见解，总体上值得肯定。笔者对其强调阐释中阐释对象的确定性等核心观点基本赞同，因为否定阐释对象的确定性，必然造成阐释实践中对许多重大问题的阐释发生困难。但是，该文对海德格尔、伽达默尔“前见”与“前掌握”的区分根据不足，分别用心理学“期望”与“动机”概念对这两个概念的含义所做的阐释也并不符合他们的原意。该文把自我确证作为阐释的本质、普遍心理依据和人性、人的生命本能，不够全面、完整，应当增补“同情”（同情、理解他人）作为自我的另一种本性、本能和公共阐释的基本心理基础，它与“自我确证”同等重要，相辅相成，缺一不可。

张江先生最近在《中国社会科学》发表的《再论强制阐释》一文，以中国阐释学的创新建构为目的，围绕阐释学的若干具有基础性意义的元问题，借鉴和吸收现代心理学的重要成果，提出了一系列新见解、新命题、新概念——比如，重申阐释中阐释对象的确定性；区分阐释的期望与动机，阐明它们发生作用的不同机制和对阐释结果的根本性区别；重新探讨阐释的整体性规范；严格区别文学阐释与其他人文、社会科学的阐释，以对后者做合理约束；等等——是一篇极具理论深刻性和启示性的重要论文。笔者对其强调阐释中阐释对象的确定性等核心观点基本赞同，同时对文中某些观点有不同看法，现提出来与张江先生讨论，向张江先生请教。

一　应当肯定阐释中阐释对象的确定性

张江明确指出：“阐释是有对象的，对象是确定的，背离确定对象，阐释的合法性立即消解。此即阐释之为阐释的逻辑前提。此前提非主观任意规定，而为阐释的本质和机理所决定。”[①] 对此，我非常赞同。他把阐释对象的确定性提升到阐释的本质的高度，我认为是完全正确的。因为这涉及一般阐释过程的第一个环节，即阐释的逻辑起点问题。张江这里主要针对的是强制阐释取消对象的确定性，甚至随意改变实在对象、制造符合自己预设结论的对象等消极现象。其实，不仅如此，在我看来，如果阐释对象没有确定性和相对的独立自在性，任何真正有效的阐释都不可能展开。对此，笔者是有切身体会的。曾经在相当长一段时间，笔者都全盘接受伽达默尔本体论阐释学倾向于读者中心论的基本思路，对阐释对象的确定性有所忽视。但是，在自己的阐释实践中，发现对阐释对象确定性的忽视是行不通的。

按照传统的方法论阐释学如施莱尔马赫的观点，阐释的对象主要是所要阐释的文本及其原初的作者意义，正如伽达默尔准确概括的那样，施莱尔马赫“完全关注于在理解中重建（wiederherstellen）一部作品原本规定”，[②] 认为“艺术作品的真实意义只有从这个‘世界’、首先是从它的起源和发祥地出发才能被理解”，他的整个诠释学目的就是“通过努力复制作者的原本创作过程”[③]，以获取文本及其作者的原初意义。这里阐释对象是确定的。伽达默尔的本体论阐释学批评了这种阐释对象确定性的看法，突出了文本解释者解释的创造性，强调“解释在某种特定的意义上就是再创造（Nachschaffen），但是这种再创造所根据的不是一个先行的创造行为，而是所创造的作品的形象（Figur），解释者按照他在其中所发现的意义使这形象达到表现”。[④] 按笔者理解，这里“先行的创造行为”，是指文本作者的创造行为，它不应成为解释者解读、再创造的出发点即对象，在伽氏那里，文本的意义不能到作者创造活动、行为中去寻觅，而只有通过读者、解释者在其前见指引下的不断再创造，文本（作品）的形象及其意义才能逐步得到展示和表现。这样，实际上阐释对象的确定性就被消解了，文本作者的原初意义被排除在阐释对象以外，阐释对象成为读者与文本交互作用、进行意义再创造的生成过程。其要害在于对所阐释对象——文本及其必然包含的作者意义——的相对独立自在性的忽视乃至取消。张江在论述文本制造者与阐释制造者的循环时正确

① 张江：《再论强制阐释》，《中国社会科学》2021 年第 2 期。

②〔德〕伽达默尔：《诠释学Ⅰ：真理与方法》，洪汉鼎译，商务印书馆，2010，第 243 页。

③〔德〕伽达默尔：《诠释学Ⅰ：真理与方法》，第 244 页。

④〔德〕伽达默尔：《诠释学Ⅰ：真理与方法》，第 176 页。

地指出，“作者是文本的生产者，文本是意义的承载者，开放的阐释由此而出发”，“与文本的自在性及文本意义的自在性相比，阐释者的生产是第二位的”。[①]我赞同这个观点。强调包含作者意义在内的“文本的自在性”，实际上是对阐释对象确定性的另一种表述。否定“文本的自在性及文本意义的自在性”，亦即否定阐释对象的确定性，必然造成阐释实践中对许多重大问题的阐释发生困难。

以笔者多年来一直思考的所谓黑格尔“艺术终结论”的国内外研究为例。自从美国哲学、艺术批评大家阿瑟·丹托把黑格尔《美学讲演录》中的某些说法概括为“艺术终结论”，并用于分析当代西方先锋艺术出现的种种新现象、新特征，认为是哲学对艺术的剥夺导致了艺术的“终结”，[②]之后，“艺术终结论”的提出者和首创者是黑格尔几乎成为定论。于是，对“艺术终结论”的讨论十分热闹，产生了许多不同的理解和解释。国内外皆然。然而，“艺术终结论”到底是不是黑格尔首先提出的？他的本意是什么？这些问题成为本体论阐释学相对忽视的问题，因为它们不在阐释对象的确定范围内。而笔者认为黑格尔究竟有没有提出过“艺术终结论”，也就是黑格尔（作者）相关论述的原初意义问题，是一个首先应该确定的、绕不过去的问题，是一个具有确定性的阐释对象。黑格尔《美学》的译者朱光潜说过，“黑格尔虽不曾明说艺术终将灭亡，但他对于艺术的未来是极其悲观的”，他发出的是“替艺术唱挽歌的声调”，实际上“把艺术导致死胡同里”。[③]对朱光潜的上述观点，笔者早在 20 世纪 80 年代前期就持批评态度。[④]但是，我注意到朱光潜肯定黑格尔“不曾明说艺术终将灭亡”，也就是说，黑格尔没有明确提出“艺术终结论”。这一点十分重要，却长期被多数人忽视。笔者近期对这个问题从文献实证角度做了比较细致的研究，发现黑格尔只有在《美学》第二卷的最后部分，出现了一个小标题即“Das Ende derromantischen Kunstform”（朱光潜译为“浪漫型艺术的终结”[⑤]），但是这一节正文没有再出现 Ende（终结）一词，这也是黑格尔论浪漫型艺术唯一一次用了 Ende（终结），而在象征型和古典型艺术阶段则多次用了 Auflösung（解体）一词，而没有用 Ende（终结）。这一点非常重要。而且，浪漫型艺术的“终结”不等于整个艺术的终结，丹托以及后来者们笼统、简单地用“终结”（Ende）论概括黑格尔对艺术的总体看法，恐怕并不符合黑格尔的原意。[⑥]在此基础上，笔者进一步考察黑格尔关于绝对精神辩证发展三段论（艺术→宗教→哲学）的基本理路，揭示出其否定、扬弃、辩证转化内在逻辑，从根本上否定了强加在黑格尔头

---

① 张江：《再论强制阐释》，《中国社会科学》2021 年第 2 期。

② 〔美〕阿瑟·丹托：《艺术的终结》，欧阳英译，江苏人民出版社，2001，第 1、14~15 页。

③ 朱光潜：《美学》“译后记”，〔德〕黑格尔：《美学》第 3 卷下，朱光潜译，商务印书馆，1979，第 353~355 页。

④ 参见朱立元《黑格尔美学引论》，天津教育出版社，2013，第 311~312 页。

⑤ 〔德〕黑格尔：《美学》第 2 卷，朱光潜译，商务印书馆，1979，第 374 页。

⑥ 朱立元：《对黑格尔“艺术终结”论的再思考》，《西南大学学报》（社会科学版）2019 年第 2 期。

上的“艺术终结论”提出者的帽子。[①] 这种寻求作者原初意义的阐释，即对有确定性的阐释对象的阐释，难道不是阐释学题中应有之义吗?

还有一个有更强大说服力的例证是洪朝辉的论文《“一只看不见手”的百年误读——文献还原亚当·斯密的隐喻》，[②] 对长期被后世学者夸大、误解、误传的英国经济学家亚当·斯密“一只看不见的手”的隐喻，用大量文献学资料，做了令人信服的“还原”解释，恢复了它的本来意义，即亚当·斯密的原初意义。百年来，超国界、跨学界公众一直把“这只手”误解为或等同于自由市场经济。洪文则从三个方面予以还原、否定。第一，他指出，“斯密生前，只在《天文学史》一文、《道德情操论》和《国富论》著作中，各一次提及‘一只看不见的手’。其基本含义是，主观自利意愿会促进客观社会利益”，而这与市场经济的供需自由定价等原则没有直接关系。而且，它“只是斯密所有著作中根本没有什么分量和地位的一个隐喻而已。因而，在斯密去世后的一百多年里，几乎所有经济学大家的传世之作都不曾提及或讨论过‘这只手’”。第二，他经过反复搜寻、考证，揭示出对“这只手”“产生误解源于1875年，剑桥大学的法律教授梅特兰第一次将‘这只手’与‘自由放任’思想相联系；20世纪初，一些经济学学者深化了这类误解；到了1948年，美国首位诺贝尔经济学奖获得者（1970年）萨缪尔森推出《经济学》教科书，首次将‘这只看不见的手’与市场经济、完全竞争、政府干预发生联系。由于该书先后再版十八次、发行五百多万册，加之众多著名经济学家也纷纷加入这场以讹传讹的大合唱，将斯密不经意使用的这个隐喻之地位逐年抬高，最终将它炼成理解所有社会科学奥秘的万能钥匙”。第三，他分析了众多经济学家之所以误解“这只手”的多方面复杂原因，包括诠释学等学理方面的原因、第二次世界大战后的时代影响以及许多学者自身一些负面的主观因素等。据此，洪朝辉重温斯密的原著，消除种种误解、误释，有力地还原了斯密的本意，复兴了斯密的思想。笔者阅读此文的感觉只能用“震惊”二字形容，因为它颠覆了长期以来学界的普遍共识，说出了真理、真相，具有不可抵挡的强大说服力。我以为，这在阐释学上是对确定性阐释对象合法性的肯定和回归。

二　对海德格尔、伽达默尔前见与前掌握等概念的辨析

张江一文批判强制阐释的具体路径，是对海德格尔、伽达默尔本体论阐释关于“前见”等重要概念进行重新解读，特别是对其“前见”与“前掌握”两个关键概念做了严格区分，并借用现代心理学“期望”与“动机”两个核心概念及其含义的区分与之

---

① 朱立元：《内在提升·辩证综合·自由艺术——对黑格尔“艺术终结”论的再思考之二（上、下）》，《当代文坛》2020年第1、2期。

② 洪朝辉：《“一只看不见手”的百年误读——文献还原亚当·斯密的隐喻》，《南国学术》2021年第1期。

对应，强调“在阐释学意义下，期望与动机的区别是本质的，亦即前见与前把握的差别是本质性的，对阐释活动的影响不在一个数量级上——如海德格尔和伽达默尔那样”。换言之，期望 = 前见，可以有条件接受；动机 = 前把握，是强制阐释真正的心理驱动力，必须批判。前见（期望）是盲目和下意识的，而前把握（动机）则“是自觉的筹划、把握、上手”，“强制阐释是一种动机阐释，是海氏、伽氏所言的前设或前把握，不可与前见和期望混同”。[①] 对此，笔者有不同看法。

首先，我觉得张文对海德格尔、伽达默尔“前见”与“前掌握”的区分根据不足，对这两个概念含义的阐释也不完全符合他们的原意。

据我所知，海德格尔好像并没有明确讨论伽达默尔所说的“前见”（Vorurteil），但他对“先有”（“先行具有”Vorhabe）、“先见”（“先行视见”Vorsicht，可能与 Vorurteil 含义接近）、“先把握”（“先行掌握”Vorgriff）的探讨，可能是伽达默尔的“前见”说的基础和来源。

海德格尔曾经将这三个概念放在一起集中讨论，他在谈到“因缘整体性乃是日常的、寻视的解释的本质基础”时指出，“这种解释一向奠基在一种先行具有（Vorhabe）之中”；又说，“解释向来奠基在先行视见（Vorsicht）之中，它瞄着某种可解释状态，拿在先有中摄取到的东西‘开刀’。被领会的东西保持在先有中，并且‘先见地’（vorsichtig，通常作“谨慎地”）被瞄准了，它通过解释上升为概念”；进而指出，“解释一向已经断然地或有所保留地决定好了对某种概念方式（Begrifflichkeit）表示赞同。解释奠基于一种先行掌握（Vorgriff）之中”。[②] 这三个概念，虽然含义有所区别，但总体上均属于解释的前提、先行准备和前结构，它们之间并不存在着严格的区分，“先行掌握”也并不具备张江所说的“动机”那种主动出击的进攻性含义。所以，海德格尔多次把三者放在一起，共同作为阐释能够进行的前提，如他指出，“把某某东西作为某某东西加以解释，这在本质上是通过先行具有、先行视见与先行掌握来起作用的。解释从来不是对先行给定的东西所做的无前提的把握”。[③] 在另一处，谈到阐释作为“领会的筹划”时，海德格尔说，“世内存在者都是向着世界被筹划的，这就是说，向着一个意蕴整体被筹划的”，这是生存论意义上的“筹划”，也不具有阐释“动机”的含义，而是“先行具有、先行视见及先行掌握构成了筹划的何所向。意义就是这个筹划的何所向，从筹划的何所向方面出发，某某东西作为某某东西得到领会。只要领会和解释使此在的生存论结构成形，意义就必须被领会为属于领会的展开状态的生存论形式构

① 张江：《再论强制阐释》，《中国社会科学》2021 年第 2 期。
② 〔德〕海德格尔：《存在与时间（修订译本）》，陈嘉映、王庆节译，生活 · 读书 · 新知三联书店，1999，第 175~176 页。
③ 〔德〕海德格尔：《存在与时间（修订译本）》，第 176 页。

架”。[①] 显而易见，海德格尔是把这三者作为“筹划”的生存论前结构的三个不可分割的环节一起纳入阐释过程的。据此，我以为张江严格区分“筹划”“先行掌握”（动机）与“前见”（期望），并没有文献的根据，不符合海德格尔的原意。

我们还可以从伽达默尔对这三个概念的阐释中得到佐证。伽达默尔认为，海德格尔关于阐释过程包括前见、前把握的“前筹划”，不是一种动机或者意志行为，而是一种不断自身修正的意义运动：“海德格尔所描述的过程是：对前筹划（Vorentwurf）的每一次修正是能够预先做出一种新的意义筹划；在意义的统一体被明确地确定之前，各种相互竞争的筹划可以彼此同时出现；解释开始于前把握（Vorbegriffen），而前把握可以被更合适的把握所代替：正是这种不断进行的新筹划过程构成了理解和解释的意义运动。”而其中包括“理解所设定的前见解不是任意的”，“解释者无需丢弃他内心已有的前见解而直接地接触文本，而是只要明确地考察他内心所有的前见解的正当性”，如发现“前筹划”“前把握”过程中“前见”的“不恰当”，则进行修正。[②] 他认为，“这一点正是海德格尔的意思，因为他要求我们从事物本身推出前有、前见和前把握，以‘确保’论题的科学性”。[③] 这里“从事物本身”的命题出发下面还要讨论,但无疑的是，他仍然把“前有、前见和前把握”作为一个整体统一阐释，而没有对前见和前把握做出不同意义的区分，更没有赋予两者以现代心理学上期望与动机根本不同的特定含义。

由此可见,张江对海德格尔“前见”与“前掌握”的区分根据不足,用现代心理学的“期望”与“动机”的特定含义来阐释这两个概念也不符合其原意。由此出发，来批判海德格尔、伽达默尔的本体论阐释学，阐释强制阐释的心理根源，恐怕难以成立，反倒给人一种强制阐释海德格尔、伽达默尔的感觉。

其次，海德格尔、伽达默尔的本体论阐释学虽然有读者中心论的倾向，但还不能判定其完全是读者中心论，因为在许多地方他们还是强调了阐释必须从文本、事实出发的客观性原则。如海德格尔在论及“领会的循环”问题时，明确反对将它“降低为一种恶性循环”，强调“即使降低为一种可以容忍的恶性循环也不行”，他认为，解释“只有在如下情况下才能得到真实的掌握，那就是：解释领会到它的首要的、不断的和最终的任务始终是不让向来就有的先行具有、先行视见与先行掌握以偶发奇想和流俗之见的方式出现，它的任务始终是从事情本身出来清理先行具有、先行视见与先行掌握，从而保障课题的科学性”。[④] 这段话向来不被关注，其实非常重要，它对上述作为阐释前提、前结构的三个环节（先行具有、先行视见与先行掌握）做了重要限制,“不让”它们“以偶发奇想和流俗之见的方式出现”，而阻止这种方式出现的力量乃是作为阐释

① 〔德〕海德格尔:《存在与时间（修订译本）》，第 177 页。
② 〔德〕伽达默尔:《诠释学Ⅰ：真理与方法》，第 379~380 页。
③ 〔德〕伽达默尔:《诠释学Ⅰ：真理与方法》，第 382~383 页。
④ 〔德〕海德格尔:《存在与时间（修订译本）》，第 179 页。

对象的“事情本身”。这里海德格尔显然有条件地承认了阐释对象的客观自在性，它不受阐释者（主体）三个“先”阐释前提的支配;相反,阐释的“任务”是让阐释对象“事情本身”“出来清理”阐释者的三个“先”，目的是要“保障课题的科学性”，即保障阐释的真实性、科学性。这段话,除了未把作者原初意义纳入阐释对象文本（事情本身）外，应当说是基本正确的，并没有走向彻底的“读者中心论”；而且，它再次佐证了前述作为阐释前提的三个“先”没有，也不应该被严格区分，赋予它们本质不同的含义。

伽达默尔对海德格尔论阐释过程的看法与海氏自己的观点完全一致，他指出：“谁试图去理解，谁就面临了那种并不是由事情本身而来的前见解（Vor-Meinungen）的干扰。理解的经常任务就是做出正确的符合于事物的筹划，这种筹划作为筹划就是预期（Vorwegnahmen），而预期应当是‘由事情本身’才得到证明”，“理解完全地得到其真正可能性,只有当理解所设定的前见解不是任意的”。① 这里,伽达默尔认同海氏反对“任意”“设定”“前见解”“干扰”阐释，认定衡量是否任意的唯一标准和尺度就是“事情本身”，理解和阐释的“任务就是做出正确的符合于事物的筹划”。显然，在他二人看来，阐释必须符合于“事情本身”才是正确、有效的。伽达默尔自己也有许多类似的说法，比如他说，“所有正确的解释都必须避免随心所欲的偶发奇想和难以觉察的思想习惯的局限性，并且凝目直接注意‘事情本身’（这在语文学家那里就是充满意义的文本，而文本本身则又涉及事情）。的确，让自己这样地被事情所规定，对于解释者来说显然不是一次性的‘勇敢的’决定，而是‘首要的、经常的和最终的任务’”。② 又如他强调，“我们可能提出这样一些事实作为各种形式的诠释学真正共同的东西，即所要理解的意义只有在解释过程中才能具体化和臻于完满，但是这种解释工作完全受文本的意义所制约”。③ 无须多说，伽氏明确承认解释必须受“事情本身”所规定，“完全受文本的意义所制约”。这些是我们在批判伽达默尔时不能无视、也无法回避的。这一点在他对接受美学的主要代表尧斯的批评中也可得到证实：“一件艺术作品是永远不可能被穷尽的……但是我认为，利用这种永无止境的多样性来反对艺术作品不可动摇的同一性乃是一种谬见。我认为以下说法似乎正是用来反对尧斯的接受美学和德里达的解结构主义的（这两者在这点是相近的）：坚守文本的意义同一性既不是回复到业已被克服了的古典美学的柏拉图主义,也不是囿于形而上学。”④“坚守文本的意义同一性”——“不可动摇的同一性”，给予了作为阐释对象的文本意义的自在独立性，有力地反对了过分夸大解释者阐释“永无止境的多样性”的相对主义主张。

综上所述，我们似不应该把海德格尔、伽达默尔本体论阐释学的前掌握、前见理

① 〔德〕伽达默尔:《诠释学Ⅰ：真理与方法》，第 379~380 页。
② 〔德〕伽达默尔:《诠释学Ⅰ：真理与方法》，第 378~379 页。
③ 〔德〕伽达默尔:《诠释学Ⅰ：真理与方法》，第 470 页。
④ 〔德〕伽达默尔:《诠释学Ⅱ：真理与方法》，洪汉鼎译，商务印书馆，2010，第 8 页。

论简单地归结为完全否定文本意义和事情本身的那种彻底的读者中心论。

三　阐释学借用心理学应该更加全面

张江《再论强制阐释》一文借鉴心理学为建构中国阐释学提供了新思路、新概念，是值得充分肯定的，尤其应该关注的是，他借用了心理学一系列重要概念，来论述形成强制阐释的内在心理机制和深层心理根源，基本上做到了逻辑上的自洽，有一定的说服力。其中最为核心的概念是“自我确证”。张江把自我确证上升到阐释本质和根本动力的高度，认为“从阐释的本质看，按照心理学的分析，阐释是阐释主体的自我确证。阐释主体长期经验及理性运思所构建的自我图式，稳定地刻画阐释者自我。在确定语境下，阐释者以自我图式为模板，去感知、理解、认知一切现象，并努力保持与坚守自我认知与外部评价的一致。此为自我确证的要害”，“自证是阐释的唯一目的，或者说阐释就是为了自证。自我确证是存在与此在所以阐释的根本动力和手段”。① 张江此前也曾经谈到他研究、借鉴心理学的心得，可以作为这一点的补充：“我认为，从心理学意义上讲，阐释就是自证，即自我确证。自我确证是人自出生开始就一直积淀并延续下来的，甚至可以说，是人的‘天性’和‘本性’所在。个体能够在经验、直觉、学习中建立起关于自己的认知的自我图式，这是一种本能需要。此外，还有一种认知需要向他者进行确证。阐释是生命自证的本能。”② 这就把自我确证进一步归结为人的天性、本性和生命本能，找到了普遍人性的根据。我认为，这是有道理的。

由此出发，张江直接借用一系列心理学概念和命题具体分析了形成强制阐释的多方面、多层次的心理功能和手段，如“期望”影响阐释的“证实策略的应用”、“寻求虚假相关”和“自我服务偏差”，“动机”影响阐释的“确立指向性目标”、“动机性推理”和“制造虚假相关”，如此等等。关键是，他对“期望”和“动机”的心理机制做了严格区分，对“期望”（前见）的阐释学功能和对形成强制阐释的作用给予有条件的承认；而对于“动机”强化强制阐释的心理机制，则给予深刻批判。至此，我认为张江借鉴、引进现代心理学理论，建构、充实、发展当代中国阐释学的尝试和努力是有创新性、有成效的。

不过，我认为，把自我确证作为阐释的本质、普遍心理依据和人性、人的生命本能，至少是不全面、不完整的。自我确证只是人的“自我”的一个方面。张文大量借用、吸收的心理学名著《社会认知》一书，以很大篇幅研讨了“自我”极为复杂的心理学

---

① 张江:《再论强制阐释》,《中国社会科学》2021 年第 2 期。

② 张江在“视域融合、形式建构与阐释的当下性”讨论中的发言，见《探索与争鸣》2020 年第 12 期。

内涵和特征。上述自我确证只是自我的一个方面，而不是全部；而“自我是我的组成部分”,“我”包括、大于“自我”,“我的自我是我的思想、情感、愿望和行动的核心”,[①]“自我确证”自然只是“自我”这个“核心”的一部分，远不是全部。张文把自我确证在自我中的范围放大了，地位提高了。我们看到,《社会认知》中还提到“独立自我”和“关系自我”两个概念，涉及在与他人关系中自我的两种形态，作者从比较东西方人的经验性差异切入，认为在与东方人比较中，西方人往往“把自我看成是一种独立、自主、个别的存在，拥有独特的品质、能力、想法和感受”，“个体尝试公开表达这样的自我，并且不断地通过与他人比较来确定自我的存在”，呈现为“独立自我”;反之，在与西方人比较中，东方人“个体的社会化是努力建立与他人的和谐的关系”，“不断调整自己以适应社会环境的需要，并尝试融入社会群体当中”呈现为“关系自我”。[②]这两种不同的自我形态，其认知和阐释的倾向，如果仅仅用单一的“自我确证”来概括，至少不够全面；把“自我确证”归结为一切情况下一切人的本能、本性和阐释的唯一目的，恐怕也有失片面。

我认为，在阐释中，人或者自我还有另外一种本能、本性，那就是同情心，类似于“关系自我”那样，靠着同情心，努力与他人沟通、交流，建立与他人的和谐关系，融入社会群体中。其实，这更是阐释的本质。张江在多篇文章中强调任何阐释都是公共阐释，是完全正确的。比如他说:“阐释本身是一种公共行为。阐释意义上的‘理解’是指，通过解释和说明，构建以他人为对象而展开的理性活动；阐释意义上的‘交流’是指，通过对话和倾听，在自我与他人之间开辟可共享的精神场域，阐释由此而实现价值”，“在理解和交流过程中，理解的主体、被理解的对象，以及阐释者的存在，构成一个相互融合的多方共同体，多元丰富的公共理性活动由此而展开，阐释成为中心和枢纽”。[③]此话说得太好了！这就需要心理学的自我不但具有自我确证的天性，更要具有同情、理解他人的本性、本能，它与“自我确证”同等重要，相辅相成，缺一不可。

其实，这在西方哲学史、阐释学史上有丰富的资源。

休谟的“同情说”开其先例。休谟认为，大多数种类的美都是由同情作用这个根源发生的。同情是人性中一个强有力的原则。一切人的心灵在其感觉和作用方面都是类似的，一切感情都可以由一个人传到另一个，而在每个人心中产生相应的活动。这种人与人之间的感情上的互相感应和传达便是同情作用。同情是美感发生的原则，“我们在任何有用的事物方面所发现的那种美，就是由于这个原则发生的”。[④]他认为“人

① 〔加〕齐瓦·孔达:《社会认知——洞悉人心的科学》，周治金、朱新秤等译，人民邮电出版社，2013，第 328 页。
② 〔加〕齐瓦·孔达:《社会认知——洞悉人心的科学》，第 377 页。
③ 张江:《公共阐释论纲》,《学术研究》2017 年第 6 期。
④ 〔英〕休谟:《人性论》下册，关文运译，商务印书馆，1983，第 618~619 页。

们的心灵是互相反映的镜子，这不但是因为心灵互相反映它们的情绪，而且因为情感、心情和意见的那些光线，可以互相反射，并可以不知不觉地消失。……这些情感中最重要的一种就是别人的爱或尊重的情感，因此这种情感是因为对于所有主体的快乐发生同情而发生的”。① 休谟的同情说肯定了人们爱或尊重的情感是人类共通的人性，是人际沟通、交流的最重要渠道。

对阐释学来说，同情集中体现为对文本作者心灵、情感设身处地的体验。上文已经提到，施莱尔马赫认为，理解和解释之所以可能，根源于共同的人性基础，解释者之所以能够理解他人及其作品，乃是因为他们之间存在着某种同一性即共同人性，通过作品文本，解释者进入作者及其生命活动，达到人性的沟通，从而理解作者及其作品，同时理解自己。这就是理解和解释的实质。② 他把解释的目的归结为对文本及其作者原初意义的寻求和重建，这就需要解释者设身处地的体验，也就是施莱尔马赫所说的“历史的和预期的，客观的和主观的重构（Nachkonstruieren）”，要求从语言学和心理学两方面还原或设身处地地进入作者（讲话者）创作文本时的语境和心境。如他所说，“我们必须首先通过客观的和主观的重构使自身与作者等同”，甚至对作者“无意识保持的许多东西”也要进行“主观的重构”。③ 对此，伽达默尔批评施氏希望通过设身处地的体验，“重建”一部作品的原本规定、“复制”作者的原本创作过程，是完全不可能的，他指出，“鉴于我们存在的历史性，对原来条件的重建乃是一项无效的工作。被重建的、从疏异化唤回的生命，并不是原来的生命”，“这样一种视理解为对原本东西的重建的诠释学工作无非是对一种僵死的意义的传达”。④ 应该承认，伽达默尔这种基于本体论阐释学的批判，否定了施氏完全避免误解、偏见、前见，重建作者原初意义的企图，有合理性，是阐释学的进步。但是，不可能完全重建文本作者的原初意义，不等于作者意义没有其一定的自在性和确定性，不能完全否认作者及其文本在阐释的意义来源中也是不可缺少的一个重要部分，如本文第一部分所论证的。这是伽氏本体论阐释学的重大缺陷，而施氏理解中设身处地地体验、重建作者意义的看法，至少还有局部的真理性和意义。我认为，阐释中同情和设身处地的体验，也是人类天性的一个重要方面，是构成相互融合的多方共同体的必由之路，也是公共阐释得以进行的重要心理基础。不过，这一点我还考虑得不成熟，希望能和张江先生及同行专家们一起努力，进一步开展深入研讨。

（作者单位　复旦大学中国语言文学系）

本文原载《学术研究》2021 年第 7 期

① 〔英〕休谟：《人性论》下册，第 402~403 页。

② 参见潘德荣《西方诠释学史》，北京大学出版社，2013，第 260 页。

③ 洪汉鼎主编《理解与解释——诠释学经典文选》，东方出版社，2001，第 61 页。

④ 〔德〕伽达默尔：《诠释学Ⅰ：真理与方法》，第 245 页。

论哲学诠释学的阐释概念 *

洪汉鼎

摘　要　阐释（Auslegung）是当代哲学诠释学（Hermeneutik）最核心的概念，其本质为文本与阐释者之间发生的共时性而非同时性的意义生发和效果历史事件。阐释作为事件，就是传统与现代、陌生与熟悉、国外与本土之间沟通的桥梁，又是传承与创新同一的事件。阐释可分“长程”和“短程”，短程指存在论，长程则指方法论。阐释作为此在的存在方式，系短程，而长程则是指阐释的具体实践问题，其中包括阐释与意义、阐释与真理以及阐释与对话及其限度诸问题。这些问题究竟如何理解，譬如阐释的意义是作者的意图、读者的赋予，还是文本本身的意义？阐释的真是一种无限接近而永远达不到的，还是说这种真永远随不同境遇而发展，用黑格尔的话说，阐释的真是恶的无限，还是真的无限？以及是否有公共理性，共识是否可以达到？针对这些问题，提出一些初步探讨，仅供学界思考。

一　“阐释”的概念史探究

西方诠释学中的阐释概念是 Auslegung 一词，德文 Auslegung 乃是拉丁文 Explicatio 一词的翻译，伽达默尔在《真理与方法》中曾直接将虔信派 subtilitasexplicandi 翻译为 Auslegung，即阐释。①

（一）阐释既不同于说明，又与一般解释相区别

多年前曾有一位学者跟我说：狄尔泰非常矛盾，一方面他说我们解释自然，我们理解心灵；另一方面，他又说合乎艺术的理解就是解释。也就是说，我们理解心灵，

* 本文为国家社会科学基金重大项目“伽达默尔著作集汉译与研究”（15ZDB026）阶段性成果。

① 伽达默尔：《诠释学Ⅰ：真理与方法》，洪汉鼎译，商务印书馆，2010，第 434~435 页。（Auslegung 原译为“解释”，以下引文不再注明）

就是我们解释心灵。究竟我们是不能解释心灵呢，还是能解释心灵呢？这位学者认为，狄尔泰在这里是矛盾的。

我们现在来考察一下狄尔泰这两段话的原文。第一段话的原文是："Die Natur erklaren wir, das Seelenleben verstehen wir."①第二段话的原文是："Das kunstmassige Verstehen dauernd fixierter Lebensausserungen nennen wir Auslegung."②这里我们清楚看到，狄尔泰在这两段话里对于解释这一概念使用了两个不同的德文词，第一段话用的是 erklaren，第二段话用的是 Auslegung，这两个词按德汉辞典都可译成"解释"，因此第一段话大多被翻译成"我们解释自然，我们理解心灵生活"，而第二段话也大多被翻译为"对持续固定的生命表现的合乎艺术的理解，我们称之为解释"。由于我们把这两个不同的德文词都翻译成"解释"，这引起了那位学者对狄尔泰的质疑。

其实，狄尔泰使用这两个不同的词是用来表示不同的意思。Erklären 或名词 Erklärung，来源于 klärne，即"弄清楚"，因此其意义是澄清、搞清。按照自然科学家的看法，"解释"是偏重于从原则或整体上进行描述性的说明。当弗朗西斯·培根把自然认识（Naturerkenntnis）称为自然解释（interpretatio naturae）时，其意义就是指这种通过方法概括和归纳法的解释，是一种具有客观性的、描述性的解说，因而我们可以把 Erklärung 译为"说明"。而 Auslegung 来源于动词 aus/legen，既可以说把什么东西"立"出来（legt aus），又可以说从某处（aus）把什么东西"摆"出来（legen），也就是从某处把不明显的、隐藏的东西阐发出来，而且还是被我们阐发出来。因此 Auslegung 与 Erklärung 不同，它不是那种通过方法论和归纳法进行客观性和描述性的说明，而是偏重于从主体本身出发对事物进行阐发性的和揭示性的解释，因此我们可以把 Auslegung 译为"阐释"。狄尔泰显然是从这两种不同意义来谈解释的，当他说我们解释自然，是指对自然的客观性和描述性的说明（Erklärung），而当他说对持续固定的生命表现的合乎艺术的理解就是解释时，则是在阐释（Auslegung 或 Ausdeutung）意义上把解释首先认定为"对持续固定的生命表现的艺术的理解"，所以按狄尔泰的观点并没有自我矛盾，应当说他为我们的文本解释提供了另一种阐释模式（Auslegung von Texten）。

这一点的词源学根据我们可以在德文杜登（Duden）大辞典里找到，该辞典将 Interpretation 分为两种下属意思，一是 Erklärung，即"说明"；二是 Auslegung，即"阐释"。我们可以表示如下：

Interpretation 解释 { Erklärung 说明 / Auslegung 阐释 }

① W. Dithey, *Gesammete Schrinen*, Band V, Gottingen: Vandenhoeck &. Ruprecht. 1964, S. 144.

② Hans-Georg Gadamer und Gottfried Boehm (Hrsg.), *Philosophische Hermeneutik*, Seminar, Frankfurt am Main: Suhrkamp Verlag, 1976, S. 216.

因此，Interpretation（解释）一词是一个总概念，它可以分为两种不同程度的解释。一种是比较客观性的解释，这可以说是一种弱的解释，它是通过逻辑方法和归纳法对解释对象做描述性的说明，也就是我们自然科学中常用的一种解释，如自然科学的因果解释。另一种是比较彻底性的解释，这也可以说是一种强的解释，它是通过解释主体的努力和发掘，把解释对象未能明显表示出来的东西揭示出来的阐释。如果说前一种解释比较平实中庸，那么后一种解释则显得激进和强制。按狄尔泰的看法，后一种解释是人文精神科学常用的解释。

由此可见，Interpretation（解释）一词的外延比 Auslegung（阐释）广，后者只是它的一个下属。Interpretation（解释）是一种总体性的解释概念，它的意思应偏中性。它既有客观性的和描述性的说明（Erklärung）这一弱的意义，又有揭示性的和阐发性的阐释（Auslegung）这一强的意义。反之，Auslegung（阐释）只是 Interpretation（解释）的一种下属类型，Auslegung（阐释）意思比 Interpretation（解释）的意思彻底，强调揭示性的和阐发性的更深一层意思。如果把 Auslegung 似同于 Interpretation，显然忽略了 Interpretation 一词中 Auslegung 相对于 Erklärung（explanation 说明）的阐释意涵。解释概念的这种不同意涵应当引起我们注意。

可是在我国现象学著作的中文翻译中，似乎忽略了 Interpretation（解释）和 Auslegung（阐释）这一重要差别，例如，不论是《笛卡尔式的沉思》《逻辑研究》还是《存在与时间》《真理与方法》等这些经典著作，大多把 Auslegung 译成“解释”，而把 Interpretation 有时译成“阐释”。就我本人而言，之所以在《真理与方法》中把 Auslegung 译成“解释”，甚至在翻译阿斯特的诠释学论文时还把 Erklärung 译成“解释”，主要是受英译本影响，因为《真理与方法》两个英译本均把 Auslegung 译成 Interpretation。按照美国著名诠释学家帕尔默的译法，尽管在英语中可以找 explanation 来译德文词 Erklärung（例如他把狄尔泰那句译成“The sciences explain nature, the human studies understand expressions of life”），但没有别的合适英语词能译 Auslegung，所以他只能把 Auslegung 翻译成 Interpretation。

现在我们必须要强调 Auslegung 不同于一般 Interpretation 的阐释意义。我们知道海德格尔在《存在与时间》中强调 Auslegung 一词，其中著名一节就是“Verstehen（理解）和 Auslegung（阐释）”。为什么海德格尔要启用 Auslegung（阐释）一词呢，这可以从他 1929 年出版的《康德与形而上学疑难》一书中找到说明：“如果一种 Interpretation（解释）只是重新给出康德所明确说过的东西，那么这种 Interpretation（解释）从一开始就绝不是 Aus-legung（阐—释），因为 Aus legung（阐—释）一直被赋予的任务在于：将康德在其奠基活动中所揭示的那些超出明确表述之外的东西原本地加以展现。”[①] 这里海德格尔明确把 Auslegung 与 Interpretation 加以区分，认为 Auslegung 是把康德未加明确说出的东西加以揭示，这是一种远比 Interpretation 只是把已经明确说出的东西加以说明更为深刻的阐释活动，并且为了表明这种阐释是一种深入的揭示活动，他把 Auslegung 这一可分动词写成 Aus-legung。按照海德格尔的看法，阐释乃是一条“主导观念自身以其光芒四射的力量显露出来”[②] 的道路。[③]

同样，伽达默尔在 1931 年写的教授资格论文《柏拉图的辩证法伦理学——〈菲莱布篇〉现象学解释》的导言中，也明确写道：“人们可以尝试这一悖论：作为历史文本的解释（Interpretation），它要阐释性地理解（auslegend verstehen）历史文本中那种不言而喻的东西。正是在这种理解中——这种理解在历史学家看来乃是他自己研究的不言而喻的先行工作——解释发现诸种疑难并由此形成任务。从自身出发而得到理解的东西，作为不言而喻的东西，总是努力摆脱明确的把握和应对。”[④] 这里我们也清楚看到，Auslegung 是一种把平常文本中那些不言而喻的东西加以揭示的更深层的阐释。因此伽达默尔在其中特别强调说：“文本解说（Erklärung）标识着那种看似不言而喻但是非常艰难并很容易迷失的阐释道路（Weg einer Auslegung），它要把我们对历史文本的理解带到概念，因为我们是从对文本中所讲到的东西的一种特有的事实理解出发的。”[⑤] 在《真理与方法》中，我们同样也可以看到伽达默尔这种用法：凡在讲到对某文本或某古典哲学家的解释时，如对柏拉图《菲莱布篇》的解释，对亚里士多德的解释和在题为“文本与解释”的文章中，以及讲到解释这一概念的意义变迁时，伽达默尔都用 Interpretation；而在深入研讨理解和解释过程及其本质时，如谈到诠释学的应用问题、解释与占有同一时，伽达默尔一般都用 Auslegung。因此，“阐释”一词在当代哲学诠释学中是一个核心概念。

（二）诠释学与解释概念发展的三阶段：阐释—说明—阐释

如果我们进一步做概念史的研究，那么我们就可看出，Interpretation（解释）这一概念的意义经历了一个很重要的正反合转变，它是从最初解经学的“阐释”

---

① M. Heidegger, Kant und das Problem der Metaphysik, Frankfurt am Main: Vittovio Klostermann, 1991, S. 201.

② M. Heidegger, *Kant und das Problem der Metaphysik*, S. 202.

③ 令人欣慰的是该书的中文译者王庆节教授（也是《存在与时间》译者之一）在此书中已经认识到 Auslegung 不同于一般 Interpretation，并把 Auslegung 译为“阐释”，并且还加上这样一个注：“在德文中，‘Interpretation’与‘Auslegung’是两个同义词，一般都理解为‘解释’。海德格尔在《存在与时间》中区别使用这两个概念，前者，或者是在一般宽泛解释的意义上，或者是在比较具体的解说析明的意义上讲，而后者则更多的是在海德格尔所讲的存在真理的去蔽、阐明、展开的意义上说。”（马丁·海德格尔：《康德与形而上学疑难》，王庆节译，上海译文出版社，2011，第 191 页。）

④ Hans-Georg Gadamer, *Gesammelte Werke, Band 10: Hermeneutik im Rückblick*, Tübingen: J.C.B.Mohr (Paul Siebeck), 1995,S. 13.

⑤ Hans-Georg Gadamer, *Gesammelte Werke, Band 10: Hermeneutik im Rückblick*, S. 13.

（Auslegung）意义，后经近代启蒙运动的“说明”（Erklärung）意义，最后又在更高层次上回到“阐释”（Auslegung）这一意义。Interpretation 概念的这种三阶段的意义变迁，在诠释学史上发生了三次重大转变，形成了三种性质完全不同的诠释学，即古典独断型诠释学、近代浪漫主义探究型诠释学以及当代哲学诠释学。

在希腊早期诗人的解释中，如荷马，阐释是作为诸神信息的翻译；在新柏拉图主义的《旧约圣经》解释中，阐释（qua explicatio）曾把 Geist（精神）和事物理解为展开的数，存在者的多与存在的太一之间的关系。因此在西方古代和中世纪，特别是在浪漫主义前史时期，诠释学很多著作（不仅神学，而且还有法学）都使用 Auslegung 作为“解释”的主要用词，如斯宾诺莎在《神学政治论》（1671）里就有著名的论圣经经文的阐释（Auslegung der Schrift）一章，[①] 约翰·马丁·克拉德尼乌斯的《导论：对合理性的言谈与文本的正确阐释》（*Einleitung zur richtigen Auslegung vernünftiger Reden und Schriften*，1742），以及安东·弗里德里希·尤斯图斯·蒂鲍特的《罗马法的逻辑阐释理论》（*Theorie der logischen Auslegung des röemischen Rechts*，1806）中也都可看出这一点。

阐释（Auslegung）在古代神学解经学（Exegese），特别是在虔信派诠释学那里具有怎样一种性质呢？圣经的 Exergese 来源于 eksergesis，eks 就是德文 aus（出来），ergesis 对应于古希腊文 *ἐξήγσις*（Logeion），即神的命令，因此 Exergese 就是把圣经经文的旨意引导出来。我们知道，中世纪神学注释中有所谓文字四重意义学说，即字面的（wörtliche）、譬喻的（allegorische）、道德的（moralische）和通往的（hinführende）意义。尼拉的尼古拉（Nicholas of Lyra）在关于《加拉太书》（*Galatian*）的信的注释中曾以诗的形式谈到了这四重意义：“字面的意义说明事实，譬喻的意义说明信仰的内容，道德的意义指明应当要做的事情，而通往的意义则反映你应当努力争取的东西。”[②] 这里可以看出，信仰和道德以及神圣通往上帝在解经学里是最根本的东西，而阐释正好适用于这一点，因为阐释一定与阐释者的虔诚、顺从和信仰紧密相连。

因此，在古代的解经学和虔信派诠释学中，阐释首先是一种虔诚性的理解，特别是在当时阐释理论中体验到这种情感因素。例如马提亚斯·弗拉齐乌斯·伊吕里库斯（Illyricus），在其《论神圣经文的认识基础》（1567）中就说我们理解神圣经文，“既非为了吹嘘，亦非为了获利，更不是为了真理的斗争”，我们所要做的，就是“必须将虔诚与顺从的含义一并带入该整个事业中”。[③] 其次，是一种应用性的理解，也就是说，阐释与应用相统一。例如伊吕里库斯在上引书中继续说：“虔诚的人须得在事实上对神

① 参见斯宾诺莎《神学政治论》，温锡增译，商务印书馆，1963，第 106~128 页。
② Maurizio Ferraris, *History of Hermeneutics*, trans. Luca Somigli, New Jersey: Humanities Press, 1996, p. 16.
③ Hans Georg-Gadamer und Gottfried Boehm (Hrsg.), *Philosophische Hermeneutik*，S. 43.

圣经文这般加以崇敬，并如此献身于其中去认识它，以至于他要假定，可以说他所阅读的并非一本死书，也并非在钻研某个如此圣洁、令人敬畏或是智慧之人的著作，而是在研究活生生的神自身的言语，这神此时正在彼处与他进行商榷。那位也就是诸言语的作者，祂如一位总是想要通过这部书直接与人们交谈，并教诲他们关乎自己与他们自身永恒福祉的那样，已将这神圣经文向人类加以了阐释。”①

虔诚的理解加上应用的理解，这就构成了古代教义学诠释学关于阐释的本质特征，这种特征就是虔信派诠释学所谓三种要素的技巧：理解的技巧（Subtilitas intelligendi），即理解（Verstehen）；解释的技巧（Subtilitas explicandi），即阐释（Auslegung）；应用的技巧（Sibtilitas applicandi），即应用（Anwenden）。古代这种理解、阐释与应用三合一的技巧，使伽达默尔得出这样的结论："理解与其说是认知意识借以研讨某个它所选择的对象并对之获得客观认识的方法，毋宁说是这样一种以逗留于某个传统进程中为前提的活动。理解本身表明自己是一个生发事件。"②

说明（Erkl ä ren, Erkl ä rung），英文为 explanation。此词是随着近代自然科学的发展以及随之而来的启蒙运动而被使用的解释概念。这种说明的本质特征我们可以从康德《判断力批判》中找到。在该书中，康德区分了"规定性判断力"与"反思性判断力"。当判断力涉及把一个"被给予的"普遍的东西（概念或规律）运用到被认为是归于其下的特殊的东西之上时，该判断力就是规定性的判断力；而当我们面对特殊的东西力求寻找一个普遍的东西，从而把面前的特殊东西归于其下时，此判断力就是反思性的判断力。康德说："反思性判断力的任务是从自然中的特殊上升到普遍，所以需要一个原理，这原理不能从经验中借来，因为它正应当建立一个一切经验原理在高一级的虽然它是经验的诸原理之下的统一，并且由此建立系统中上下级之间的隶属关系的可能性。所以这样一个超验原理，只能是反思性判断力自己给自己作为规律的东西，它不能从别处取来（否则它将是规定性判断力）。"③ 在《判断力批判》第 78 节里，康德讲到物质的普遍机械作用原则与自然技术中的目的论原则的结合。按照他的观点，我们对自然的说明（Erklärung）虽然应当强调物质的普遍机械作用原则，没有这种机械作用就绝不可能做到洞察事物的自然本性，但他也主张"理性的一个同样必要的准则就是不要忽略在自然产物上的目的原则"。④ 因为这个原则虽然并不使我们更加理解自然的产生方式，但毕竟是探究自然的特殊法则的一个启发性原则。

康德这种关于说明的解释方式的观点，在当时德国哲学界是比较普遍的，譬如鲍姆加登就试图在解释（Interpretation）中让说明（Erklärung）从阐释（Auslegung）中摆

① Hans-Georg Gadamer und Gottfried Boehm (Hrsg.), *Philosophische Hermeneutik*, S. 43.

② 伽达默尔：《诠释学 I：真理与方法》，第 437~438 页。译文有改动。

③ 康德：《判断力批判》上卷，宗白华译，商务印书馆，1985，第 16~17 页。

④ Immanuel Kant, *Kritik der Urteilskraft*, Leipzig: Verlag Philipp Reclam jun., 1926, p. 351.

脱出来，他说："然而除此之外重要的是，他将（在第六部分详尽讨论了的）对经文的说明与作为先前诠释学操作之对象的阐释进行了区别处理。'对要阐释的言说之内容进行说明，这是将其个别的诸概念及其关系进行彼此相对的研究，亦即并非只扮演翻译者的角色。学习阐述一篇文本与学习说明一篇文本乃是截然不同的事情。整个被阐释的言说之内容因而必须根据主要概念得以说明，处理为可领会的，并被带入清晰性之中。'……诠释学虽然建立于从教义学那里借来的诸命题上，但反过来必然重新为其奠基。"① 这里我们清楚看到说明不同于阐释，这时期诠释学家试图以科学认知与逻辑推理作为解释的基础，以摆脱原先解经学那种独断型阐释方式。

浪漫主义诠释学家阿斯特（Friedrich Ast，1778~1841）正是康德这种说明－解释的主要代表。他在《语法学、诠释学和批评学基础》（*Grundlinien der Grammatik, Hermeneulik und Kritik*）一书中，无视神学解经学和虔信派诠释学那种带有虔诚、信仰和应用的 Auslegung 一词，通篇用的"解释"一词就是 Erklärung。正如自然科学对自然现象的解释是把自然现象还原为某个普遍规律的特例一样，阿斯特对文本的解释，也是把它看作某个普遍精神的特殊表现。他说我们既要表现作者所体现的普遍精神，又要呈现作者自身的特殊表现，"对古代文本的理解不仅需要对古代精神本身的领悟，而且特别需要对作者个人精神的认识"。② 例如对古代诗人品达的作品的理解，既要说明它们表现了古代的崇高精神，又要表明品达自身的特殊精神。因而他说："理解的发展和它的阐明被称为 Erklärung（说明），当然，Erklärung（说明）是以理解为前提，并建基于理解之上；因为只有已经真正被把握和领悟，即被理解的东西，才能被传达和昭示给他人。"③ 他还说："对作品的理解（Verstehen）和说明（erklären）乃是对已经被形成的东西的真实的再生产或再创造。"④ 这里 Verstehen 和 erklären 的连用与后来狄尔泰关于 Verstehen 和 erklären 的分离形成鲜明的对照。

20世纪初，哲学诠释学重新启用阐释（Auslegung）概念是与狄尔泰关于说明与理解的区分相联系的。我们在文章开篇提到过，狄尔泰在区分自然科学与精神科学时，曾提出"我们说明（erklären）自然，我们理解（verstehen）精神"这一名言。按照狄尔泰的观点，自然的关联是抽象的，而精神的关联则是生机勃勃的。在自然科学中，关联通过假设而被带到存在，而在理解的精神科学中，则在体验中原始地被给予。自然科学需要假设，而作为精神科学对象的生命关联和历史关联绝不需要假设性的说明，因为它们是直接而原始地被给予的，我们可以直接加以理解。

对于海德格尔，阐释（Auslegung）的问题，即 explication 或 Interpretation 的问题，

① Hans-Georg Gadamer und Gottfried Boehm (Hrsg.), *Philosophische Hermeneutik*, S. 25–26.
② Hans-Georg Gadamer und Gottfried Boehm (Hrsg.), *Philosophische Hermeneutik*, S. 115.
③ Hans-Georg Gadamer und Gottfried Boehm (Hrsg.), *Philosophische Hermeneutik*, S. 118.
④ Hans-Georg Gadamer und Gottfried Boehm (Hrsg.), *Philosophische Hermeneutik*, S. 120.

与解经学（exegesis）的问题很少有共同之处，我们是要从此在的境遇来探讨在世存在者的意义。理解某一文本，不是去发现该文本中僵死的意义，而是以此在的现实去揭示该文本所指示的存在的可能性。理解本质上就是此在在先行的被抛状态中对存在的筹划。如此，阐释就是这样一种行动，通过这种行动，被阐释对象的新意义被释放出来。伽达默尔说："所谓阐释正在于：让自己的前概念发生作用，从而使文本的意思真正为我们表述出来。……文本应该通过阐释而得到表述。……传承物的历史生命就在于它一直依赖于新的占有和阐释。……一切阐释都必须受制于它所从属的诠释学境况。"①这里我们看到一种实践哲学所要求的现实性，伽达默尔说："无论如何，文字的现实化（Aktualisierung）总是要求一种在阐释着的理解意义上的解释（Interpretation im Sinne des deutenden Verstehens），就像那种对被说给某个人的语词的解释。"②

20 世纪阐释概念的重新启用，使解释概念发生了创造性的革命，旧的事物可以释放新的意义。伽达默尔说："文本并非只是文学研究对象领域的名称，解释也并非仅是对文本作科学阐释的技术。这两个概念在 20 世纪都根本改变了它们在我们认识和世界方程式中的地位。"③其实，解释概念的这种革命性转向，早在 19 世纪就开始了，如我们想到马克思的"哲学家们只是用不同的方式解释世界，而问题在于改变世界"，以及尼采的"我不知道道德现象，我只知道对这种现象的道德解释"。伽达默尔对此写道："马克思、尼采和弗洛伊德的共同特征一定是这样，即人们不能轻易地把自我意识的被给予物作为一种被给予性加以接受。在这里也产生了解释（Interpretation）概念所获得的新角色。……海德格尔对该概念的接受同时也标志着胡塞尔现象学的现象概念的批判性的发展。"④

二 阐释与事件——阐释的本质

当我们知道了"阐释"（Auslegung）一词是当代哲学诠释学的核心概念之后，现在需要进一步探讨阐释概念的性质，首先，我们考察它的本质特征，这可以说我们进入了一种存在论的短程探讨。

（一）阐释是文本与阐释者之间发生的共时性而非同时性的效果历史事件

这里有两个德文词，一是 Geschehen，即发生；另一是 Ereignis，即发生的结果，也就是事件。所谓发生，就是两个不同事物之间碰撞，例如今天早晨我开车上班，在

① 伽达默尔：《诠释学 Ⅰ：真理与方法》，第 558~559 页。
② Hans-Georg Gadamer, *Gesammelte Werke, Band 10: Hermeneutik im Rückblick*, S. 129
③ 伽达默尔：《诠释学Ⅱ：真理与方法》，洪汉鼎译，商务印书馆，2010，第 423 页。
④ Hans-Georg Gadamer, *Gesammelte Werke, Band 10: Hermeneutik im Ruckblick*, S.91–92.

某一地方与另一汽车相撞，相撞的结果就产生事故，事故就是事件。事件虽然有其必然发生的理由，但这种碰撞或发生也具有偶然性，经历者不可能事先对其有所预期。

这里有一个发生现象学的问题，我们知道胡塞尔讲过发生学现象学（genetische Phänomenlogie），[①] 但他这种发生学现象学不同于海德格尔和伽达默尔的发生现象学（Geschehen-Ereignis Phänomenlogie），胡塞尔的发生（Genesis）是在 Genetik（发生学）意义上讲的，而海德格尔和伽达默尔是在"Geschehen"和"Ereignis"意义上讲事件发生。这里海德格尔和伽达默尔的"发生现象学"与胡塞尔的"发生学现象学"有着本质差别。在胡塞尔那里，"Genesis"不是现实的发生，而是指构造性的构成之源泉——意识的发生，尽管胡塞尔已在生前未出版的手稿中经常使用"意义发生"（Sinngenesis）这个词，但其主要还是说明世界的意义乃是一种活生生的自我之构成行为，而在海德格尔和伽达默尔那里，发生则表现为一种现实意义的发生，即存在的意义或存在的真理在此境遇中得以显现或展露。现象的被给予并不是主体的构造，而是事情本身的显现。发生和事件，显然与时间分不开，从而时间"乃是现在植根于其中的发生 / 事件（Geschehen）的根本基础"（Geschehen 原译为"事件"，以下引文不再注明），[②] 正如伽达默尔所说，无论怎么强调"一种事件（Geschehen）的真正的创造性（Produktivität）也不过分"。[③]

按照伽达默尔的看法，理解和阐释都是理解者或阐释者与理解或阐释对象之间的一种生发事件，从过程来看，它就是 Geschehen，即发生，从结果来看，它也就是 Ereignis，即事件。不论 Geschehen，还是 Ereignis，我们都可译成"生发事件"。对于伽达默尔来讲，理解的"生发事件"（Geschehen）也就是真理的"自成事件"（Ereignis）。伽达默尔在《真理与方法》第 2 版序言中说，康德之后，哲学关注的不是"事实"，而是"法权"，这表现在诠释学，即理解关注的不是"理解什么"，而是理解"何以可能"。所以伽达默尔说："问题不是我们做什么，也不是我们应当做什么，而是什么东西超越我们的愿望和行动与我们一起发生（geschicht）。"[④] 这里所谓"与我们一起发生"就是指我们作为理解者或阐释者，与所要理解或阐释的对象发生相遇或碰撞，结果以"事件"而出现。伽达默尔说："一切理解都是一种生发事件（Geschehen）"[⑤]，"美之物的显现和理解的存在方式都具有事件性质（Ereignischarakter）"[⑥]，"诠释学经验属于这种情况，因为它也是一种真实经验的发生（Geschehen）"[⑦]。发生或事件，这是伽达默尔诠释学一个关键概念。加拿大学者格朗丹说，伽达默尔曾告诉他，当《真理与方法》手

① 参见胡塞尔《笛卡尔式的沉思》，第 34 节。
② 伽达默尔：《诠释学Ⅰ：真理与方法》，第 420 页。
③ 伽达默尔：《诠释学Ⅰ：真理与方法》，第 421 页。译文稍有改动。
④ 伽达默尔：《诠释学Ⅱ：真理与方法》，第 552~553 页。
⑤ 伽达默尔：《诠释学Ⅰ：真理与方法》，第 680 页。
⑥ 伽达默尔：《诠释学Ⅰ：真理与方法》，第 680 页。译文稍有改动。
⑦ 伽达默尔：《诠释学Ⅰ：真理与方法》，第 682 页。

稿在1959年完成时，他曾考虑为他这本代表作取名为《理解与生发事件》(*Verstehen und Geschehen*)。[①]“理解与生发事件”可以说构成了我们领会《真理与方法》的一条重要线索，其要义在于它不是像以往的诠释学那样提供一种理解和解释的方法或规则的理论，而是“要表明理解(Verstehen)从来就不是一种对于某个被给定的‘对象’的主观行为，而是属于效果历史(Wirkungsgeschichte)，这就是说，理解是属于被理解东西的存在(Sein)”。[②]

不过，这里一个要点是，发生和事件虽然离不开人的参与，但决不能归结为主体或主观的行为，也不是由人为方法所控制、支配的结果，而是一种“遭受”(Erleiden)。伽达默尔说：“在诠释学经验中也会发现类似辩证法的东西，即一种事物自身的行动，这种行动同现代科学的方法论相反，乃是一种遭受(Erleiden)，一种作为生发事件的理解。”[③]理解或阐释这种发生、事件或遭受就是受效果历史所支配，或者说是效果历史的结果，正如意识属于被意识到的存在(Bewusst-sein)，理解属于被理解者的存在。

从时间上说，这种发生与事件是理解或阐释对象与理解者或阐释者之间在同一时间相遇或碰撞，但这种同时性不是Simultaneität，而是Gleichzeitigkeit，为了区别Simultaneität这种同时性，我们把Gleichzeitigkeit译为共时性。我们知道，Simultaneität是施莱尔马赫提出的一个概念，他主张解释者应当站在作者当时的立场并像作者那样去理解文本。而Gleichzeitigkeit则是克尔凯郭尔提出的一个概念，他曾赋予这一概念某种特殊的神学意蕴。在他看来，共时性不是同时存在，而是表述了向信仰者提出的这样一种任务，即要完全联系在一起地传达两件并不是同时的事情，即自身的现在和基督的拯救，以使这古老事情仍然作为某种现在之事(而不是作为当时之事)被经验认真地接受。克尔凯郭尔的真正激情是:重要的是不要“有距离”(auf Abstand)去理解。耶稣基督于2000多年前的救世行动的历史在此被视为历史讲述，但重要的是，让这个信息在它与我们的共时性中发挥效应。对过去的瞥见是从能在或未来的视域出发而被唤醒的。伽达默尔说：“这是马堡神学在每个真正的新约诠释中所追求的目标。这完全与海德格尔的努力相符，即在与哲学历史的对话中成为同时性的。”[④]

(二)阐释既是据为己有又是重构他者的意义开启事件

何为“据为己有”(Aneignung, appropriation，也可译为“占有”)？海德格尔有一个很好的解释，“这种阐释一向奠基于一种前有之中。作为理解的占有(Verständniszuereig-

① 参见让·格朗丹《诠释学真理？——论伽达默尔的真理概念》，洪汉鼎译，商务印书馆，2015，第182页注1。
② 参见伽达默尔《诠释学Ⅱ：真理与方法》，第556~557页。
③ 伽达默尔:《诠释学Ⅰ：真理与方法》，第654页。译文稍有改动。
④ Hans-Georg Gadamer, *Gesammelte Werke, Band 10: Hermeneutik im Rückblick*, S. 17.

nung），阐释活动有所理解地向已经被理解了的因缘整体性去存在。对被理解了的但还隐绰未彰的东西的占有（Zueignung）总是在这样一种眼光的指导下进行揭示，这种眼光把在指向被理解东西时所应阐释的东西确定下来。阐释向来奠基于前见之中，它瞄准某种可解释状态，拿在前有中摄取到的东西开刀。……阐释可以从有待阐释的在者自身汲取属于这个在者的概念方式，但是也可以迫使这个在者进入另一些概念，虽然按照这个在者的存在方式来说，这些概念同这个在者是相反的。无论如何，阐释一向已经断然地或有所保留地决定好了对某种概念方式表示赞同。阐释奠基于一种前把握之中"。①

显然，"据为己有"有两方面意义：一方面"从有待阐释的在者自身汲取属于这个在者的概念方式"，即据为己有就是把某种原本是陌生的东西变成自己的东西。另一方面"迫使这个在者进入另一些概念，虽然按照这个在者的存在方式来说，这些概念同这个在者是相反的"，即据为己有又是以新的概念重构有待阐释的在者。因此作为据为己有，阐释就是使陌生的文本成为当下现实的事件。当阐释摆脱了话语作为原发生（Geschehen）的重现而成为一种据为己有的事件时，它就成为意义生发（Sinnsgeschehen），而作为意义生发，它就成为一种意义开启事件（Sneröffningsgeschehen）。文本的意义不存在于文本之后，而存在于文本之前。意义不是在场，而是能在。

不过，在我们谈论据为己有时，我们不可能像有些学者那样，认为据为己有就是消灭他者。对于伽达默尔来说，理解虽然是陌生性与熟悉性、他者与自我的综合与中介，但这种综合与中介绝不是消灭陌生性和他者。为了避免这种误解，伽达默尔在《真理与方法》1986 年第 5 版里补充了一个注释（注 230），"这里经常存在一种危险，即在理解中将他者'据为己有'，并因此忽视他的他在性"。② 伽达默尔在此要我们承认他者、他在性对我们理解的重要性，他要求我们对他者和他在性保持开放，从而更多强调在对他人和作品的理解中的自我放弃。陌生的东西必须相对于熟悉的东西突出自己，这样它才能表现自己在其真理中。只有当陌生东西一起进入已熟悉的东西时，我们才理解陌生东西。阐释者与被阐释对象碰撞事件的结果都摆脱他们原先的想法而形成一种新的中介或综合。

（三）阐释是传统与现代、陌生与熟悉、国外与本土之间沟通桥梁之事件，又是传承创新、中外交融的事件

作为这种意义生发事件，古老文本与阐释者之间在阅读和阐释过程中虽然在同

---

① M. Heidegger, *Sein und Zeit*, Tubingen: Mex Niemeyer Verlag, 1979, S. 150.

② 伽达默尔：《诠释学 Ⅰ：真理与方法》，第 424 页注。译文稍有改动。

一时间发生碰撞，但不是彼此时间距离消失，而是一种不同时的或具有时间距离的共时性。对过去的瞥见是从能在或未来的视域出发而被唤醒的。伽达默尔说：“实际上存在着一种熟悉性和陌生性的两极对立，而诠释学的任务就是建立在这种两极对立上。……传承物对于我们所具有的陌生性和熟悉性之间的地带，乃是具有历史意味的枯朽了的对象性和对某个传统的隶属性之间的中间地带。诠释学的真正位置就存在于这中间地带内。”① 利科也说过，阐释就是把（在时间、地理、文化、精神上）远的东西变成近的东西，文本所做的中介就是间距化模式。间距化不只是疏远，而是如同伽达默尔在其整个著作中所争论的陌生化（Verfremdung）一样，是真正创造性的。②

伽达默尔特别强调诠释学阐释的这种创造性，他说：“这成为《存在与时间》的指导思想，即去阐明此在的‘诠释’结构，即是说，不是简单地延续‘精神’及其创造——我们称之为‘文化’——的诠释学，而是进行一种‘实际性诠释学’。”③ 这里可以说一种共生现象，由于阐释，我们与文本都发生改变，新的我们觉悟与新的文本意义产生出来，出现了一个新的阐释者和一个新的阐释对象。

诠释学这种作为中介与沟通的理解对于不同思想与文化、特别对于中西方思想与文化的交流和融合，有很大的意义。伽达默尔说：“如此一来，人类历史记忆的视域也有所转移。欧洲文化圈的狭小界域及其对全球的直接影响不断给我们时代思想的诠释学转向带来新的任务与视角。不仅我们遥远而陌生的过往，而且还有和我们一道进入全新生命共同体的其他遥远而陌生的文化圈给我们提出了新的任务，而且无疑在这个多元世界开启新的对话交流和获得新的意义视域，这种意义视域超越了在西方世界形成的哲学概念。诗与哲学的紧密交织关系，以及与陌生文化的对话艺术的紧密交织关系，会为我们带来源源不断的新思考。”④

三　阐释与意义——阐释的指向

（一）作者创作意图、读者接受意义、文本本身意义

阐释文本、作品或行为的一个重要指向就是意义。我们通常以追问文本、作品或

① 伽达默尔：《诠释学Ⅰ：真理与方法》，第 418 页。

② 参见 Paul Ricoeur, *Hermeneutics and the Human Sciences: Essays on Language, Action and Interpretation*, edited, translated and Introduced by John B. Thompson,Cambridge: Cambridge University Press, 1981, p.111。

③ Hans-Georg Gadamer, *Gesammelte Werke, Band 10: Hermeneutik im Rückblick*, S. 105.

④ Hans-Georg Gadamer, *Gesammelte Werke, Band 10: Hermeneutik im Rückblick*, S. 371–372.

行为的意义作为阐释的重要内容，那么什么是文本、作品或行为的意义呢？通常有三种看法：第一，文本、作品或行为的意义就是作者或行为者自身的意图和思想，我们可以称之为作者意图论；第二，文本、作品或行为的意义就是读者或观看者所理解的意义，我们可以称之为读者意义论；第三，文本、作品或行为的意义就是文本、作品或行为自身所表现的意义，我们可以称之为文本意义论。作者意图论的问题在于两点，一是如何确定是作者的意图，还是你所理解的作者意图？特别是那些已经逝去的作者，你如何能理解他们的意图；二是即使我们确定了作者的意图，难道我们对某文本的理解和兴趣仅在于作者的意图吗？显然，这种理论是有问题的。读者意义论也是我们不能接受的，读者对于文本或作品来说，是无限的，而且某一时刻阅读文本的读者可以有成千上万，如果文本本身没有什么机制制约读者，那么文本的意义就不会确定。因此，我们只能接受第三种意义，即文本意义论。这是一种不单从作者也不单从读者而是从文本或行为本身揭示文本或行为的意义。

伽达默尔在其《著作集》第 10 卷一篇题为“早期浪漫主义、诠释学、解构”的文章中对此有一段详尽的说明：“在我一直以来特别关注的问题中，即在‘作者意图’（intention auctoris）的问题中，我显然比我先前所知道的更接近施莱格尔。这首先取决于弗里德里希·施莱格尔对作品概念的重视。”① 按照伽达默尔的看法，“作品”只不过是“产品”（Ergon）而已，与其他所有产品一样，其特征在于它与生产者及其生产分离。某物的塑形（Formgestaltung）不取决于制作它的人，而取决于应该使用它的人。这里伽达默尔清楚地把作品视同于产品（Ergon），产品一旦生产出来就同其生产者相分离，因而作者意图在作品里是无法找到的，另外，作品的意义也不在读者，反而读者要服从作品的命令。从艺术经验到艺术作品乃是一场突变或转化，经过这场突变或转化，作品成为真正的东西，作品只存在于自身之中，“作品在其自身的意图中，在其真正表达的东西中，必须对我们说些什么。作品‘立在’那里”。②

不过当我们说作品的意义存在于作品、文本或行为自身中，我们必须明确，哲学诠释学所说的文本或行为本身的意义并不是指文本或行为中那种所谓客观的意义，而是指通过我们阐释这种碰撞或遭遇事件而生发出来的意义。关于这种意义，海德格尔在《存在与时间》中有段经典的论述：“如果在世存在者随着此在之在一起被揭示，也就是说，随着此在之在一起得到理解，我们就说：它具有意义（Sinn）。不过严格地说，被理解的东西不是意义，而是存在者和存在。意义是某某东西的可理解性的栖身之所。在理解着的展开活动中可以明确说出的东西，我们称之为意义。意义的概念包含必然属于理解着阐释所明确说出的东西的形式构架（formale Gerüst）。意义就是先有、先见

① Hans-Georg Gadamer, *Gesammelte Werke, Band 10: Hermeneutik im Rückblick*, S. 134.
② Hans-Georg Gadamer, *Gesammelte Werke, Band 10: Hermeneutik im Rückblick*, S. 135.

和先把握所说出的筹划的何所向，从筹划的何所向出发，某某东西作为某某东西得到理解。只要理解和阐释造就此在的生存论状态，意义就必须被理解为属于理解的展开状态的生存论形式构架。”[①]Sinn 这一德文词本是指感觉，即某物在另一物产生的感觉，或某物对另一物产生的感觉。因此在世存在者的意义并不是光从在世存在者自身获得，而是随着此在之存在一起被揭示而得到的，意义既包括存在者，又包括此在之存在。当此在理解或阐释某个在世存在者时，他的前理解（即先有、先见和先把握）就对该存在者进行筹划，而其筹划的何所向就是意义，从此意义出发，某某东西就作为某某东西得到理解。这里海德格尔提到一种形式构架（伽达默尔称为构成物），这就是在世存在者本身具有的一种制约阐释意义的事理，这种事理与阐释者的前理解通过阐释这一碰撞或遭遇事件才生发出意义。同样，伽达默尔在《真理与方法》中也有一段重要论述：“研讨某个传承物的解释者就是试图把这种传承物应用于自身。但是这也不意味着传承下来的文本对于他是作为某种普遍东西被给出和被理解的，并且以后只有为特殊的应用才利用它。其实解释者除了这种普遍的东西——文本——外根本不想理解其他东西，也就是说，他只想理解传承物所说的东西，即构成文本的意义和意思的东西。但是为了理解这种东西，他一定不能无视他自己和他自己所处的具体的诠释学境遇。如果他想根本理解的话，他必须把文本与这种境况联系起来。”[②]

现在我们来具体考察这样一种生发意义是如何产生的。现代诠释学有两条道路，一条是赫施、利科之路，一条是伽达默尔之路。

（二）赫施和利科之路是从重新解释弗雷格的含义与指称之区分而开始的

关于“意义”我们需要做一分析。一般来说，“意义”一词至少有下面三种意思：（1）表达式（语词或语句）在某人心里引起的个人的主观的因而是可变的联想或观念，例如“亚历山大的战马”这一表达式在我们心中引起的联想或观念；（2）表达式的含义，即表达式对其所指称东西的表达方式，例如“晨星”和“暮星”都是对某一星辰的表达；（3）表达式的指称，即表达式所指称的东西，例如“巴黎”与“法国首都”这两个表达式都是指称同一个城市。

德国逻辑学家弗雷格在 19 世纪末发表一篇重要文章《论含义与指称》，在其中他反对上述第一种意义理论，而只承认第二种和第三种意义理论，这就形成他在分析哲学史上著名的关于含义（Sinn, sense）与指称（Bedeutung, reference）的区别。弗雷格反对第一种意义的理由是，这是一种心理主义的解释，它不适用于科学语言的构造和

① M. Heidegger, *Sein und Zeit*, S. 151.

② 伽达默尔：《诠释学 Ⅰ：真理与方法》，第 459 页。

使用。按照弗雷格的看法，观念或联想总是个人的、主观的和不确定的，因此我们绝不能以主观的观念或联想作为表达式的意义，表达式的意义只能是它们的含义和指称，表达式的含义就是该表达式对其所表达东西的表达方式。例如“晨星是暮星”和“萨第普的丈夫是柏拉图的老师”这两个语句,其中不论是“晨星”还是“暮星”，不论是“萨第普的丈夫”还是“柏拉图的老师”，都是对某个东西的表达方式或描述方式。而表达式的指称就是该表达式所指称或代表的对象，例如不论是“晨星”还是“暮星”，这两个表达式都是对同一颗星的指称，同样，不论是“萨第普的丈夫”还是“柏拉图的老师”，这两个表达式都是对同一个人的所指。

尽管胡塞尔受到弗雷格的影响，区分了含义和指称，但他不是明确区分使用两者，在《逻辑研究》中，他倾向于将含义与指称混淆地使用。在《纯粹现象学通论：纯粹现象学和现象学哲学的观念》第 124 节中他用指称专门指语言意义，而将含义更广泛地来指一切意义，包括非概念性内容，如知觉意义。不过，胡塞尔与弗雷格都同意，陈述的含义是一种观念性单元，它不受把握它的心理行为的影响，也不受伴随该心理片段的心理素材（心理形象、感觉等）的影响，含义本身是纯观念体，始终保持不变。

关于胡塞尔的这一观点，我们可以这样来理解，即我们可以认为含义是命题或文本所想要表达的理想对象，因而它在话语中是纯粹内在的和基本固定的，而指称是命题的真值，它的要求是达到实在，因而可以在不同的时期和不同的语境表现为不同的指称。利科对弗雷格的解释就是这样:“跟随弗雷格，我们可以区分任何命题的含义和指称。含义是命题想要表达的理想对象，因而在话语中是纯粹内在的。指称是命题的真值,它的要求是达到实在。所以指称使话语和语言区分开来了。语言和实在没有关系，它的语词只在字典的无限循环中返回到其他语词，我们将说，只有话语才指向了事物，把自己应用于实在，表现世界。”①

赫施就是这样返回到弗雷格并接受含义与指称这一区别而提出他的诠释学解释的：“作品对于作者来说的指称（Bedeutung）会发生很大的变化，而作品的含义（Sinn）却相反地根本不会变……发生变化的实际上并不是文本的意义（meaning），而是文本对作者来说的展现意义（significance）。”② 这里赫施把弗雷格的含义与指称的区分理解为意义与展现意义的区分。文本的原始内容，即它的含义，也就是作者想表现的东西，必须并且能够与下面这种东西明确区分,即这种一次性的并经常同样一直存在的“含义”被应用于我们的境遇、对我们所意味的东西。按照这种观点，“含义”标志一种不可改变的极，解释必须关注这一极，并且其正确性是按照这一极来衡量的。诠释学必须首先与文本的客观意义内容关联，并同时能够把这种含义的指称主观地应用于某个所与

① Paul Ricoeur, *Hermeneutics and the Human Sciences: Essays on Language, Action and Interpretation,* p. 140.

② 赫施:《解释的有效性》，王才勇译，生活·读书·新知三联书店，1991，第 224 页。

的情况。

在利科那里，同样接受了弗雷格的含义与指称的区分，只是他做了诠释学的改变。他认为，在话语中，话语的理想意义指向了实在，这个实在应在讲话者周围，而在文本中这个指向成了未决定状态。这是个准世界，由文本的准世界所造成的周遭世界的消失，以至在书写文明中，世界本身再也不是在讲话中所显示的世界，而是被归结为一种书写著作展开的“氛围”，一种准世界。利科说：“对我们来说，世界就是文本所开启的全部指称。所以我们谈到古希腊的‘世界’，而无须更多地指明那些生活在那里的人的境遇是什么，我们只指明非境遇的指称，这些指称使最初的境遇黯然失色，而以后又作为可能存在方式，作为我们的在世存在的象征度向被提供。我认为，这是全部文学的所指，不再是对话直指指称的环境（Umwelt），而是我们所读、所理解和所爱的每一文本的非直指指称所筹划的世界。理解一个文本同时就开启我们的境遇……由环境扩展到世界，才允许我们讲到文本所开启的指称，更确切地说，指称开启世界。”①并强调：“说明应用于含义（sense），作为作品的内在模式；而阐释应用于指称（reference），为作品筹划世界。”②

我们要理解的东西不是某种隐藏在文本后面的东西，而是某种被揭示在文本前面的东西，应当被理解的东西不是话语原来的境遇，而是指向一个可能世界的东西。理解不是与作者和他的境遇打交道，而是要求把握由文本指称所开启的被筹划的世界。理解文本就是跟随文本从含义（sense）到指称（reference），从它所说的东西（what it says）到它所谈及的东西（what it talks about）的运动。

（三）伽达默尔之路则是从意义结构（Sinngebilde）之传承与创新加以思考

按照伽达默尔的观点，诠释学的意义指向乃是辨识文本的“事情本身”（Sache selbst）及其表现，而不是作者的意图或读者的体验。诠释学既不能被定义为对隐藏在文本后面的作者心理意图的说明，又不能被定义为读者在文本前面的任意创造，而是要被定义为理解者或阐释者在现实的境遇面对现实的问题而对文本本身的“在世存在”的揭示或筹划。伽达默尔说：“谁进行理解，谁就总是已经进入了一种生发事件，通过这种事件有意义的东西表现了出来。”③

文本的意义不栖身在呆滞的客观文本中，而是存在于充满活力的阅读经验中。文本的意义作为阐释的指向并非在阐释之前就先行于阐释者和阐释行动而存在，它是作为一种可能合理的真理内容存在于文本中，这种内容伽达默尔称为文本的“事情本身”。

① Paul Ricoeur, *Hermeneutics and the Human Sciences: Essays on Language, Action and Interpretation*, p. 202.
② Paul Ricoeur, *Hermeneutics and the Human Sciences: Essays on Language, Action and Interpretation*, p. 171.
③ 伽达默尔：《诠释学Ⅰ：真理与方法》，第 688 页。

文本的“事情本身”，不是文本的自在意义，而是存在于时间中，在时间中延续、变化，将自己的本真性“如其所是”地展露出来。文本的事理与其具体（jeweilige）表现（甚至可以说，语言表达）的关系，就像命题中含义（Sinn, sense）与其指称（Bedeutung, reference）的关系一样。在命题中，我们不满足其理想对象的含义，而是要进一步探究它的指称，即它的真理要求一样，我们对文本也不能停留在抽象的事情本身及其内在固有的结构上，我们还必须阐释文本这一事理或结构在每一具体现实里所筹划的世界。阐释必须承认这种在“去存在”过程中将自身现实化的“事情本身”的先行具有，否则阐释就是无中生有。但这种“事情本身”又不能是现成之物，因为如果将作为阐释对象的“事情本身”当作现成物，阐释就是复原，就是机械克隆，意义就是实体化的意识构成物，一种形而上学怪兽。

我们如何理解伽达默尔所说的这种事情本身呢？刚才已经提到海德格尔说一种“形式构架”，现在我们用伽达默尔所谓的“构成物”（Gebilde）加以解释。伽达默尔在《真理与方法》第一部分中讲到，从艺术经验到艺术作品的变化乃是“向构成物的转化”，向构成物的转化就是向真实事物的转化。伽达默尔说，转化并不是变化，变化只是同一物的改变，对于变化人们总是想到，在那里发生变化的东西同时又作为原来的东西而存在；反之，转化则指某物一下子和整个地成了另外的东西，而这另外的作为被转化成的东西则成了该物的真正的存在，相对于这种真正的存在，该物原先的存在就不再是存在了。伽达默尔说：“向构成物的转化就是指，早先存在的东西不再存在，但这也是指，现在存在的东西，在艺术游戏里表现的东西，乃是永远真实的东西。”[①]

伽达默尔这里说人类游戏的这种艺术转化，既可以指戏剧、绘画、雕塑、建筑等艺术活动形成的艺术品，也可以指我们以后对艺术品的欣赏和再现，这些艺术过程和欣赏再现过程的中介物就是构成物。正是构成物使得游戏赢得了观念性（意象性），由于这种观念性（意象性），游戏与游戏者的表现性行为相脱离，并且存在于游戏者所游戏之物的纯粹现象之中。这也就是说，转化所形成的构成物并没有这样一种意义依赖性，即只有通过当时的表现者，只从正表现着的人或正观赏着的人出发，而不是从作为该作品以后的观赏者或诠释者出发，游戏才获得其意义规定性。

伽达默尔这里所说的构成物，我们可以理解为文字的含义与艺术作品的形式所构成的一种所与。此所与既是特殊的，因为它是同一的所指，又是普遍的，因为此同一所指可以有无限的表现，我们可以说是一种特殊而普遍的客观存在，或伽达默尔所谓“对象所与”（Objektsgegebenheit），它是制约任何阐释主观性的东西。伽达默尔曾经在与德里达的争论中把它与德里达所说的踪迹（Spur）相比。他为此在 1994 年写

① 伽达默尔：《诠释学 I：真理与方法》，第 164 页。

了一篇《诠释学的踪迹追寻》的论文。在论文中他说，德里达的“解构”学说与他自己的诠释学有一个共同的出发点，即它们不是一种单纯刻画某种不同于自然科学的科学方法，它们更多描述的是人与人之间怎样达到相互理解。为了避免概念，德里达提出“踪迹”。什么是“踪迹”？伽达默尔说：“踪迹本身不是被意指和欲求，而是被遗留下的。这似乎增加了它们的存在价值。”[①]这里有两方面意义，一是踪迹一定指向某个方向，因而人们对它们不会有任意的不可预测性。谁发现了踪迹，谁就一定知道有某种东西遗留下来需要他去寻找。另一踪迹虽然有方向，但并未固定，人们不清楚它通往何处，人们需要寻找，伽达默尔说：“这条道路通往何方，可以完全是不确定的。谁在寻找道路并最终尝试走上一条道路，这可能是错误的。人们没有到达真正想要去的地方。除非，人们‘陷在’（geraten）正确的道路上。”[②]踪迹的指称虽然是一，但其指称意义（Bedeutungssinn）却可以不同，因此我们对它们的阐释不可穷尽。

伽达默尔有时把这叫作意义结构（Sinngebilde）。我国文学艺术界有物象（相）与意象（相）之说，我认为物象就是文字或艺术作品，而意象就是伽达默尔所说的意义结构。意象有时也可以称为程式。由于这种意义结构或构成物的特殊性，我们在阐释哈姆雷特时，不可能将其变成对奥德赛的解释；我们在阐释《红楼梦》时，也不可能将其变成对《牡丹亭》的解释。京剧梅派与程派各有自己特有的程式和艺术结构，这种程式和艺术结构使他们与其他京剧流派有差别。但这种意义结构或构成物也具有普遍性和一般性，我们既不可能对它们进行完全复制，又不可能使其终止于某种形式。我们只能通过自己的境遇和存在不断对它们进行阐释，才使其获得新的意义。这里具有一种传承与创新的辩证关系。

继承不是对抽象的语言文字的直接继承，而是把这种直接的文字形式从它原来的土壤和气候中抽离出来，然后把它放入当下的土壤和气候中，从而使它获得新的生命。继承文化遗产的德文是 die Aneignung des kulturellen Erbes，这里继承是用 Aneignung，即占有。文字传承物的历史生命力就在于这样一种新的占有和阐释。伽达默尔说：“文本应该通过阐释而得到表述。如果文本或书籍不以其他人也可理解的语言说话，那么它们就不可能说话。因此，如果阐释真正地想把文本加以表述，它就必须寻找正确的语言。所以我们之所以决不可能有一种所谓正确的‘自在的’阐释，就是因为一切阐释都只同文本本身有关。传承物的历史生命力就在于它一直依赖于新的占有（Aneignung）和阐释（Auslegung）。正确的‘自在的’阐释也许是一种毫无思想的理想，它认错了传承物的本质。一切阐释都必须受制于它所从属的诠释学境况”。[③]

---

① Hans-Georg Gadamer, *Gesammelte Werke, Band 10: Hermeneutik im Rückblick*, S. 160.

② Hans-Georg Gadamer, *Gesammelte Werke, Band 10: Hermeneutik im Rückblick*, S. 161.

③ 伽达默尔：《诠释学 I：真理与方法》，第 558~559 页。

我们的看法是：传统继承是通过作品的语言中介或构成物对作品进行在当代视域下的阐释和对话，作品的语言中介或构成物的抽象观念性既规定了阐释的界限，使得继承不是任意的继承；同时又使传统继承不囿于原先的意蕴，使得继承成为创造性的继承。这里正可说是对有限手段的无限使用。这就是文化传承与创新的本质。

（四）阐释的无限与有限以及边界问题

阐释的无限，是指被阐释对象的意义可以被无限地加以阐释，既可以从空间上被无限加以阐释，又可以在时间上被无限的未来时间加以阐释，阐释为其对象在空间和时间上开启无限可能的意义。因此阐释的无限只指阐释的对象其意义有无限可能。伽达默尔说："'实在'（Wirklichkeit）总是处于这样一种可能性的未来视域中，这种可能性是人们既期待又担忧的，但无论如何仍是未被确定的。"[①] 从这种实在观点出发，意义构成物具有一种独立而超然的存在方式，它是永远不可能完全实现的，正是在它不断的表现中，它才真正实现它自身。因此，作为构成物的艺术作品的世界也永远是一个不断转化的世界，每个人正是通过这个世界才认识到存在的东西究竟是怎样的事物。在这个意义上，我们可以说，阐释是自由的。

阐释的有限，是指尽管阐释对象可以有无限意义被阐释，但这种无限意义却受制于阐释对象独特的意义构成物与阐释者的生存境遇（时代问题与现实环境），海德格尔说"阐释"基于在世之在的实际性经验，这可以说是阐释之有限性的根源。尽管我们可以对《论语》的意义进行无限的现实性的阐释，但这些无限的阐释总是对《论语》的阐释。伽达默尔把其理解为应用式的理解，他在《真理与方法》中关于"何为读文本"的论述中就非常明确地谈到这种应用式的理解："我们已经更正确地理解了究竟何为读文本。的确，并不存在这样的读者，世界史这部大书只是单纯地打开在他眼前。但是，同样也不存在这样的读者，当他面对他眼前的文本，他只是读那里有的东西。其实，所有的读都包含一个应用，以致谁读某个文本，谁就自身处于他所理解的意义之中。他属于他所理解的文本。情况永远是这样，即在读某个文本过程中他所得知的意义线索（Sinnlinie）必然被中断于一个开放的不确定性之中。他可能承认，而且必须承认，未来的世代将以不同的方式理解他在文本中所曾读到的东西。"[②] 在这个意义上，可以说我们的阐释不是自由的，而是有限的。诠释学的结论最后是：人是有限的，我们需要有限性意识。

伽达默尔特别强调诠释学是一门经验理论，经验就表明诠释有某种有限性，诠释

① 伽达默尔：《诠释学 I：真理与方法》，第 166 页。
② 伽达默尔：《诠释学 I：真理与方法》，第 480~481 页。

学主张解释者与文本之间的一致性是一条永无止境之路，人与人之间的所有一致性，社会所有组成部分之间的全部一致性都是以此为前提。海德格尔说艺术作品是作为一种冲力（Stoss）而与我们照面的。对文本的体验可能总是包含着这样一种边界经验，每一种寻求理解的阅读都只是一条永无尽头的道路上的一个步骤。谁走上这条道路，谁就会知道，他决不能“对付”他的文本，他只能把这种冲力接受下来。

这一点就诠释者方面说，就是人类认识到自身的有限性，伽达默尔始终把诠释学与人的有限性联系起来，并反对无限理智这一概念。伽达默尔曾以柏拉图的辩证法原则来说明这一点，他说：“柏拉图的这些‘原则’并不是意谓着产生终极的确定性（ultimate determinacy）。我认为当柏拉图说哲学是为了人类而非为了诸神时，他是相当清楚地意识到这个立场的。诸神知道真理，但我们却是辩证地在接近与克服错误的进程上迈向真理。”[①] 这种人类认知有限性的观点使伽达默尔也拒绝“无限理智”这一概念，他曾经对斯特劳斯说，哲学必须学会不靠一种无限理智的观念去安身。

四　阐释与真理

——阐释的标准

（一）诠释学真理是真理生发事件、遮蔽与揭蔽同一的开显事件

海德格尔在《存在与时间》第 44 节里探讨真理与存在的问题，他首先指出传统真理论的三个基本观点：（1）真理的处所是命题或判断；（2）真理的本质在于命题或判断同它的对象相符合；（3）上述两种观点的经典代表人物就是亚里士多德。在科学发达的现代，当我们一谈到真理时，我们就不自觉地被亚里士多德所设置的这一科学建制所支配。真理的本质就是符合模式，即所谓真理的图像理论。在这种理论中，真理是图像对被描画的对象的符合关系，而不管这图像或对象的本性如何。按照亚里士多德的说法，“说存在的东西不存在，或说不存在的东西存在，这是假的；但说存在的东西存在，不存在的东西不存在，这就是真的”。[②] 到了中世纪，这一真理定义概括为“事物与理智相符合”（adaequatio rei et intellectus），用我们当代语言哲学的概念来说，即句法公式与其语义对象，简言之，即命题与它所表达的事实之间的相应或相符关系。

这种真理观在 20 世纪受到了挑战：一个真理主张只有通过论证才能得到兑现，一

① Hans-Georg Gadamer, “The Hermeneutics of Suspicion,” in Gary Shapiro and Alan Sica, eds., *Hermeneutics, Question and Prospects*, Amherst: University of Massachusetts Press, 1984, p. 64.

② 亚里士多德：《形而上学》Ⅳ，1011b25–30。参见苗力田主编《亚里士多德全集》第 7 卷，中国人民大学出版社，第 106~107 页。

个在经验中有基础的主张还远不是一个有理由(begründeter)的主张。首先，胡塞尔提出，真理并非在述谓判断中，而是意向性本身的意识，因此先于理智与事物相符合，真理是明见性（Evidenz），即客体作为意向性现象的自我呈现。海德格尔在《存在与时间》里，也针对传统真理观，提出了另一种真理观，真理不在于存在与思维的相符，而是存在本身向理智的开显。海德格尔说真理乃是“此在的敞开状态”（Erschlossenbeit des Daseins），而此在的敞开状态就包含在世存在者的被揭示状态（Entdecktheit）或被阐释状态（Ausgelegtheit）中。① 存在是自我表现和自我呈现的，它使自身为我们知性可达到。这种存在论把认识当作存在本身的一种反思行动，而不看作一种认识主体的活动，真理从而是一种存在开显（Lichtung）的事件，即存在开显其自身最特有的本质的事件。海德格尔在《艺术作品的起源》里讲到艺术的本质就是“存在者的真理自行安置在作品中”（das sichrins-Werk-setzen der Wahtheit des Seienden）或“真理创造性地保存在作品里”。② 这里所说的真理事件，被海德格尔描述为大地与世界的原始争执，以此表示真理的结构，即包含一种突出的因素和一种隐蔽的因素，真理的原始争执就成了揭蔽与遮蔽统一的真理结构，从而真理就作为遮蔽与揭蔽同一的开显事件。真理是发生、事件（Geschehen），它作为产生（Hervorbringen）是从过去取出来（heraus aus einer Vergangenheit），再带到当代面前（bringen vor eine Gegenwart）。简言之，真理具有事件性格（Ereignischarakter），或者说就是自成事件（Ereignis）。

真理符合论与真理开显论的根本差别在于，真理是理智对存在的正确认识，还是存在对理智的深层开显，前者属于真理认识论，而后者属于真理存在论。认识论与其说讲真理，毋宁说讲正确性，即正确性是观念与事物的符合。按照真理存在论的观点，真理不在于存在与思维的符合，而是存在本身对我们的表现或存在自身的揭示。伽达默尔是用隶属性来说明的，他说：“隶属性在形而上学中指存在和真理之间的先验关系，这种关系把认识当作存在本身的一种因素而不首先当作一种主体的活动。这种把认识加入存在之中的做法是古代和中世纪思想的前提。” ③

伽达默尔在《答〈诠释学与意识形态批判〉》中说：“诠释学反思仅限于开启那种如果没有诠释学反思就不会被觉察到的认知机遇。诠释学反思并不促成自身获得真理标准。” ④ 这句话的意思就是，诠释学的理解真理与真理标准应用毫不相关。理解首先指向意义的开启，而不是一种技艺的检验，以一种事先规定的真理标准判断理解，这并不是诠释学的真理态度。伽达默尔说，我们必须从这个出发点开始去发展一种与我们整个诠释学经验相适应的认识和真理的概念。

---

① 参见 M. Heidegger, Sein und Zeit, S.223.

② 参见海德格尔《林中路》，孙周兴译，上海译文出版社，2004，第 25、59 页。

③ 伽达默尔：《诠释学 Ⅰ：真理与方法》，第 645 页。

④ 伽达默尔：《诠释学 Ⅱ：真理与方法》，第 328 页。译文稍有改动。

（二）诠释学真理呈现两大特征

第一，诠释学真理是直观认知的和恍然闪现的。对于伽达默尔来说，真理对我们乃是直接出现的，事物的真在（Wahrsein）无须建立在任何证明和确实性之上，而是标志着一种原始的经验方式。正如希腊文 *aletheia* 所意指的，这是一种直观认知的经验，这种经验在直接把握事物过程中表现自身。因此真理是某种恍然闪现东西的出现（Aufgehen von etwas Einleuchtendem），他说："恍然闪现的东西总是一种被说出的东西……应当一起考虑的是，恍然闪现的东西并不是被证明的，也不是完全确实的，而是在可能的和猜想的东西中作为最好的而起作用"，"恍然闪现的东西显然也是某种使人惊异的东西，就如一道新的光芒的出现，通过这种光芒就使被观察的领域得到了扩展"。① 由于暗示了可能和猜想的东西，修辞学在这里起作用了。修辞学与诠释学都提出或然性或似真性的真理要求；同样有限性也起到了作用。伽达默尔说："修辞学自古代的传统以来，就是这样一种真理要求的唯一辩护者，这种真理要求维护或然性，即似真性，并捍卫对共同理性恍然闪现的东西以反对科学的证明要求和确实性要求。" ②

第二，诠释学真理是当前现实的和实践应用的。真理只对真正的真理探索者显露。开放的追求真理的存在是真理经验的出发点。真理就是分享（参与）那种由传承物传承到我们的意义。这里亚里士多德那种关于实践智慧的不可学的实际聪慧具有很大的意义。理解经常是把自身作为一种应用事件。我们在诠释学中不是徒劳地寻找那种普遍一般的东西，而是找寻那种普遍东西对自己处境的应用。伽达默尔也说，为了理解文本的意义和意思，理解者"一定不能无视他自己和他自己所处的具体的诠释学境况。如果他想根本理解的话，他必须把文本与这种境况联系起来"。③ 古典型的真理在于它超出时间向我们说出某种有价值的东西，但古典型并不是存在于无时间的"超历史的"世界中，而是存在于历史后来不断对它的重新理解和应用中。真理唯有在与某个境遇相联系中才产生。

这两大特征说明哲学诠释学的真理是不需要证明的，而是一种自明的事件，正如斯宾诺莎说的，光不仅照亮自身，而且也照亮黑暗。在《真理与方法》第三部分中，伽达默尔提出光的形而上学，"正是在光的形而上学基础上建立了美之物的显露和可理解之物的恍然闪现之间的紧密关系，正是这种关系在我们的诠释学研究中指导着我

---

① 伽达默尔：《诠释学Ⅰ：真理与方法》，第 681~682 页。

② Hans-Georg Gadamer, *Kleine Schriften I: Philosophie Hermeneutik,* Tübingen: J. C. B. Mohr (Paul Siebeck), 1976, S. 117.

③ 伽达默尔：《诠释学Ⅰ：真理与方法》，第 459 页。

们"[①]。正是光才使得可见物获得既美又善的形态,正是光才使得被阐释之物获得真的形态，被观察的领域获得新的扩展。"理解毋宁是真实的经验，亦即同作为真理而发生作用的东西的照面。"[②]

（三）真理是开显，而开显就是事情本身或意义构成物在阐释过程中得到完美的呈现

这里我们对现象学的"事情本身"做些探讨。胡塞尔、海德格尔与伽达默尔都讲到事情本身（Sache selbst）。事情本身首先是作为一种制约主体前见任意性的客观性而出现的。当伽达默尔讲到海德格尔所描述的理解过程是开始于前理解，尔后前理解被更合适的理解所修正，正是这种不断进行的新筹划过程构成了理解和解释的意义运动时，他说："谁试图去理解，谁就面临了那种并不是由事情本身而来的前见解的干扰。理解的经常任务就是作出正确的符合于事物的筹划，这种筹划作为筹划就是预期,而预期应当是'由事情本身'才得到证明。"[③] 因此,对于伽达默尔来说，"诠释学的任务自发地变成了一种事实的探究"。"谁想理解，谁就从一开始便不能因为想可能彻底地和顽固地不听文本的见解而囿于他自己的偶然的前见解中——直到文本的见解成为可听见的并且取消了错误的理解为止。谁想理解一个文本，谁就准备让文本告诉他什么。因此，一个受过诠释学训练的意识从一开始就必须对文本的另一种存在有敏感。"[④]

不过，这种事情本身必须通过它在其中向我们呈现的方面（Aspekte）而表现出来，这方面我们称为"观"（Ansicht）。这里所谓事情本身向我们呈现的方面，我们必须理解为事情本身"来到"语言表达（Zur-Sprache-Kommen）。"能被理解的存在就是语言"充分地揭示了这一点。文本的一般意义作为事情本身是通过对它们的语言表达而表现出来的。任何语言表达都是具体的、特殊的，既有时间上的差异，又有空间上的区别。每次理解，或者说，每一种语言表达虽然并不完全表现事情本身的整体性，而是仅表现它的部分或方面，但在所有语言表达或观里却是对事情本身最完全的表现。真理就在事情本身的这种完全表现中，这样，真理与经验结合起来。经验不是科学或知识，经验的本质不是绝对不变的，而是在于它不断与新经验发生关联，因而在伽达默尔看来，真理就绝不是绝对真理，而是经常包含与新真理的联系。

---

① 伽达默尔:《诠释学Ⅰ：真理与方法》，第678页。译文稍有改动。
② 伽达默尔:《诠释学Ⅰ：真理与方法》，第686页。
③ 伽达默尔:《诠释学Ⅰ：真理与方法》，第379页。
④ 伽达默尔:《诠释学Ⅰ：真理与方法》，第381~382页。

五　问答结构与对话

——阐释的方法

（一）问答结构与对话

某个传承下来的文本成为要解释的对象，这就意味着该文本对解释者提出了一个问题，而理解这个文本就意味着理解这个问题，从而以这样的方式使该文本与我们这些理解者发生关系，即我们在它里面找到一个对该问题的回答。伽达默尔说："某个传承下来的文本成为要阐释的对象，已经就意味着该文本对解释者提出了一个问题。所以，阐释经常包含与提给我们的问题的本质关联。理解一个文本，就是理解这个问题。"[①] 此外，谁想寻求理解，谁就必须反过来追问文本所说的话的意义，他必须从一个问题出发把文本所说的话理解为一种回答，也就是说，他必须对文本向他提出的问题提出问题，伽达默尔说："理解一个问题，就是对这问题提出问题。理解一个意见，就是把它理解为对某个问题的回答。"[②] 因此他必须把对文本的理解看作对文本向他提出的问题的回答。伽达默尔说："我们实际上只有在已经理解了文本是对其回答的问题之后，才能理解文本。"[③] 问题的本质就是敞开（Offenlegen）和对所有可能性保持敞开（Offenhalten von Möglichkeiten）。

作为问答结构，阐释就是一种我们所属的对话。当代诠释学认为阐释与其说是解释一个内容或一种抽象的意义，毋宁说是参与一场对话，一场"我们所属的对话"（Dialogue that we are）。对话的本质在于它的运动。因此对话可以不断进行，伽达默尔说："我们所属的对话是永无止境的对话，这在我看来是合乎逻辑的。没有一个语词是最终的语词，就像没有第一个语词一样。每个语词自身始终是一个回答，并且总是意味着一个新问题的提出。"[④]

诠释学对话有几个基本要求：首先，对话的每一方都要承认我们自己的可错性，承认我们的有限性及我们的知识的历史性。因而我们没有黑格尔意义上的绝对知识，我们的知识类似于苏格拉底的知识，一种我们认识自己无知并因而对他人观点的可能真理进行开放的知识。其次，每一个真正谈话的参与者都必须关注发现每位其他参与者观点的实际力量，必须让他们的观点发挥作用，并把自己置身于他们的观点中。最后，每一位参与谈话的人所关注的统一既不是某个伙伴把他的观点强加于另一个伙伴，也

---

① 伽达默尔：《诠释学Ⅰ：真理与方法》，第 522 页。
② 伽达默尔：《诠释学Ⅰ：真理与方法》，第 530 页。
③ 伽达默尔：《诠释学Ⅰ：真理与方法》，第 523 页。
④ Hans-Georg Gadamer, *Gesammelte Werke, Band 10: Hermeneutik im Rückblick*, S. 140.

不是一个伙伴只默认另一个伙伴的观点，而是大家寻求对所谈主题达到一种可共同分享的理解，这种所分享的理解并不是这一个参与者或另一个参与者的原来观点，而是表现了一种对所说主题的新的共同理解。伽达默尔写道："谈话中的相互理解既包括使谈话伙伴对自己的观点有所准备，同时又要试图让陌生的、相反的观点对自己产生作用。如果在谈话中这种情况对谈话双方都发生，而且参加谈话的每一方都能在坚持自己的理由的同时也考虑对方的根据，这样我们就能在一种不引人注意的，但并非任意的观点交换中（我们称之为意见交换）达到一种共同语言和共同意见。"[①] 什么叫谈话的进行方式呢？伽达默尔说："在这种谈话中得到表述的事情并非仅仅是我的意见或我的作者的意见，而是一种共同的事情。"[②]

（二）共识、视域融合与共同语言

上述这种共同的意见，也就是共识的取得是由于所谓的视域融合。文本的意义既不可局限于原作者的意图或文本的原意，同时，文本也非完全开放的系统任由理解者或解释者按其所需而任意诠释。也就是说，理解者或解释者并非仅从自身的视域出发去理解文本的意义而置文本自己的视域于不顾，反之，也不只是为了复制与再现文本的原意而将一切的前见舍弃。这种既包含理解者或解释者的前见和视域又与文本自身的视域相融合的理解方式，被伽达默尔称为"视域融合"。按照伽达默尔的看法，理解者和解释者的视域不是封闭的和孤立的，它是理解在时间中进行交流的场所。理解者和解释者在与文本接触中不断扩大自己的视域，使它与其他视域相交融，这就是伽达默尔所谓的"视域融合"，因此他说："理解其实总是这样一些被误认为是独自存在的视域的融合过程。"视域融合不仅是历时性的，而且是共时性的。在视域融合中，历史与现在、客体与主体、自我与他者、陌生性与熟悉性构成了一个无限的统一整体。

那么，是否有公共理性呢？伽达默尔谈到过理性生物的理性交流，谈到共通感，但未谈到公共理性。尽管伽达默尔本人认为启蒙运动对历史、权威和成见的批评过头了，因为历史与成见作为塑造我们的"视域"的"前见"，对于我们的理解和阐释具有建设性的作用，但是，一旦从实践哲学的"应用"或"处境"出发，马上就面临"真理"和"实用"之间的某种张力。实践哲学要求我们放弃某种知识论上的终极追问，但依然要求我们在"此时此地什么是行得通，什么是正确的，什么是可能的"上进行彻底的思考。只要我们不放弃对真理的追求，那么"公共理性"的可能性问题，就是意识形态批评的合法性问题。也就是说，只有当我们在一种不受特定意识形态宰制的条件下，诠释

① 伽达默尔：《诠释学Ⅰ：真理与方法》，第 544 页。
② 伽达默尔：《诠释学Ⅰ：真理与方法》，第 546 页。

学围绕存在问题的诠释学对话才是“公共理性”形成的正常轨道。

以前我曾说过当代诠释学有三个基本特征或取向，即想象力、修辞学和实践哲学。哲学诠释学的阐释概念也充分体现了这三个特征或取向。首先，阐释需要想象力，因为它要通过自身的当代处境和现实问题对在世存在者进行筹划，使现在在手之物（Vorhandenen）成为使用上手之物（Zuhandenen）。其次，诠释学与修辞学相统一，每一阐释活动都具有限制科学的真理概念和维护它们自主权利的作用，为人类相互理解的实践做出贡献。最后，阐释作为实践哲学，它不是科学技术的理论模式，而是实践智慧的应用模式；它并不表现为可以通过制造而产生出来的产品（Ergon），而是表现为实践和善行（Eupraxis，也就是说，作为活动 Energeia）。

（作者单位　山东大学哲学与社会发展学院）

本文原载《中国社会科学》2021 年第 7 期

再论强制阐释*

张　江

摘　要　中国阐释学的建构，首先必须在解决诸多具有基础性意义的元问题上有新的见解和进步。强制阐释作为一种阐释方式，在各学科文本研究与理论建构上，已有极为普遍的表现。偷换对象，变幻话语，借文本之名，阐本己之意，且将此意强加于文本，宣称文本即为此意。如此阐释方式，违反阐释逻辑规则和阐释伦理，其合法性当受质疑。阐释是有对象的。对象是确定的。背离确定对象，阐释的合法性即被消解。在心理学意义上，强制阐释有其当然发生的理由，但绝非意味着强制阐释就是合理且不可克服的。就像谬误难以避免，但并不意味着它就是合理且不可克服的一样，更不意味着它就是真理。具有强大理论与逻辑力量的阐释无须强制。阐释是动机阐释。坚持阐释对象的确定性，坚持阐释学意义上的整体性追求，对阐释动机的盲目展开以有效的理性约束，是实现正当及合理阐释的根本之道。在文学领域以外，对由主观动机发起的强制阐释尤当保持警惕。坚持从现象本身出发，坚持阐释的整体性观点，坚持阐释的多重多向循环，是合理规范阐释强制性的有效方式。

自 2014 年末，笔者提出“强制阐释”概念并展开有关论述，① 至今已有六年。六年来，此问题引起学界广泛关注，许多专家学者给予批评和指导，对“强制阐释”的概念及表现，对相关学科特别是哲学、历史学、文艺学的阐释方式，以及有关阐释学自身建构的基本范式，做了广泛深入的讨论和批判。笔者本人亦深刻反思强制阐释的原初提法与论证，辨识各方批评与质疑，不断调整、丰富其基本内涵与证明，以期在多学科理论交叉与实践的基础上，对强制阐释的缺陷与存在根基再做讨论，并以此为线索，理清和表达在阐释学基础建构方面的新的思考与进步。笔者认为，中国阐释学的建构，首要之举是在解决诸多具有基础性意义的元问题上有新的见解和进步。譬如，在阐释

---

*　本文为国家社会科学基金重大项目“新时代中国特色文艺理论基本问题研究”（18VXK007）阶段性成果。

①　参见张江《强制阐释论》，《文学评论》2014 年第 6 期。

实践中，阐释对象的确定性；阐释期望与动机的发生作用及对阐释结果的根本性约束；阐释的整体性规范；强制阐释的生成缘由及一般性推衍，都应有新的认识。由此，再论强制阐释。

一　对象的确定性

强制阐释的一个普遍表现是，偷换对象，变幻话语，借文本之名，阐本己之意，且将此意强加于文本，宣称文本即为此意。如此阐释，违反阐释逻辑规则和阐释伦理，其合法性当受质疑。笔者的态度是，阐释是有对象的，对象是确定的，背离确定对象，阐释的合法性立即消解。此即阐释之为阐释的逻辑前提。此前提非主观任意规定，而为阐释的本质和机理所决定。何谓阐释？在汉语言境遇下，所谓阐释、诠释、解释，均为汉语语法规则定义的偏正词组。偏者在“阐”“诠”“解”，正者乃为“释”。词组中心为释，释什么？释对象，或曰对象之释。“阐”“诠”“解”辅以说明，释者以什么方式或方法去释。笔者曾论述，“阐”“诠”“解”，在文字构成及意会上，深刻表达了三者之间不同的目的论与方法论追索，表达了它们之间差别甚大的出发点和落脚点。此为中国传统阐释学思想和实践反复证明。但无论怎样区别，其三者目标皆集中于释，以释为中心，开展动作，达及目的，实践“阐”“诠”“解”之过程。释为何义？《说文》釆部：“释，解也。从釆，取其分别物。”由此，释与解互训，释为解，解为释，且共“取其分别物”以释以解。何为物？物者，对象也，乃此释之物。此释释此物，为此物之释，离开或背弃此物，则无此释。解为何义？《说文》角部：“解，判也。从刀判牛角。”其义亦清晰，解，乃持刀分牛角，实在的对象之分，无牛不可言解，庖丁解牛是也。准此可判定，释，乃对象之释，无论是解，是诠，是阐，必落脚于对象，“以对象之义、对象之理、对象之质为对象，而阐，而诠，而解”。[①] 离开确定的对象，阐、诠、解皆失根据。有此基础，我们可以论证阐释对象的确定性意义。所谓阐释对象，本当有两重蕴含：其一，对象或对象化的一般意义。对象是面对之象，是独立于阐释者之外的他物。唯有进入阐释者视野，阐释有了对象，才有展开和实现的可能。阐释是对象的阐释。其二，在合法性意义上，阐释者与对象的关系是双向的，互有义务与责任。对阐释者而言，阐释的对象是开放的，应当允许阐释者任意阐释；于对象而言，阐释主体是有责任的，其责任就是，以此对象为标的，阐释其他有的意义，当然是阐释者自主感受和理解的他有的意义。离开确定对象，“王顾左右而言他”，无的而放矢，就背离阐释者的责任。用伽达默尔的话说，就是“所有正确的解释都必须避免随心所欲的

① 张江：《“解”“释”辨》，《社会科学战线》2019 年第 1 期。

偶发奇想和难以觉察的思想习惯的局限性，并且凝目直接注意‘事情本身’”。[①] 强制阐释的偏误与此关联甚大。所谓“背离文本话语”，就是指阐释离开确定对象，言说与对象无关的话语。此类阐释，任意转换对象，甚至消解对象，其言说均可照录而无任何障碍。在阐释学意义上，此类无确定对象之释，已非释之本义，不可称释。阐释对象亦可分为两类：一是，独立于阐释主体之外的自在之物，或为与主体意识毫无关联的自然现象，或为与人的主体意识密切相关的精神现象，可称之为外在对象。二是，阐释主体自我，其心理，其意识，其反思，包括情感和意志，可称之为内在对象。两种对象本质上完全不同，但对阐释而言，皆为阐释的对象。阐释对象的存在，是客观的、自然的，是阐释借以生存并展开的可能基础与条件。无论何种方式的阐释，皆为确定对象之阐释。强调阐释的约束与规范，最基本的一点，是阐释对象的确定。无确定对象，无阐释可言。就文本的阐释说，文本进入阐释，阐释得以展开，阐释是对此文本的阐释，而非对他文本的阐释。离开对象文本，对此文本的阐释非法。强制阐释的经常性偏差与失误在于，背离确定对象，言说与对象无关的话语，由此及彼，几无关联，不过是借对象上手，顾左右而言他，完全失去对此对象阐释的价值与意义。譬如，海德格尔对梵高名作《一双鞋子》的阐释。海德格尔的阐释极具感染力，深刻而煽情。但是，他的阐释脱离了对象，其阐释的不是鞋子，而是自我，是自我的意念与思想。如此阐释，完全无需梵高的鞋子，其他任意器具，皆可铺陈渲染类似话语。远的不说，有史料证明，梵高曾经有七幅，甚至更多各类鞋子的画作，2015 年翻译出版的《梵高传》中，就收有梵高 1887 年的《一双鞋子》。[②] 这双鞋子表达了什么，观者可以悟出什么，不在这里讨论。我们的疑问是，可否将海德格尔关于那一双鞋子的煽情阐释，迁移至其他鞋子，做同样的阐释？如果可以，对梵高的其他作品，譬如静物、女人、自画像，是不是也可以做同样的阐释？很显然，我们完全可以代他做到，任何有西方文艺理论训练者皆可做到。借任意对象，煽情地阐释当代西方各种各样的理论，这是后现代阐释方式的一般狡计，是当代“没有文学的文学理论”最常见的手法。因为海德格尔不是阐释鞋子，而是借鞋子阐释自我，阐释他存在主义的哲学，阐释他独有的深奥思想，且生成广泛影响。所以我们同意，他对自我思想的阐释是合法的。但是，他将对本己思想的阐释强加于梵高的鞋子，并不是对鞋子本身的阐释，对梵高和梵高的作品而言，海德格尔的阐释非法。如此，我们可以说，海德格尔阐释的鞋子不是梵高的鞋子，而是海德格尔自己思想的“鞋子”。把阐释者的思想强制于对象，强制为对象所本来具有，或应该具有，乃标准的强制阐释。用强制阐释的概念说，此阐释背离了确定的文本话语；用一般阐释学的规则说，背离了确定对象之本身。有评论提到，尽管后来的各种考证说明，

① 汉斯—格奥尔格·伽达默尔：《诠释学 I：真理与方法》，洪汉鼎译，商务印书馆，2010，第 378~379 页。
② 参见史蒂文·奈菲、格雷戈里·怀特·史密斯《梵高传》，沈语冰等译，译林出版社，2015，第 290~291 页。

那双鞋子的本相根本不是“农妇的鞋子”，根本不能证明作品可以表达海氏天、地、人、神的存在论思想，但海氏本人拒不认错。其辩护者也说，本无须认错。因为他是一种存在论阐释，其目的既不是重复对象已有的东西，也不是重复创作者能够说出的东西，而是要在对象之外，说出阐释者的独立思想，此阐释与对象及对象制造者无关。这个辩护似乎很符合接受美学或读者理论的一般道理，但在阐释学的一般规则下，阐释脱离了阐释对象，将其迁移或默化为阐释者自我，阐释已由对确定对象的阐释迁移为对阐释者的自我阐释。我们可以说，无论这个阐释如何生动、深刻，阐释者对此对象的阐释非法。迁移了确定对象，并将一己之意强加于对象，应该视为强制阐释。

值得深思的是，无论他人如何辩护，海德格尔却是另外的态度。海德格尔对自己背离对象的强制阐释毫不讳言，既不需要也不领情他人的辩护。对此类阐释的强制或强暴性质，海德格尔欣然承认且不想悔改。对此，历史有证。达沃斯的那场著名辩论及后来的著作，留下了极具说服力的证明。

1929 年，达沃斯辩论的现场，当时德国著名的康德专家、新康德主义代表人物恩斯特·卡西尔，与海德格尔就如何理解和阐释康德，展开了针锋相对的论辩。争论的焦点在于康德是知识论还是存在论，康德的存在论根据何在，海德格尔是超越还是强暴了康德。卡西尔对康德的阐释是否正确或完满，至今无法评论。但是，他认为康德哲学在直接源出的意义上并不涉及人的此在，或者说康德的哲学不是海德格尔的存在论，不是康德以后 200 年的海德格尔思想及其存在主义，我们对此取赞成态度。海德格尔从自我的期望与动机出发，对康德做出自己的阐释，引申和阐发出自己的存在论思想以至康德同为存在论的根据，我们亦不反对。这是海德格尔作为阐释主体的自由，也是康德文本无限开放的绝对表征。但是，在阐释学意义上，我们不同意海德格尔将自己的存在论思想说成是康德的思想，不赞成认定康德的《纯粹理性批判》在说存在论或存在主义的意义。康德是不是如卡西尔所判断的知识论或其他，我们不敢评断。但是，我们可以断定的是，康德学说的主体绝非存在论的渊源，尤其不是海德格尔存在论的渊源。海德格尔的阐释迁移了对象，由对康德的阐释迁移为本己存在论的阐释，失去了对康德本体思想阐释的意义。

对这种阐释观和阐释方法，海德格尔曾以存在论的名义，做过自己的辩护。其要点有三。

一是，何为阐释。在海德格尔看来，阐释不同于解释或说明。所谓不同于解释，是因为解释固守于文本，只能给出文本明确说出的东西，而阐释则要超越文本，透过已经言明的东西，给出尚未言明的东西，给出文本生产者想说而不能再说的东西。海德格尔的原话是：

如果一种解释（Interpretation）只是重新给出康德所明确说过的东西，那么，这解说从一开始就绝不是阐释（Auslegung），阐释一直被赋予的任务在于：将康德在其奠基活动中所揭示的那些超出明确表述之外的东西，原本地加以展现。①

二是，尚未言说和不能再说的东西如何给出。当然就是要强力索取，这种强力索取，本身就是一种强制，就是要将阐释者本己之意强加于文本和文本制造者，以文本和文本制造者的名义，说出阐释者本己想说和要说的东西。海德格尔的原话是：

为了从词语所说出的东西那里获取它想要说的东西，任何的解释都一定必然地要使用强制。②

三是，如何强制。强制阐释即是以阐释者的前置立场和模式，对文本做符合论者意图的阐释。在海德格尔那里，所谓前置立场和模式，统称为理念或理念的力量，而这种理念是由阐释者本己掌握和自由发挥的。正是在这种理念的推动下，阐释者可以放肆地挤入文本，去说文本没有的东西。海德格尔的原话是：

强制不能是浮游无羁的任意，一定有某种在先照耀着的理念的力量，推动和导引着阐释活动。唯有在这种理念的力量之下，一种解释才可能敢于冒险放肆，将自己委身于一部作品中隐藏着的内在激情，从而可以由此被置入未曾说出的东西，被挤迫进入未曾说出的东西的言说之中。③

在这种阐释中，海德格尔的先行理念是什么？既不是康德的知识论，亦非康德的形而上学，而是海德格尔的存在论。这个先行的存在论理念"表达了一种企图，那种想为形而上学的一种奠基活动去源初性地真正获得本质性东西的企图，也就是说，企图帮助这一奠基活动，通过某种往返回复，返归到它的本己的源初性的可能性之中去"④。

对于这种阐释，卡西尔提出了疑问。他说：

如果海德格尔所说的解释要强迫作者说出某种他未曾说出的东西，而他之所以没有说，是因为他没能想到，那么，这样的解释难道不会沦为任意性吗？⑤

---

① 参见海德格尔《康德与形而上学疑难》，王庆节译，商务印书馆，2018，第218页。
② 海德格尔：《康德与形而上学疑难》，第219页。
③ 海德格尔：《康德与形而上学疑难》，第219页。
④ 海德格尔：《康德与形而上学疑难》，第220页。
⑤ E. 卡西尔：《康德与形而上学问题——评海德格尔对康德的解释》，张继选译，《世界哲学》2007年第3期。

对于这种阐释方式，卡西尔给予反驳，并做了定性批判：

在这里，海德格尔已不再作为评注者在说话，而是作为入侵者在说话，他仿佛是在运用武力入侵康德的思想体系，以便使之屈服，使之效忠于他自己的问题。[①]

他们各自的阐释观已经很清楚了。但是，问题的核心不在这里。我们要讨论的是，海德格尔本人，对阐释的暴力，或者说对我们所定义的强制阐释给予的坦诚认可。海德格尔说，如果回到形而上学的疑难，“我会立即承认，我的解释是暴力性的和过度的”。[②]20年以后，这部关于康德的书再版，海德格尔写下“第二版序言”，对他曾经的强制阐释做了回应：“我的阐释的暴力不断地引起不满。人们对这一暴力的谴责完全可以在这部作品中找到很好的支持。”同时，他也表白：“随着时空的流迁，手头的这部研究作品中的已造成的错失和正在错失之处，对于正行进在思的道路上的我而言，变得如此清晰，这也使得我拒绝，通过订正式的增补、附录以及后记，将本部作品变成一个东填西补的劣质货。”[③]又是绝不改正！如他历史上的多次知错而不改一样的堂皇。海德格尔错在哪里？错在“背离文本话语”。错在背弃确定对象。本为对此物的阐释，却迁移为对他物的阐释，并将对他物的阐释强加于此物。以阐释学的规则检视，强制阐释的根基性错误就在于此。

二　期望与动机

“前置立场和模式”的合法性争辩，是有关强制阐释讨论中比较集中的问题。此问题涉及阐释的基准条件，即阐释的前结构问题。关于前见，其隐蔽性、模糊性；关于立场，其主动性、自觉性，多方反复论争。尽管各有辨析和证明，但从根本上讲，仍停留于形而上的假设和推演上。特别是有关前置立场和模式的提法，各方皆以海德格尔的前有、前见、前把握的假说为是非标准，缺少令人信服的可靠证据。前见和前把握到底何谓，如何影响理解与阐释，如何影响甚至决定阐释的路径与最终结果，在形而上的繁杂疑难中，很难得到确当说明与论证。为此，我们转换视角，以当代心理学研究成果为据，重新认识前见与立场，给出有关前结构的可靠的心理学证据。当代心理学大规模的可重复试验及结果分析，清晰而有力地证明了所谓前结构中有关概念的不同意义，在阐

① E. 卡西尔：《康德与形而上学问题——评海德格尔对康德的解释》，《世界哲学》2007年第3期。
② 海德格尔：《康德与形而上学疑难》，第327页。
③ 海德格尔：《康德与形而上学疑难》，第7页。

释过程中的实际作用及由此而产生的客观结果。心理学的“期望”与“动机”，能够清晰确当地说明前见与立场为何物，以及它们在实际阐释过程中的作用与意义。

（一）阐释期望

何谓期望（expect）？心理学认为，期望是一种可变化的心理状态，是在有关经验或内在需求的基础上产生的对自己或他人的行为结果的预测性认识。因为自己和他人的行为结果是不确定的，所以期望者的期望满足是，实际结果与心理期望一致。心理学证明，期望一旦形成，就会对期望者的认知行为自动发生影响，其主要标志是，让“我们看到我们期望看到的东西”。[①] 转换为海德格尔的表达，即：作为一种未来或未知的可能性的预期，在认知和阐释的意义上，期望可直接比拟为前见或先入之见。[②] 面对现象，意识主体生有一个它应该如是的期望，模糊不清的可称为预期，把握较大的可称为预料；情绪较弱的可称为希冀，情绪较强的可称为渴望。从认知的意义上说，期望是意识主体对未来不确定结果的目标刻画。当代心理学在诸多大规模实验的基础上，对期望及期望的认知作用给予试验和研究，得出一些可以被重复和证明的重要结论。其核心要义是，因为我们只愿意看到我们期望和想看到的东西，其结果必然是，所有看到的东西，都是用来确认我们期望确认的东西。面对同样的证据，意识主体前有之见，极深刻地影响和决定其判断。面对相同的材料与证据，持有不同前见的人，可以得出完全不同的结论，证明自己的前见。这种现象普遍存在。就是号称具有较高智商和科学态度的科学家，同样会被自己的前有之见所控制，只看见或只寻找与自己期望一致的东西，忽视或否定自己不想或不愿看见的东西。不同前见的科学家，会以同样的证据证明完全不同的观点。[③] 对阐释学而言，前见与期望的类同意义主要体现在这一点上。期望如何影响阐释？要件有三。

其一，证实策略的应用。在阐释期望的左右下，阐释主体不会平衡地搜寻对立各方的合理证据，而仅倾向于收集有利于期望满足的单方面证据。心理学将这种片面的期望满足方法，称为“证实策略”。其具体操作方式是，一方面，“你会通过寻找（seeking）与假设相符的事例来检验假设”，而放弃和否定不利证据，以期证明自己。有心理学家断定，“人们评估自己的假设时，无论是从记忆中搜索（searching）已经存在的知识，还是从外部世界搜索与假设相关的新证据时，都是采用证实策略来验证假设”。[④] 另一方面，“更重要的是，当人们发现了证实他们的信念，满足他们愿望的证据，

① 丹尼尔·夏克特等：《心理学》，傅小兰等译，华东师范大学出版社，2016，第90页。

② 在心理学意义上，期望与假设同义。在实际研究中，许多心理学家将期望与先入之见等同看待。如有人表述：“事先的期望（expectation）和先入之见（theories）会导致人们发现实际上并不存在的虚假相关。”（齐瓦·孔达：《社会认知——洞悉人心的科学》，周治金等译，人民邮电出版社，2013，第101页。）

③ 参见丹尼尔·夏克特等《心理学》，第90页。

④ 齐瓦·孔达：《社会认知——洞悉人心的科学》，第86页。

他们一般就停止搜寻，但是当他们发现那些反对的证据，他们会继续搜寻更多证据”。[①] 毫无疑问，如此方法和策略，将严重误导自证主体，[②] 使期望或假设得到令其满足的证实。此类证实策略，不仅影响意识主体对当下事件的判断，而且将影响其记忆及记忆搜寻方式，进而影响主体对世界的认知方式。

其二，寻求虚假相关。为期望冲动所驱使，阐释主体诉诸证实策略，寻找证据与期望的“虚假相关”，使期望得到满足。社会心理学对虚假相关做了大量研究，通过诸多实验证明虚假相关的存在及其危害。这些实验证明，易得性共变关系、小概率的事件经历、预先存有的刻板印象，都会自动导致阐释主体无意识地生产虚假相关。尤其是意识主体先天自证满足的期望，将经验习得的知识移化为一种具体期望，操控主体自发启动证实策略，在非相关的现象之间找到相关。更应该引起注意的是，对于自然现象的研究，虚假相关终究可以被证实错误，起码比较可能地被证伪，但对于精神现象的阐释，包括社会事件的认知，虚假相关不可证实，亦难证伪。面对社会事件的认知，意识主体怀抱万千不同的期望，对同一社会事件和情节构建完全不同的理解，生产诸多荒谬绝伦的虚假相关，实现期望满足。

其三，自我服务偏差。大量的心理学实验表明，人的自我高估是规律性现象。从自尊的意义上讲，绝大多数人对自我感觉必须良好。对某些人而言，对自我以及自我的某些方面的高估，可至令人难以接受的自恋状态。古希腊神话中就有因自恋而死的人物，在现实生活中，因为自我形象的维护需求和提升冲动，一厢情愿地制造自我感觉良好的虚假满足，可以归纳为基本的人性特征。“我们常常表现出这样一种奇怪的倾向：过分高估或低估他人会像我们一样思考和行事的程度。在观点方面，我们过高估计别人对我们观点的赞成度以支持自己的立场。”[③] 诸如一位诗人执着地认为他的吟唱最好，一位批评家执着地认定他对某文本的阐释为最优，更重要的是，他们会认为，其他的人，以至所有的人，会有同样的认知。环顾当今学术生活，此类现象无处不在。

（二）阐释动机

心理学意义上，“动机是执着坚持确定方向和目标展开行为的驱动力量。它既是生物性的，可生成于饥饿、性欲、自我保存的欲望，也是社会性的，可生成于取得成就、获得认同、找到归属感的需求”。[④] 由此看，动机是意志性的，是一种内在动力，同时具有激发和指向功能。所谓激发是指，它能够启动主体产生某种行为；所谓指向是指，

---

① 丹尼尔·夏克特等:《心理学》，第 91 页。

② 参见张江《阐释与自证——心理学视域下的阐释本质》，《哲学研究》2020 年第 10 期。

③ 戴维·迈尔斯:《社会心理学纲要》，侯玉波等译，人民邮电出版社，2014，第 39 页。

④ Andrew M. Colman, *Oxford Dictionary of Psychology*, Qxford: Qxford University Press, 2015, p. 479.

它能够将动机主体行为指向确定目标。两者相互叠加与渗透，驱使动机主体为达到目标而执着不休。与期望不同，动机是自觉的、有意识的。特别是在社会性意义下，为了取得成就和认同，自觉规划动作与路径，克服一切障碍达及既定目标，动机行为是自觉的理性展开。在阐释实践上，阐释动机的作用极为鲜明和强烈。阐释者的自觉动机将自我的阐释指向确定的目标，采取特定的路线和模式达及目标。动机一旦确立，阐释行为将为动机所左右。由此，我们提出命题：阐释是动机阐释。类比于海德格尔的前结构，动机与前把握（先行掌握）相似。海德格尔说："无论如何，解释一向已经断然地或有所保留地决定好了对某种概念方式（Begrifflichkeit）表示赞同。解释奠基于一种先行掌握（Vorgriff）之中。"① 很明显，"决定好了对某种概念方式表示赞同"，是此类阐释的全部动因。由此，它必将具有以下三个明显的动作特征。

其一，确立指向性目标。"指向性目标（directional goal）是指达到某个特定结论的目标。"② 动机决定了指向性目标。指向性目标的本质特征是目标前在。动机生成目标。目标前在于行动。目标可以与行动对象无关。目标要求者的全部行动，都是为了实现和达及目标。为此，可以蔑视一切规则和约束，可以毁灭以至重塑对象，使无关对象成为目标对象。在阐释实践中，强制阐释对文本做符合论者意图的阐释，其"论者意图"就是动机目标，强制的阐释行为就是实现目标的手段。操作者秉持明显的工具心态。与无具体目标的期望相比，动机目标的操作者，将全力关注实现目标的思维和行动，并确定一些过程性的指向性目标，以保证实现最终目标。在此状态下，对文本或现象的阐释，已经是目标性阐释，一切材料和证据都必须服从动机目标，无所谓真假、是非、正确与错误可言。阐释的目的只有一个，就是实现确定目标。这是对所谓前置立场的最好说明。

其二，动机性推理。在认知上说，动机性推理运用两种方式，生成有利于实现动机目标的判断。一是调动记忆，搜索有利于目标判断的材料，排斥不利材料，为实现动机目标服务。为了实现对前置结论的论证，阐释者从记忆中直接搜索那些支持这些结论的观点和规则，运用现有的知识去建构新的观点和理论，从中找出动机决定的结论。二是选择和运用有利于实现动机目标的推理规则及方式。譬如，可以是小样本的列举，也可以是大样本的归纳；可以是严密的逻辑的推导，也可以是无逻辑的联想比拟。只要有利于目标动机的实现，规则是任意的。三是直接颠覆规则，包括基本的逻辑规则。诸如，偷换概念和话题，以假设为根据，甚至以超验想象证明自己。

其三，制造虚假相关。与期望和前见"寻找"相关不同，阐释动机所确定的指向性目标，驱使阐释者"制造"虚假相关，即在对象与目标之间，以其主观故意，

① 海德格尔：《存在与时间》，陈嘉映、王庆节译，生活·读书·新知三联书店，2014，第 176 页。
② 齐瓦·孔达：《社会认知——洞悉人心的科学》，第 157 页。

自觉地、进攻性地制造本无任何迹象的相关。在这一点上，期望与动机的差别是对立性差别。期望是在文本中寻找，被动等待和给予相关，是一种“有中生有”。动机是积极制造和生产相关，是一种“无中生有”。以女权主义的期望面对文本，期望者仅仅是想看到符合期望的女权主义因素，如果文本中包含此因素，期望者可以继续面对，并得到满足。如果没有相关因素，期望者可以放弃此文本而转向其他，不会强制文本以满足期望。但以动机目标面对文本，前在性目标将左右阐释，哪怕没有丝毫相关因素，阐释者也一定要把文本制造成女权主义的文本，以实现目标满足。指向性目标的前在性，动机性推理的主观故意，无中生有地创制相关，造成无边际的误读和误释。

在阐释学意义下，期望与动机的区别是本质的，亦即前见与前把握的差别是本质性的，对阐释活动的影响不在一个数量级上——如海德格尔和伽达默尔那样。期望或前见，溯其源头，当发生于意识主体关于此现象的自我图式。可以是超验的直觉，也可以是模糊不清的向往。期望发生于确切认知之前，以类似前见的姿态对认知发生作用。在期望或前见的作用下,认知主体将自动坠入“看到我们期望和想要看到的”惯性，影响以至左右主体的认知目的与行为。期望是主观的，但非主观预设。期望无意识地发生作用，无须意识主体自觉激发和启动。期望或对认知结果无确定把握，认知主体希望认知的最终结果与期望或前见一致，但亦接受非一致，并由此可以转向其他期望。在具体的认知过程中，期望和前见是一种不为阐释主体所察觉的自我期许与等待，是未经确定而希望确定的结果寄托。这种模糊的未确定的寄托，使期望有了转移和变化的可能。同前见的构成一样，期望由意识主体全部经验与认知积累所结构。微观分析，遗传因素、家庭背景、童年经历、学习与工作过程，特别是一些有别于他人而其独有的创伤性经历，都深刻影响以至决定意识主体对未知现象的长远期望。宏观地看，文化社会背景、传统风俗与观念、民族心理结构与偏好、时代认知水平与伦理倾向，都在影响阐释主体的即时期望。但是，所有这一切，都是隐蔽地、非意识地、自动地发生作用的。这就意味着，意识主体在认知事物的起始，不需要也不可能将以上的前见构成内容重复知觉一遍，然后进入认知，而是被这些深藏于意识深处的内容所裹挟，自动激活认知，进入认知。所以，相对于自觉认知，心理期望也就是前见，是模糊的，非自觉的，无确定目的的。正因为如此，我们说期望或前见经常不为意识主体所控制而自动发生作用。动机则不同。动机是全部阐释的出发点和落脚点。阐释尚未开始，阐释者已预先得出结论，以坚定的指向性目标为终点，将对象“作为”某物阐释。倘若对象不是或没有某物，阐释者将强行意志于对象，使对象成为某物。动机和目标为阐释者所坚守，决定了阐释的路线和手段。动机一旦生成，预期或预设就不是前见的盲目和下意识，而是自觉的筹划、把握、上手。强制阐释是一种动机阐释，是海氏、伽氏所言的前设或前把握，不可与前见和期望混同。

我们回到海德格尔。他对梵高鞋子的阐释，他对康德形而上学的疑难，不都是动机在先，确定指向性目标，以动机性推理，制造虚假相关，也就是将对象作为某物筹划和把握，以本己之念强制于对象，有效地阐释自己而非对象吗？

三 整体性意义

强制阐释的一个基础性错误是，偏好部分，肢解整体，以碎片之黏合颠覆整体和代替整体，以主观制造的虚假相关，证明或证实论者动机任意指定的目标与结论。整体论的思想已有两千年以上漫长过程的讨论和阐述，作为普遍的真理性判断，无所不在地发挥着指导性作用。在阐释学历史上，没有人可以否认文本结构的整体性及对文本阐释的整体性。人们一致认同文本是整体的文本，文本的整体由各部分之和所结构，大于或高于部分之和。阐释学史上，不仅从施莱尔马赫、狄尔泰到海德格尔、伽达默尔等所有人都强调并实践着所谓阐释的循环，坚持由整体理解部分，由部分理解整体的原则；也有当代的分析哲学和语言哲学，从经验意义的高度，更深入细微地研究和讨论语言本身的整体性要义，对阐释的整体性原则给予说明与论证。蒯因曾提出一种整体性经验理论。他认为：“具有经验意义的单位不是孤立的词，也不是孤立的语句，而是语句的整个体系。”① 戴维森则认为：“如果我们想要确认因而解释一个理论概念或其语言表达式所发挥的作用，我们就必须知道它如何与其他概念和语词相联系。这些关系一般说来是整体性的和概率性的。”② 由此可见，在分析哲学的视野下，所谓整体与部分的关系，不是大而化之的部分与整体的一般循环，而是在更广大的境遇下，把整体与部分的关系落点于词汇、语句、文本，以及意义整体与真理考证的关系，实现一种我们所期望的完满的阐释，即对文本的整体性阐释。应该承认，在阐释学意义上，所谓整体的概念已经清晰，理论也相对完备，但在具体实践中，整体与部分的关系依然是很难处理的问题。强制阐释的常见特征，就是简单捕捉文本中的个别因素，对文本做分裂式拆解，把部分当作整体，以碎片替代全貌，将阐释者意图强加于文本。如此表现，除开阐释者的主观动机不论，在思维和认知上，对整体及整体与部分的关系几无体会与把握，是强制阐释普遍生成的要害。整体的存在不是感官直觉能简单把握的，它需要整体性的经验、思维、视野，或集中表达，以整体优先的理念为指导。如下三点应该讨论清楚。

① 转引自涂纪亮《分析哲学及其在美国的发展》，武汉大学出版社，2007，第661页。

② 唐纳德·戴维森著，牟博选编《真理、意义与方法——戴维森哲学文选》，商务印书馆，2012，第114页。

（一）整体统辖部分

整体性是系统结构的本质性特征。在一个系统结构中，整体不等于各孤立要素的部分之和。部分特别是部分要素的特性和功能不能从其自身推导出来。整体的特性和功能由整体结构和集合关系所决定，只有当各要素按照一定的结构和集合方式构成整体时才能表现出来。在当代心理学中，整体的观点同样是核心观点。格式塔心理学的重要贡献就是，指出人的心理现象是对事物的整体反映，而非简单地取决于个别刺激物的总和。著名图像《鲁宾的花瓶》，充分证明“这些知觉是作为整体出现的，而非零碎的拼凑。这类图形证明我们的知觉是主动的、活跃的并且有组织的。我们不仅仅是感官刺激的被接受者”。[①] 文本的组织与结构同样如此。整体的文本由语句组织而来，语句由语词而来。任何语词，都在整体的语境中发生作用；脱离其语境整体，任何词语都将丧失意义。语义的多样性，是语境变幻的结果，在整体语境的规约下，语词的意义必然确定。否则，语言整体丧失其存在。独立的词语是为整体服务的。离开了整体，独立的词语失去其本意。海德格尔的诗歌阐释极端地重视诗的整体意义。荷尔德林有一首名为《希腊》的诗，其中一句：“神穿着一件衣裳。他的容颜对认识遮蔽自身/并用艺术掩盖眼睑。”对于“眼睑”一词，因为《希腊》一诗是草稿，其中有的词语难以辨识，而对这个词，有人识为“空气”或“图像”或“爱”。海德格尔却认为，“根据原稿的笔迹和主题来看”，我们宁可把它读作“眼睑”，因为“荷尔德林指的是那种眼睛的眼睑，这种眼睛的学校就是天空的蓝色”。请注意，在这里，海德格尔依据的不仅是荷尔德林的“一贯”笔迹，而且是诗的“整体”主题，这个主题是与海德格尔存在主义整体思想一致的。由此，他可能深入地发挥下去，彰显他艺术评论的整体意识。“于是就有四种声音在鸣响：天空、大地、人、神。在这四种声音中，命运把整个无限的关系聚集起来。但是，四方中的任何一方都不是片面地自为地持立和运行的。在这个意义上，就没有任何一方是有限的。若没有其他三方，任何一方都不存在。它们无限地相互保持，成为它们之所是，根据无限的关系而成为这个整体本身。”[②] 这样的例子还可以举出许多。整体统辖部分，部分因整体而生成意义，在海德格尔的诗歌理论与批评文本中体现得淋漓尽致。

（二）对象整体是阐释的最终目标

阐释对象总以其整体面貌呈现于我们面前。无论从何角度切入及以何种方法上手，其总的结果和目标是阐释现象总体。对同一现象，不同学科的研究认知当然不同，但

① 戴维·霍瑟萨尔、郭本禹：《心理学史》，郭本禹等译，人民邮电出版社，2011，第 187 页。
② 海德格尔：《荷尔德林诗的阐释》，孙周兴译，商务印书馆，2014，第 206~207 页。

在阐释学的意义上，不同的研究，最终将要汇聚到一点，即对现象的完整认知与阐释。因此，认知最终是整体的认知。整体性阐释，在认知路线与方法上，具有不同于传统认识论的明显特征。

其一，认知是整体的认知。心理学主张，人的心理和行为并非由个别刺激物的性质及其总和决定，而是对事物整体的反映。研究心理的完整结构，反对把意识分解成各元素的组合。韦特海默对错觉的解释实验证明，面对现象“我们往往知觉的是整体，而不是部分的总和”。① 有心理学家用实验检验人的心理化学反应，证明了这些物质反应过程“可以让人们把对别人的零散信息组合成为对别人个性特征的整体印象”。②

其二，认知从整体起。与传统的先分析、后综合的思维方式不同，格式塔心理学所揭示的整体性的反应程序是，先综合、后分析，最后复归更高阶段上的新的综合，即认知由整体起，完成于整体，分析只是把握整体的手段而已，认知不可以停留于分析。早期的构造主义心理学认为，意识经验是各种简单元素的群集。对此，格式塔心理学贬称为“砖块和灰泥心理学”。③ 这当然是一种极而端之的讽刺，但是，人的认知从整体起步却是不争的事实。面对米开朗琪罗的《大卫》，人们首先辨识的是完整的人的形体，然后才是或可能是构成完整形体的细节或部分。对文本的理解亦当如此，通览文本，把握整体，然后才有细节的分析与雕刻。在认识论的意义上说，分析是绝对必要的，分析是实现综合的基础。但现代心理学更主张“综合指向性分析”（directed synthetic analysis），亦即通过综合将事物的部分或条件联系起来进行的分析，而不是将部分从整体中割裂出来，做生理解剖式的分析。

其三，部分叠加不是整体。对部分的认知是必要的。只有更深入细致地认知部分，认知各要素之间的关系，对整体的把握才是完整的把握。没有对部分的准确认知，对整体的认知就会是模糊与混沌的。但是，部分的认知不能代替整体认知，更不能把部分当作整体，进而解构整体，即所谓“生产”主体。盲人摸象的故事虽然直白，但认知意义上的整体性求索深刻而完美。盲人摸象抓住部分而代替全部，或生产了自己的全部，尚可理解。如果视力完备的我们，张开眼睛，面对现象整体，却硬抓住某个部分，或某几个部分，强制整体幻化为部分，如此理论与行为，可以称为正确有效的理论与行为吗？我们可以而且应该认知部分，但不能停留于部分，更不能以部分代替整体。部分的认知，是为了认知整体，并在整体中更确当地认知部分，保证整体认知的自洽与完备。不可如盲人摸象般，以为部分就是整体，甚至把部分强加给整体，却以为是创造的“生产性”阐释。更进一步，不仅独立部分不是整体，部分的简单叠加也不是

① 丹尼尔·夏克特等:《心理学》，第 28 页。

② 丹尼尔·夏克特等:《心理学》，第 37 页。

③ 库尔特·考夫卡:《格式塔心理学原理》，李维译，北京大学出版社，2010，第 2 页。

整体。整体所具有的特性和功能，是各组成要素在孤立状态中所没有的，个别要素也只能在整体的统摄下具备其独特功能。特别是对复杂的精神现象的理解，譬如，经典文本所以流传于世，不是由一个或几个独立方向的考据、训诂，以至细碎为词语的叙事分析，就可以实现的。部分的、零散的分析，不能自动生产整体认知，只有在零散的部分认知之上，自觉专注于部分与部分、部分与整体、整体与部分的相互作用，经典才可能成为整体的经典。

（三）理解的循环是整体间的大循环

传统的循环，主要是施莱尔马赫所主张的文本内部的循环，我们可以称之为小循环。毫无疑问，此类循环也是从整体起始，落脚于整体的。在此循环过程中，整体与部分辩证互动，各自赋予对方以意义，最终获得对文本整体的理解与阐释。面对一个由诸多独立词语结构的文本，理解的程序是，首先感知整体作品的完整意义，然后由章节、由段落、由语句、由词汇而进一步把握整体。所以，帕尔默说："读者在阅读一位伟大作家如克尔凯郭尔、尼采或者海德格尔时，起初会有其作品无法理解的体验：困难在于获取对该作家思想之整体方向的把握，缺少对这一点的把握，人们就不知道单一的论断甚或整部作品在说些什么。有时，一个单句就澄清与勾画了先前没有和谐一致地融于意义整体的一切，这正是因为此一单句指明了作者所言说的'整体的东西'。"①但是，阐释的循环不止于此。阐释的循环在更大系统内，由更多要素集合而成。其核心要素有三：历史传统、当下语境、阐释主体。尽管三者分别都可独自成为整体，但集合起来，依然演化为大系统内的部分，相互作用，无限循环。我们称之为阐释的大循环。三者在一个平面上构成多向互动，冲撞、选择、共融，建构新的理解整体，高站位地投射于文本，在与文本的无限循环中，做出为阐释共同体能够一致接受的整体性阐释，经由公共理性的考验和确证，铸造新的经典，进入人类知识体系。传统、语境、阐释主体，没有哪一个因素可以独立决定文本的整体意义。同样，作者、文本、读者，也没有哪一个独立因素具有确定文本意义的最终权力。只有通过各要素之间的整体循环，反复斗争与和解，最终找到所谓共同视域，合理确当的阐释才成为可能。阐释的循环因此而完满、积极，克服恶性循环的束缚，使整体的文本意义显现于人。唯有如此，阐释才最终成为历史的、客观的实际过程，而非主观的任意想象和独断，以至为无规则约束的相对主义和虚无主义的臆想与强制。

我们强调文本制造者与阐释制造者的循环，亦即文本与阐释的循环，绝非放弃阐释起点的辨知。作者是文本的生产者，文本是意义的承载者，开放的阐释由此而出发，

① 理查德·E. 帕尔默：《诠释学》，潘德荣译，商务印书馆，2012，第116~117页。

无论阐释者的意义生产如何天高地广，其出发点、起始点都在这里，否则无阐释可言。当然，是指无对此文本的阐释可言。这是其一。其二，必须在逻辑上确定，阐释者的生产，是阐释者的主观生产，其生产物是阐释者的生产物，未必是而且经常未必是文本的生产物，不必强加于文本。其三，与文本的自在性及文本意义的自在性相比，阐释者的生产是第二位的。无论对此文本的再生产如何浩荡无边，后来的阐释者依然要回到文本，以文本为本，在无数的再生产物中比较真假高低，做出新的理解与阐释。莎士比亚被无数人再生产过，然而，留下的又有多少？后来的人们解读莎士比亚，是在所谓再生产物中理解定位莎翁，还是以他的原始文本为本开始新的生产？阐释是灰色的，莎翁永存。海德格尔对荷尔德林著名诗句“鸣响的钟 / 为落雪覆盖而走了调”的阐释，包括对自己的阐释，做如下说：

> 也许任何对这些诗歌的阐释都脱不了是一场钟上的降雪。无论是能做一种阐释还是不能做这种阐释，对这种阐释来说始终有这样的情形：为了让诗歌中纯粹的诗意创作物稍为明晰地透露出来，阐释性的谈论势必总是支离破碎的。为诗意创作物的缘故，对诗歌的阐释必然力求使自身成为多余的。任何解释最后的但也最艰难的一个步骤乃在于：随着它的阐释而在诗歌的纯粹显露面前销声匿迹。[①]

对此，无须做任何多余的阐释。有关阐释与文本的关系的观点，阐释是文本的阐释，阐释依靠文本，阐释在文本的彰显面前消解，海德格尔都讲得很清楚了。

四　强制阐释的一般性推衍

我们提出强制阐释问题，是从当代西方文论及文本批评的普遍一般方式开始的。因为在文学批评实践中，对文学文本的强制阐释极为普遍，甚至为常态。但是，在更广大的视域下，我们真切地体验，作为一种阐释方式或方法，强制阐释在人文及社会科学其他领域，同样普遍存在。在哲学领域，以哲学家自我立场强制阐释经典，譬如，我们前面言及的海德格尔对康德的存在论阐释。在历史学领域，强制阐释历史，似乎成为历史阐释的主流，譬如，在“一切历史都是当代史”的旗帜下，史学家以其强烈的主观动机，对已有定论的历史以颠覆性的反向阐释。在经济学与社会学领域，从某种西方理论出发，强制阐释他国的经济社会现象与实践，以证明其理论正确。凡此种种，已充分表明，强制阐释超越文学理论与文艺学范围，以其一般性形态，普遍存在

① 海德格尔：《荷尔德林诗的阐释》，“第二版前言”，第 3 页。

于人文与社会科学研究的各个领域。如此现象，在阐释学意义上，应该如何认知和评论？现象之下，有多种更复杂的原因，应该认真分析。笔者以为，以下四点值得注意。

（一）心理本能是强制阐释的本源动力

从阐释的本质看，按照心理学的分析，阐释是阐释主体的自我确证。阐释主体长期经验及理性运思所构建的自我图式，稳定地刻画阐释者自我。在确定语境下，阐释者以自我图式为模板，去感知、理解、认知一切现象，并努力保持和坚守自我认知与外部评价的一致。此为自我确证的要害。自我图式一旦遭到攻击或异议，自我将做出激烈反应。自我确证的本能要求自我无间断地证实自己，其冲动与期望永不休止。阐释与自证是什么关系？海德格尔说："通过诠释，存在的本真意义与此在本己存在的基本结构就向居于此在本身的存在之领会宣告出来。"[①] 在本体论意义上，此宣告是存在与此在向其他的存在或此在宣告它们的本真意义，以证明或证实存在与此在之在。作为阐释者本己，其自证的心理欲望与冲动，迫使本己即此在不断地通过阐释证明本己，使本己之此在得以显现并引起关注。自证是阐释的唯一目的，或者说阐释就是为了自证。自我确证是存在与此在所以阐释的根本动力和手段。准此，可以判定，因为心理是阐释者精神存在的先天形式，是其全部认知与阐释的真正起点，只有把阐释落实于本己的心理及其呈现方式，落实于本己的自证企图与行为，阐释的存在论或本体论的意义，才有了可靠的存在根据。但是，所谓自我确证是有普遍倾向的：在一般情况下，"人们喜欢自我感觉良好，并尽量增大自我价值感"。[②] 心理学的一个基本术语"正向偏见"，即"人对自身的判断并不完全正确，一般倾向是对自己的评价比实际更高一些"[③]，就说明了这个现象。心理学还证明，认知主体一旦生产确定结论，信念坚定的人很难改变自己的想法。在阐释实践上，如此强大的心理动机和力量，决定了强制阐释成为普遍的阐释方式。特别是那些借助强大理论传统和思潮的阐释，其强制动机越加冲动与暴力，阐释者在心理动机驱动下，自觉搬用各种离奇手法，迫使对象或文本服从其前置立场与结论，实现其心理满足，就成为难以避免的必然。由此看去，强制阐释不仅是阐释方式或方法问题，更根本的是人的心理和心理驱动问题，这种驱动经常处于非理性状态，甚至为自我实现和提升的潜意识的冲动所左右，陷入无止境的强制循环，不问结果如何，无真假对错可言。为什么会有"一千个读者，一千个哈姆雷特"的现象？请设想，如果这一千个读者都是职业批评家或理论家，此类人的正向偏见的程度远高于常人，以阐释和强制阐释自我确证本己对文本的判断与认知，循环往复地生产意义，更重要的

① 海德格尔：《存在与时间》，第 44 页。
② 乔纳森·布朗、玛格丽特·布朗：《自我》，王伟平、陈浩莺译，人民邮电出版社，2015，第 75 页。
③ 乔纳森·布朗、玛格丽特·布朗：《自我》，第 89 页。

是生产本己，这是此在得以此在，阐释得以无穷的动力。强制阐释在所有领域都表现突出，甚至无处不在，道理就在于此。

（二）精神科学与自然科学认知方式的差别，为强制阐释提供可能

在19世纪末至20世纪初的一个时期里，以“科学方法大辩论”为标志，诸多哲学学派及一大批代表人物，对忽视自然科学与精神科学之间的差异，以自然科学方法进行精神科学研究的落后状态，给予强烈批判。有两个重要人物应该提起。一个是弗莱堡学派的核心人物李凯尔特，另一个是被称为现代阐释学之父的狄尔泰。李凯尔特继承其导师文德尔班的价值论哲学，将精神科学的研究重点转换为价值研究，区别于自然科学的事实研究。由此，对精神现象的认知，完全以人的主观意志所决定，由独立的个体认知确定“是”与“应该”，而无真相和真理可言。所谓自然科学研究的客观性、确定性被彻底瓦解，一切判断和结论，失去可能的一致性与衡量标准。特别是在历史事实认知与价值判断上，彻底转向相对主义进而为虚无主义。同时期的狄尔泰，从生命哲学的立场，考察精神科学与自然科学的差别。在他看来，精神科学必须立足于人的内在经验，必须以对生命的体验和理解为基点，展开对精神现象的认知和阐释，以此区别于用逻辑和实证方法对自然客观现象的说明。由此，狄尔泰宣称：“我们说明自然，我们理解精神”（we explain nature, we understand psychic life）。[①] 用现在的眼光看，狄尔泰如此区别的核心是什么？我们认为，在阐释学的意义上，归根到底是一个确定性问题。自然现象的研究，其结论是可重复、可验证的。个别的认知可上升为普遍真理，独立个体的经验可归化为一般经验。精神现象的研究则完全相反，其结论不可重复、不可验证，个别体验与认知不可以且不应该上升为普遍真理，独立个体的体验不可归化且不应该归化为一般体验，甚至可以认定，就不存在所谓一般性体验。一千个读者有比一千个更多的哈姆雷特，各种体验之间不可通约或不可公度。因此，对精神现象的认知绝无确定性可言。精神科学知识的非确定性由此而为铁律。这些被后现代各种主义捧到极端的提法，为强制阐释的泛化提供了借口。再看海德格尔对梵高鞋子的阐释。我们可以想象，一个阴晦不明的暗夜，他独立于梵高的作品面前，凝视着那双本无意味的鞋子，心中跳跃着同样晦暗不明的存在论念想，天空和大地、人和神，交错变幻，起伏摇曳，集中投射于作品，梵高创造的感性、生动的艺术珍品成为他抽象晦涩的哲学象征。对他而言，可重复吗？对他人而言，可通约吗？不可证实，亦不可证伪。更重要的是，无须证实，也无须证伪，海德格尔自说自话足矣。此类阐释对梵高，对他人了无意义。因此，随意而

---

① W. Dilthey, *Descriptive Psychology and Historical Understanding*, The Hauge: Martinus Nijhoff, 1977, p. 27.

粗暴的强制，广泛成为阐释者显露和张扬本己，制造理论和意义的一般手段，只是见怪不怪而已。重要的还是确定性问题。梵高的作品意义无确定性解索，但同样的是，海德格尔的思想亦无确定性的理解可言。因为他的如此阐释充分证明，任何对象都可以成为他理论的证明，他的理论可任意贯注于任何对象。确定性的目标及其追求，被海德格尔放弃，当然，他也同时放弃了确定的自我。

（三）后现代的理论生成方式，使强制阐释大行其道

就文学理论而言，从 19 世纪末到 20 世纪中期，其发展路径大致经过了三个历史阶段，从“作者中心”到“文本中心”再到“读者中心”。在此三个历史阶段中，分化和衍生出诸多优长明显的重要理论和学派，相互否定和替代，各领风骚，轮番占据主导地位。但是，20 世纪 60 年代以后，以解构主义的兴起为标志，当代西方文论的基本格局发生深刻变化，总体放弃了以作者—文本—读者为中心的追索，走上了一条理论至上道路，开启了以理论为中心的时代。其基本标志是：理论而非实践，是全部学术的出发点和生长点，理论生产理论，理论宰制实践，理论成为检验实践的标准，实践为理论作注。在文本阐释上，理论背离文本，强制决定文本意义，消解和重置文本证明理论。短短百年，西方文艺理论的中心话题多次转移变幻，从没有文学的庸俗社会学到没有文学的文学理论，为强制阐释提供了巨大空间和动力，以致无限膨胀，汇成理论生产理论、理论至高无上的汹涌潮流，左右了当代人文与社会科学研究的基本走向。既然理论生产实践，而非实践生产理论；文本基于阐释，而非阐释基于文本，理论在实践与文本面前当然无所顾忌，理论持有者可以任意宰割实践，以理论为目的和标准，肆无忌惮地修正以至篡改文本，强制文本为理论服务。理论如何驾驭文本？如果理论立场和动机与文本整体一致，阐释自然无所谓障碍。如果理论与文本相左，甚至相背，阐释者为达及其指向性目标，只能强制阐释，如海德格尔强制阐释康德和梵高的方式。可悲的是，在实践和文本，尤其是在经典文本面前，理论总是软弱的，特别是在理论生成初期，软弱的理论总是要借助经典光大自己，恫吓他人，抵抗定见，经典因此而成为强制阐释的经常性对象，强制阐释也因此而无限壮大了自己。经典是经过历史检验的真理性认知和价值载体，具有强大的号召力和示范性意义。强制阐释绑架经典，用经典打扮和包装自己，使人真假莫辨。最为典型的是 20 世纪 60 年代勃然兴起的接受美学和读者理论，为强制阐释制造了看似合理的理论根据。其总体倾向就是，读者是文本意义的最终决定者，读者可以对文本做符合本己感受或意图的任意理解和阐释，读者独立生产文本之意义。如此，阐释主体可以无视一切规则和约束，对既定文本做无限不同的阐释与强制阐释，成为文学阐释的最高境界和普遍追求。对此，伊格尔顿

曾经发出批评："作品在一定程度上决定着读者对它的反应，不然批评就会陷入全面的无主状态。《荒凉山庄》就会仅仅成为读者们所拿出来的成千上万个不同的、经常相互抵触的解读，而'作品自身'却会作为某种神秘的未知数而失落。如果文学作品不是一个包含某些不定因素的确定结构，如果文学作品中的每种东西都不确定，都有赖于读者所选择的建构作品的方法，那又会发生什么呢？在什么意义上我们才能说我们是在解释'同一部'作品呢？"①

（四）文学阐释与其他人文社会科学学科的阐释相混淆，使强制阐释的普遍化愈演愈烈

区别文学阐释与其他学科的阐释，是合理约束阐释尤其是文学以外的其他学科的阐释，使其步入正当轨道的根本之点。我们必须厘清，文学不同于其他人文科学以至更多的社会科学门类。后现代理论中，文学已堕入没有文学的文学迷雾之中。但无论怎样玄妙高超，文学的独特形式，包括其表达方式与叙事策略，依然是文学所以是文学的承载之道。如果比较大类地区别两种表达或言语方式，我们认为，文学是非认知的，其价值在于制造歧义；文学的感知在体验，最终寻求的是共鸣；其他门类，包括历史和哲学是认知的，其价值在于消解歧义，其感知方式是理解，最终寻求的是共识。就文、史、哲而言，文学可以不言说真理，对现象的描述和展开是多种的文学手法，隐喻的，意象的，扭曲的，折射的，且有意识地生产歧义，迫使受众获得多重感知和体验，在各自的独特语境中，与文本、作者及读者之间产生共鸣，实现文学生产和存在的意义。历史和哲学则不同。历史要发现和言说真相，哲学要发现和言说真理。对于真相和真理的理解和阐释必须是确定的，以克服和消解歧义。否则，全无人类的理性进步与知识演进。追求和保证除文学外其他各学科认知的确定性，是一切主义都必须遵守的根本规则。包括强烈主张文本无确定意义，文本意义由阐释者独立生产和赋予的解构主义，也不接受和允许他人误读和曲解解构主义的确切意义，误读和曲解解构主义思想家本人言语和思想的确切意义。孔帕尼翁就不无讽刺地记载过："还有那些理论家们，按捺不住地要去纠正对方对自己原意的误解，比如说德里达就曾这样回答瑟尔（Searle）：'这不是我要表达的意思。'"②请问，解构主义有确切的不可解构的意思吗，难道不可以任读者任意理解与建构？德里达的意思有意思吗？历史上的相对主义与虚无主义，总是将文学与历史混为一体，并将文学与审美感知和体验上升为对一切对象的认知和把握，用诗歌代替历史、哲学，用狂迷的文学与艺术体验及教化挤压理性的

① 特雷·伊格尔顿：《二十世纪西方文学理论》，伍晓明译，北京大学出版社，2007，第 82~83 页。
② 安托万·孔帕尼翁：《理论的幽灵——文学与常识》，吴泓缈、汪捷宇译，南京大学出版社，2011，第 81 页。

历史与哲学认知，将对可能无所边际的文学阐释推广到历史和哲学领域，使强制阐释成为普遍的、一般性的阐释方式，制造了当今后现代主义无法自拔的混乱与虚无的困境。此类恶习，在历史领域似乎尤甚。罗素就有“历史作为一种艺术”的著名演讲。他在坚持“历史学家不应该歪曲事实”[①]的前提下，赞成历史叙事的“文学技巧”，虽然诸多论述经常引起他人误解，以为他主张历史就是艺术，但总的讲，他还是承认历史事实和科学的历史方法的。而其他一些历史学家却走得更远，直接鼓吹文学的方法，比如直觉、想象、移情，以诗为史，以诗说史，将本应是科学的历史阐释混淆于浪漫的文学阐释。“历史方法论和认识论的中心问题在于，客观地认识过去只能靠学者的主观经验才可能获得。”“在理论上，大多数历史学家接受唯心主义的立场，将历史学与科学严格地加以区别，强调直觉（Erlebnis）是历史学家处理历史的最终手段。”[②]由此，主观经验、直觉、想象、移情、趣味，诸如此类文学而非历史的方法，成为历史叙事的基本方法，文学的强制阐释不可避免地成为历史的强制阐释。因此，强制阐释的一般性扩张和广大，成为人文与社会科学的普遍阐释方式，就不难理解了。但是，必须明了的是，文学的阐释目的是求得共鸣，有共鸣即可，无真假对错可言，不可证实，亦难证伪，极而言之，也无须证实与证伪，共鸣而已。历史和其他学科的研究却大为不同。历史终究是要被证实，或者是需要证实的，所谓“信史”是也。在可靠的史料和证据面前，一切想象、移情、直觉，都将灰飞烟灭。经过证实的历史，才可能是人类知识谱系中的知识性财富，世代传播下去。在历史与哲学领域，强制阐释终非正道。

结　论

在心理学意义上，强制阐释有其当然发生的理由，但绝非意味着它就是合理且不可克服的。就像谬误难以避免，但并不意味着它就是合理且不可克服的一样，更不意味着它就是真理。后现代主义的兴起，特别是相对主义与虚无主义的恶性膨胀，为强制阐释的扩张提供了机会。强制阐释的一般技艺，不仅在文学理论和批评领域盛行，而且在人文及社会科学其他学科也产生了极大影响。特别是在历史研究中，随着以海登·怀特为代表的历史虚无论的登场，强制阐释已经成为历史阐释及其他理论生产的普遍技艺。但是，强制阐释无论怎样盛行，其本体论的空洞，即沦陷于形而上的空洞思辨；其方法论的谬误，即放弃对现象本身的关注；其逻辑上的混乱，即因颠覆正当认知规则而自相矛盾和自我否定，在阐释实践中屡屡碰壁。阐释是自我确证。阐释是

---

① 汤因比等著，张文杰编《历史的话语——现代西方历史哲学译文集》，中国人民大学出版社，2012，第163页。

② 杰弗里·巴勒克拉夫：《当代史学主要趋势》，杨豫译，上海译文出版社，1987，第19、7页。

动机阐释。但是，阐释并不因此而必须强制。阐释是理性行为。理性的阐释，应该对阐释冲动中的非理性因素有所警惕并自觉加以理性规约。正当合法的阐释，坚持对自证与动机以理性反思，不为盲目的自证与动机所驱使，坚持从确定的对象本身出发，坚持阐释学意义上的整体性追求，坚持阐释主体与现实语境及历史传统的多重多向交叉循环，少一点理论放纵，多一点田野入微，少一点心理冲动，多一点知性反思，服从事实，服从真相，服从规则约束，赋予阐释以更纯正的阐释力量。

（作者单位　中国社会科学院大学　中国社会科学院文学与阐释学研究中心）

本文原载《中国社会科学》2021 年第 2 期

摘要收录

实践阐释学论微

实践阐释学是以实践哲学为基础，以阐释对象、阐释主体与阐释语境的结构性关联与意义生发关系为核心，以阐释的伦理性、现实性与批判性为特征，统一阐释方法、阐释价值与阐释本体的一种新型阐释学形态。这种新型形态的阐释学，其“伦理性”主要表现在以“实践智慧”为基础，体认现实活动本身及其善的合目的性导向，重返实践与生活及历史的价值关联，蕲求知识与德性、理论与践履在阐释活动中的统一；其“现实性”主要表现在将文本背后的现实性及其实践关联，而非阐释者在世的生存论结构、作者的意图抑或文本自在的客观意义，视为文本意义的来源；其“批判性”主要表现在对阐释的伦理性与现实性进行批判反思，重申阐释的批判性话语权，实现阐释学在事实（解释世界）、价值（规范世界）与实践（改变世界）三个层面的统一。实践阐释学的这种经由“批判性”而最终勾连“伦理性”与“现实性”为一体的新型阐释学形态，既可为解决西方当代阐释学困境提供有效路径，也可为实现中国阐释学的当代性转化及创建中国阐释学提供本体基础。

作者：谷鹏飞

单位：西北大学文学院

文献出处:《学术研究》2021 第 5 期

现代性分裂状况的文化表征、原因及启示

——哈贝马斯对席勒美育思想阐释的逻辑起点探赜

在哈贝马斯看来，席勒的《审美教育书简》是审美现代性批判的第一部纲领，席

勒的审美教育思想是借鉴自康德哲学美学发展而来的弥合现代性分裂的审美交往式美育思想。在现代性合理化进程中所发生的现代性分裂状况包括三大社会文化表征：文化价值领域的分裂，科层化与生活世界的殖民化，人的断片化和异化。现代性分裂状况的原因至少包括三个方面：世界观的解神秘化；工具理性泛滥，价值理性式微；主体性反思哲学和主体性反思理性。弥合现代性分裂状况构成了哈贝马斯对席勒《审美教育书简》审美交往式美育思想阐释的逻辑起点，对于当代中国社会具有重要的参考借鉴意义。

作者：曾仲权
单位：华东师范大学中文系　江苏师范大学文学院
文献出处：《云南师范大学学报》（哲学社会科学版）2021 年第 5 期

论梅洛－庞蒂对黑格尔辩证法的解读

——兼论与伊波利特的异质性

深入探讨梅洛－庞蒂对黑格尔辩证法的解读及其在何种意义上与同时代思想家发生了理论碰撞，对理解两次大战期间法国思想界的理论图景具有重要意义。梅洛－庞蒂通常被认为是在伊波利特的黑格尔译著的影响下“开启”对黑格尔哲学的人类学解读的。事实上，梅洛－庞蒂接触人类学解读早于阅读伊波利特的译注，而且，梅洛－庞蒂与伊波利特的解读方式在阐释方式、理论资源和思想母题方面具有相当的异质性。在澄清他们思想的异质性的基础上，进一步分别从梅洛－庞蒂本人的理论建构进程以及法国学界对海德格尔和马克思的接受史两个角度考察他们产生异质性的主要原因。

作者：刘沛妤[1，2]　维罗妮卡·法斯特林[2]
单位：1. 河海大学马克思主义学院　2. 荷兰拉德堡德大学哲学系
文献来源：《西南民族大学学报》（人文社会科学版）2021 年第 9 期

黑格尔的道成肉身观念：普遍、多元抑或独一？

黑格尔的宗教哲学在其思辨哲学形成中起着至关重要的作用，而黑格尔对道成肉身之思辨同一性的理解又为其克服实体与主体、无限与有限的抽象对立并重建“思辨的同一哲学”打下了基础。对黑格尔道成肉身观念的解读主要集中在这一问题上：它究竟是普遍、多元还是独一？该问题自施特劳斯率先提出后，就一直受争论。对此争论进行反思，不仅有助于我们更全面地认识黑格尔思辨的同一性概念和精神的主体性原则，还能帮助我们更好地理解黑格尔宗教哲学的“万有在神论”性质。本文试图在反思这一争论的基础上，指出黑格尔的道成肉身观念既非普遍论，也非多元论，而是对普遍论、多元论的内在扬弃，即“思辨的独一论”。基于此，可以说黑格尔宗教哲学既非简单的有神论，也非无神论和泛神论，而应是“万有在神论”。

作者：黄伟

单位：吉林大学哲学社会学院

文献出处:《世界哲学》2021 年第 5 期

习近平法治思想的哲学基础与逻辑论析

习近平法治思想具有系统完整而又逻辑严密的哲学基础。法治本体论是其哲学立论基石，诠释了国家与法现象赖以存在的社会根基与物质基础；法哲学方法论是其内在机理依循，为我国全面推进依法治国提供了逻辑指导与方法遵循；法治内核论是其核心内容，概括了新时代法治中国建设的基本内容与实践方略；法治价值论是其思想与实践的价值依归，反映了新时代法治中国发展的基本价值尺度。

作者：童成帅　周向军

单位：山东大学马克思主义学院

文献出处:《思想教育研究》2021 年第 7 期

经验的客观内涵

——阿多诺对黑格尔唯心主义的阐释

与海德格尔的黑格尔阐释不同，阿多诺对黑格尔的经验概念做了一种颇具马克思主义哲学倾向的解读。阿多诺坚持黑格尔的内在批判方法，着眼于黑格尔哲学本身的核心关切，即同一性诉求，并将这个诉求落实到经验概念之上。黑格尔的经验首先是一个认识论概念，其目的在于展开并最终否定所有有限意识的形态，以真正克服怀疑主义。但这一概念的基础存在于现实生活之中。阿多诺认为，黑格尔并未完全意识到，其绝对精神实质上乃是社会劳动的哲学表达，而这本身凸显了黑格尔哲学的意识形态性。黑格尔的精神承接了德国古典哲学中对纯粹自发性的强调，而这源自纯粹劳动对质料的合乎逻辑的清除已经隐含在资产阶级主体的产生过程之中，并在《精神现象学》的“主奴辩证法”以及《启蒙辩证法》中呈现出来。意识形态作为必然的虚假意识，与实在的经验保持着客观联系。所以，在阿多诺看来，黑格尔哲学既是绝对的唯心主义，同时也有其唯物主义的维度；既是同一性的形而上学，也是非同一的辩证法。这样，阿多诺就为我们展开了一个非同一的黑格尔哲学形象。

作者：谢永康

单位：海南大学马克思主义学院社会科学研究中心

文献出处：《哲学研究》2021 年第 7 期

公共阐释及其感知生成

——一个现象学—阐释学的增补

公共阐释与感知的关系是理解活动中的一个重要问题。狄尔泰与海德格尔分别以生活体验与此在知觉尝试突破理解活动中感性与理性的二元范式。从现象学、新现象学到后现象学的发展进路中，施密茨与唐·伊德以感性知觉的具身性与技术性超越了胡塞尔的先验知觉与纯粹意识，从而为理解意识的客观化奠定基础。感知在理解活动中的持续在场与当代生活世界的新变，说明公共阐释需要一种新的表达形式以捕捉这种新质，梅洛－庞蒂与维利里奥为此提供了一种思考的方向。现代阐释学的发生与现象学紧密联系，在现象学—阐释学内部的裂变与发展中对这一问题做出考察，可以对感知在理解与阐释活动中的位置展开辩证思考，同时也为中国当代阐释学理论的实施提供补充性的阐发。

作者：金惠敏　陈晓彤

单位：四川大学文学与新闻学院

文献出处：《学习与探索》2021 年第 7 期

“对象的确定性”的整体性阐释

继 2014 年《强制阐释论》之后，张江教授又推出《再论强制阐释》一文，把中国阐释学建构推向深入，并使其对西方强制阐释的批判锋芒更加犀利。“对象的确定性”

被逻辑地置于阐释起点位置，并通过“整体性意义”这一重要中介范畴的建构，使阐释的确当性与强制阐释的非确当性得以进一步厘清。心理学的期望与动机论的引入，明晰了强制阐释的心理机制，揭示出阐释运作的复杂性，使阐释学得以在更高层次的具体研究中展开。随之，一个重要的阐释学论题被显示出来，即本体论阐释学与主体论阐释学的建构及交互关系的阐发。

作者：高楠

单位：辽宁大学文学院

文献出处：《学习与探索》2021 年第 7 期

也谈阐释的“整体性意义”

张江教授的《再论强制阐释》为中国阐释学或者说具有中国特色的阐释学提供了从事相关阐释理论与实践研究的基本遵循，是对阐释学理论的一次最为集中的系统化论述。针对在《再论强制阐释》中所讨论的四个方面的内容，本文选取阐释的“整体性意义”这一内容做出了进一步解读。在坚持必须面对“文本”这一基本前提下,从“对象性”关系的建立、庖丁解牛的实践、诗与绘画的界限三个维度，详细论述了阐释主体与阐释对象要建立起“对象性”关系、对阐释对象要有“整体性”认知、要善于抓住阐释对象的关键问题等进行阐释，以获得文本“整体性意义”的根本途径。

作者：丁国旗

单位：中国社会科学院 a. 中国社会科学院大学文学院；b. 文学研究所

文献出处：《学习与探索》2021 年第 7 期

马克思主义历史哲学的形态定位与建构

当前，建构符合时代主题和时代精神的中国马克思主义哲学已成为哲学研究的重大课题之一，其必要性和紧迫性愈益彰显。其中，马克思主义哲学能否被理解为一种历史哲学，无疑是一个关涉马克思主义哲学理论性质的重要问题。马克思主义历史哲学是马克思在扬弃以往历史哲学和反思德国历史研究的基础上所建构起来的，是马克思、恩格斯通过阐释历史及其规律解决现实问题的产物，它表征了一种马克思主义哲学的特定形态。马克思主义历史哲学对历史的辩证阐释，使其与辩证唯物主义存在理论上的“互证”关系；马克思主义历史哲学坚持历史研究的整全性，使其与历史唯物主义存在内容上的“包含”关系；马克思主义历史哲学将历史理解为“实践性”的构成，使其与实践唯物主义存在功能上的“互变”关系。当代中国马克思主义历史哲学的建构与发展，需要在认识论上明晰其存在的重要性并进行基础理论的深度研究，在方法论上加强同其他历史哲学的比较研究，在价值论上挖掘其所具有的中国意义与世界意义。

作者：钟慧容

单位：广西师范大学马克思主义学院

文献出处：《哲学动态》2021 年第 5 期

论语言在开显世界中的规范建制功能

——基于布兰顿语言哲学的阐释

一种常见的观点认为，语言的功能在于指称世界或提供关于世界的信息。这种观点易于陷入“语言 / 世界”的划界，即在使用语言表达的对象和世界的自身呈现之间设置难以跨越的界限。诉诸布兰顿哲学的思想资源可消除这一界限。布兰顿认为语言的首要功能是开显世界，并且，在开显世界的初始层次上便有了“认知的”和“社会的”两个互相制约层面上的规范建制。这种立场将建立起世界、语言、共同体、规范，以及作为共同体成员的诸主体之间的紧密联系，同时也将更新我们的语言观和世界观。

作者：周靖

单位：上海社会科学院哲学研究所

文献出处：《哲学研究》2021 年第 5 期

哲学原创性视域下普列汉诺夫唯物史观探析

普列汉诺夫对马克思主义唯物史观进行了创造性诠释。他提炼并阐释了诸多重要哲学概念，发展了马克思主义地理环境学说，开创了社会意识两种形式说，对个人在历史中的作用问题做了新阐释。普列汉诺夫创新性阐释唯物史观的典型特征表现为在“史”“论”结合中所具有的继承性、批判性、主体性和时代性。普列汉诺夫从哲学世界观的意义上理解马克思主义，为解决马克思主义的哲学危机做了贡献，推动了马克思主义“东渐”俄国的进程，对构建当前我国哲学社会科学原创性话语体系有方法论的启示意义。

作者：李伏清[1]　唐琦露琴[2]
单位：1. 湘潭大学马克思主义学院　2. 湘潭大学碧泉书院
文献出处:《湘潭大学学报》(哲学社会科学版) 2021 年第 3 期

作为伦理生活的共产主义

——反思对马克思主义规范性政治哲学的“近康德”阐释

马克思主义规范性政治哲学的当代构建并不必要是“近康德”的阐释路径，事实上，对马克思主义规范性政治哲学的“近康德”阐释既是不必要的，也是危险的。马克思的共产主义在“作为自我实现的自由”、“规范作为客观现实”与“旁观者与行动者的统一”方面符合黑格尔伦理生活的规定。马克思的规范性政治哲学是近黑格尔的，而非近康德的。康德规范性政治哲学的“作为自我规定的自由”、“规范作为主观建构”与“旁观者与行动者的分裂”特征，表明康德哲学没有真正超出主体性范围，势必陷入怀疑一切、否定一切外在现实的虚无主义之中。黑格尔规范性政治哲学则超出主体性范围，关注具体的、历史的现实，有助于我们面对中国当下现实，构建马克思主义规范性政治哲学。

作者：冯波
单位：山东大学哲学与社会发展学院
文献出处:《吉林大学社会科学学报》2021 年第 2 期

诠释的现象学考察与伦理学批判

诠释的现象学考察旨在呈现诠释的原始发生，诠释者何以有意愿和能力对“不再是”的文本和“正在是”的行为进行解释和证明；而诠释的伦理学批判则追问诠释行为的正当性基础、追问诠释文本行为的真实动机。对“不再是”的文本进行诠释目的在于基于本义、中介转义以开出新义，其后果是对诠释者而言，并不影响和决定他者的思考与行动；对“正在是”的行为进行诠释，可有当事者诠释和旁观者诠释两种，前者旨在辩护和证明，后者旨在反思和批判。实质上，作为旁观者的诠释已是公共舆论，是对公共善的追求，并以此对背离或解构公共善之“显失公正”行为展开反思与批判。

实现从技艺诠释学向实践诠释学的转向，不仅仅是理论的旨归，更是一种强烈的价值诉求。

作者：晏辉
单位：上海师范大学哲学与法政学院
文献出处:《哲学分析》2021 年第 1 期

舒斯特曼如何阐释福柯的身体美学

——兼论实用主义身体美学的理论与实践倾向

舒斯特曼是当代实用主义美学的代表，也是最早提出构建身体美学学科的理论家。他从实用主义身体美学的理论视域出发，对福柯的分析性身体美学理论、实用主义身体美学理论与实践做出阐释。本文通过对舒斯特曼阐释福柯的再阐释，以及对二者身体美学思想的比较分析，发掘他们身体美学的异同之处。在比较研究的基础上，反思舒斯特曼实用主义身体美学理论与实践的积极意义与局限性。选择舒斯特曼与福柯的身体美学作为理论阐释的对象，目的在于通过批判性反思重要的身体美学家、身体美学理论与实践范式，为当代身体美学研究寻找合理有效的话语资源。

作者：李艳丰
单位：华南师范大学文学院
文献出处:《西南民族大学学报》（人文社会科学版）2021 年第 1 期

恩格斯的解释学思想及其当代意义

西方马克思主义对恩格斯的误读、批评与马克思主义理解史上解释学视域的开启密切相关，过度强调文本理解过程中读者与作者的间距，也就放大了恩格斯与马克思的思想差异。在方法论层面对此深度回应，要求我们回到恩格斯本人的解释学立场。事实上，恩格斯尽管没有使用过“解释学”概念，但在其关于“理解”“解释”的相关论述中，尤其是在马克思主义经典文本的序言、马克思遗稿整理出版的说明以及与诸多马克思主义“误解者”的论战中，却表达了极其丰富的解释学思想。这些思想涵盖了理解的本质及其对象、理解的条件及其限度、文本的意义及其来源、理解的相对性与绝对性、正确理解的可能性、理解的对错之分及其判断标准等诸多解释学基本问题。

当前，深入挖掘和系统梳理恩格斯的解释学思想，对深度驳斥西方马克思主义对恩格斯的诘难、准确把握马克思恩格斯的思想关系以及“回到马克思”“让马克思走进当代”的关系、正确审视不同解释学流派、系统构建马克思主义解释学等一系列重大理论问题来说，具有极其重要的启示意义。

作者：桑明旭

单位：苏州大学哲学系

文献出处:《武汉大学学报》(哲学社会科学版)2021年第5期

“衍”“生”辨

与西方后现代阐释理论主张阐释是无限制的意义生产不同，中国阐释学中“衍生”一词，在“阐宏使大”中蕴含“约束规范”之意，使阐释在扩张与守约之间找到平衡。在文字学意义上，“阐”“衍”同义，“阐衍”“阐化”“衍化”均为传统经学常用之语；在阐释学意义上，“衍”是阐的方式，阐乃由衍而阐，“衍”显明“阐”不同于“诠解”之个性,更发展出古代释义“阐衍”与“诠解”两条主要脉络,离散与递归两种思维方式。“衍生”较之“生产”，更能确当表达文本阐释在合理性约束下的扩张与流溢，也提示我们全面客观地认识西方后现代阐释理论。“衍生”当为中国阐释学理论体系中具有节点性意义的重要概念。

作者：张江

单位：中国社会科学院大学阐释学高等研究院

中国社会科学院文学与阐释学研究中心

文献出处:《社会科学战线》2021年第11期

论春秋“士易学”的阐释范式

学界一般把春秋易学归为周代王官之学统照下的卜史易学，实际上，还有另一个易学：士易学。“士”独立于卜史，春秋时期是“士”阶层社会地位和文化心态发生巨变的阶段，此时期的“士”越来越多地参与政治活动，并积极参与本为卜史所垄断的易学阐释，形成了士易学的“阐释共同体”。士易学阐释范式的特点为：以德义之原则解说卦象；以事论卦，不再做机械的卦象解读；对筮仪的严格执行不再重视。虽然这几个解易原则体现在零星的筮例中，但已明显异于传统卜史易学范式，并以“士易学”共同体的阐释建构，为孔子及其身后的“儒门易”之形成和壮大奠定了理论基础。

作者：窦可阳

单位：吉林大学文学院

文献出处:《社会科学战线》2021 年第 10 期

“人群”的异化肖像：本雅明对马克思异化理论的独特阐释

长期以来，国内外学界鲜有人深入研究本雅明对马克思异化理论的阐释问题。20 世纪 20 年代末期，本雅明选取 19 世纪最具现代性特质的发达资本主义都城巴黎为理论阵地，通过承袭马克思关于资本主义生产方式和商品拜物教的批判性分析，以现代化都市特有的人群意象为入口，从历史现象学的角度，在微观的日常生活领域展示出都市人群在行动表达、外在面貌、主客界限、精神意识、内心体验上全面异化的真实肖像。透过人群的异化肖像，本雅明运用一种辩证的历史方法，揭示出资本主义历史无限进步的虚假意识形态乃是造成都市人群全面异化的文化根源，促使大众从过去的历史事物中捕捉住历史的断裂之处，在当下将其现实化为革命行动，以打断资产阶级建构的虚假历史连续体，克服人类全面异化的生存状况。由此，在异化的主体、表现形式、产生根源和克服路径上，本雅明对马克思的异化理论做出了独特的理论阐释。

作者：郭广

单位：河南大学马克思主义学院

文献出处:《社会科学战线》2021 年第 10 期

儒家政德“君子人格”的价值阐释

在儒家传统思想中，“君子人格”作为为官者的政德理想，不仅以其鲜明的人格期待给为政者提供了“最好的”人格典范，而且通过对为政者的道德范导，呈现出对情感意志的高效感召力，成为深蕴于中国传统政治生活中的道德诉求，并为为政者提供通达这一政德理想的践行路径，因而也为为政者在实践中有效践行这一政德理想指明了方向。

作者：贾英健
单位：山东师范大学马克思主义学院
　　　山东省理论建设工程重点研究基地

文献出处:《湖南社会科学》2021 年第 5 期

从圣经释义学看经学

儒家经学是围绕着“六经”或“四书五经”展开训释所形成的一整套学问，它的核心内容关乎人与人自身的关系，从国家社会群体到个人身心性命，均离不开人的活动的实践性和日常生活的处境化，这就决定了其本质是人学而非神学。同为解释经典，圣经释义学是以宗教信仰作为其重要基础的，在神圣向世俗过渡的进程中，圣经释义所积累的经验和问题线索成为现代诠释学产生的先导。儒家经典的解释史及其现代掘发，虽然与圣经释义学的文化背景和历史境遇很不相同，但同样作为解经学，在其迈向现代学术体系的过程中，一定也面临着相似的问题。对比与分析二者的异同，可以帮助我们认识经学的解释学特征，以便更好地理解和促进其当代转化。

作者：景海峰
单位：深圳大学国学院暨哲学系

文献出处:《现代哲学》2021 年第 5 期

论中国共产党领导是中国特色社会主义最本质的特征

——基于百年党史的学理阐释

建党百年最宝贵的一条经验就是：没有中国共产党领导就没有新中国，就没有中国特色社会主义。在领导中国革命、建设和改革的伟大实践中，中国共产党坚持以马克思主义中国化的理论成果武装自己，形成了鲜明的属性优势和领导优势。改革开放以来，中国共产党创造性地把科学社会主义理论逻辑和中国社会发展历史逻辑辩证统一起来，开创、引领、推动了根植于当代中国的科学社会主义——中国特色社会主义。因此，中国共产党与中国特色社会主义是不可分割的统一体，正是党的领导推动了中国特色社会主义整体性特征、制度性特征、战略性特征的形成和发展。在这个逻辑上讲，没有中国共产党领导就没有中国特色社会主义的形成和发展，中国共产党领导是中国特色社会主义的最根本属性、最鲜明标识和最本质的特征。

作者：张守夫[1]　常瑞[1,2]

单位：1. 山西大学马克思主义学院　2. 山西省社会科学院

文献出处:《南通大学学报》（社会科学版）2021 年第 5 期

哲学诠释学历史中的变革

20 世纪发生在诠释学领域的争辩，其根源在于理解活动之概念的多义性，而对此多义性的把握，则必须回溯诠释学的发展史。历史地看，诠释学的发展聚焦于两个变革阶段，一是 1800 年前后从启蒙时代到新人本主义的过渡，二是 20 世纪初新的诠释学萌芽之产生及其后效。系统检讨诠释学历史中这两个关键的变革阶段，有助于理解哲学诠释学对传统诠释学的承袭与断裂以及当代诸种诠释学之间的同一与差异。

作者：G. 肖尔茨　杨栋

单位：西安交通大学马克思主义学院国外马克思主义研究所

文献出处:《世界哲学》2021 年第 5 期

韩非子的解释学建构

韩非不仅对《老子》文本进行了解释，其解释活动中还贯穿着他对解释活动本身有意识的理解。他对文本的意义、解释者如何获得文本的意义、作者的意图和解释的目的、文本的部分与整体的关系等解释学问题或者有直接讨论，或者蕴含在对其他问题的讨论中。他对意义不确定、无现实功用的经典的流传和当时学者以己意误解经典的现象多有批评。他认为，通过心灵的虚静排除解释者主观因素的影响可以让文本的确定意义自己呈现出来，但也承认误解难以避免。他对《老子》文本的解释仍然受到自己主观因素的影响，最终的结果是《老子》思想和他本人思想的融合。

作者：王威威

单位：中国政法大学人文学院哲学系

文献出处:《哲学动态》2021 年第 8 期

融合历史语境的中国哲学阐释路径

中国哲学的研究需要通过一种融合历史语境的哲学来实现，这就要求一方面用历史性的视角回溯思想的产生根源和发展历程，认清思想的历史情境因素；另一方面，也是更重要的，是要通过哲学研究来深入思想本身，分析其内在的概念和术语，以形成与古人思想平等而交互性的对话。中国哲学的这种融合历史语境和生活世界的哲学研究方法，在某种程度上也回应了欧洲哲学几千年来尤其是在现当代的发展历程，体现了中西方哲学都在努力寻找一条融合思维与存在、抽象与直观、哲学与历史、概念世界与生活世界的研究道路。

作者：孙伟

单位：北京市社会科学院哲学研究所

文献出处:《南京大学学报》(哲学·人文科学·社会科学)2021 年第 4 期

马克思主义自然观的本体论阐释

哲学自然观是一切生态环境思想的理论基石，决定着生态文明理论与实践的价值取向。自然观作为哲学的基础部分，对其内涵实质的理解必须放入哲学本体论的历史变革之中。马克思主义自然观是伴随历史唯物主义所实现的本体论变革的完成而生成的。历史唯物主义不仅以社会存在为逻辑本体，赋予自然以社会历史性，在本体论高度揭示了现代生态危机的社会制度根源以及人类的主体责任，形成了对资本主义生产方式反生态本性的本体论批判，而且以“物质变换过程”为主要内涵，科学揭示了人与自然的辩证统一关系，使其自然观更为科学和具体，为建构人与自然和谐共生的现代化指明了根本途径，实现了自然科学与人的科学的真正统一。

作者：张夺

单位：鲁东大学马克思主义学院

文献出处:《广西社会科学》2021 年第 7 期

从“全景敞视”到“独景窥视”：福柯、拉图尔与社会化媒体时代的空间

——权力议题再阐释

在 20 世纪中期“空间转向”铺陈的众多话语中，福柯的“全景敞视”模型与拉图尔的“独景窥视”恰恰标识出两条相异的空间—权力分析路径。借由全景敞视到独景窥视之理论脉络的钩沉，本文尝试展现出两种不同的空间—权力分析模型，进而在社会化媒体时代的今天重新检索两种理论资源的适用性问题。本文认为，如果说福柯为媒介研究提供了一种专注于媒介生产中的信息、话语与文本的“表征式”理论模型的话，那么拉图尔的思想启迪恰恰根植于媒介之“物质性”本身，从而为传播学者重新阐释媒介如何作用于社会空间，产生社会效应提供了全新的“非表征式”理论模型。

作者：戴宇辰

单位：华东师范大学政治学系

文献出处：《国际新闻界》2021 年第 7 期

弗兰克对道德命令的本体论阐释

弗兰克一方面肯定康德关于道德义务思想的重大贡献，另一方面也指出康德把道德命令变成一种纯粹理论意识或抽象法则是片面的。他从神人性、人的心灵结构、“原初的实在”三方面，对道德义务思想进行了本体论解释。神人性意味着一个人只有在道德要求中听到来自存在深处的、有本体论根据的声音时，善的实现对他来说才能获得合理意义。在心灵的情感、意志、精神三层结构中，道德所在的第三层级是一种塑造心灵的超越力量。道德命令作为绝对价值是某种原初的动态实在，它通过吸引人的精神而为自己在经验现实中的实现开辟道路。

作者：徐凤林

单位：北京大学哲学系

文献出处：《求是学刊》2021 年第 4 期

人为德性与文明社会的秩序构建

——对休谟正义理论的辩护性阐释

休谟的正义理论是克服现代个体自爱与社会性之间系统张力的重要理论努力，但这一理论一直面临一项质疑：正义作为人为德性，其“德性”面相与“人为”面相存在内在矛盾。针对道德心理机制和人为秩序构建过程的细致分析表明，一方面，休谟的德性理论重视行动后果，主张对行动后果的同情是道德评价的出发点，能够为服务于功利后果的人为制作赋予道德尊严；另一方面，休谟的人为秩序构建理论强调动态过程，在小型社会到大型文明社会的演化中，开明自利的自然动机和正义感的道德动机相互配合发挥作用。“德性论”与“人为论”彼此支持，共同奠定了大型文明社会的正义秩序。

作者：赵雨淘

单位：埃克塞特大学政治思想研究中心

文献出处:《道德与文明》2021 年第 4 期

马克思世界历史理论视野下人类命运共同体意义阐释

世界历史理论是马克思思想的重要构成部分，其理论实质是在坚持唯物史观的基础上，揭示出世界历史发展的一般规律，并为实现全体人的普遍交往与自由全面发展提供理论指引。习近平总书记在继承、发展马克思世界历史理论的基础上，提出了构建人类命运共同体的重要思想，这既是当今世界历史进程步入总体性阶段的理论反映，又是坚持和发展马克思世界历史理论的必然结果。从马克思世界历史理论的核心观点出发，探索人类命运共同体提出的世界历史方位，探讨人类命运共同体所具有的世界历史价值，从而揭示了人类命运共同体构建的深层思想依据，为人类命运共同体的现实生成提供了思想动力，推动马克思主义哲学的中国化时代化发展。

作者：边飞飞

单位：黑龙江大学马克思主义学院　黑龙江大学哲学学院

文献出处:《学习与探索》2021 年第 7 期

狄尔泰的历史解释学及其困境

狄尔泰发展出一种历史解释学。历史理性批判是一种对人类认识自己、认识其创造的社会和历史的能力的批判。生命在狄尔泰整个哲学中占据基础性的地位。每一个人是一个个体，而民族国家也可以看作一个个体。狄尔泰的历史解释学就从早年过分强调个人主义的生命体验延伸到对客观精神广阔世界的普遍理解。如果说在客观精神中狄尔泰靠近了黑格尔，那么当他涉及历史规律、价值或目的的解释时，就马上表现出拒斥黑格尔、拒斥启蒙历史哲学的态度，而重新走上浪漫主义—历史主义的路径。狄尔泰身上的浪漫主义—历史主义与启蒙主义—实证主义产生了深刻而尖锐的对立，从而使他深陷无法调解的困境。

作者：黄小洲

单位：广西大学马克思主义学院

文献出处:《武汉大学学报》（哲学社会科学版）2021 年 4 月

超越理性主义的形式自由何以可能

——马克思自由观的现代阐释

赋予自由以理性形式是西方自由观的显著特征。西方理性自由观始于霍布斯的契约式自由，后由卢梭改造为道德式自由。康德在启蒙精神勃兴之处着力呼唤人的主观理性觉醒，个体主观理性自由被推向至高位置。通过对启蒙精神的批判，黑格尔为人之主观无限制自由提供了客观理性规制，构建了凸显人与人之间关系的实体性伦理世界。以“批判—革命—解放”为基本逻辑，马克思实现了对西方形式主义理性自由观的超越。

作者：王洪波[1]　严松[2]

单位：1. 首都师范大学马克思主义学院　2. 南开大学马克思主义学院

文献出处:《哲学动态》2021 年第 6 期

对中观古学的认识论虚无主义阐释

——以《中论佛护释》为中心

龙树、提婆、佛护所代表的中观思想体系可被称为“中观古学”，以区别于清辨之后的“中观今学”，后者依托二谛框架承认了世俗假有。龙树、提婆的著作主要以偈颂传世，相比之下《中论佛护释》则充实很多，可作为中观古学样本。通过文本梳理和分析，可将中观古学判为认识论虚无主义，即主张如凡夫所认识那样的事物根本不存在。而中观今学总体上可被归入反本质主义，它虽然否认恒常独立的自性本质，在世俗上却承认因缘生灭的假有。

作者：叶少勇

单位：北京大学东方文学研究中心

文献出处:《哲学分析》2021 年第 3 期

主体性的全面唤醒：改革开放以来我国文化现代化的路向阐释

主体性是现代性的基本价值原则，马克思主体性概念的内涵是本体论维度主体性和认识论维度主体性的统一体，本体论维度主体性强调的是人本身拥有的不能被抽象权威和外在力量掩盖的独立价值，突出的是人作为目的的存在；认识论维度主体性强调人理性的发挥，突出的是人作为手段的存在。现代性所具有的启蒙现代性和审美现代性双重结构共同消解了人之为人的独立价值，造成所谓的现代性问题，这就决定了要规避现代性问题就必须唤醒人本体论维度的主体性。我国改革开放的过程就是现代性在我国的展示过程，因此在一定程度上也就是主体性被渐次全面唤醒的过程。由此，我国文化现代化的路向就是渐次全面唤醒人的主体性，具体表现为本体论维度主体性从警示到唤醒、认识论维度主体性从唤醒到确立的过程。在这一路向指引下，民众开始秉持个体与整体相结合的思维方式，人民主体与人类主体意识得以觉醒。

作者：侯秋月[1, 2]　李建群[2]

单位：1. 西安建筑科技大学马克思主义学院　2. 西安交通大学人文社会科学学院

文献出处:《广西社会科学》2021 年第 6 期

尊严与必然性：康德伦理思想的伍德式阐释

在伍德看来，奠基于人性尊严之上的道德自律和目的王国乃是康德伦理学的核心要义，是联结康德道德法则诸公式的枢纽，也是阐明康德整个实践哲学体系的根本价值前提。尽管存在一些疑难之处，但是伍德的创造性解读为从社会政治、自然历史以及情感欲求等实践人类学视角理解康德伦理学拓展了思想空间，这一阐释模式不仅仅区别于罗尔斯式的建构主义进路，更在反思批判种种误读与诘难中捍卫康德的启蒙精神和共同体理想。

作者：卞绍斌

单位：东南大学人文学院道德发展研究院

文献出处:《学术月刊》2021 年第 6 期

朱熹论“克己复礼”与“主敬行恕”的关系

——基于道德行动动力机制的阐释

朱熹在晚年愈益重视“人欲”与“天理”之间的剧烈冲突这一根本性的道德实践难题。在此一思想语境中，朱熹集中探讨了“克己复礼”与“主敬行恕”的关系，这表征着朱熹晚年工夫论的转进，即工夫重心的调整与核心工夫的更替。就终极境界而言，“克己复礼”与“主敬行恕”“只一般”；从工夫过程来看，二者则“有优劣”，主要表现在主体资质、工夫性质、工夫效验三个方面。借助道德心理学的分析，“克己复礼”在工夫过程中优于“主敬行恕”的实质在道德行动的动力机制上；具体言之，“克己复礼”能够辨识特定道德情境中的生理欲望与道德规则，经由敏锐的道德认知力与坚定的道德意志力以肯认、彰显道德规则的规范性，从而给予个体的道德行动以充足的动力。

作者：姚勇

单位：复旦大学哲学学院

文献出处:《南昌大学学报》（人文社会科学版）2021 年第 3 期

“生命共同体”理念的马克思主义哲学阐释

习近平总书记所提出的“生命共同体”理念，其根本宗旨即重塑人与自然的统一，从而使人类能够积极应对生态危机，并从根本上转变人类文明的发展方式。“生命共同体”理念不仅是新时代生态文明建设的核心内涵，而且是当代中国对人与自然关系的时代回应。本文从马克思主义哲学视角解读“生命共同体”理念，揭示其实践、理论、审美三位一体的理论样态，从而探索一条经济发展与生态环境相统一、自然生态与人类发展相统一、美丽中国与美好生活相统一的实践路径，展现其理论意义与时代价值。

作者：胡寅寅

单位：哈尔滨理工大学马克思主义学院

文献出处:《思想政治教育研究》2021 年第 3 期

对公共阐释与社会阐释不同论述及意义的探讨

中国社会科学院著名学者张江教授 2017 年发表《公共阐释论纲》等，引起国内外学者的强烈关注与积极研讨。英国剑桥大学汤普森教授以为公共阐释就是社会阐释。张江并不完全同意，论述了公共阐释与社会阐释的不同，社会阐释的基础是公众，公共阐释的基础是公共，指出了个人阐释、个体阐释到公共阐释的中介是社会阐释，公共阐释比社会阐释要高一层次。公共阐释的目的是使社会群体达成共识，取得大多数人利益的一致。张江与汤普森对公共阐释与社会阐释不同的论述，有其积极的意义。

作者：杜寒风

单位：中国传媒大学人文学院

文献出处:《文艺论坛》2021 年第 3 期

朱子“复见天地之心”阐释中的未发已发问题

——兼论“静中存养”工夫的优先地位

在朱子将“复见天地之心”与未发已发概念关联起来的阐释中，存在着由已发之用的生气流行显示未发之体的天地生物之心的结构。在这个结构中，朱子又区分了两种对“复见天地之心”的解释，即由纯粹蕴蓄而尚未显露的生气显示天地之心和由显露几微的生气端倪显示天地之心。相较而言，朱子更加看重前者。与此相关，在心体流行的层面，“复见天地之心”则可以相应解释为由心灵活动在未发阶段的静中知觉不昧显示出天地之心，在此状态下的心灵活动完全保持自身的纯粹醒觉。无论是心体层面的静中纯粹醒觉，还是生气层面的纯粹蕴蓄的生气，都因其纯粹性而能够最直接地显示出自身不会孤立显示的天地之心。这既是朱子在生生流行统体之内确立“以静为本”的思路，又是他确立“静中存养”工夫的优先地位的思路。而后者也是朱子在中和新说中对延平教诲的重新理解。

作者：李健芸

单位：北京大学哲学系

文献出处：《哲学动态》2021 年第 5 期

“观念对象”的现象学阐释

——兼论胡塞尔《逻辑研究》“第二研究”的哲学意义

胡塞尔在标志现象学创立的重要著作《逻辑研究》中，不仅提出和定义了许多重要的现象学概念，如“意向性”“直观”“奠基”等，而且在“第二研究”中，为解决困扰西方哲学两千多年的“一般与个别”之关系问题提出了观念直观的现象学方法，使“一般对象”获得如同“个别对象”那样以观念方式存在的权利。而“一般对象”和“个别对象”作为“观念对象”，它们都是在现象学的本质观视中“被给予的”，“观念对象”和“本质直观”成了“第二研究”中的重要研究内容。本文基于《逻辑研究》“第二研究”，在阐释观念对象的基础上，试图再现胡塞尔从现象学维度对一般与个别关系的弥合，揭示“胡塞尔批判分析经典研究方法”的提炼历程，阐明“第二研究”在建构“现象学本质论”中的作用。

作者：王珅

单位：西北师范大学哲学学院

文献出处：《甘肃社会科学》2021 年第 3 期

“在电影之中存在”

——一种现象学的电影本体论阐释

自电影诞生以来，关于“电影是什么”的电影本体论问题一直不断地被不同时代的学者提出与回答。其中，自然主义态度的电影本体论将电影视为一个自然与现实中的感性客体，现象学态度的电影本体论关注电影经验的先验性。通过回顾电影本体论的“先验转向”，基于一种对电影经验的先验性的现象学分析，可以给出一种现象学的电影本体论阐释，其要点在于：“存在”是一个“电影性存在”，“在电影之中存在”是对生存论意义上的“在世界之中存在”的超越。由此，一种严格的哲学意义上关于电影经验的电影现象学得以可能。

作者：周午鹏

单位：南昌大学人文学院

文献出处：《文艺研究》2021 年第 5 期

西方左翼对《资本论》语境中“价值形式”的两种阐释

着意从《资本论》的“价值形式”一节“学到一些新的东西”，西方左翼思潮中存在着两种对价值形式的阐释方案：借助《大纲》中一般智力引发的“非物质劳动”占据主导的资本主义时代判定，认知资本主义以“度量危机”否定了价值形式，但实质上他们否定的只是具体劳动的价值形式量化的难题，根本没有触及抽象劳动意义上的价值形式的质这一维度。新马克思阅读学派则借助《资本论》“价值形式”进行批判理论的阐释，用阿多诺对黑格尔辩证法批判的方式，指认资本概念与黑格尔的逻辑学结构的一致性，将“价值形式”自主化，取消了现实生产关系的内在矛盾。回到历史唯物主义，价值形式所蕴含的表现机制是与生产领域联系在一起的，它需要以更深入的方式回溯到对资本主义社会结构的批判上才能厘清。

作者：孙亮

单位：华东师范大学哲学系暨中国现代思想文化研究所

文献出处：《山东社会科学》2021 年第 5 期

“新唯物主义”的阐释局限及其解决路径

——重读《关于费尔巴哈的提纲》

近年来,“新唯物主义”开始成为阐释《关于费尔巴哈的提纲》的主要方案。就《关于费尔巴哈的提纲》与其后《德意志意识形态》等文本的密切关系而言，“新唯物主义”逐步拓展为能够对唯物史观进行有效说明的阐释方案。然而，“新唯物主义”作为一种有待说明的理论形态，不仅不能对《关于费尔巴哈的提纲》形成充分的阐释，还可能遮蔽这一文本所包含的丰富意涵。与之相比，以“理论与实践的关系”作为参考系的解释框架，不仅能够有效地解释马克思为何在批判的、革命的意义上强调实践活动的意义，而且能够有效地在《关于费尔巴哈的提纲》与其后的唯物史观及政治经济学批判等理论之间搭建一条更通畅的“思想之桥”。

作者：李志

单位：武汉大学

文献出处:《理论探索》2021 年第 3 期

对《德意志意识形态》的“分析”社会认识论阐释

马克思恩格斯在《德意志意识形态》中根据“新唯物主义的立脚点则是人类社会或社会的人类”这一基本立场，通过对黑格尔唯心主义的清算、对费尔巴哈唯物主义的批判、对意识形态家的理论逻辑的揭示，把唯物主义世界观确立为真正批判的世界观，并在这个思想过程中，对社会认识何以可能的语言前提、主体条件和社会基础做了分析性论证。他们通过对黑格尔、费尔巴哈和意识形态家的思想和观念的语言基础、语义逻辑和生产方式的澄清，阐发了“分析”社会认识论的三个维度：一是语言分析的唯物向度，二是世界观的实践批判，三是社会认识的生产方式。

作者：吴畏

单位：华中科技大学哲学学院

文献出处:《哲学研究》2021 年第 3 期

约定主义的“结构 – 功能”路径阐释

约定主义观念的演绎是理解当代科学哲学的一个关键环节。从彭加勒通过约定主义探索自然科学属性开始，逻辑实证主义逐渐奠定了二分法的基本思路，蕴含了将理论完全经验化的可能性。自然主义对约定主义的“暂时稳固性”解读，在逻辑上实现了对理论说明的彻底性，但在很大限度上削弱了人类理性对科学研究的作用。故此，对约定主义的超越需要将经验与理性维度结合起来，在“结构 – 功能”的视角下来审视知识约定属性的价值，以融合它们在科学理论中的双重作用。

作者：贾向桐

单位：南开大学哲学院

文献出处:《自然辩证法研究》2021 年第 3 期

章太炎《齐物论释》之经典解释学 – 释义学初探

章太炎《齐物论释》是一部以解经为形式而进行哲学创构的经典解释典范，他通过佛学与庄学的合参互济而构建起一套“内圣外王”哲学体系。在经典解释与哲学创构之间维持一种自洽和融贯，必然会有一套与之相辅相成的经典解释学 – 释义学（方法论解释学、解释技艺）。章太炎《齐物论释》之解释学 – 释义学主要有：其一，庄学与佛学的深度格义，以法相学之概念与《齐物论》之概念一一相印证，字字皆有来历。其二，名相分析。章太炎深谙“以分析名相始，以排遣名相终”这种唯识学方法论，而庄子的“道 – 言悖论”“齐 – 言悖论”正与之类似，故他以此方法来解释《齐物论》，其中包括以语义学分析重要名相和以近代自然科学分析庄学相关概念，分析是为排遣，以排遣而遮拨实相，显发本体。其三，以意逆志，与古人神交，对经典进行素心体贴，从而理解古人著述的苦心孤诣。他自觉或不自觉地运用这些解释方式使得这部“注”能将“经”的本意向纵深推进，以达到钩深致远、返本开新的诠释效果。《齐物论释》是一种深度诠释，将经典之隐题转化为显题，以古代经典来观照现代社会。精湛的释义学使得解释者在进行哲学“创构”的同时，既能保证“解释”与“经典”之间的融贯，也能保证“解释”于“解释”的自洽。

作者：李智福

单位：西北政法大学哲学与社会发展学院

文献出处:《杭州师范大学学报》（社会科学版）2021 年第 2 期

儒家哲学核心范畴的现代阐释

——以钱穆在“知情意”框架下论“情”为例

近代以来，整个中国学术面临着被纳入西方学术范式的局面。就儒家思想而言，在过去百余年以西方哲学为主导解释中国传统哲学的实践中，儒家的“情”这一范畴，受到了重点关注。“知情意”范式与中国传统哲学“性情”范式并非源自同一文化系统，也因此出现了一些理解上的错位。在西方“知情意”三分架构中，“知”（“知识”“知性”“逻辑”“理性”）处于核心地位，“知”统领和规定着“情”和“意”的基本内涵；而在中国传统儒家“性情”范式中，“情”本于“性”，故具有第一性的主导地位，“情”是“知”（知识）和“意”（意志）的根基与归宿。钱穆论“情”是中国传统哲学现代阐释的一个范例。

作者：谭惟

单位：北京语言大学中华文化研究院

文献出处：《中国文化研究》2021年第1期

彼得·贝格尔对边缘情境的合理化阐释

边缘情境作为一种生存论处境，长期以来遭受着各种阐释困境。克尔凯郭尔从生存论视域描述了个人置身于边缘情境的种种体验，卡尔·雅斯贝尔斯则明确提出了边缘情境的问题，其后，存在主义哲学、尼采哲学等都曾试图对边缘情境做出解释。彼得·贝格尔试图就边缘情境进行合理化论证。彼得·贝格尔将边缘情境描述为一个人在其生活中“被驱近或驱出决定他日常生存的秩序”。彼得·贝格尔试图走出生存主义在此问题上遭遇的阐释困境，通过神圣价值意义体系来对边缘情境进行宗教性的合理化论证。彼得·贝格尔对边缘情境做的合理化论证，一方面通过神圣价值体系给出了一个神正论的解释，另一方面也通过对边缘情境的合理化论证，完成了价值秩序的神圣化。

作者：舒也　吴琼

单位：南京大学哲学系

文献出处：《浙江社会科学》2021年第3期

时间的收集和保存

——塞涅卡的时间观阐释

晚期斯多亚哲人塞涅卡曾在写给其友人卢基里乌斯的第1封道德书信中指出，时间是每个人都应该收集和保存的财产。那么，应当“如何收集和保存时间”呢？塞涅卡诉诸早期斯多亚哲人克律希珀斯的时间理论做了如下阐释：时间本质上是人的生命财产，为此它应该被收集和保存。但收集和保存时间之关键不在于把握更多的时间量，而在于合乎自然的生活，即在当下自愿从过去筹划未来，以便自己能在面对外部世界的变化时做到泰然处之。

作者：黄琬璐

单位：四川大学哲学系

文献出处：《四川师范大学学报》（社会科学版）2021年第2期

从传统文化到现代精神：核心素养的哲学阐释与理论构建

核心素养是面向未来社会复杂变化提出的本土的育人目标概念，但其概念实质及区别于国际同类概念的中国内涵尚未得到充分挖掘，致使后续理论建构和教育实践无法按照概念提出的初衷推进。时代新人是核心素养依存的根基，并以人的实践生成论为切入点，揭示人的习性和符号特性融合而产生的文化习性，同核心素养概念所指的一致性。同时，核心素养契入人的生命活动中起根本作用的意义世界，确立以自由自觉实践创造属人世界的时代新人最高生活理想。最高理想与作为类存在物的人、社会角色、实践情境等主要因素的交互中，生成时代新人必须养成的愿、道与德三模块文化习性，即核心素养理论内核。

作者：肖凤翔　杨顺光

单位：天津大学教育学院

文献出处：《中国教育科学》（中英文）2021年第2期

唯物史观的城市逻辑：基础视域、核心问题与阐释边界

唯物史观的城市逻辑不是一种重新再造的理论，而是唯物史观关于一般社会形态

的生产逻辑分析范式和资本主义社会的资本逻辑分析范式在现代城市社会的具体展现。唯物史观城市逻辑的当代出场，既是城市社会发展的需要，也是摆脱对唯物史观隐性教条主义理解的需要。唯物史观的城市逻辑更加重视和关注空间问题，但其基础视域并不是国外城市马克思主义强调的空间视域，而是对更加综合立体的城市资本的辩证批判视域。城市资本不是各种资本的简单相加或拼凑组合，它在组织生产之前已经是一个整体。“空间转向”的实质是资本主导形态的变迁，现代城市社会空间问题的凸显，根植于资本主导形态演变至城市资本阶段的价值增殖方式的调整。基于此，唯物史观城市逻辑的核心问题一方面指向对城市资本的特定属性及其运行方式的批判，另一方面指向城市资本批判基础上的现实的城市公共性建设。当前的理论阐释需要正确处理如下四组关系：“空间”“空间生产”与辩证唯物主义物质观的关系，唯物史观的城市逻辑与生产逻辑、资本逻辑的关系，唯物史观城市逻辑的理论建构与实践应用的关系，唯物史观城市逻辑的原初语境、当代语境与中国语境的关系。在任何一组关系问题上越界都将脱离唯物史观的立场，因而它们构成了唯物史观城市逻辑的阐释边界。

作者：桑明旭

单位：苏州大学哲学系

文献出处：《江海学刊》2021年第2期

恩格斯关于理论思维的阐释及价值

本文阐释了恩格斯基于哲学与自然科学、唯物主义辩证自然观与自然科学、主观辩证法与客观辩证法的关系理解和理论思维。理论思维本意为理论化的辩证思维，是理论化形式和唯物辩证法内容的有机融合，具有内在性、批判性、发展性和时代性。恩格斯把理论思维看作“最重要的思维形式”，认为理论思维是一个民族站在科学最高峰的必要条件，其关于理论思维及其重要性的论述为马克思主义的创新和发展提供了理论基础和思维路径。

作者：李淑英

单位：东北财经大学马克思主义学院

文献出处：《人民论坛》2021年第7期

在与现象学的对照中解析德里达的解构主义

德里达素以解构主义闻名。他的著作不易理解，因为他的思想寄生于对胡塞尔等哲学家经典文本的解读中。尽管德里达在哲学界被树立为后结构主义的代表人物，他的解构主义的问题意识其实源于对胡塞尔现象学的研究，并深受海德格尔影响。将德里达的思想与胡塞尔、海德格尔的思想进行对照，并关注他与伽达默尔等人的争论，有助于揭示解构主义思想的关键论点和遗留问题。

作者：张庆熊

单位：复旦大学哲学学院

文献出处：《哲学动态》2021 年第 2 期

诠释学视角下的现代《古兰经》经注研究

本文选择了法国哲学家保罗·利科（Paul Ricoeur）的文本诠释学理论对现代经注的注释方法和注释取向进行概括和梳理，进而分析其背后的诠释逻辑和范式。从经注的维度揭示现代伊斯兰思想发展的内在动力，同时探索一条更加包容的处境化诠释路径，为学界对现代伊斯兰思想研究提供一个新的理论视角，也为当代中国伊斯兰教的解经工作提供一些思路与借鉴。

作者：王向阳

单位：中央民族大学哲学与宗教学学院

文献出处：《世界宗教文化》2021 年第 3 期

作为事件的美学政治

——“五讲四美”运动回望与阐释

德国著名思想家扬·阿斯曼（Jan Assmann）在列维 – 斯特劳斯“冷社会”与“热社会”区分基础上，提出了“冷”回忆和“热”回忆两种文化记忆类型，并认为“以国家形式组织起来的文化倾向于在文化上‘发热’”，但这种“热”倾向“恰恰不是由统治者发起”，而“更像是一种下层人士综合征”，体现的是“作为革命性反抗运动的意识形态”，并得以传播。

作者：李圣传

单位：首都师范大学文学院

文献出处：《文艺争鸣》2021 年第 2 期

阐释几乎不可阐释的苏珊·桑塔格

——利兰·波格访谈录（英文）

利兰·波格，爱荷华州立大学荣休英文教授，美国美学学会资深会员。除了著有大量有关好莱坞导演和美国电影的论文之外，他还编著了《阿尔弗雷德·希区柯克指南》（2011）与《苏珊·桑塔格谈话录》（1995），并与凯瑟·帕森斯合编了《苏珊·桑塔格资料辑录：1948—1992》（2000）。姚君伟翻译《苏珊·桑塔格谈话录》时咨询了利兰·波格，并在 2017 年春天通过电子邮件对他做了访谈。此次访谈围绕波格对桑塔格的多重身份、与欧美文学文化的因缘、著述中美学与道德之间的张力以及桑塔格的遗产的理解与评价展开。最后，波格追溯了美国桑塔格研究的历史，并且就相关研究的未来走向，尤其是桑塔格与哲学的关系，分享了他的看法。

作者：姚君伟　利兰·波格

单位：南京师范大学外国语学院

文献出处：《外国文学研究》2021 第 1 期

作为实践哲学的解释学

——论伽达默尔的实践哲学

伽达默尔的解释学思想和实践哲学具有密切的联系。他受古代实践哲学传统的影响，强调实践哲学和实践的互动关系，这决定了实践哲学不同于理论哲学和制作哲学的特点。这种关系启发了他对解释学特征的看法，以“参与”理想取代科学的客观性理想。他力图将实践哲学和解释学融合起来，形成解释学的实践哲学。这种实践哲学立足于当代历史处境，反思不同于科学技术理性的实践合理性，批判技术理性、工具理性的统治给人类造成的危机。他的解释学的对话理想对于当代实践问题，如不同文明如何共存，如何对待与传统的关系等，也有重要借鉴意义。

作者：邵华

单位：华中科技大学哲学学院

文献出处:《哲学分析》2021 年第 1 期

习近平关于“一个民族不能少”论断的多维阐释

——以全面建成小康社会为考察视角

在全面建成小康社会之际，“一个民族不能少”是以习近平同志为核心的党中央向各族人民做出的庄严承诺。“一个民族不能少”论断的提出遵循着特定的理论逻辑、历史逻辑、实践逻辑与使命逻辑。需要认识到，“一个民族不能少”作为马克思主义民族理论中国化的理论成果，体现了社会主义的根本要求，彰显了以人民为中心的价值取向，诠释了人民群众“自己解放自己”的唯物史观。为此，新时代我们要正视各民族发展不平衡不充分的矛盾，以加强党对民族工作的领导为根本指南，以重视培养少数民族干部为力量所在，以铸牢中华民族共同体意识为思想保证，以发展适合民族地区特色优势产业为基本方式，将“一个民族不能少”的论断落到实处。

作者：何锡辉

单位：华东师范大学马克思主义学院

文献出处:《西北民族大学学报》(哲学社会科学版)2021 年第 2 期

技术人工物的诠释学分析

技术人工物属于诠释学意义上的广义“文本”，即技物文本。技物文本的作者是设计者与制造者。设计是设计者用“符号模拟”文本的形式创造技物文本。制作是制作者与物质材料打交道的过程，也是理解并应用制作技术的过程。技物文本具有一般文本所具有的意义，但技物文本的意义呈现方式与一般文本不同。技物文本的本质是功能的有效性，而非意义本身。技物文本具有存在意义、诠释学意义和社会意义。物理功能使技物文本具有存在意义。社会功能引起技物文本的诠释学意义。技物文本的社会意义在于技物文本塑造着人与世界的关系，改变了人们的生活方式和行为习惯，促进社会进步，推动人类文明的发展。

作者：吴国林[1]　刘小青[2]
单位：1. 华南理工大学哲学与科技高等研究所、科学技术哲学研究中心
2. 华南理工大学马克思主义学院
文献出处:《学术研究》2021 第 2 期

论博比奥对葛兰西市民社会概念的批判性阐释

在葛兰西思想的接受史上，博比奥 1967 年的论文《葛兰西和市民社会观》占有十分重要的地位，它开启了把葛兰西理解为市民社会理论家的新路向。本文将全景展现博比奥笔下的葛兰西市民社会概念，沿着他的思想轨迹重新检视葛兰西市民社会概念的出发点、理论渊源、核心内容和基本特征，并对其论证与阐释进行批判性评论，以期对葛兰西的马克思主义政治理论有更为深入的认识。

作者：周凡
单位：北京师范大学哲学学院
文献出处:《国外理论动态》2021 年第 1 期

知识、行动与实践

——伽达默尔论知识、行动何以是实践哲学的

知识和行动是人类活动的两大领域，知识与行动的研究是当代哲学的一个重大论题。知识产生亦服务于行动，行动意志、能动性是与人之存在和行为意义的思考联系在一起的，知识的问题本质上是一个关于行动意义理解的实践哲学问题。科学知识是一个整体，既有精确性科学，也有非精确性科学，一种科学解释学的视角和意义得到凸显。将知识与行动、科学知识与人之存在的行为活动的实践性思考联系起来，在当今这样一个科学知识碎片化的时代，伽达默尔重新论述了哲学的整体性思维统一性作用，强调了一切知识和行动都蕴含着关于人的存在性的实践哲学反思于其内。正是这种实践意识，把知识与行动并从根本上和人关于自身存在的实践性思考结合起来。人们生活在自我疏远不断增长的情形中，现当代实践哲学的兴起在很大意义上就是服务于这种结合工作的。实践哲学之思，消除了有关科学的不变性绝对性和神话性，多元的、非确定的解释学科学观已然展现，掌握知识和能力真正变成自我掌握，知识和行动最

终成为与人的存在性意义相关联的问题。

作者：张能为
单位：安徽大学哲学学院
文献出处:《学术界》2021 年第 2 期

个体与共同体：马克思阐释社会历史发展的一对基本范畴

以往学术界对马克思社会历史发展理论的研究，大都围绕生产力与生产关系、经济基础与上层建筑等范畴展开，而未给予个体与共同体这对范畴充分的重视。事实上，对个体与共同体及其关系的论述贯穿马克思对社会历史发展思考的始终。通过对不同历史阶段个体与共同体的性质及其关系的剖析，马克思揭示了不同历史阶段的基本特征：在前资本主义阶段，个体是具有“依附性”的个体，共同体是以“自然联系”为基础构建起的共同体，个体与共同体的关系是直接统一的关系；在资本主义阶段，个体是具有“抽象性”的个体，共同体是以“货币—资本”为纽带构建起的共同体，个体与共同体的关系是相互对立的关系；在共产主义阶段，个体是“全面而自由的发展”的个体，共同体是以“自由人联合”为基础构建起的共同体，个体与共同体的关系是辩证统一的关系。马克思的这一研究视角,深刻地揭示了人类社会历史发展的内在逻辑，彰显了其历史发展理论的多维性与丰富性。

作者：汪信砚[1, 2]　孔婷[3]
单位：1. 武汉大学哲学学院、马克思主义哲学研究所
2. 武汉大学马克思主义理论与中国实践湖北省协同创新中心
3. 武汉大学哲学学院
文献出处:《马克思主义理论学科研究》2021 年第 2 期

意识形态权力意义的解释学分析及其批判

解释学认为意识形态的权力意义是隐蔽的，其通过象征手段及策略的使用生成意识形态的权力意义。要彰显意识形态的权力意义，需要深入到日常生活、社会—历史背景、象征形式的符号结构之中，将这种权力意义挖掘出来，然后通过“再解释”使意识形态的权力意义在现实生活中得以“实现”。虽然解释学没有完整地把握住意识形

态的本质，且对意识形态及其权力意义有关解释存在与实践脱节的倾向，但解释学所展现出的对意识形态从文本到意义、从现象到本质、从符号到结构、从静态默察到动态分析的立体化研究范式，具有重要的方法论上的借鉴价值，其所关注的意识形态的权力意义问题值得学界继续深入探索。

作者：蔡正丽

单位：安徽建筑大学马克思主义学院

文献出处：《安徽师范大学学报》（人文社会科学版）2021 年第 1 期

回到发生性－边缘性的终极境域

——试论张祥龙先生对儒家“诗”“乐”之教的现象学阐释

在当代中国哲学界，张祥龙先生以其独有的现象学方法所重新发明的儒学思想——笔者将其称为“现象学儒学”——可谓独树一帜。张祥龙先生的现象学儒学至少有如下两点特色：（1）他极为重视现象学的境域发生分析方法，并将这一方法运用于本原或终极问题，导致他对本原或终极之物的境域发生性理解；（2）他尤为强调这种发生性终极境域的边缘性或边缘构成作用。张祥龙先生对于现象学尤其是现象学方法的这样一种独到、原初的理解，使得他能够发明或重新揭示出儒学的一些久已被遗忘或被遮蔽的思想维度，使其现象学儒学呈现出某种原发的力量。这尤其体现在他对儒家六艺的现象学阐释上。经过他的重新阐释，儒家六艺如“诗”“乐”的原初“教化”作用就体现为：营造并把我们带回一个个具有原初解放与构成作用的边缘性纯境域，使人摆脱一切对象化的执着或束缚，从而解放人、拯救人，使得人生、国家和礼制在其中兴发更易，最终走向至善至美的境界。

作者：朱刚

单位：中山大学哲学系暨现象学文献与研究中心

文献出处：《现代哲学》2021 年第 1 期

诠释学的两种取向与哲学史的两种研究方式

有关诠释学与哲学史研究方式之间的思想关联的深度探讨相对缺乏，与此相一致，尚不存在作为一种特殊诠释学的哲学诠释学，即有关哲学的经验或哲学史研究的经验的诠释学。从哲学史研究方式的视角反观“方法论取向的诠释学”和“存在论取向的诠释学”，可以看出，前者内在地包含着三种把握“文本”之意义的方式，即心理的重建、语境的重建和祛语境化的文本解读，后者呈现的则是一种“再语境化的文本解读方式”。两种取向的诠释学所内蕴的“文本”解读方式与哲学史研究的两种方式之间具有一种大致对应的关系。

作者：宋宽锋

单位：陕西师范大学哲学与政府管理学院

文献出处:《天津社会科学》2021 年第 1 期

边界与阐释：中国传统哲学思想生态演绎的反思

在当代的生态哲学或环境伦理学研究中，将中国传统哲学思想引入这一语境的成果屡见不鲜。但是，值得注意的是，这两种思想无论是产生背景，还是问题指向，均有着很大的历史差异。这些成果的产生很大程度上就是一个不同理论之间相互阐释的过程，因此，需要特定的方法论为原则，才能避免产生阐释的误区。具体而言，需要回到中国传统哲学的概念原点，确立相应的诠释边界，同时，找到其中对于生态环境问题的普遍性意义，进行合乎诠释原则的理论转化与延伸，才能合法而有效地形成具有中国文化特色的生态哲学与环境伦理学。而不能随意将一些看似相仿的概念与理论进行生硬的捏合与比附，以至于产生违背学术常识的理论曲解。

作者：路强

单位：四川师范大学伦理学研究所

文献出处:《学术研究》2021 年第 1 期

主敬立本与穷理之基
——对朱子“格物致知补传”中“已知之理”的阐释

朱子在“格物致知补传”中提到的“已知之理”一直未获得足够的关注，但它却是理解朱子格物穷理思想的必要一环。已知之理首先是穷理之前的小学之教的内容，但究其实质，它是一种关于“理”的知识。“理”在朱子的界定中可以理解为事物依其自身的本然规定而应当遵循的当然之则，而已知之理就是一种对事事物物的当然之则的形式上的理解。但这种知只有在一种自主自觉的心灵状态中才能得到呈现，而这种心灵状态正是经由“主敬”工夫的清理而得到确立的。由此呈现的知识先于具体的穷理活动，并为穷理活动确定方向，即心灵探究以事事物物的当然之则为根本的方向。同时，这种知识根源于心灵自身之理，其为穷理活动确立了根基。当然，作为形式上的知，已知之理需要在具体展开的穷理活动中由具体理解的一事一物的当然之则加以充实，只有在具体的当然之则的知识的充实下，心灵对“理”的理解才是真实而丰富的。对已知之理的阐明表明，朱子的格物思想并非如同一些心学家所批评的那样支离和无头脑。

作者：李健芸

单位：北京大学哲学系

文献出处：《安徽大学学报》（哲学社会科学版）2021 年第 1 期

费伽尔论艺术的显现

——兼谈《罗恩格林》的三种阐释

德国当代哲学家费伽尔从现象学－解释学的立场出发，将艺术品阐释为显像物，并在此基础上着重探讨了艺术品的两种基本特性：可感性和理解的开放性。费伽尔强调，艺术并非对真理的显现，观赏者对艺术品的理解应以自身的感知为前提，摆脱单一的阐释维度。以德国音乐家瓦格纳创作的歌剧《罗恩格林》为例，爱情悲剧、政治隐喻乃至宗教救赎，这三种看似相对甚至冲突的符号性阐释都能从戏剧文本中获得部分的合理性，但这些单个碎片式的显象本身并不是非此即彼的，也不能被单独判定为对该作品的唯一阐释。

作者：张丹

单位：延安大学文学与新闻传播学院

文献出处：《世界哲学》2021 年第 1 期

新时代社会主要矛盾转化的马克思主义阐释

从方法论意蕴、理论基础与实践旨向三重维度剖析新时代社会主要矛盾转化的马克思主义意涵，有利于阐明这一问题与马克思主义世界观方法论的深层联系。坚持对立统一思维方法的要义在于厘清两对对立统一关系，在初级阶段不变与变的统一中揭示两个社会主要矛盾的内在张力，在结构分析中阐释新时代社会主要矛盾双方的地位及依存关系。对理论基础的考察，建立在对社会基本矛盾与社会主要矛盾逻辑关系的深刻理解之上，要认清它们之间所表征的根源与特殊表现的关系，在前者对后者的决定机理中说明“为何在基本矛盾贯穿人类史的条件下主要矛盾会有不同表现”的问题。在实践旨向方面，关键是要以问题意识探讨新时代社会主要矛盾的解决思路，即重点把握社会有机体全局发展得好不好的问题和以机会不平等为主要诱因的分配不平衡问题。

作者：李国泉

单位：复旦大学马克思主义学院　复旦大学上海市马克思主义理论研究院

文献出处：《东南学术》2021 第 1 期

列宁对历史唯物主义的阐释及其启示

列宁把马克思主义历史性地发展到列宁主义阶段，实现了对历史唯物主义的创造性阐释。基于对马克思主义辩证原则、历史原则的深刻把握，列宁科学地阐释了历史唯物主义何以是彻底的唯物主义。在复杂的思想斗争和现实分析中，列宁系统而深入地阐释历史唯物主义的客体性、主体性，始终坚持理论和实践相结合的原则，既充分彰显历史唯物主义的科学方法论意义，又实现对历史唯物主义基本理论的创造性发展。系统梳理和把握列宁在阐释历史唯物主义方面的突出贡献及其创新机理，对于中国不断开辟当代中国马克思主义、21 世纪马克思主义新境界具有重要的启示意义。

作者：郑飞

单位：中国社会科学院中国社会科学杂志社

文献出处：《哈尔滨工业大学学报》（社会科学版）2021 年第 2 期

中国早期哲学的象思维及阐释学、美学引申

——兼论阐释对象的确定性等问题

阐释学是一门关于理解和解释的学科。现代以来，人们一般将它的适用范围限定在文本解释的层面，但文本是对人在世经验的记录和阐明，所以阐释学的真正目标并不在解释文本自身，而在于通过文本解释世界。或者说，解释世界是阐释学的根本任务，

只有在这一层面它才能真正成为哲学。从中国哲学史看，中国人对世界的认知和理解奠基于《周易》的象思维，由此形成的卦象体系代表了中国人对世界认知的基本框架。就其对阐释学的影响看，象的非概念化及其被人的感知经验限定的特性，决定了由此形成的世界知识是一种非确定和有限的知识。这种非确定和有限性，为中国人从经典出发解释世界提供了无限可能。中国传统阐释学之所以生生不已，充满活力，原因就在于被象建构的文本具有意义的开放性。它从哲学向美学的递变，则是因为基于象思维的世界认知无法祛除审美因素，显现出“认识论审美化”的典型特征。

作者：刘成纪

单位：北京师范大学哲学学院　北京师范大学价值与文化中心　北京大学美学与美育研究中心

文献出处:《学术研究》2021 年第 11 期

译介阐释学

《黄帝内经》英译的哲学阐释学视角 *

曲倩倩

摘　要　目前，中医典籍翻译与哲学的跨学科结合研究相对较少。本文以《黄帝内经》的三个不同英译本为研究对象，试图从“哲学阐释学”提出的三个重要概念，即译者的“前见”“译者主体性”以及“视域融合”入手，对三个英译本进行对比。同时，探究哲学阐释学对于中医典籍翻译的创新意义并尝试得出以下结论：不同译者的“前见”和“译者主体性”使得固化的文本具有了“开放性”和“多样性”特征，从而促使读者对于中医典籍的解读趋于多样化，更好地实现作者、译者与读者之间的“视域融合”。

中医典籍是中华传统文化的优秀代表，集医学和文学价值于一体，既有科技文本的特征，也融合了儒、道、佛等哲学文化而语义深奥，如《黄帝内经》体现出的整体观、辩证法、阴阳论和五行学说等医哲思想，不仅是中国传统文化的集大成者，也是当代中医发展的根基。《黄帝内经》的英译研究自 2000 年以来逐渐展开，研究者们将多种翻译理论灵活运用到单个译本研究或多个译本的对比研究之上①，然而笔者在 CNKI 检索中输入“中医翻／英译哲学研究”，发现与之相关的论文仅有 7 篇②。这 7 篇论文中既与《黄帝内经》的翻译相关，又从哲学解释学视角出发的论文仅占 3 篇。

---

* 基金项目：2018 年教育部青年基金项目（18XJC740009）；2020 年陕西中医药大学校级课题（2020 GP46）

① 曲倩倩、许辉：《黄帝内经英译现状评述》，《河南中医》2016 年第 8 期。

② 林巍：《哲学意义上的中医》，《中国翻译》2018 年第 6 期。

林巍：《“哲学理念”与“科学概念”间的梳理与转述：中医翻译的一种基本认识》，《中国翻译》2009 年第 3 期。

李振：《翻译的形而上学：中医典籍译介之哲学问题思考》，《中国中西医结合杂志》2017 年第 12 期。

李虹：《中医典籍英译的哲学阐释学解析》，《哲学研究》2015 年第 10 期。

何阳、何娟：《中医典籍英译“阐释学”问题研究探讨》，《中国中医基础医学杂志》2012 年第 11 期。

朱翔、何高大：《哲学诠释学视角下的中医典籍翻译》，《中国电力教育》2012 年第 28 期。

郑玲、姜德友：《中医英语翻译的文化障碍及诠释学解读》，《中医教育》2011 年第 4 期。

笔者不揣浅陋，在已有研究的基础上，借助伽达默尔（Hans-Georg Gadamer）提出的哲学阐释学理论，分别从译者的“前见”“译者的主体性”以及“视域融合”三个方面，对《黄帝内经》三个英译本进行探讨，旨在为中医典籍英译的哲学研究提供借鉴。

1 哲学阐释学

吕俊认为：“哲学思想是一切科学研究的基础，翻译研究也不例外。”① 哲学的“语言转向”（Linguistic turn）是20世纪西方哲学的突出特征，影响较大的学者有胡塞尔（Husserl），并经马丁·海德格尔（Martin Heidegger）和伽达默尔发展为阐释学语言观。20世纪90年代伽达默尔在其著作《真理与方法》中提出了“哲学阐释学”（hermeneutics），并写道：“一切翻译就已经是解释，我们甚至可以说，翻译始终是解释的过程，是翻译者对先给予他的语词所进行的解释过程。”② “哲学阐释学”也被译为“哲学诠释学”“哲学解释学”，其中“前见”、“译者主体性”及“视域融合”是哲学阐释学关于阐释和翻译的三个重要概念，哲学阐释学视角下的翻译研究为翻译学研究提供了新的模式，是翻译学与哲学的跨学科结合。传统的翻译批评理论多关注译本和原文本是否对等，较少提到译者在翻译过程中的“前见”“译者的主体地位”以及“不同视域的融合”，而这些也是影响翻译的重要因素，并且赋予原文本多元化理解，使中医典籍英译的评价标准更趋向多元化。加之我国中医学的理论体系是基于诠释学基础上建立和发展的，中医学术的发展史，就是对古典著作的诠释史③。因此，从哲学阐释学视角来研究中医典籍的英译有其现实意义。

2 译者的“前见”对《黄帝内经》英译的影响

不同的时代、不同的译者对于同一译本的翻译都有不小的影响。历史性是人类生存的基本事实，人的存在实则是历史的存在，人无法摆脱理解的历史特殊性和历史局限性。而译者的不同“前见”正是对文本创造性解释的表现，不应只单纯强调与文本的对应和忠实。中医典籍的翻译更是如此，不同的译本能够体现译者的主体性和创造性。《黄帝内经》三位译者的“前见”差异，包括不同译者的国别、文化背景、时代背景、价值观、文化取向等差异，决定了各自译本的差异，最终形成了《黄帝内经》英译本的多样性。

① 吕俊：《理论哲学向实践哲学的转向对翻译研究的指导意义》，《外国语》2003年第5期。

② 伽达默尔：《真理与方法》，洪汉鼎译，商务印书馆，2019，第540页。

③ 杨峰：《中医经典文献研究的诠释学向度》，《医学与哲学》（人文社会医学版）2007年第7期。

Ilza Veith 女士作为医史学家，是第一位将《黄帝内经·素问》译成英文并公开出版的西方学者，她在其译作序言中明确说明："这部典籍的翻译，代表了医史学家的方法，而非汉语言学家的方法。"[①] 译作的引言部分达 94 页，重点介绍《素问》的成书年代、中医独特的哲学基础、发展历史等，并不把翻译中医具体的医学知识作为翻译的重点。由这些特点可见，Veith 的身份及所处的文化背景等"前见"因素，决定了她在翻译《素问》时，更加着眼于解释其医史文化价值。

吴连胜则是经济学家，旅美华人，与其子吴奇在美国多年从事中医临床工作，具有丰富的中医学知识和临床经验，翻译《黄帝内经》全译本的动力是发现很多美国人想学习中医，但找不到完整的英文版[②]，这些"前见"决定了其译本通篇多用归化策略，以意译为主，较少使用音译。

李照国教授先后获得英语专业学士、硕士及中医学博士，且汉语古文功底深厚，其译本本着"译古如古，文不加饰"的原则，主张保留原文的结构形式和表达方式，希望能够"最大限度地保持原作的写作风格、思维方式和主旨"[③]。这样的"前见"决定了他的译本与 Veith 译本和吴氏父子的译本存在着明显差异：语言表达更加简洁，直译和意译结合紧密，大量借用汉语拼音来翻译中医特有的术语，等等。

3 译者主体在《黄帝内经》英译本中的"现身"

3.1 不同译者对文本的"开放性"阐释

"译者主体性"指的是作为翻译主体的译者在尊重翻译对象的前提下，为实现翻译目的而在翻译活动中表现出的主观能动性。[④] 这种主观能动性具体体现为：翻译方法、策略、原则的选择，文本的解读，语言表达的形式、风格，等等。而文本自身具有"开放性"，它一旦由原作者产生，便经由译者进行不同的解读、阐释，使文本的意义具有不确定性和开放性。不同的译者对于同一个译本有各自理解的历史性和创造性，即便是同一个译者，在不同的时间和空间也会有不同的阐释，译本自然会呈现差异性，以《黄帝内经·素问·上古天真论篇第一》黄帝生平的翻译对比为例。

原文：昔在黄帝，生而神灵，弱而能言，幼儿循齐，长而敦敏，成而登天。

---

① 兰凤利:《论译者主体性对〈黄帝内经素问〉英译的影响》,《中华医史杂志》2005 年第 2 期。
② 明明:《〈黄帝内经·素问〉三个译本译者主体性比较》,《开封教育学院学报》2014 年第 12 期。
③ 李照国:《黄帝内经·素问：汉英对照》，世界图书出版公司，2005，第 19 页。
④ 查明建、田雨:《论译者主体性：从译者文化地位的边缘化谈起》,《中国翻译》2003 年第 1 期。

Veith 译：In ancient times when the Yellow Emperor was born he was endowed with divine talents, while yet in early infancy he could speak. While still very young he was quick of apprehension and penetrating. When he was grown up he was sincere and comprehending. When he became perfect he ascended to Heaven.

吴译：Yellow Emperor of ancient time, was bright and clever when he was born, good at talking when he was a child, had a modest style of doing things and an upright character when he was young; in his youth, he was honest and possessed a strong ability of distinguishing what was right and what was wrong. He became an emperor when he grew up.

李译：Huangdi, or Yellow Emperor, was born intelligent. He was eloquent from childhood. He behaved righteously when he was young. In his youth, he was honest, sincere and wise. When growing up, he became the Emperor.

从语言特点来看，中医语言多用四字表达，语言简洁，文字古雅，译者需先通晓每个字的内涵意义，转换为现今视域下的语言进行翻译。对比三个译文发现：① Veith 的译文中“神灵”的翻译与其他两位译者明显不同：她将“神灵”译为“divine talents”，体现了她对于中国文化的一种“崇古”心理，将“成而登天”理解为“达到完美后升天”也是如此，她大概不想消解东方文化中的“神话”色彩，所以选择按照字面意思进行直译，保留了东方文化区别于西方文化的“异质”或曰“他者”特征。也有可能是她对于原文的意思产生误读，并不真正理解古汉语传达的内涵，而造成误译。②吴译侧重于意译，将原文进行了较为详细的译释，如将“神灵”译为“bright and clever”，“能言”译为“good at talking”，与李译选用“eloquent”意思相同；而 Veith 译文“While yet in early infancy he could speak”强调“黄帝在婴儿早期就能说话”，理解明显不同于前二者。吴译而后又用“a modest style of doing things and an upright character”（做事谦逊、为人正直）来阐释他对“循齐”的理解，实质是一种“释义”性翻译，与李译用“behave righteously”意思相近，但更加具体，二者都将“循齐”理解为“为人公正”；Veith 则理解为“思维敏捷”。需要指出的是，李译本“今译”部分将“幼而循齐”译为“年少时就思维敏捷”，与英译文出入较大，明显不妥。③李译用字简洁，因他秉持“译古如古，文不加饰”的“前见”，在语言上尽力还原古文的简洁性；在人名翻译上保持“名从主人”的民族性，“黄帝”译名先用汉语拼音 huangdi 后接英译，并以“文外加注”的形式进行了详细的注解，附于本篇之后，体现了译者对中医特有词的阐释策略。总之，这三个译文各有特色，译者的“前见”使得固化的原文本具备了“开放性”和“不确定性”特征，留给读者更多理解空间。

3.2 不同译者对中医文化的“多样性”阐释

文本的“开放性”决定了文本最终呈现的“多样性”，以上举例分析了不同译者赋予了文本的“开放性”特征。在涉及中医文化的翻译时，译者“多样性”阐释体现得更为明显，这同样囿于译者的“前见”，并与译者的主体创造性密不可分。《黄帝内经·素问》中含有中医文化关键词的标题有数个，笔者选取其中两个含有“精、气、神”的标题，分析三位译者对中医文化的多样性阐释，见表1。

表1 不同译者对“精、气、神”的多样性阐释

《黄帝内经·素问》标题	三个译文对比
《四气调神大论篇》	Great Treatise on the Harmony of the Atmosphere of the Four Seasons with the (Human) Spirit (Veith 译)
	Si Qi Tiao Shen Da Lun (On Preserving Health in Accordance with the Four Seasons) (吴译)
	Siqi Tiaoshen Dalunpian: Major Discussion on Regulation of Spirit According to the Changes of the Four Seasons (李译)
《移精变气论篇》	Treatise on the Transmittal of the Essence and the Transformation of the Life-giving Principle (Veith 译)
	Yi Jing Bian Qi Lun (On the Therapy of Transferring Thought and Spirit) (吴译)
	Yijing Bianqi Lunpian: Discussion on Shifting the Essence and Changing Qi (李译)

“精、气、神”被视为人身“三宝”，是中医理论中的“关键词”，不同译者由于各自的“前见”和主体差异，对这三个词的翻译呈现“多样性”阐释。清朝高士宗《素问直解》对《四气调神大论篇》篇名的注解为：“四气调神者，随春夏秋冬四时之气，调肝心脾肾肺五脏之神志也。”可见，“四”指的是“四季”，“气”指的是“气象”，“调”指“调理、调摄”，“神”指的是“精神情志”。清代医家张隐庵云：“移精变气者，移益其精，传变其气也。”可见，此处的“精”和“气”为翻译时的关键词。Veith将“四气”的“气”译为“atmosphere”，将“变气”中的“气”译为“the life-giving principle”都略显生硬，是按字面理解进行的直译，似缺乏深入理解“气”在中国文化中的抽象含义；吴译既没有翻译“气”也没有翻译“神”，还是从意译着手，将“精、气、神”三个中医特色词消解，将“四气调神”转变为“四季养生”，将“移精变气”中的“精、气”混同为“Thought and Spirit”即“神”的概念。李译“四气”与文中“夫四时阴阳者，万物之根本也”的“四时”（the four seasons）意译为“the Changes of the Four Seasons”。他又用Spirit对译“神”，用Essence对译“精”，用Qi对译“气”，并将三

个概念作为中医关键词进行术语统一和国际推广，与他对中医文化的深入理解和翻译理念分不开。总之，这些“多样性”阐释是译者主体性在翻译过程中的“现身”，读者在阅读译本时，特别是进行译本对比时，能够看到不同译者的“现身”。

4　视域融合

伽达默尔对于视域融合的定义为：“当解释者克服了一件文本中的疏异性并由此帮助读者理解了文本，那他本身的隐退并不意味着消极意义的消失，而是进入到交往之中，从而使文本的视域和读者的视域之间的对峙得到解决——这就是我所称为的视域融合。”[①] 换言之，译者和原语文本都有其各自的“视域”：《黄帝内经》创作于中国古代社会，有其原始的视域，而译者则是在当下时代形成了自己的“现今视域”，两者能否融合形成新的视域，且新视域能否与目的语读者的视域成功融合，决定了翻译的成功与否。

中医典籍翻译的难点之一就在于译者如何对原文本所在的“古代视域”进行阐释，使其与译者所处的“现今视域”融合，翻译后进而促成与读者“接受视域”的融合。三位译者因“前见”和翻译理念的不同采取了不同的翻译策略，以促成与读者的“视域融合”。Veith阐释和翻译《黄帝内经》的侧重点在于向西方读者介绍《素问》的医史价值和哲学文化价值，因此她用了94页（占全篇的1/3）的引言，19页的前言、序言、目录、插图等共计113页来迎合潜在读者的“期待视野”，进入异国情境[②]，该译本首次出版于1949年，后又分别于1966年、1972年、1982年、1988年、2002年和2015年再版发行[③]，深受读者欢迎，然而读者也不断发现她的译本中存在的对于中国传统文化理解的偏差，并推动了中医典籍的翻译不断向前发展。吴氏父子的译本荣获第三届世界传统医学大会最高荣誉金奖，该译本的潜在读者群是以获得医学知识为主的中医学习者，因此，译本用国外读者易懂的语言表达，以交际为目的，常常加入译者“释义”性的阐释，增译出原文隐含的意思，多用意译方法，除标题外极少用音译方法，从交际维度看有助于实现与读者的“视域融合”。李译本在排版时英汉对照，而且还配有《黄帝内经》白话文“今译”，这在《黄帝内经》译本中实属少见，也是实现古、今视域融合的重要手段之一。他主张“原则上保留原文的结构形式和表达方式，译文中尽力不增加词语”，并使用大量音译加注解的方法阐释中医特有术语，“向读者传递来自远古的原本信息”，有利于中医文化术语对外传播。

---

① 伽达默尔：《真理与方法：第二卷（修订本）》，洪汉鼎译，商务印书馆，2007，第243~244页。
② 张林熹、刘娅：《〈本草纲目〉早期译介研究》，《医学与哲学》2020，41（19）：54-56.
③ 黄培希：《副文本与翻译文化建构：以艾尔萨·威斯〈黄帝内经·素问〉英译为例》，《上海翻译》2018年第3期。

5 结语

对经典的诠释是中医研究和发展的重要方法和手段。《黄帝内经》成书年代久远，文字古奥难懂，又融合了中国传统的医学和哲学特点，其诠释本身就具有多样性，因此，《黄帝内经》医哲文化层面的研究值得深入展开。本文重在阐明不同的译者能够为当代的读者解读《黄帝内经》的医哲文化提供多样化视域。诚然，译者作为文化的解释者和传播者，还要考虑目的语读者对于异质文化的接受能力，避免因个人的解释缺位或解释过度导致读者对中医医哲文化的误读，这也构成了经典著作不断阐释、不断复译的原因和动力。

（作者单位　陕西中医药大学外语学院）

本文原载《医学与哲学》2021 年第 1 期

《通天塔》与“Beyond”

孙艺风

摘　要　斯坦纳的《通天塔之后》影响深远，在现代翻译理论发展进程中具有举足轻重的地位。但由于内容生涩难懂，用词冷僻，在一定程度上削弱了其进一步的影响力。尽管如此，即使我们承认斯坦纳欠缺原创力，但作为西方翻译思想的集大成者，其历史贡献不容抹杀。这部著作的扩散属性对后来的研究者而言，进一步深入发展的空间相当可观，对当下的翻译研究的借鉴价值也不容小觑。《通天塔之后》问世以来，翻译学者就翻译的本质、规律及各种属性进行了大量的探索性工作，其中“描述翻译学”独领风骚了相当长一段时间，俨然成了现代翻译学的标志，影响力不可谓不大。然而其局限性似乎日渐显露，面临颓势之虞。对斯坦纳和图里翻译理论的历史回顾与总结可以追溯至现代翻译学的发轫，窥见不同观点的大致轮廓，并勾勒出其发展的大致走向，从而对这个学科在现代意义上的“前世今生”有一个更清晰的认识和把握。

斯坦纳（George Steiner）的《通天塔之后：语言与翻译面面观》（*After Babel: Aspects of Language and Translation*，以下简称《通天塔》）初版于1975年。四十多年前出版的书，为什么仍受关注？个中缘由值得深思。我们确实还在关注它，2020年8月由浙江大学出版社出版的该书全译本终于问世，提供了新的佐证。乍看似乎有些滞后，但早在2001年，上海外语教育出版社就由牛津大学出版社授权出版了英文原版，而更早的庄绎传节译本于1987年出版。不可否认，这本著作及其理论在中国的流行是有些滞后，但斯坦纳的翻译阐释理论一直持续受到我国学者的关注，直至今日。在斯坦纳之后，图里的描述翻译学大行其道了若干年，影响深远，引发了不少相关的讨论，促使人们对传统忠实观进行深度反思，在现代翻译的发展进程中起到了颠覆性的作用。两位翻译学者的学术观点影响深远，至今仍可资借鉴。

一 《通天塔》在学界的反响

斯坦纳一生著述甚丰,著有《托尔斯泰或陀思妥耶夫斯基》《悲剧之死》《通天塔》《马丁·海德格尔》《何谓比较文学》等,但在学界最有影响的还是这本《通天塔》。尽管如此,《通天塔》问世后,虽然不乏好评,但饱受诟病。攻击者中以一位名为李·西格尔(Lee Siegel)的文化学者的批评最为辛辣。他在2009年为《纽约时报书评》撰写了一篇名为《我们的斯坦纳问题——也是我的问题》(Our Steiner Problem—and Mine)的文章。他如此写道:

> 他令人振奋的美德在于,他能够在一段话里,从毕达哥拉斯、亚里士多德和但丁,谈到尼采和托尔斯泰。而他令人恼火的缺点是,他可以在一段话里,从毕达哥拉斯,说到亚里士多德和但丁,再到尼采和托尔斯泰。他善用典故又不给出处,影射事件而不描述发生了什么。①

他指责斯坦纳"矫揉浮华、自命不凡",在学术问题上不严谨。在西格尔看来,如此无操守地炫耀博学,实在令人发指。掉书袋可以,但在一个有限的空间里,令人目眩地从一个书袋掉到另一个书袋,且竟然有那么多的书袋,足以让人瞠目。西格尔大力抨击的是斯坦纳荒谬且无端的学究气,而斯坦纳引用不写出处的习惯,也是学术界难以接受的。当然这种情绪化的批评毕竟有失公允,斯坦纳并非都没给出处。

很多人不买斯坦纳的账,当然也不乏赞誉之词。1976年法国著名学者乔治·穆南(Georges Mounin)撰文指出《通天塔》是"十多年来篇幅最大、内容最充实的翻译论著"②。此言倒是不虚。算上10年前(1965年)卡特福德(J. C. Catford)那本《翻译的语言学理论》,以及奈达(Eugene Nida)《翻译的科学探索》(1964)、《翻译理论与实践》(与C. R. Taber合著,1969)与《语言结构与翻译:奈达文集》(1975),斯坦纳的《通天塔》的体量和影响力显得尤为突出。但也不能据此得出《通天塔》是一枝独秀的结论。毕竟,在20世纪70年代,科勒(Werner Koller)、穆南、纽马克(Peter Newmark)、奈达、赖斯(Katharina Reiss)和威尔斯(Wolfram Wilss)等一众学者主宰了国际翻译界,他们的著作以语言学和应用性为主导。《通天塔》显得别开生面,突出了语言和文化的维度,着眼于翻译行为的阐释,涉及哲学、

① Lee Siegel. "Our George Steiner Problem — and Mine". *The New York Times*, March 12, 2009.

② Mounin, G. George Steiner: *After Babel, Aspects of Language and Translation* [J]. *The Bible Translator*, 1976(1): 145.

人类学、阐释学、诗学、文学批评、语言学和极为广泛的文化指涉。学科交叉的跨度之大，让人叹为观止，给人耳目一新之感。斯坦纳身处其他翻译学者之中，虽算不上众星拱月，但也可算是独领风骚，对于翻译研究领域的拓宽，起到了开创性的作用。

总体而言，译界对《通天塔》的反应可谓是毁誉参半，褒贬不一。有说这部著作对翻译研究的贡献具有决定性的意义，也不乏措辞尖锐的批评。一般而言，英美学者对其高度评价，罗宾逊（Douglas Robinson）和芒迪（Jeremy Munday）等人对他推崇备至。芒迪还称《通天塔》对现代译学研究的“影响巨大”。① 的确，就阐释学的角度研究翻译而言，这本书的地位是无法撼动的。法国学者也是赞誉有加，对其在翻译理论史的地位给予高度评价。② 有意思的是，虽然这本书涉及德国阐释学理论，但德国翻译界对其要么不理不睬，要么给予不留情面的批评。

这部五百多页的“怪兽”，卷帙浩繁，纷纭庞杂，还博涉多种语言（包括中文）。穆南据此认为：这本书“相当于一种编目录，一本百科全书式的与语言相关的翻译引语词典，却既不按字母顺序排列，也没什么章法，还不能算是最新的词典”③。书的内容倒是全面，可惜因为编排的原因并不好用。嗣后，穆南又调侃道：“如要想便捷地批评作者的观点，还得有一本跟斯坦纳同样厚度的书……”他又引用了斯坦纳反复承认的书中一些段落是印象式的，或仅仅是推测。④

搔首弄姿的卖弄，虚饰造作的文风，对原创力的欠缺，加上总是处理二手甚至三手的文献，凡此种种，不一而足。另外，措辞隐晦，高深莫测，缜密不足，不合常规的文辞也是常听到的对这本书的批评。尽管如此，斯坦纳绝对是个战士，敢言敢当，勇于涉猎自己并不熟悉的领域。这里当然也不免有风险，西格尔称他为业余的语言学家和业余的哲学家。⑤ 他与乔姆斯基（Noam Chomsky）也过过招，虽难说他对转换生成语法有深刻的认识。

尽管落了不少骂名，《通天塔》的影响力是持续而深远的。2006 年贝克斯（Tony Bex）发表了一篇颇有见地的书评《三十年后重温乔治·斯坦纳的经典作品〈通天塔之后〉》。⑥ 更说明问题的是，2019 年两位德国学者又发表了一篇《通天塔》的书评，

---

① Munday, J. *Introducing Translation Studies: Theories and Applications* (3rd ed.)［M］. London and New York: Routledge, 2001: 163.

② Agnetta, M. & Cercel, L. George Steiner's *After Babel* in Contemporary Translation Studies［J］. *Church, Communication and Culture*, 2019(3): 365–366.

③ Mounin, G. George Steiner: *After Babel, Aspects of Language and Translation*［J］. *The Bible Translator*, 1976(1): 146.

④ Mounin, G. George Steiner: *After Babel, Aspects of Language and Translation*［J］. *The Bible Translator*, 1976(1): 147.

⑤ Lee Siegel.“Our George Steiner Problem — and Mine”. *The New York Times*, March 12, 2009.

⑥ Tony Bex.“George Steiner's *After Babel* Thirty Years On”. *The Translator.* Volume 12, 2006 (1): 131–138.

这是一个非同寻常的举动。为一本44年前出版的书写书评（1992年及1998年再版），毫无时效性，实在有些匪夷所思。但仔细想来，却不难看出这里面的深意。目前翻译学的许多基本概念，大都是人们习以为常的，可追溯到这本“怪异的”的著作。譬如自我与他者的互动，斯坦纳提到“精确地定位并完整地传达原文的‘他异性’”[①]，还提到“必须与自身的语言保持一定的疏离感，保持相异，这是至关重要的”[②]。后来的贝尔曼（Antoine Berman）与韦努蒂（Lawrence Venuti）的观点与此大体一致，且一脉相承。此外，斯坦纳还总结道：“……不论是在语内还是语际，人类交流等于翻译。研究翻译即研究语言。”[③]这话在今天听来似乎毫无新意，因为大家早已接受了。但却不能说是正确的废话，因为有些正确的话在成为废话之前，终究是真知灼见。

如前所述，《通天塔》的出版使斯坦纳名声大振的同时，也招致大量的非议和责难。首先要数女性主义学者了，她们对书中充斥的对女性的轻蔑和不敬尤为不满。每提到译者，他都毫无顾忌并理直气壮地用男性的“他”来代指，全然无视女性的存在。不过翻开翻译史，对女性的不尊重，乃至轻视，是相当普遍的，这方面的例子比比皆是。把账都算到斯坦纳头上，似乎有欠公允。但他的确做得更为露骨，不加掩饰，甚至肆无忌惮，竟在书中悍然宣称：“迄今为止，绝大多数艺术和历史记录都是男人留下的。”还明确提到“‘性别翻译’或语言中断的过程基本上都是由男性视角观察的”[④]。这番议论的必要性实在不大，他有时候有点儿管不住自己，而且话题扯得有点远：

> 所有已知文化中，男人都指责女人多言，疯狂地挥霍词语。女人七嘴八舌、口若悬河、捕风捉影，泄密的长舌妇、骂街的泼妇、满嘴漏风的没牙老太婆，这些都比童话故事遥远。[⑤]

原本他似乎是以“中立”的角度来谈论男女之间的争拗，但仍难以摆脱借题发挥的嫌疑，否则为何旁征博引，并如此绘声绘色？故此，女性主义在翻译界的悍将钱伯伦（Lori Chamberlain）直斥他是性别歧视。[⑥]

---

① 乔治·斯坦纳：《巴别塔之后：语言与翻译面面观》（*After Babel: Aspects of Language and Translation*），孟醒译，浙江大学出版社，2020，第415页。

② 乔治·斯坦纳：《巴别塔之后：语言与翻译面面观》（*After Babel: Aspects of Language and Translation*），孟醒译，浙江大学出版社，2020，第70页。

③ 乔治·斯坦纳：《巴别塔之后：语言与翻译面面观》（*After Babel: Aspects of Language and Translation*），孟醒译，浙江大学出版社，2020，第52页。

④ 乔治·斯坦纳：《巴别塔之后：语言与翻译面面观》（*After Babel: Aspects of Language and Translation*），孟醒译，浙江大学出版社，2020，第46页。

⑤ 乔治·斯坦纳：《巴别塔之后：语言与翻译面面观》（*After Babel: Aspects of Language and Translation*），孟醒译，浙江大学出版社，2020，第45页。

⑥ Chamberlain, Lori. “Gender and the Metaphorics of Translation.” In *The Translation Studies Reader*, edited by Lawrence Venuti. 3rd ed. London and New York: Routledge, 2012: 254–268.

面对女权主义者的批评，斯坦纳依旧我行我素，昂然挺立。在《通天塔》第二版的“致谢”里，他坚称就思考语言习惯而言，“男性女性之间的极端差异”造成了“翻译不足之困境”。他以一种怨怼的心态，反唇相讥道：“近来一些女权主义和‘女性研究’潮流将这些纤细的证据妖魔化，把细节变得复杂。”① 他对女性的偏见看来是掩饰不了的。他虽确有不少不妥之处，但是否就因此而遮蔽他的真知灼见，以致一叶障目，进而否认他的学术贡献，则需要做出理性的判断。

总体而言，批评者对《通天塔》的反应确有一定道理。如前所提到的，方法论方面的欠缺就是明显的问题。书的组织结构相当庞杂，一共只有六章，却洋洋洒洒地占据了 500 多页。其中第三章就达 132 页。每一章内没有小标题，只是分若干个部分。作者频频掉书袋，过度引经据典，让人应接不暇。各式各样的观点、理论、构想、概念、假说，轮番袭来，堪称跨学科的试验场。他还偏要去提自己不甚了解的普遍语法（universal grammar），却不想与他反复提及的“历史性”和“情境性”背道而驰。同样，他所倡导的普遍性均衡（universalist equilibrium）带有强烈的理想色彩，无疑是个误解，因为是不可企及的。譬如说，后殖民就同时具备了历史性和情境性的属性，在此语境下的体验，未必具有共享性（sharability）。而如果没有共享性，普遍性便无从谈起。乔姆斯基对此书相关部分有意见，但只是私下跟斯坦纳表达过。

二　阐释与翻译的路径

20 世纪 60 年代初期，学界重新发现了本雅明（Walter Benjamin）1923 年发表的《译者的任务》（*The Task of the Translator*），结合海德格尔（Martin Heidegger）和伽达默尔（Hans-Georg Gadamer）的相关论述，大家开始重新关注翻译与阐释的关系。斯坦纳在评论本雅明时写道：“翻译既可能又不可能，这种二律背反分明就是神秘主义的论调。”② 此话我们听着耳熟：德里达（Derrida）对翻译的基本论点无疑源于此处，虽然也有变异。他认为翻译是在既不可能却有必要之间的妥协。《通天塔》对塑造诸多关于翻译理论和翻译实践的设想做出了很大贡献。斯坦纳曾抱怨觉得那些对他的观点默不作声或给他写讥讽书评的人，大都可能未加注明出处而挪用过他的观点。在第二版的序里，斯坦纳不无愤懑地写道：他的这本书问世后“就遭到了模仿和剽窃，通常连致谢都不予提及。首次出现在该书中的一些主题已经衍生出大量的二手

① 乔治·斯坦纳：《巴别塔之后：语言与翻译面面观》（*After Babel: Aspects of Language and Translation*），孟醒译，浙江大学出版社，2020，第ⅷ页。

② 乔治·斯坦纳：《巴别塔之后：语言与翻译面面观》（*After Babel: Aspects of Language and Translation*），孟醒译，浙江大学出版社，2020，第 69 页。

文献”[①]。公平地说，他的书本身也充斥了大量的二手文献，只不过不少嘲笑和攻击过他的人竟暗自引用他的观点，又不注明出处，实在谈不上磊落。换言之，这是一个被广泛盗用的学者。好在还有讲公道话的人，迪米特留（Rodica Dimitriu）就说过：“当代翻译学者往往不愿意公开承认他们受益于这本开创性著作，尽管其影响的‘迹象’经常出现在他们的作品中。”[②]

现今越来越多的学者开始注意到斯坦纳对翻译研究深远而广泛的影响，并且还大有潜力可继续挖掘。而对我国翻译学者而言，影响最大的莫过于该书的第五章“解释学过程”。这个过程共分为四个步骤，分别是信任、侵入、吸收、补偿。第一步译者首先要确信有东西可以阐释和理解。虽然这一步并非没有风险，但是得有赌一把的勇气。无论如何，是“对意义确定性和传播性发自本能的信任催生了种种翻译行为……”[③]第二步是侵入，为占据性的侵略或插入行为，也就是译入（translate into）。[④]说翻译是插入，因为势必是侵入性的，故此会有一定程度的暴力，带有一种破坏感。第三步是吸收，因为“有意地包围并侵入”，此过程带有占据的“狂喜”感[⑤]。斯坦纳又进一步解释说，这个步骤是“挪用，即将我要的‘意义’掳回家，并在新的语言文化基质中进行驯化……”[⑥]一旦文本的意义被征服和占有，译者会用新的语言形式使其重新显现，将其“引入了另一种存在”[⑦]。最后一个步骤可能最为关键，即对整个翻译行为进行有效的补偿及恢复平衡。在某种意义上，源语在翻译的过程中遭遇洗劫，目标语也因此变得不平衡或遭受感染。换言之，翻译使得原本自然的语言结构变得不平衡了，而外来的东西带回家，亦可能让我们被感染。在征服外来东西的过程中不免使用暴力，因此会造成损害。

斯坦纳在第五章“解释学过程”里花费不少笔墨论述翻译的“忠实性”问题。譬如，对原文的“夸大”都可能是一种“细微的背叛”[⑧]。他赞同地引用了约翰逊（Samuel Johnson）博士评论德莱顿（John Dryden）的话：“译者要像作者，他的任务不是超越作者。”然后未给出处（这是他遭受诟病的罪证之一）。他继续评道：“他超越之时，就

① 乔治·斯坦纳：《巴别塔之后：语言与翻译面面观》（*After Babel: Aspects of Language and Translation*），孟醒译，浙江大学出版社，2020，第ⅵ页。

② Dimitriu, R. *The Cultural Turn in Translation Studies* [M]. Iaşi: Institutul European, 2006: 103.

③ 乔治·斯坦纳：《巴别塔之后：语言与翻译面面观》（*After Babel: Aspects of Language and Translation*），孟醒译，浙江大学出版社，2020，第372页。

④ Steiner, G. *After Babel: Aspects of Language and Translation* [M]. Oxford: Oxford University Press, 1998: 314.

⑤ 乔治·斯坦纳：《巴别塔之后：语言与翻译面面观》（*After Babel: Aspects of Language and Translation*），孟醒译，浙江大学出版社，2020，第300页。

⑥ 乔治·斯坦纳：《巴别塔之后：语言与翻译面面观》（*After Babel: Aspects of Language and Translation*），孟醒译，浙江大学出版社，2020，第342页。

⑦ 乔治·斯坦纳：《巴别塔之后：语言与翻译面面观》（*After Babel: Aspects of Language and Translation*），孟醒译，浙江大学出版社，2020，第342页。

⑧ 乔治·斯坦纳：《巴别塔之后：语言与翻译面面观》（*After Babel: Aspects of Language and Translation*），孟醒译，浙江大学出版社，2020，第426页。

是原文受到微妙伤害之日，读者也就失去了正当的视角。”[①] 即是说，译者不能下手过重，造成提升美化原文的效果，因为哪怕是细微的，也会使译文失真。在书中的另一处，他又对“忠实”做了诠释：“翻译的理想是无过亦无不及，这不可能完全实现。没有哪个实例是完美的，这已是老生常谈；但这个问题并不是无足轻重的。”[②] 而翻译的“忠实”问题，他似乎一直关注：

> 可以说，所有翻译理论，不管是形式的，实用的还是编年的，都是对一个无法回避的问题进行各种变相讨论：怎样才能，或应该忠实于原文？源语言中的文本甲和目的语言中的文本乙之间最佳的关系是什么？[③]

虽然表面上斯坦纳的语气是中立而不具倾向的，但仍可看出这也是他所关注的问题。这也为日后所谓的现代翻译学者不待见他的理论埋下了不和的种子，因为他反复强调的无非翻译的忠实观和等值观。

诚如本雅明的花瓶，破碎后需要修补，斯坦纳也提及“补偿和恢复平衡的必要性”，这是因为在翻译的过程中，“……原文也或多或少遭到了……掺假、剥削和盘剥，或被（译者）的改进所背叛”。[④] 有鉴于此，斯坦纳写道：

> 我把翻译中的最后一个阶段或步骤称为“补偿”或“归还”。译本和原文之间，源语言和目的语之间被译者解读性的入侵和挪用所破坏的平衡，现在又被译文所恢复。在互惠达成之前，在原文的所得与所失持平之前，翻译的流程都不算走完。[⑤]

在斯坦纳看来，最后这一步骤决定了翻译的成败，其重要意义他不厌其烦地反复强调，因为有太多“坏的”译本，至少是“不足的”译本。[⑥] 究其原因，是译者没有补偿或恢复。他进而又指出：

---

① 乔治·斯坦纳：《巴别塔之后：语言与翻译面面观》（*After Babel: Aspects of Language and Translation*），孟醒译，浙江大学出版社，2020，第 427 页。

② 乔治·斯坦纳：《巴别塔之后：语言与翻译面面观》（*After Babel: Aspects of Language and Translation*），孟醒译，浙江大学出版社，2020，第 427 页。

③ 乔治·斯坦纳：《巴别塔之后：语言与翻译面面观》（*After Babel: Aspects of Language and Translation*），孟醒译，浙江大学出版社，2020，第 265 页。

④ 乔治·斯坦纳：《巴别塔之后：语言与翻译面面观》（*After Babel: Aspects of Language and Translation*），孟醒译，浙江大学出版社，2020，第 399 页。

⑤ 乔治·斯坦纳：《巴别塔之后：语言与翻译面面观》（*After Babel: Aspects of Language and Translation*），孟醒译，浙江大学出版社，2020，第 418 页。

⑥ 乔治·斯坦纳：《巴别塔之后：语言与翻译面面观》（*After Babel: Aspects of Language and Translation*），孟醒译，浙江大学出版社，2020，第 419 页。

没有补偿的翻译,没有恢复彻底公平的翻译,是失败的翻译;译者的领会和(或)挪用少于原文所呈现的。他的翻译偷工减料。他也有可能选择只完全呈现并重述原文的某个方面，出于自身的需求或短浅的目光，打碎、扭曲了原文带有生命力的连贯性。又或者他“言过其实”,让译文比原文更伟岸。不管是哪种情况,由信任、解密、挪用这几步造成的不平衡没有得到纠正。[①]

如不加以纠正（unrighted），那译作肯定是不对的（not right）。当然打碎原文未必都是“出于自身的需求或短浅的目光”，极有可能是出于翻译操作的需要。这也是斯坦纳叙说中的自相矛盾之处，但问题的核心仍是值得重视的。斯坦纳注意到：“最普遍的不平衡当然是偷工减料。”[②] 所以当务之急是设法找补回来翻译中损失的部分。

归纳起来，第一和第四步骤充分考虑的是源语作者，而第二和第三步骤则明确承认目标语文化的占据权力。斯坦纳不遗余力地强调，上述的四个步骤必须保持平衡。由此可见，阐释翻译学绝不是简单地认为，翻译便是翻译意义。斯坦纳不厌其烦地大量引用各种文学作品就是要说明这一点。

译者主体性之所以因为受斯坦纳阐释理论的启发而得以彰显，与我们接受的社会历史条件不无关系。翻译主体在过去很长一段时间遭到遮蔽和压制，我们强调的是对原文近乎无条件的忠实。斯坦纳提出的翻译阐释属性，以及相关的四个步骤，开启了译者对意义把控和再现的操作空间。译者主观能动性的调动、突出与发挥，标志着话语权力的转变，在打破忠实焦虑的同时，也引入了多维视角，从而获取了更为立体的认知和实践能力。信任、侵入、吸收和补偿的任何一个步骤，都与译者主体性密不可分，并赋能于译者，使其拥有多维操作空间，进而有效地完成翻译任务。

另外，译者主体性所包含的为我性也至关重要。在《通天塔》“解释学过程”这一章里，不谙中文的斯坦纳讨论了庞德（EzraPound）翻译的《神州集》（Cathay）。无独有偶，庞德也不通中文，他所依仗的是佛诺罗萨（Ernest Fenollosa）的英译遗稿。佛诺罗萨主要是日语学者，中文谈不上精通。庞德在此基础上的“翻译”极具个性。且看斯坦纳是如何将自己的解释学四步骤运用到《神州集》的翻译，这是迄今为止国内学者所忽略的。那庞德的“信任”是如何取得的呢？佛诺罗萨的译文笔记本来就不全，准确度也有些存疑。更为不可思议的是，斯坦纳不仅分析了庞德的译作，还将其与韦利（ArthurWaley）的翻译做比较，并“指出”：“佛诺罗萨误解了李白第十四首《古风》第二行的前两个字……”不仅如此，他还知道：佛诺罗萨“扭曲了第十二行的意思，

① 乔治·斯坦纳:《巴别塔之后：语言与翻译面面观》（*After Babel: Aspects of Language and Translation*），孟醒译，浙江大学出版社，2020，第 419 页。

② 乔治·斯坦纳:《巴别塔之后：语言与翻译面面观》（*After Babel: Aspects of Language and Translation*），孟醒译，浙江大学出版社，2020，第 410 页。

误解了鼙鼓的功能；他在结尾用词有误且含糊不清，让作品蒙尘”[①]。类似头头是道、但未免显得煞有介事的译评，接下来还有几处，不禁让人拍案称奇！斯坦纳怎么可能知道这些？在脚注里他说明了“以上例子”的出处：来自叶威廉等人的著作及文章[②]。这大抵也是他饱受诟病的“恶习”之一：过多依赖二、三手资料。

虽然此举不宜提倡，但也不能简单地斥为秀博学、露装腔作势之态。他确实在用庞德的翻译实践说明，解释学四步骤是如何运作的。借用别人的例子，并注明出处，不至于大逆不道吧。庞德的“信任”还是基于他深信《神州集》的诗歌值得翻译。他手头毕竟有佛诺罗萨的英译草稿，还有韦利这个朋友做后盾。更重要的是，他的翻译理念并不是要如何忠实准确地再现源语文本，而是要捕捉和获取原诗里的意象之美。正如他自己所问：“一个不通汉语的译者，是如何以原文有瑕疵的抄本和评注为底本，成就这些‘透析’（translucency，T. S. 艾略特语）的？”[③] 庞德的办法是“通过拼接和多层面隐喻的交叠将情感集中的理论，与他心中汉诗和汉字的原则不谋而合”[④]。斯坦纳还论及了第二步骤——侵入。在评论《古风第十四・胡关饶风沙》的翻译时斯坦纳指出，庞德“在遵循了字面意义的同时，还深入（实为侵入 penetrate）了，寻回了因佛诺罗萨而错失或暗淡的部分”[⑤]。有关吸收的步骤，也不难看出，庞德绝对是把‘意义’掳回家了。至于这个意义究竟是谁的，是否准确，好像并不重要（当然也不能说不重要，斯坦纳不是在那儿忙着“纠错”吗？）。庞德对原作内容的暴力入侵和具攻击性的挪用，淋漓尽致地证明和诠释了占据性的侵入行为，他的补偿及恢复平衡的活就干得更漂亮了，都在字里行间体现了出来，虽然何为平衡，恐怕也是见仁见智，难有定论。

书的第一章“理解即翻译”，差不多就是文本分析，言外之意便是，如果文本的基本意思搞不懂，奢谈什么翻译？理解本身就是翻译。当然我们一般会说，理解是翻译的前提。第二和第三章主要论述与语言相关的问题。第四章约 60 页篇幅，是挺不错的翻译史。第五章便是我们熟悉的“解释学过程”，也是全书的精髓部分，里面有不少作者关于翻译的想法。第六章本来说好是谈文化的，但并没正面谈，而是大谈歌剧和诗歌等。恐怕对他而言，这些才算是文化，才值得谈。但无论如何，书中有关哲学和文学及其他艺术形式（包括音乐）的讨论都是对语言的终极考验，最终与阐释和翻译是

---

① 乔治・斯坦纳：《巴别塔之后：语言与翻译面面观》（*After Babel: Aspects of Language and Translation*），孟醒译，浙江大学出版社，2020，第 374 页。

② 乔治・斯坦纳：《巴别塔之后：语言与翻译面面观》（*After Babel: Aspects of Language and Translation*），孟醒译，浙江大学出版社，2020，第 375 页。

③ 乔治・斯坦纳：《巴别塔之后：语言与翻译面面观》（*After Babel: Aspects of Language and Translation*），孟醒译，浙江大学出版社，2020，第 375 页。

④ 乔治・斯坦纳：《巴别塔之后：语言与翻译面面观》（*After Babel: Aspects of Language and Translation*），孟醒译，浙江大学出版社，2020，第 375 页。

⑤ 乔治・斯坦纳：《巴别塔之后：语言与翻译面面观》（*After Babel: Aspects of Language and Translation*），孟醒译，浙江大学出版社，2020，第 374 页。

相关的。不可否认的是，斯坦纳有泛翻译化始作俑者的嫌疑：把任何形式的交流和对话都当成翻译。然而，如果深究是不无道理的。理解离不开阐释，更明晰的理解，离不开翻译（此处主要指的是语内翻译）。

另外，需要指出的是，解构主义从根本上质疑阐释的基础。在解构主义看来，意义不是固定的，也是不确定的。既然不确定，就无法成为阐释的对象。开放性和无终止性意味着意义的不断延续。虽然如此，解构主义和斯坦纳的阐释翻译理论并非没有共同点。德里达屡次纠正人们认为解构主义就是意义的随心所欲，反复强调语境的决定性作用。语境有助于管束翻译，翻译需要一系列受社会、政治、文化和历史因素制约或与此相联系的语境。意义仍然是可以阐释的，但必须强调意义是动态的、立体的，而不是静止的。同时，只专注于表面意义则是非常危险的，斯坦纳也不断提醒我们在翻译中不可漏掉被忽视或压抑的东西。德里达更是关注意义的不确定性及不可判定性，后者涉及“包括”或“排除”。除了呼应本雅明所说的翻译既可能又不可能，他强调在一定语境上做出合理阐释。其实斯坦纳在书中数次提到“历史性”（historicity）和“情境性”（situatedness），指向了阐释的语境化处理。显而易见，情境性与文化语境是直接相通的。

三　现代翻译学的诞生

1976 年，也就是《通天塔》出版的第二年，在比利时的鲁汶大学开了一个范围虽小但意义深远的学术会议，出席者都是后来成为翻译理论界大家耳熟能详的人物，包括霍姆斯（James Holmes）、佐哈尔（Itamar Even-Zohar）、朗贝尔（José Lambert）、图里（Gideon Toury）、凡登布洛克（Raymond vanden Broeck）和勒菲弗尔（André Lefevere）等人。据巴斯奈特（Susan Bassnett）回忆（她也是与会者），这批人似乎在孕育着一个新的学科。[①] 但有些令人不解的是，斯坦纳的名字没有被公开提及，私下里这些人似乎对他有些鄙夷。

会议的基调基本上是聚焦霍姆斯在 1972 年发表的那篇《翻译学的名与实》（*The Nameand Nature of Translation Studies*）文章，与会人员心里仍回荡着那篇宣言般的雄文。他们对现存的学术运作心怀不满，迫切地想为翻译作为一门独立的学科正名，要的就是一个名分（name），提升翻译研究的地位。否则站在别人的屋檐下，端着别人的饭碗，心里总归不太踏实。又据巴斯奈特回忆，她当时全然不明白为什么勒菲弗尔和朗贝尔二

① Bassnett, S. *Reflectionson Translation*［M］. Clevedon: Multilingual Matters, 2011: x.

人“对斯坦纳那本怪异的《通天塔之后》如此尖刻”（scathing）。[①] 后来她是否弄明白了，没有再交代，我们自然也无从知道。[②] 但她在其后的一些著作里数次引用了《通天塔》[③]，并称斯坦纳为“了不起的批评家”[④]。当然她也引用了女性主义的翻译理论家对他的猛烈抨击。[⑤] 不难看出，斯坦纳的翻译观与“描述”南辕北辙，虽然他并不热衷于给出翻译的规则，但关注翻译的过程，并且预设意义是固定的，待由译者去解读，这大概是图里等人不待见他的原因。

1976 年这个时间节点是颇有深意的，斯坦纳与这些学者不是同道，后者显然认为《通天塔》与他们勾勒的现代翻译学的愿景不仅不搭界，甚至格格不入。他们对斯坦纳的学术贡献似乎并不领情。在某种意义上，这又似乎印证了布鲁姆（Harold Bloom）所著《影响的焦虑》（*The Anxiety of Influence*）一书对由影响而产生焦虑感的阐发。想要另辟蹊径的本能冲动不难理解，当然学术观点的分歧也不容否认。

鲁汶会议聚集的这批人对图里的意义尤为重大，几乎可以说是为他提供了“一个平台和一个测深板，用来检验他的激进假设”[⑥]。霍姆斯的路线图，在翻译理论一项里又出了一个分支，便是描述翻译学。看似专为图里量身定制一般，其实是图里瞅准了这个方向，他的博士论文完成于 1977 年，题目便是《翻译规范与希伯来语文学翻译：1930~1945》。即是说，图里参加会议的时候还是个博士生。霍姆斯的路线图的提出恰好在图里开始博士研究之前，时间上非常契合。

图里的第一本书是希伯来语写就的，发表于 1977 年，几乎就是他的博士论文。[⑦] 早在 20 世纪 70 年代，图里就认定自己是非传统的，并透露自己深受两本书的影响：一本是奈达 60 年代那本有关《圣经》翻译的书。另一本是卡特福德发表于 1965 年的那本。他虽不是这两人的追随者，但他们给他提供了重要的线索。[⑧] 他认为自己算是一个历史学者。[⑨] 事实上，规范以及规范变化都是历史概念。[⑩] 当然这是逻辑的自然演变：我们只能描述业已发生的事情。谁承想到后来风靡一时的描述翻译学，在某种意义上发轫于这次鲁汶会议。它以实证研究为标志，大行其道了若干年，一时间似乎不描述，就是守旧、传统，应加以摈弃。但图里似乎也难做到纯粹的描述（有人这样批评他）。

---

① Bassnett, S. Translation Studies at a Cross-Roads［J］. *Target: International Journal of Translation Studies*, 2012(1): 17.

② 朗贝尔去年在澳门大学访问时，笔者当面向他求证过，他没有正面回答。

③ 如 *Translation Studies* (4th edition, 2013), *Reflections on Translation* (2011)，*Translation* (2014) 等书。

④ Bassnett, S. *Reflectionson Translation*［M］. Clevedon: Multilingual Matters, 2011: 1.

⑤ Bassnett, S. Writing in No Man's Land: Questions of Gender and Translation［J］. *Ilha do Desterro: A Journal of English Language, Literatures in English and Cultural Studies*, 1992(28): 66.

⑥ Hermans, T. Revisiting the Classics: Toury's Empiricism Version One［J］. *The Translator*, 1995(2): 216.

⑦ Simeoni, D. Interview in Toronto with Gideon Toury［J］. *Scientia Traductionis*, 2011(9): 330.

⑧ Simeoni, D. Interview in Toronto with Gideon Toury［J］. *Scientia Traductionis*, 2011(9): 336-337.

⑨ Simeoni, D. Interview in Toronto with Gideon Toury［J］. *Scientia Traductionis*, 2011(9): 350.

⑩ Simeoni, D. Interview in Toronto with Gideon Toury［J］. *Scientia Traductionis*, 2011(9): 352.

这个也许并不重要，毕竟他看重的是翻译的成品，而不计翻译的过程。

四　图里的翻译著作

前面提到图里用希伯来语写就的那本书，后来几乎无人提及，也就谈不上什么影响。图里的两部英文著作，至少在翻译界，却产生了重大的影响。他的《寻找翻译理论》（*In Search of a Theory of Translation*）于 1980 年由特拉维夫大学波特诗学和符号学研究所出版，但算不上正式发行。这本书写得挺烂的，用赫尔曼斯（Theo Hermans）的话说，“就写作形式和风格而言，图里是他自己最大的敌人……”，主要体现在“无休止的缩略语和东拉西扯……”他的句法也混乱不堪，“用法又不地道，还经常出语法错误”，专门术语的使用也无节制。[①] 尽管如此，这本书有力地挑战了传统的翻译观，主要基于实际而非哲学层面去考量现实生活中真实的翻译文本。

的确这本书的组织结构乱得令人瞠目，作者在书的前言里承认这就是一些文章和会议论文的混合。它根本就是一个未加整理的集子，未经好好编辑，有些话翻来覆去地说，各章多处重复加重叠，并大量地交叉引用——他喜欢狂引自己的毛病好像就打这儿落下的。如此满目疮痍的书，若从体例上看，几乎一无是处，怎么成了经典？这个披头散发的混合体出笼后，竟然产生了非常广泛的影响。任何体面的出版社都不会出这样的垃圾作品的，但不得不承认，这堆“垃圾”里不乏有用之物。书中又是符号学，又是社会学的，听上去挺“科学”的，似乎还附带地提出了一个研究框架和一套研究方法。翻译规范概念的提出直接回应了传统的等值问题——这无疑是一个纠缠不清的问题。在此之前，翻译研究的一个大问题在于过于关注可译性和不可译性，而考察翻译结果好像远比盯着翻译过程有意义，从而绕开了忠实与等值等说不清、道不明的麻烦。同时着眼点也移到了翻译文本生产的条件，以及在目标语的文化环境里的功能。[②] 图里认为纠缠于翻译过程毫无意义。他的这些提法在当时大有石破天惊的效果：人们好像终于能够从传统的翻译桎梏中解脱出来，困扰几个世纪的不可译问题似乎一下就蒸发了。一言以蔽之，研究翻译终变成了研究历史和文化现象。[③] 由此可看出描述翻译学潜在的逻辑：不操心不可译的问题，反正是译出来了，而且被认为是翻译，至于准确度如何，不必多加理会，如此一来，不可译的问题便不是问题。

然而，《寻找翻译理论》似乎与其后来所取得的地位不符。图里花了 15 年的功夫，写就了《描述翻译学及其他》（*DescriptiveTranslation Studies—and beyond*），由约翰·本

① Hermans, T. Revisiting the Classics: Toury’s Empiricism Version One［J］. *The Translator*, 1995(2): 215.

② Vanderauwera, R. The Art and Science of Translation［J］. *Dispositio*, 1982 (19/21): 177.

③ Hermans, T. Revisiting the Classics: Toury’s Empiricism Version One［J］. *The Translator*, 1995(2): 216.

杰明出版社于 1995 年出版。严格说，这不是一本新书，是在旧作《寻找翻译理论》的基础上修改而成的，删去了一些部分，更新和扩充了一些内容。无论如何，较之以前，这本书像样多了。但几乎可以说，这两本书实际上是一本书。第一本是草稿，第二本算是终稿。它仍旧是一本务实的书，没有讨论本雅明和德里达，作者力推描述性和实证性，反对规范性与推测性，更为侧重目标语。这是一本与《通天塔》截然不同的书，注重实证结果，不去纠缠哲学意义上的讨论。

但图里一味只顾接受效果，忽视信息的准确度和充分性，也因此受到了质疑。对目标语读者投其所好，一味讨好，势必造成矫枉过正。与传统的译学观念反其道而行之，原本可以理解，在一定时期内和程度上，也可产生效果，但终究经不起时间的考验。待初时的兴奋劲儿过了，人们冷静下来，便可能从信以为真转为疑窦丛生。有时的情形是这样的：从一个特定角度看问题，似乎道理满满，无懈可击。但换个角度，又觉得问题多多，站不住脚了。然而公平地说，《描述翻译学及其他》吸收了批评者的意见，对以前的偏激之处做了温和的下调。

五　描述翻译学及其局限

图里似乎淡化了阐释的功能和作用（斯坦纳的主题），而阐释是克服不可译的不二选择。但图里对翻译难题如何得以克服并不在意，他只注重翻译的结果。当然，也不能据此说他全然不顾翻译的过程，他不厌其烦、连篇累牍地谈各种规范，说到底，涉及的也是翻译的过程。只是他的方法是实证性质的，重心是可观察的产品（结果），看是否符合目标语体系内的规范，符合的越多，接受的情况就越好。在本雅明和斯坦纳眼里，糟糕的译文固然也是译文，但是加以鄙视的，而图里并不歧视差劲的译文。只要是在译入语体系内被视为或接受为翻译的便是翻译，没有好坏高低之分。如果说差劲的翻译也是翻译，何为差劲有时要视读者对象而定。一般读者可能偏好可读性（与目标语的规范契合度高），学者型的读者则青睐准确性或完整性，他们想弄清原文究竟讲了什么，是否好读并不重要。但好读的译作未必靠得住，如林纾乃至严复的翻译。

描述翻译学遵循的是某种历史相对主义的原则，为了便于描述各种翻译现象，图里给出了颇具自己特色的翻译定义："在（目标）文化中以任何理由呈现或视为翻译的所有话语……"[①] 如此宽泛和含糊，好像难以称得上定义。伪译之所以（至少在初时）

① Toury, G. *Descriptive Translation Studies —and beyond*［M］. Amsterdam and Philadelphia: John Benjamins, 2012: 27.

有“译”的身份,肯定是符合呈现或视为的条件,至少是后一个条件。其实图里这个“或”字用得并不准确,且有误导性。应该是“和”为好。如果呈现的是译文,而不被视为译文,那也白搭。但如果没当译文呈现,却阴差阳错地被认为是译文,那是误会。据此推下去,一个文本只要今天被视为翻译,哪怕第二天不被视为翻译了,那也是翻译,起码在我讨论的时候它是翻译。至于第二天我不讨论了,它是不是翻译与我何干?作为翻译的身份可能随时消亡,至于究竟何为翻译可谓是追究不深。

描述翻译学只要记录过去和现在的翻译实践就行了。如此,“等值”概念的相关性就不大,都说是翻译了,还老纠缠是否等值干嘛?不知不觉间,翻译和等值居然就脱钩了!不得不说,图里是玩概念的高手。取而代之的是更为笼统的概念,即翻译的充分性(adequacy)。何为充分的翻译,图里援引了佐哈尔的定义:

> “充分性”在这里使用的意义的最好定义(这不是普遍接受的)是佐哈尔的:“充分的翻译是在目标语言中实现源文本的文本关系,而不破坏其自身的[基本]语言系统的翻译。”①

即使这时,图里也不愿用“准确”或“忠实”的字眼,因为翻译的充分性不仅是意义的准确或理解的忠实,还涉及文本关系的重现,包括完整性及对间接翻译的容忍度下降,这显然属于以源语为中心的翻译观,要求在目标语文本里保留源语里所有相关的文本关系。

其实,图里对充分性和可接受性的论述有自相矛盾之处。一方面,他认为充分性和可接受性之间存在一定程度的不相容性,因此任何试图靠近其中一个的尝试都需要与另一个保持距离。②另一方面,他并不觉得充分性和可接受性是非此即彼的对立关系,他十分肯定地强调:“一个译作绝不可能只是充分性的,或是可接受性的。相反,它所代表的是两者的混合体。”③他认为追求充分性的代价是降低可接受性,他在书中也多次提到充分性,似乎对其给予了足够的重视,但实际上认为实现充分翻译“几乎不可能”④。既然如此,他便可以毫无顾忌地不必认真讨论充分性了,从而完美地实现了仅是口头上说说,充分性其实是可以忽略不计的。那剩下的当然只是可接受性了,至少可

---

① Toury, G. *Descriptive Translation Studies —and beyond* [M]. Amsterdam and Philadelphia: John Benjamins, 2012: 79.

② Toury, G. *Descriptive Translation Studies —and beyond* [M]. Amsterdam and Philadelphia: John Benjamins, 2012: 70.

③ Toury, G. *Descriptive Translation Studies —and beyond* [M]. Amsterdam and Philadelphia: John Benjamins, 2012: 70.

④ Toury, G. *Descriptive Translation Studies —and beyond* [M]. Amsterdam and Philadelphia: John Benjamins, 2012: 165.

以放心地把焦点放到后者了。这再次表明,图里的基本路数还是主要关心发生过的事情，犹如历史研究。

在《寻找翻译理论》一书里，充分翻译作为方法论的工具，引起了不少关注，但到了《描述翻译学及其他》，翻译的充分性就束之高阁了。[①] 因为任何把注意力引向源语文本的行为，都可引起原文和译文的对比或比较研究，岂不是有悖于描述翻译学的基本宗旨？图里似乎要竭力淡化原文的存在，从而规避译文与原文的比较。谈翻译竟然假装原文不存在，或无甚关联，似有掩耳盗铃之嫌。貌似创新，但又从根本上违背了翻译的基本规律和原则。也许在图里看来，传统翻译学只问耕耘不问收获，但他却有点儿只问收获不问耕耘。这大概与他沉迷于“伪翻译”有关。问题在于，无视源语文本的存在真的可行吗？

据赫尔曼斯观察，在描述翻译学的早期，作为理论和方法论概念的“忠实”观，被“等值”取而代之了[②]，虽然表面上看，二者意思并无二致。在 1986 年至 1996 年的十年间，“等值”也逐渐受到质疑，变得没有实际意义，大家更倾向于用“规范”这个概念。[③] 三个概念经历了一个替换另一个的过程。当年也许给人就是这个印象，但时过境迁，现在“规范”的概念似乎也失宠了。但不管怎样，图里对“规范”的使用持之以恒。他又花了 16 年时间出版了《描述翻译学及其他》的修订本，于 2012 年问世，扩充了篇幅，增加了几章内容。

图里受列维（Jiři Levý）影响，提出了翻译规范支配翻译的决策过程，同时也决定了等值类型。既然提等值，少不了涉及原文和译文的关系。图里想绕开原文，其实难以真正做到。他还区分了不同类别的规范：预备规范、初始规范和操作规范。规范是源自社会学的概念，图里成功地借鉴到翻译研究来。与此相关的还有“常规”（convention）——他也借用了这个概念。此外,他还指出:“每个语境都会施加约束。”[④] 约束的对象是翻译行为，这种约束有时像规则，有时仅是特异风格。[⑤] 翻译是一项受制于规范的活动，“在一个非常真实的意义上，所有约束行为的因素都是规范的变体……”[⑥] 翻译行为的受限，究其原因，跟源语有关，但对图里而言，着眼点还是定位在目标语。

---

① Hermans, T. Revisiting the Classics: Toury’s Empiricism Version One［J］. *The Translator*, 1995(2): 219.

②③ Hermans, Theo. “Norms and the Determination of Translation. A Theoretical Framework”. https://discovery.ucl.ac.uk/id/eprint/2005/1/Microsoft_Word_-_96_Norms_Determination.pdf.

④ Toury, G. *Descriptive Translation Studies —and beyond*［M］. Amsterdam and Philadelphia: John Benjamins, 2012: 40.

⑤ Toury, G. *Descriptive Translation Studies —and beyond*［M］. Amsterdam and Philadelphia: John Benjamins, 2012: 65.

⑥ Toury, G. *Descriptive Translation Studies —and beyond*［M］. Amsterdam and Philadelphia: John Benjamins, 2012: 65.

六 译学研究的发展走向

应该说，描述翻译学的影响还是可观的。其核心的规范概念吸引了其他翻译学者参与讨论，他们也分别做出了各自的贡献。因此，也可以说，图里做了开创性的工作。有论者批评斯坦纳缺乏原创性，那么图里的原创性又如何呢？我们不妨看看皮姆（Anthony Pym）是如何评价的吧：

> 这事你得往后退一步来看，但图里的许多独特的思维方式正是基于这一点：先接受所有人所说的，然后进行争辩，提出相反的或几乎相反的说法，可能同样有道理，如果不是更有道理的话。他是他的年代里惊世骇俗之人，我们有时实在无法理解，他通过把意见颠倒过来的方式塑造了我们的学科。①

上述观察近似调侃，亦真亦假，绝对值得玩味，好歹此文出自皮姆参与编辑的向图里致敬的一本论文集。图里仅仅是为反传统而反传统吗？他就是靠反着来才做的“创新”，以达到标新立异的效果？细思极恐，倘若是真的，似乎也太儿戏了吧?！当然不可能全是真的，图里是个严肃的学者。不容否认，他对翻译学科的建立和确立是做出了突出贡献的。

图里花了15年时间把自己第一部英文书修改成型正式出版，又费时16年更新、扩充了那本书。31年“磨”一书，可说是精雕细刻，反复求证，也产生了相应的影响，这体现在其他学者亦参与到相关的讨论。赫尔曼斯好长时期几乎全程陪伴，不懈地研究分析规范概念，尤其质疑图里划分的初始规范，称与之相关的充分翻译“是个乌托邦”②。有鉴于此，切斯特曼（Andrew Chesterman）提出了不同的规范理论，主要分两部分：产品规范（product norm）和过程规范（process norm）。前者也称期待规范（expectancy norm），由目标语读者的期待构成。③过程规范也是职业规范，进而又分三种，即责任规范（accountability norm）、交际规范（communication norm）和关联规范（relation norm）。切斯特曼的责任规范与图里翻译规范有个很大的不同点：强调了翻译的伦理，

---

① Pym, A. On Toury's Laws of How Translators Translate [A]. In A. Pym, M. Shlesinger & D. Simeoni (eds.). *Beyond Descriptive Translation Studies: Investigations in Homage to Gideon Toury* [C]. Amsterdam and Philadelphia: John Benjamins, 2008: 314.

② Hermans, T. *Translation in Systems: Descriptive and System-Oriented Approaches Explained* [M]. Manchester and Kinderhook: St. Jerome, 1999: 76.

③ Chesterman, A. *Memes of Translation: The Spread of Ideas in Translation Theory* [M]. Amsterdam and Philadelphia: John Benjamins, 1997: 64.

译者要对自己的决策负责；同时又具有规定（而非描述）性质，译者的行为应该满足相关人士（包括原作者及目标语读者）对忠诚的要求。[①] 译者也**应该**尽量使交际效果最大化，还**应该**在原作和译作之间建立和保持相关的相似度[②]（粗体为笔者所加）。与图里明显不同的是，切斯特曼不仅关注翻译产品，同时也关注翻译过程。

有关翻译规范的讨论，一直延续，1999 年出版了一本《翻译与规范》（*Translationand Norms*）的文集，由舍夫纳（Christina Schäffner）主编。这本文集收录了若干篇关于翻译规范的辩论，当时翻译界的几位重要人物都参与其间。所录文章基于在英国阿斯顿大学前一年举办的同名研讨会，初时刊登在《当前语言与社会问题》（*Current Issuesin Language and Society*）的期刊上。主要论者是图里和赫尔曼斯。舍夫纳总结了规范的核心内容："规范是有约束力的，违反这些规范通常会招致相关群体的某种不赞成。"[③] 这似乎暗示：有了前车之鉴，后面的译者一般会设法规避。

在图里看来，违背目标语规范要冒受罚的风险，在一般意义上，这一说法也站得住脚，但违背了文学语言的基本特质和规律。语言的文学性产生于语言的出新与出奇，也就是"陌生化"，俄国形式主义早在 20 世纪 30 年代就揭示了这个规律。可能原文的初始规范在源语读者眼里已是"违规"之举，并可能已受到某种程度的抵制。把伟大的文学作品和畅销书相提并论终不太合适，一部作品不朽的生命力不在于出版的时候销了多少册，其真正的价值是需要时间检验的。如果译者在翻译的时候一味地往提升可读性上靠，他 / 她可能是不道德的，既对不起原作，又对不起作者，更对不起他 / 她的读者。斯坦纳在这方面的眼界远比图里开阔，切斯特曼也比他考虑得周全。

另一相关的疑问是，按照规范的原则，异化翻译又如何立命安身？施莱尔马赫（Friedrich Schleiermacher）在 19 世纪初提倡异化翻译，是想丰富德国语言文化，对日耳曼民族进行"美学和文化教育"[④]。与此类似，鲁迅倡导的"硬译"，旨在发展汉语的词汇和句法。施莱尔马赫和鲁迅推动的都是违背目标语规范的翻译策略。难道他们不知道这么做的风险？同样，继承了德国浪漫派传统的贝尔曼提倡异化翻译，力主在目标语里保持文化的异域特征。在此基础上，韦努蒂主张的异化翻译源于抵抗式翻译，并由此发展而来，是一个政治化了的翻译策略。虽然异化翻译策略背后的动机和目的各有不同，但共同点是把目标语读者从舒适区里拽出来，使他们相对直接地接触和体

---

① Chesterman, A. *Memes of Translation: The Spread of Ideas in Translation Theory* [M]. Amsterdam and Philadelphia: John Benjamins, 1997: 68.

② Chesterman, A. *Memes of Translation: The Spread of Ideas in Translation Theory* [M]. Amsterdam and Philadelphia: John Benjamins, 1997: 68.

③ Schäffner, C. The Concept of Norms in Translation Studies [A]. In C. Schäffner (ed.). *Translation and Norms* [C]. Clevedon: Multilingual Matters Ltd., 1999: 2.

④ Bernofsky, S. Schleiermacher's Translation Theory and Varieties of Foreignization: August Wilhelm Schlegel vs. Johann Heinrich Voss [J]. *The Translator*, 1997(2): 175.

验源语文化，直面阅读他者的挑战。从某种意义上讲，过多地迎合目标语读者是短视的，是缺乏跨文化交流意识的表现。

图里看似详尽阐述了各类规范，也自成体系，但好像对翻译本质表现出相当程度的背离，把翻译这一人类极为复杂的活动简单化了。须知责任（accountability）（切斯特曼语）的缺失，或是对其无视（轻视、忽视），对翻译研究而言都可能是致命的。在标榜客观描述的同时，“描述”却人为地设置了藩篱，因为若不遵守规则（规范），风险甚大，是要付出代价的，起到了前车之鉴的作用。说到底，图里并非无视规则，只是关心隐形规则。

长篇大论地讨论完翻译规范后，图里言犹未尽，又单独留了第四部分，章节名内含“描述研究之后”（Beyond Descriptive Studies），与书名相呼应。上海外语教育出版社的引进版将书名译为《描述翻译学及其他》，窃以为辜负了图里的深意。难道看不出他心有不甘吗？还是想搞个“普世”的东西，说到底，是不满足于“描述”。这一章藏有宏图，怎是一个草草的“其他”就能打发的？

Beyond 一词有若干重含义，没有一个固定的汉语词语能将其意思“一网打尽”地包罗入内。因为除了“其他”，beyond 尚有“之后”“超出”“跨越”“超越”“除此之外”等意思。在此处究竟为何意？也许几层意思皆有。德里达在《什么是“相关翻译”?》（*What Is a “Relevant” Translation?*）一文里，对此问题有较为详尽的讨论。在解释何为 relevant 时，他大费周章，列出一长串令人目眩的“相关”词语，力求让读者明白他所指的意义。① 这无疑又是一个不可译而译之的典型例子。

图里在最后一章里似乎意识到了“描述”的局限性，毕竟，他的翻译规范理论是一个相对封闭的框架，所以需要走出（beyond）。在这一章里，图里将关注的目光投向了翻译行为的规律或准则，集中谈翻译行为的定律（law）问题，与前面章节的历史性质的观察路径显然不同，重心从描述转移到解释。有意思的是，时隔 16 年后，图里的这本书出了修订本，虽对这最后一章做了修订和一定程度的扩充，但基本观点没有太大变化。但无论如何，“超越”之说引起了不小的关注。2008 年约翰·本杰明出版社推出了一本论文集：《超越描述性翻译研究：纪念吉迪恩·图里的探索文集》（*Beyond DescriptiveTranslation Studies: Investigations in Homageto Gideon Toury*）。在书的前言里有这么一句话：“图里本人鼓励我们许多人进入‘beyond’（超越）的开放空间。”② 值得指出的是，图里的修订本是在 4 年后出版的，所以可以据此认为他参考了这本论文集

① 参见 Derrida, Jacques and Lawrence Venuti. “What Is a ‘Relevant’ Translation?” *Critical Inquiry*, 2001, 27 (2): 174–200。

② Pym, A. On Toury’s Laws of How Translators Translate［A］. In A. Pym, M. Shlesinger & D. Simeoni (eds.). *Beyond Descriptive Translation Studies: Investigations in Homage to Gideon Toury*［C］. Amsterdam and Philadelphia: John Benjamins, 2008: ix .

的相关内容。但让人失望的是，beyond 之说仍不得要领，我们看不到任何深入系统的探索，更遑论范式意义上的突破。看来 beyond 的道路崎岖，而“翻译行为定律”是否能算突破口，也有待商榷。

随着人们对翻译研究的期待，beyond 引发的挑战，变得有些刻不容缓了。在图里修订版出书的第二年，阿普特（Emily Apter）的一本《反世界文学:论不可译性的政治》（*Against World Literature: On the Politics of Untranslatability*）不啻投下了一枚重磅炸弹，要害问题是“不可译”，并称世界文学的可行性及合法地位因此而受到严重威胁，暗示翻译界根本就没解决这个问题。需要强调的是，阿普特的指责是不公允的，达姆罗施（David Damrosch）对此评论道：

> 在这本书中，没有讨论甚至没提到在当代翻译研究的“文化转向”中具有开创性意义的人物，如苏珊·巴斯内特、安德烈·勒菲弗尔、吉迪恩·图里、哈里什·特里维迪或劳伦斯·韦努蒂，尽管从 20 世纪 80 年代起，这些理论家们使以前形式主义的领域有了革命性的变化，正视了有关权力、不平等、语言的棘手性等问题。①

的确，阿普特的书几乎没有与译界同行的对话，包括图里在内的翻译界学者阿普特压根就没提。斯坦纳的待遇稍好一些，至少提了一句。毋庸置疑的是，阿普特有重大的疏漏问题，作为一个有影响的比较文学学者，她的做法未免草率粗疏。

阿普特 2005 年发表的另一部与翻译相关的著作《翻译地带：一种新的比较文学》（*The Translation Zone: A New Comparative Literature*）就已存在这个问题。皮姆当时写了一篇措辞严厉的书评，认为阿普特最不可饶恕的罪过便是没有引用他认为重要的翻译学者。然而，阿普特在这本书里毕竟提到了斯坦纳、贝尔曼和韦努蒂等人，只是图里又不在其列。到了 2013 年阿普特故态复萌，仍不理会翻译学者的研究。但翻译学者是否应以牙还牙，对阿普特这样的学者（以皮姆的眼光看，她的翻译观仍属于传统的）同样不予理睬呢？一直以来，翻译学者的研究成果有点儿受其他学科（哪怕是相近的学科如比较文学和世界文学）的冷落。为什么会这样？尽管阿普特的研究有疏漏，但她提出的挑战性问题，翻译学者理应正视。毋庸讳言，有些基本问题在翻译界本应得到很好的解决，各学科之间的交流互补也应达到某种健康的平衡，以建立起更具解释力的研究范式。

由此可见平衡的重要性。斯坦纳提倡源语和目标语之间存在一种关系，这便决定了翻译的特质，同时也决定了它必然是一种相对平衡的关系。当然，由于权力之间的

---

① Damrosch, D. Review of *Against World Literature: On the Politics of Untranslatability* [J] . *Comparative Literature Studies*, 2014(3): 507.

不平衡，这个关系经常是不平等的（学术翻译较少受此影响）。一定程度的厚此薄彼，情有可原，但过度厚此薄彼，这个关系就要失衡。审视翻译不可如此“功利”地（过于务实地）只看接受的效果。若源语文本没得到充分翻译，也许能勉强“被视为翻译”（图里语），但也可能被视为蹩脚的翻译，结果对原文的文学声誉造成损害。翻译如果做不到公正地对待原作，是经不起时间检验的。本雅明早就告诫我们如何避免差劲的翻译，但这似乎恰是图里所忽视的。

面对翻译的各种挑战，亟待译界同仁拿出更好的认知对策。斯坦纳的《通天塔》不在霍姆斯的路线图上，当年未获“主流”现代翻译学者的接纳，用今日的眼光看，后者的学术格局显得小了一点儿。作为现代翻译学的序曲，《通天塔》的影响是深远的，有很多可供我们借鉴的地方，毕竟展现的是多维度、多空间的网状结构，辐射面广，哲思深刻，张力十足，充满了各种继续深入探究的可能性。但毕竟年代已久远，无论是信息还是认知，都需要更新和突破。图里的实证研究，深入细致，有助于我们力戒泛泛而谈和言之无物。同时对于我们避免和克服浅尝辄止的弊端也有启示作用。他们两人的著作有批判性反思性的启迪价值，他们深入、系统、细致的治学为翻译学科的进一步发展奠定了坚实的基础。

综观现代翻译学的发展，固然已取得了惊人的进步，但各说各话，缺乏对话，无法达致多向互动的深度与效度。现仍有较为高密的学术藩篱需要打破，翻译的聚焦点其实很窄，而兼容量却极大，为此需要重塑更大的学科格局，以形成更有效的互动性与开放性。斯坦纳的翻译阐释学开放空间更大，而图里的描述翻译学则更为系统，我们可以从中汲取学术营养。总结国外翻译学者的经验和教训，对我们中国学者来说，十分必要，我们对学术格局的建构应做出贡献。现代意义上的翻译学历史并不长，但相关研究基本上是一个不断反思、改变甚至颠覆认知的过程。翻译的复杂性自不待言，中英和英中翻译实践衍生出许多挑战性的问题，唯有中国学者能真正有效地解决和提出令人信服的解释。为此，尤其需要我们做到承前启后，融会贯通，发扬“beyond”精神，不懈地寻求突破，助推中国的翻译研究走向深入化和多元化。

结　语

翻译研究正在步入成熟期，不大见到过去一段时间里那种一言不合就转向的现象。翻译界之所以有不断转向的冲动，皆因不乏有人摆脱不了跟风的陋习。因为一众学者缺乏批判性思维和基本的理性判断，便不能止住个别人“登高一呼”的冲动。翻译学现在似乎有些沉寂，但研究做得更为扎实一些了。温故而知新，我们今天重新审视斯坦纳和图里以及相关的一些翻译学者的研究贡献时，可以做到清醒和冷静地看到他们的贡献和局限。回顾过去走过的历程，有助于我们反思缺失，匡正歧误和偏差。面对不断变化的翻译挑战的新形势，以及随着人们对翻译规律的把握和对其本质的认知进一步深入，更为缜密的翻译理论体系终将产生。翻译的挑战不会让人却步，定会促使人们不懈地继续深入探索。

（作者单位　澳门大学）

本文原载《中国翻译》2021 年第 1 期

俄罗斯民族文化概念“истина(真理)”的人文—认知阐释*

彭玉海

摘　要　“истина(真理)”是一个包含哲学、文化、宗教和社会精神道义等多方面因素的观念意象实体，它在俄罗斯民族文化概念体系中具有鲜明的人文—认知特色，其根植于民族之本的丰富的文化语义意涵和哲学人文思想亟待深入探讨和挖掘。本文首先对“истина(真理)”这一文化概念特有的民族宗教文化内涵特质及文化关联性展开讨论，进而重点从话语综合分析入手，对该文化概念涵纳的社会文化和人文—认知信息进行分析和解读，借此深入研察该文化概念所蕴聚的社会观念认识、价值理想、精神传统和人文哲理等俄罗斯民族文化特征。

1.0　引言

“真理”是主体思想内在和事实存在之外在相互作用的结果，“истина（真理）”这一文化概念表示的是客观现实在人的思想意识深处的文化性刻画和描述，既有客观实在的哲学理性的一面（文化哲理性），又有人文记录的社会属性的一面（社会意义—价值性），它从哲学、文化观念价值和心智逻辑的人文角度投射出人类思想、精神乃至生命认知的光芒，在感知世界和审视自身的关系层面上映现出人类认识、理解自身和读解世界的哲理精神和人文智识。“истина（真理）”是一个包含哲学、文化、宗教和社会精神道义等多方面因素的观念意象实体，它在俄罗斯民族文化概念体系中具有鲜明的特色，其

*　基金项目：本文为国家社科基金项目“俄语动词概念隐喻的文化认知研究”（项目编号：19BYY209）和教育部人文社会科学重点研究基地重大项目“俄罗斯民族主干文化概念分析与解读”（项目编号：13JJD740011）的研究成果，获中央高校基本科研业务费专项资金资助。

根植于民族之本的丰富的文化语义意涵和哲学人文思想亟待深入探讨和挖掘。本文首先对“истина（真理）”这一文化概念特有的民族宗教文化内涵特质及文化关联性展开讨论，进而重点从话语综合分析入手，对该文化概念涵纳的社会文化和人文—认知信息进行分析和解读，借此深入研察该文化概念所蕴聚的社会观念认识、价值理想、精神传统和人文哲理等俄罗斯民族文化特征。相关研究将在俄罗斯民族世界观念和精神层面上深化对于这一能够触及民族理性思想实质的文化概念的认识，有助于从文化认知视角推进“真理”本质问题的深入探讨、增进对俄罗斯民族意识中“真理”的文化性理解。

2.0 “истина(真理)”的人文—认知特性

在以人文、认知和概念化为支点的文化世界中，文化体悟性与实践真知之间存在密不可分的联系，“文化观念（系指文化概念——引注）的实现内容、实现方式和实现程度必然以实践智慧的形式具体显现在整个文化观念系统背景中”[①]，而这一点在俄罗斯文化概念“истина（真理）”之中有着最为直观、鲜明的反映。“истина（真理）”包含丰富的同客观实在和物质经验（事实性存在）的民族认知信息，它不仅是一个哲学意味和观念色彩十分浓厚的概念单位实体，同时也是传达着独特的民族文化内容的人文意象单元，它在俄罗斯民族文化中构成极具特色的人文—认知概念范畴。

2.1 “истина（真理）”的俄罗斯宗教文化特性

俄罗斯民族文化概念“истина”蕴含丰富的同其民族传统和社会、历史文化特点紧密相连的内容和特征。俄罗斯人相信“真理”不仅有生命，而且是有精神的。在俄罗斯民族意识中，“истина”具有鲜明的宗教文化色彩。

俄罗斯文化理解中的“真理”同基督相吻合，“真理”的含义具有基督宗教的特质。在人类发展历史的不同状况下，基督真理可以通过不同范畴形式表达出来，它在俄罗斯民族意识中有自己独特的表现。“真理同宗教意识的联系显而易见。真理和基督上帝世界拥有包括评价特征在内的共同属性”[②]，上帝是真理的化身，真理成为上帝的真理（Божественная истина）、来自上帝的意念（Божественный идеал），真理的光芒是上帝的光芒，上帝是真理的纯正源泉，上帝、上帝的话语经常和真理

① 崔平：《文化观念的本体结构与文化比较的方法》，《哲学研究》2016 年第 12 期。

② Арутюнова, Н. Д. Истина：фон и коннотации[A]. Логический анализ языка. Культурные концепты[C]. M.： Наука, 1991. 23.

联系在一起。“我们不说‘上帝知道真理’,是因为上帝就是真理”[①],真理同上帝精神意志的关联及人们对它的崇拜心理在俄罗斯民族心智中有着充分的展现。истина 包含突出的伦理意识成分,“《旧约》和《新约》中,伦理要素作为不可分割的部分进入 истина(истинная вера/ 真理信仰)的概念(понятие)之中”[②]。俄罗斯基督教神学中,基督就是真理的太阳,是真理的光明。上帝之子诞生以后,来到世上的每个人都接受了基督真理之光的普照和恩惠。人们甚至认为基督教堂本身就是真理的化身。东正教教堂在两千多年的时间里不仅保护了该民族所信仰的真理,也保护了精神生活的真理,东正教成为“维护俄罗斯国家统一的精神旗帜和精神纽带”[③]。“宗教性、东正教及与之相关的对绝对真理的探求是俄罗斯民族最深层的文化特点”[④],这三方面内容、特点在俄罗斯民族文化概念 истина 中都有积极映射和体现。当代俄罗斯人眼里,东正教不仅包含着真理,而且同正义、善良以及美好事物之间都存在联系,这为它抹上了一层鲜明的人文道义和道德伦理的色彩,“真理永远是人的行为活动目的及最高理想之一。它同善和美相并而行”[⑤]。

俄罗斯民族心理中,东正教带给世界的不仅有真理,而且还有世人需要恪守的生活态度和信条,基本的圣经真理教化人们关怀、宽宥他人[⑥]。因此,借助理智的帮助去接近真理,一定意义上就是在接近上帝。从远古的拜占庭东正教传至俄罗斯的否定神学传统当中,真理不是靠形而上学的知识所能理解的,也不是靠文本典籍的途径能够获取和传达出来的。与此相关,直至当代,俄罗斯文化中对真理也存在一定膜拜心理并在某种程度上导致不可知论[⑦],认为真理难以言喻,超越了所有可能的哲学和形式逻辑定义。此外,真理同基督神学等“人”的精神感知因素有关,“上帝的真理通过神的启示、灵感得以认识”[⑧]。为了求得基督上帝不可动摇的真理(истина),是否应该放弃世俗虚幻的真实(правда),人们会为此而困惑和游移不定。进一步还可以看到,“上

---

① Арутюнова, Н. Д. Истина и судьба [A] . Логический анализ языка. Понятие судьбы в контексте разных культур [C] . М.: Наука, 1994. 307.

② Арутюнова, Н. Д. Истина и эстика [A] . Логический анализ языка. Истина и истинность в культуре и языке [C] . М.: Наука, 1995. 11.

③ 朱达秋、周力:《俄罗斯文化概论》,上海外语教育出版社,2010,第 232 页。

④ Воробьев, В. В. Лингвокультурологическая парадигма личности [M] . М.: Изд-во РУДН, 1996: 75

⑤ Арутюнова, Н. Д. Истина: фон и коннотации [A] . Логический анализ языка. Культурные концепты [C] . М.: Наука, 1991. 23.

⑥ 基督真理(христианские истины)同传统道德存在联系,истина 也会有日常世俗生活的成分,这在生活常用语 прописная истина(老生常谈,尽人皆知的一套话)、банальная истина(老生常谈的真理)、азбучная истина(起码的常识)中便得一见。

⑦ 有时,真理可能给人以捉摸不定的感觉,难以分辨,形成真理同幻象之间的特殊关系:В отличие от него она защищает не Истину от фантомов, а фантомы от Истины.(有别于他的做法,她所维护的不是真理免受幻象侵害,而是让幻象不受真理的影响。)

⑧ Арутюнова, Н. Д. Истина:фон и коннотации[A]. Логический анализ языка. Культурные концепты[C]. М.: Наука, 1991. 23.

帝世界同人的世界之间还存有另一个关系层面。上帝世界立足于力量原则，它以各种社会权力形式作用于人，包括命定力（试比较：天意、神明、命运、厄运）、立法力、司法力和一定程度执行力，相应上帝法庭创造出最高层次的公正，上帝‘以它的真理’赐福于人。在这些关系的上下文中真理的语言等同于法律语言，真理被理解为是人的行为据以接受评判的那一法律”①。这样，真理获得了能够对人类行为做出裁决的法定力量，显示出俄罗斯民族意识中人同基督上帝以及真理之间的特殊联系。俄罗斯民间有一个古朴的真理即“人是万物的标尺”，与此同时，“人”背后却往往是“人化”的基督上帝，主宰着“真理”和万物的是作为上帝化身的“人”。

2.2 “истина（真理）”同“правда（真实）”的文化关联性

汉语、英语、法语等民族语言中的同一个“真理”在俄罗斯文化中却有“истина”和“правда”两种不同记录和观念化表达，这是俄罗斯人对世界特有的认知和思维方式以及抽象语汇民族特性的具体表现。②俄罗斯民族文化概念“истина”语义内涵同“правда（真，真实）”的文化含义之间存在特殊关联，通过比照，不仅可以进一步反映出它的文化蕴意，而且还可以加深对这一文化概念的文化内涵和实质的认识。

从истина同правда的关系上审视，“истина与правда均属于认识论概念范畴”③，“均包含同现实相一致的关系”④，并且都同规则、法律、审判等概念相关或属于同一概念序列⑤，在人的生活中都极具意义和价值（Замалчивать истину—всё равно что закапывать золото/ 隐瞒真相就像是掩埋金子；Правда дороже золота/ 真实比黄金更可贵）。与此同时，“истина面向的是作为知识对象的世界，而правда关心的是人的生活，属于生活范畴”⑥。“истина指向理论的一面，правда指向实际的一面。一定意义上，只有上帝才知道истина，而人们所知道的是правда。因此，每个人都有自己的真实（У каждого

---

① Арутюнова, Н. Д. Истина：фон и коннотации［А］. Логический анализ языка. Культурные концепты［С］. М.：Наука, 1991. 23.

② 杨秀杰：《语词 свобода 和 воля 的观念分析》，《外语学刊》2009 年第 6 期。

③ Арутюнова, Н. Д. Введение［А］. Логический анализ языка. Ментальные действия［С］. М.：Наука, 1993. 3.

④ Арутюнова, Н. Д. Истина и эстика［А］. Логический анализ языка. Истина и истинность в культуре и языке［С］. М.：Наука, 1995. 15.

⑤ 但在信仰和宗教条文的影响之下，правда 丧失了同法律、审判之间的联想意义关系，保留了同道德、道义的联系，правда 概念成为对道德法规的概括以及对理想的社会和人的关系的表征（Арутюнова，1995：15）。

⑥ Арутюнова, Н. Д. Истина и судьба［А］. Логический анализ языка. Понятие судьбы в контексте разных культур［С］. М.：Наука, 1994. 306. Шмелев, А. Д. Правда vs. истина в диахроническом аспекте（краткая заметка）［А］. Логический анализ языка. Истина и истинность в культуре и языке［С］. М.：Наука, 1995. 55.

своя правда），而不是每个人都有自己的真理（* У каждого своя истина.）。可以说‘请对我说真话’（Скажи мне правду），而不讲‘*请给我讲真理’（* Скажи мне истину）”[①]。由于 правда 属于人的世界，它的存在要以人们知道为前提[②]，“правда 是由内而外的，说真话（сказать правду）意味着人讲的是自己知道的。而 истина 的存在不以人的意志为转移，人只能去了解它、掌握它，在这一意义上，它的运动方向是由外部世界进入认知主体，不属于生活领域，而属于科学抽象范畴或宗教、上帝世界，因此我们才会说真理只有上帝知道（Истину знает только Бог）”[③]。而古俄罗斯文献所显示的 правда-истина 对应关系确乎恰恰相反：правда 属于上帝世界（Божья правда），истина 属于人的世界（носитель истины/真理的载体）[④]，В. И.Даль 也曾注意到，“истина 来自地面，是人类智慧的财富，而 правда 来自上天，是善行、恩惠的一种馈赠”[⑤]。这一认识表面上看起来是 истина 和 правда 在“上帝”和“人的世界”方面的归属、来源的不同，但实质上反映的是俄罗斯民众对 истина“符合现实性、符合规则和正当性”这一特点的高度认同，正是出自对这一观念的强调和重视，人们将 истина 看成同“人的世界（мир человека）”关系更大的概念，相应 правда 就更接近于上帝的世界。因此这种对应关系分差背后所体现的是俄罗斯民族对 истина 和 правда 的不同哲学观和认识论。总体而言，俄罗斯民族意识中的前一种认识占据主流地位，即 истина 是上帝世界的、客观理性的，而 правда 属于人的世界，同人的主观现实有关。

由于存在主观意念性和客观定则性的不同，правда 可能有多个，但 истина 只能有一个。可以说有不同真实（правда）观念的人，但不能讲拥有不同真理（истина）的人。如果将二者放置于命题（语义）框架加以理解，则可发现，“истина 与 правда 都指出句子内容同现实的对应关系，但有别于 истина 的是，правда 的意义具有非基本的一组特征，即句子内容同现实的对应性在句子中体现为该对应关系的两个条件均得以满足的情形：①说话人所想的同现实中存在的相适应；②说话人所讲的同他所想的一致”[⑥]。而从二者历时语义演变关系上看，俄罗斯文化中的 истина 同 правда 的语义关系演化同 правда 概念

① Шмелев, А. Д. Лексический состав русского языка как отражение“русской души”?［A］. Зализняк Анна. А. , Левонтина, И. Б. , Шмелев А. Д. Ключевые идеи русской языковой картины мира［C］. М.：Языки славянскойкультуры, 2005. 25-26.

② Арутюнова, Н. Д. Истина：фон и коннотации［A］. Логический анализ языка. Культурные концепты［C］. М.：Наука, 1991. 26.

③ Шмелев, А. Д. Правда vs. истина в диахроническом аспекте（краткая заметка）［A］. Логический анализ языка. Истина и истинность в культуре и языке［C］. М.：Наука, 1995. 55.

④ Успенский, Б. А. Краткий очерк истории русского литературного языка（XI-XIX вв.）［M］. М.：Гнозис, 1994. 126-128.

⑤ Даль, В. И. Толковый словарь живого великорусского языка（современное написание слов）［Z］. М.：Цитадель, 1998.1259.

⑥ Шатуновский, И. Б.“Правда”,“истина”,“искренность”,“правильность”и“ложь”как показатели соответствия /несоответствия содержания предложения мысли и действительности［A］. *Логический анализ языка. Культурные концепты*［C］. М.：Наука, 1991. 31-37.

本身的发展同步，二者起初执守同一信仰，但在希腊圣经思想的影响下产生了差异，进而彼此接近之后，又分隔开来：истина 保留了宗教信仰和合理的知识成分，правда 则存留下伦理意识，并且获得同客观评价和道义评价相匹配的因子[①]，同时主观评判因素也较为突出，因此可以说“Правда глаза колет/Правда уши дерет（忠言逆耳）”，但不能说“* Истина глаза колет /* Истина ушидерет（* 真理逆耳）”。В. Г. Гак 看到，“истина 同 правда 尽管有相互交叉的共性成分，但仍有区分，主要表现为 истина 指出人的意识中对客观现实的准确反映，而 правда 表现的是所言内容同现实之间的一致性。这一差别在两个词的使用和其派生词的意义中得以反映：изрекать истину-говорить правду（说明白真理——讲出真话），истинный друг-правдивый друг（真正的朋友——真实的朋友）”[②]。相比于 правда 的某种主观认识论特点，истина 所体现的是更高层次的认识论价值，“在认识论内容之外，它更拥有指向公正的存在方式之价值论意义”[③]。然而，现实生活中的 правда 有时却比 истина 更为重要，因为在同与理性事物的较量中，人们往往更看重人内心鲜活、真实的思想体会和感受[④]，这也从一个侧面折射出俄罗斯民族文化中的“истина（真理）”对人的社会活动行为和现实生存需要的某种特殊适应性以及“真理”在其“物性”与“人性”之间所持有的一种特殊人文张力。

3.0 “**истина**”的人文—认知解读

文化概念的人文—认知解读是指通过文化概念对应的话语结构及其内容，对该文化概念语词传递的文化含义和信息进行认知解读，挖掘出现实言语关系之中的文化概念认知蕴意和文化特征。“从认知方面看，文化概念同样从身体经验的涉身感知和意象中体现出显著的民族意识内容特性”[⑤]，语句现实内容能够在认知层面上激活概念语词的文化语义潜能，随着文化概念语词所在语句的认知语境和上下文组配单位意义等因素的变化，文化概念通过语句整体内容的综合表现和语义信息联动，可传达出丰富的文化认知信息，帮助真实地感知和解读文化概念的民族文化特征和文化含义[⑥]。此外，“语

---

① Арутюнова, Н. Д. Истина и эстика［A］. Логический анализ языка. Истина и истинность в культуре и языке［C］. М.：Наука, 1995. 19.

② Гак, В. Г. Истина и люди［A］. Логический анализ языка. Истина и истинность в культуре и языке［C］. М.：Наука, 1995. 24.

③ Безлепкин Н. И. Философия языка в России：К истории русской лингвофилософии［M］. 2-е издание, дополненное, Санкт-Петербург：Искусство-СПБ, 2001. 386.

④ Левонтина, И. Б. Звездное небо над головой［A］. Логический анализ языка. Истина и истинность в культуре и языке［C］. М.：Наука, 1995. 35.

⑤ 彭玉海、彭文钊：《俄罗斯文化概念与民族世界图景》，《外国语文》2016 年第 3 期。

⑥ 彭玉海、王朔：《俄罗斯民族精神文化概念“дружба / 友谊”的分析与解读》，《山东外语教学》2017 年第 6 期。

言信息单位（包括语词和语句——引注）是语言与文化的结合体，语言文本具有文化指向功能，是存在于民族意识中为文化记忆所固定了的、反映现实世界的表达层面，一个民族经验和‘历史声音’的印记”[①],其中语句、话语构式的语义内容涵纳着极为丰富的民族社会、观念、价值、情感、伦理、道德、宗教、精神等方面的文化信息。因此，针对包含概念语词的概念隐喻性话语内容的文化解析，就是对包含相应文化认知信息的文化概念本身的分析，“文化概念内容构建于名词语义结构，……依靠名词的隐喻使用及包含它的话语内容来进行分析”[②]。正是在这一意义上,“隐喻既是一种认知模式，又是一种复杂的语言文化现象”[③]。

人文—认知解读的核心点是“透过概念语词语句内容及其文化认知（语义）心理完形传达出的有关于文化概念对象事物的认识、态度、观念等信息或者所发生的同该文化概念事物相关的情景—事件来解读文化概念”[④]，具体透过概念语词的功能表现和语句的文化语义及认知条件，动态化地呈现文化主体对相关文化概念事物的认知体悟和思想态度，同时还可以通过围绕文化概念事物所发生的各种事件、现象传递有关于它的民族文化信息。从文化概念语词的语言功能方面讲，它以命题构式要素的身份参与到动词语句和话语组织的构建，同时将其文化意义因子、文化内涵特征等注入话语文化内容构造；从概念语词映照的文化事物对象上讲，透过话语内容以及文化主体表现出的对该事物对象的各种主观认识和感受，可以提炼出极为丰富的民族文化思想信息，进而围绕该文化概念事物能够真实、客观地解读出各方面的社会文化和民族意识内容，“观念（系文化概念——引者）依赖于该民族的语言和世界观，通过语词在话语中得到表达，更在对话、交际中丰富、发展和再生”[⑤]。不仅如此，人文—认知解读基于话语框架—脚本所关联的语句内容和民族文化知识背景，在相对完整的情景—事件关系中探寻俄罗斯民族文化心理、文化定型，可以多方位、多层次、立体化地展现文化概念在民族文化体系中的强大文化张力。

人文—认知解读的独特性在于，具体的文化概念信息同上下文之间的关系非常密切，有时看似相近的语句，因为细微的话语条件差异而会产生截然不同的文化语义内容，相应呈现出相关文化概念的不同文化解读。针对文化概念“истина”，可以展开真理的价值判断、世界观内涵、社会价值和功能、精神认知、道德立场、社会表现、(观念)社会理想、伦理性、社会互动与关联等方面的人文—认知解读。

---

① 杨洁:《俄语语言与文化关系研究综述》《山东外语教学》2010年第5期。

② Лассан, Э. Надежда：семантический и концептуальныйанализ［J/OL］. Respectusphilologicus, 2（7）, 2002. http://filologija. vukhf. lt/2-7/lassan. htm. 13.

③ 肖名丽:《隐喻的认知方式及其文化阐释》,《山东外语教学》2000年第1期。

④ 彭玉海、曾永兴:《论文化概念的分析策略》,《外语学刊》2018年第1期。

⑤ 杨秀杰:《语言文化学的观念范畴研究》，黑龙江人民出版社，2007，第99页。

（1）真理的价值判断文化解读

Но истина оказалась выше авторитета.（真理高于权威。）这是在对真理的社会价值地位认识和高度心理认同之中对真理所做的价值判断文化解读。Истина превыше всего.（真理高于一切。）这是在真理的最高价值地位和心理认同上反映俄罗斯民族对真理的价值判断。Наряду с научной страстностью ему было присуще рыцарское отношение к науке：убеждение，что истина всего дороже.（他对科学有一种骑士般的侠义态度，那就是怀着“真理重于一切”的信念。）这是在对真理的执着追求、坚定信念及对其重要性的客观理性认识之中表现对真理的价值判断。Уж кому-кому, а Волконскому истина дороже друга.（真理重于友情。）这是在真理的理性认识（价值）同友情之间的关系以及对真理的突出价值倾向之中反映俄罗斯人对真理的价值判断文化解读。Заметьте，что в качестве реалиста он не может солгать и что истина ему дороже успеха.（作为一个讲求实际的人，他不会说谎，真理对他比成功更为重要。）这是在真理同个体的价值利益认同和孰轻孰重衡量上表明对真理的价值判断文化解读。

（2）真理的世界观内涵文化解读

Терпи, трудись, молись и надейся—вот истины, которые бы я желал внушить разом всему человечеству!（忍耐、付出、祈祷、期盼/满怀希望——这就是我想要尽快教给人们的真理。）这是基于对真理深刻而独到的精神领悟及热切的现实分享意愿而做出的有关于真理的世界观内涵文化解读。Не стоит выдавать свою личную точку зрения за всеобщую истину.（不应当将个人观点当成普遍的真理。）这是在真理同个体认识的关系对比之中呈现对真理的世界观内涵文化解读。В этой борьбе за выживание рождается истина и конкурентоспособность.（为了生存而战的斗争中诞生了真理和竞争能力。）这是在真理产生所倚靠的生活基础、社会背景之中对世界观内涵进行的文化解读。

（3）真理的社会价值、功能文化解读

Любовь к истине создаёт мудрецов，благодетелей человечества.（对真理的热爱塑造智者和善人。）这是在社会智识积极群体的形成同真理之间不可分割的关系之中对真理所做的社会价值、功能文化解读。Чем больше узнавала Мира от своих подданных правду-истину，тем ярче и ярче разгоралась в её сердце любовь к ним.（从自己的子民那里了解到的世界真相越多，心中燃烧着的对他们的爱就越来越鲜明、强烈。）这是在人的情感意识、情感理解及表现同真相之间的特殊互动关系之中表现真理的积极社会价值、功能。Облагораживают не знания，а любовь и стремление к истине，пробуждающиеся в человеке тогда，когда он начинает приобретать знания.（让人的精神境界变得高尚的不是知识，而是他接受知识之初就被激发出来的对真理的爱和追求。）这是在人的精神情怀和社会情操水准同真理之间的直接、现实关联之中体现真理的社会价值、功能。

Вера в истину спасает，вера в ложь и в бесовскую прелесть губит.（对真理的信念能够拯救人，相信谎言和魔法的魅力则会害人。）这是在真理的积极社会价值和谎言的显著负面作用的强烈（利弊）对比关系中做出的有关于真理的社会价值、功能文化解读。

（4）真理的精神认知文化解读

Какая это простая и великая истина,-думал Петр, глядя на звездное небо.（真理既是伟大的，也是朴素的。）这是在对真理最为核心而又根本的文化内涵认识高度上对真理所做的精神认知文化解读。Истина совершенна и целостна. Приобщение к ней дарует благодать.（真理是完美而完整的。掌握真理会让人得到幸福。）这是在真理的理解、评价及其同人性感知、心理觉悟之间的联系之中展现俄罗斯民族对真理的精神认知文化解读。Ведь истина все-таки в руки не дается.（真理不是轻而易举所能获得的。）这是通过获取真理的不容易所表现出来的对真理的精神认知文化解读。Точно установить истину на удивление сложно практически в любом вопросе，даже самом простом.（事实上哪怕是在任何简单的问题中准确地认定出其真相都是不容易的。）这是在简单的事情真相、实情的判析之中对真理进行的认知文化解读。Несообразность между положением человека и его моральной деятельностью есть первейший признак истины.（人的处境和他的道德行为之间的冲突是真理最重要的特征。）这是在真理的人性主张和道德体现之中显示俄罗斯人对真理的精神认知文化解读。

（5）真理的道德立场文化解读

И чем яснее становилась для него высшая истина，тем решительнее должен был он осуждать ложные пути общественного действия.（在他眼里，最崇高的真理变得越是明朗，他就越是应该果断地谴责社会行为中的虚假套路和手段。）这是通过面对社会现实不正之风时，真理所应秉持的社会行为、态度之中体现出俄罗斯人对真理的道德立场文化解读。Поступай по истине, и долог будет твой век на земле.（按真理办事，人的生命将会变得长久。）这是通过对真理行事原则以及真理同人的生活、生命质量之间关系的肯定表现俄罗斯人对真理的道德立场文化解读。Неужели мне открылась истина жизни только для того, чтобы я жил во лжи（难道我明白了这些生活真理仅仅是为了生活在虚假之中吗？）这是在真理同虚假之间的鲜明对立和是非辨别之中对真理的道德立场文化解读，是对“真理作为”的一种深层道德反思。

（6）真理的社会表现文化解读

Казалось бы, очевидная эта истина усваивалась с трудом，немногими.（Д. Гранин）（看来，这一浅显的真理掌握起来似乎也不容易，并不是很多人都能明白的。）这是在对真理的理解、掌握之不易的生活感知、体悟之中显示俄罗斯人对真理的社会表现文化解读。В самом деле, джентльмены, не стоит ли нам иногда задуматься над простыми истинами？（В. Аксенов）（事实上，我们有时不应当认真思考一下这些简单的真理吗？）这是在对待朴素真理的态度和思考之中体现对真理的社会表现文化解读。Одна, всем очевидная и всеми принятая, истина со временем вполне может превратиться в совершенно неправильную точку зрения.（В. Бедняков, Н. Русакович）（随着时间的推移，真理也完全可能变成为不恰当的观点。）这是通过认识论上的真理自然表现、真理的客观表现规律反映出来的有关于真理的社会文化解读。

（7）真理的（观念）社会理想文化解读

Человек перейдёт в царство истины и справедливости, где вообще не будет надобна никакая власть.（М. А. Булгаков）（人类一旦进入真理和正义的王国，那就将无须任何形式的权势 / 权威。）这一方面显示出真理和公正往往是联系在一起的，另一方面在真理世界守法、有序的社会环境和平等友爱的人世常情、人际关系之中展示俄罗斯民族对真理的（观念）社会理想。Всё неправедное, всё ложное гибнет, рано или поздно гибнет; одна истина не страшится времени; одна истина пребывает вовеки!（Н. М. Карамзин）（一切不公正和虚假迟早都会消亡，只有真理经得住时间的考验，只有真理会长驻人间！）这是在真理的社会公正力及社会绵延传续力之中表现俄罗斯民族对真理的（观念）社会理想。

（8）真理的伦理性文化解读

Истина должна быть принята свободно, а не принудительно, истина не терпит рабского к себе отношения.（Н. А. Бердяев）（真理应该是自由接受，而不能是强加于人的，真理不容许人们以奴隶般的态度来对待它。）这是在真理同人的关系以及真理作用于人的（应有）方式、人在接受真理时应该抱有的态度之中展现俄罗斯民族对真理的伦理性文化解读。Важна не истина, а бытие-в-истине, в конце концов，важно не то, что ты можешь помыслить и сказать, а-кто ты есть.（П. Кузнецов）（重要的不是真理，而是真理中的存在，最终重要的不是你想了些什么和说了什么，而是你是谁。）这是在真理所遇到的现实性（问题）、真理对这一现实存在的认同以及人同真理的伦理价值关系之中体现俄罗斯人对真理的伦理性文化解读。Истина-фундаментальная ценность бытия. Если в основе жизни неправда, заблуждение, то жизнь не состоится.（Рождественское послание Патриарха Московского и всея Руси Кирилла // Журнал Московской Патриархии № 1, 2010）（真理是存在的基本价值。如果生活中充满了谎言 / 欺骗、谬误 / 迷惘，那么生活将无法继续。）这是通过真理在人的社会生存、活动之中的价值作用反映俄罗斯民族对真理的伦理性文化解读。

（9）真理的社会互动、关联文化解读

Мудрый не боится заглянуть в лицо истине…（Ф. М. Достоевский）（智者是不畏惧直

视真理的。）这是通过社会特定群体在真理面前的勇敢无畏精神及对待真理的坚定态度体现对真理的社会互动、关联文化解读。Истина, по Достоевскому, в области последних мировых вопросов, не может быть раскрыта в пределах одного индивидуального сознания.（М. М. Бахтин）（真理仅靠某个人的认识是无法揭示的。）这是在真理的揭示同个人之举的能力有限性的关系之中反映俄罗斯人对真理的社会互动、关联文化解读。…Когда потребность истины делается жизненно необходимой, Толстой предпочёл бы вообще обходиться без слов.（Ю. М. Лотман）（……当人们对真理的需求成为生活的必需时，没有多余的话会更好。）这是在真理同人的生活需求之间的必然关联及其同言语说理之间的关系中表现俄罗斯人对真理的社会互动、关联文化解读。

以上有关于俄罗斯民族文化概念 истина 的人文—认知解读，通过对真理的最高价值地位和高度心理认同以及对真理的追求和鲜明的价值态度等方面，传递出该文化概念在价值判断、世界观内涵、社会价值和功能、精神认知、道德立场、社会表现、（观念）社会理想、伦理价值以及社会互动、关联层面的人文—认知信息。这一分析为认识、把握俄罗斯民族世界观提供了真实而深刻的文化价值精神内容，有助于“部分为整体地一步步走近俄罗斯文化、深入俄罗斯民族的灵魂和内心世界”[①]。因此，对“истина”的人文—认知解读同时也是对该文化概念语词意义与价值的创造和揭示，即通过“истина”的文化观念内容分析和解读，“创造一个新的世界，一个观念和意义的世界”[②]。

4.0　结语

综上所述，俄罗斯民族文化概念“истина（真理）”一方面具有客观、理性的特点，同文化概念“правда（真实）”相关联；另一方面在文化渊源和文化表现上具有鲜明的基督宗教文化内涵特色。истина 具有多样化的文化表现范式，涉及人正面、积极的或负面、消极的各种行为文化样态，体现俄罗斯人在这一“行事观念”文化对象物面前对自身的文化审视和文化定位，从人文、认知和哲学层面实质性地展现和推动着俄罗斯民族的“文化历史运动”[③]。“истина（真理）”的人文—认知解读进一步从价值判断、世界观内涵、社会价值和功能、精神认知、道德立场、社会表现、（观念）社会理想、伦理价值以及社会互动、关联层面等方面映照出 истина 的民族观念意象以及哲学人文

① 彭玉海、王朔：《俄罗斯民族精神文化概念“дружба / 友谊”的分析与解读》，《山东外语教学》2017 年第 6 期。
② 彭文钊：《文化函数论与文本阐释的方法论问题》，《外语学刊》2004 年第 6 期。
③ 陈勇：《俄罗斯语言哲学发展史观》，《解放军外国语学院学报》2015 年第 6 期。

色彩和文化精神光芒，表明“истина（真理）”所蕴含的意志选择性、心智领悟性、认知创造性和人对精神、道德、伦理价值和社会理想的追求等人文意蕴。这些方面都充分显示“истина（真理）”的文化认知实质和它所具有的独特社会人文背景特性，同时也从人文—认知方面体现出“истина(真理)”主观—客观辩证统一。正是在这一意义上，可以说作为文化概念的“истина（真理）”透射着特殊的人文哲理气息，是一种独特的人文—认知形态。

（作者单位　四川大学外国语学院　黑龙江大学俄罗斯语言文学与文化研究中心）

本文原载《山东外语教学》2021 年第 2 期

摘要收录

王安忆作品在俄罗斯的译介与阐释

王安忆是中国文坛最具思想性的当代作家之一，虽然在商业利益的驱动下，其作品俄译本发行数量为数不多，但研究成果视角独特、观点鲜明，对汉学界具有启发意义。文章以俄罗斯最早出现的关于王安忆的介绍性文字为切入点，系统考察了其作品在俄罗斯的译介历程与研究情况，总结了研究特点：对中国评论界的批判性接受、对中国传统文化因素的关注和对作品艺术世界的整体观照。

作者：白杨[1]　白璐[2]

单位：1. 沧州职业技术学院　2. 沧州师范学院

文献出处：《俄罗斯文艺》2021 年第 4 期

生态翻译学复杂性思想的复杂适应系统阐释

用复杂适应系统理论来理解生态翻译学研究的性质，就是试图寻求生态翻译学蕴藏的“适应性造就复杂性”的思想特性。因此，生态翻译学探讨的核心问题是如何在复杂的翻译生态环境中揭示翻译的生成性特征，即翻译的受限生成过程。如果把受限生成过程看作生态翻译学研究的模型，那么生态翻译学所探讨的受限生成过程思想则折射出一种新的研究范式——复杂性思维范式。简而言之，生态翻译学研究的复杂性思想可以从复杂适应系统理论的研究思路中得到挖掘与理解。

作者：罗迪江

单位：郑州大学外国语与国际关系学院　广西科技大学外国语学院

文献出处：《山东外语教学》2021 年第 3 期

中华传统思想文化术语英译的对外传播研究

中华思想文化术语是我国向世界发出中国声音的重要载体。本文以《中华思想文化术语传播工程》术语库发布的术语为语料，探讨中华传统思想文化术语的特点：认知层面的抽象性、鲜明的历史性和阐释的语境性等；解析其难点：对术语抽象意义的准确理解、中华历史特有时期相关典籍翻译的二次构造和不同语境下同一思想术语的灵活阐释等。在 Lasswell 的 5W 传播模式基础上，从思想文化和语言两个维度提出中华思想文化术语英译传播模式，以期为术语翻译提供英译策略参考，推动我国传统思想文化精神的对外传播。

作者：蒙岚

单位：广西师范大学　中南大学

文献出处:《上海翻译》2021 年第 3 期

译者的“他者”思维对中国古典诗词的反观

——以《古诗十九首》为例

汉代大儒董仲舒提出“诗无达诂”的诗歌阐释观点后，中国自古以来的诗词研究者们无不皓首穷经地解读古典诗词。然而，受常态化的汉语文化思维结构的影响，许多古典诗词文本得不到充分的多角度的阐释。翻译是译者使用“他者”思维对原文本的检索和阐释。在外域文化思维介入之后，译者会得出与传统训诂不同的阐释，并且从中国古典诗词文本中发现逻辑思维、叙述结构等多方面的问题，从而产生更传神合理的译文。

作者：谢艳明

单位：中南财经政法大学外国语学院

文献出处:《长江学术》2021 年第 2 期

时代呼唤，使命担当
——史诗《格萨尔》科恩曼英译本的语境阐释与翻译倾向

在《格萨尔》的百年英译历程中，译本大都以节译、编译、创译的形式出现，科恩曼英译本独辟蹊径，采用藏英对照、以诗译诗的传统翻译方式，诗意地展现了《格萨尔》史诗的原本面貌，这是在时代呼唤之下出现的忠实于原作内容风格、展现原作精神的全译本。挖掘科恩曼英译本的结构与内容、风格与特色，分析译者的文化语境处理和翻译倾向，对于我们结合当下民族志的深厚翻译理论、表演理论，打造《格萨尔》史诗英译的理想范本有重要的启发意义，在一定程度上也能为中国少数民族文化“走出去”提供理论范式。

作者：臧学运　潘云默

单位：山东建筑大学外国语学院

文献出处:《西藏研究》2021 年第 1 期

“哀悼”：利科与德里达的翻译伦理思想之比较

利科和德里达分别是 20 世纪法国著名的阐释学家和解构主义代表人物，翻译在两位哲人的思想历程中都占有重要地位。作为弗洛伊德精神分析理论中关于记忆的重要概念，“哀悼”一词反复出现在两人的论述中，并与自身及他者的关系紧密结合在一起。能否出离“哀悼”是两人对翻译伦理问题思考的分歧之一，而这一分歧一方面来源于两人对《圣经》特别是巴别塔故事的不同阐释观，另一方面也缘于两者不同的文本理论。“哀悼”为我们比较利科和德里达的翻译伦理思想提供新的切入点。

作者：顾晓燕

单位：南京大学　南京财经大学

文献出处:《外语教学理论与实践》2021 年第 1 期

历史合理性：翻译批评的一个基本向度

翻译批评史研究是对既往翻译批评活动的描写与阐释。批评主体和话语实践的历史特质决定了翻译批评史研究本质上是对翻译批评实践的历史认知和意义审美。研究者需在整体观的方法论指导下，将批评置于政治、经济、文化、教育等多重因素纠缠共生的历史框架中，在合历史、合目的的机制中进行知识考古和价值观照，探究批评生成的历史脉络和合理性。历史合理性将翻译批评发生的历史根源纳入考量范围，不仅可避免批评研究的“情绪化”、“简单化”和“平面化”，增强批评的信度和效度，更有利于我们深入考察批评生成的文化肌理，从而拓展和深化翻译批评研究的视阈。

作者：李金树

单位：四川外国语大学英语学院

文献出处:《外语与外语教学》2021 年第 4 期

以意逆志与选择性失明

——《天工开物》中人文内容的阐释和英译研究

《天工开物》延续了宋应星政论文《野议》阐发的社会改良思想：政治上主张革新科举八股，节省皇家开支和减少赋税；经济上提倡恢复农业生产和发展商业增加税收。分别由我国台湾和大陆推出的《天工开物》李乔苹英译本和王义静、王海燕和刘迎春英译本的序跋、目录等副文本对这些人文主题进行了不同程度的阐释，但翻译删减了相关内容或淡化了文字背后蕴含的思想情感。译者着重于凸显宋应星的自然科学家身份和打造《天工开物》与西方科技经典相媲美的地位。

作者：王烟朦　许明武　梁林歆

单位：华中科技大学外国语学院

文献出处:《自然辩证法通讯》2021 年第 11 期

语言 · 阐释：张柏然辩证圆览的翻译美学思想探究

针对当下译学研究相对割裂和学科边界模糊的问题，本文采用历史化的阐释路径，参照中西译学传统和趋势，重释翻译理论家和词典编纂家张柏然的语言观，阐发其翻译美学思想。张柏然的语言观呈现出语言的工具性和“人化”性、语言和文化历史的辩证圆览特征。基于这一辩证圆览的语言观，其翻译美学思想具有两大特点：一是翻译学科思想具有科学性和人文性的辩证统一；二是其翻译观具有整体性和动态性特征，将翻译活动的参与者、文本和世界等多维要素在跨文化对话中融为一体。

作者：于德英
单位：鲁东大学外国语学院 / 鲁东大学国家语委汉语辞书研究中心
文献出处：《解放军外国语学院学报》2021 年第 6 期

日本“间”的话语内涵与表达形式阐释

日本“间”的话语内涵丰厚多元，体现独有的日式思想。从日本艺能出发进行分析阐释，“间”主要有单一话语“无”、多重话语、引申话语“魔”“中”“韵”和终极话语“真”4 个维度的表达形式，具有不同的话语内涵。日本人对“间”的高度重视，展现出他们崇尚从“无”到“有”再到一“间”成佛的生命感。“间”既体现出日本人对自然、自由、平等的追求，又表现出他们试图在“间”中找寻自我、唤醒自我、获得力量与新生的信念。

作者：徐晓风[1]　孙旸[2]
单位：1. 哈尔滨师范大学马克思主义学院　2. 哈尔滨师范大学传媒学院
文献出处：《外语学刊》2021 年第 4 期

《额尔古纳河右岸》及其英译本的接受美学阐释与传播探析

《额尔古纳河右岸》是我国少数民族文学的代表，其英译本在海外传播效果突出，美国汉学家徐穆实的外译传播功不可没。本文在接受美学的框架下阐释《额尔古纳河右岸》及其英译本的读者接受心理，为民族文学的外译传播提供了一个新的视角。具有鲜明民族特色的民族文学作品，符合海外受众的阅读期待和共有价值，是传播国家民族形象、文化价值最大的推动力。为了加强民族文学在异质文化中的传播效果，在翻译策略上选择与读者的定向期待和创新期待紧密相关的归化和异化策略，而在传播策略上需要寻求传播主体、传播内容以及传播受众间的认知共享，考虑目的语读者跨文化语境的可接受性，达到推广民族文化塑造民族形象的对外传播目的。

作者：邹晓伟
单位：黑龙江八一农垦大学
文献出处：《黑龙江民族丛刊》2021 年第 2 期

叶君健“精品再创造”翻译思想阐释

——以茅盾“农村三部曲”英译为例

本文在考察中国现代著名作家和翻译家叶君健有关翻译的观点及文章资料的基础上，梳理并阐释其翻译思想中“翻译是精品再创造活动”的核心论点，指出其翻译思想与中国传统翻译理论的承传关系，并以他英译的茅盾“农村三部曲”为例，从语言、修辞、文化等层面剖析其“精品再创造”翻译思想在译作中的体现。

作者：李奕　刘军平

单位：武汉大学外国语言文学学院

文献出处：《西安外国语大学学报》2021 年第 3 期

翻译、阐释与跨文类：金庸武侠小说在韩国的认同与重构

金庸武侠小说在韩国的跨文化呈现，是中华武侠文化在近邻东亚汉字文化圈内传播与接受 的鲜活案例。其跨文化呈现主要表现在三个方面。第一是基于翻译阅读的情感认同。金庸小说自 1972 年首次译介至韩国以来，获得了广泛的阅读情感认同，在满足韩国读者阅读期待的同时，促发其领悟和解读中国武侠文化的精神内核。第二是基于阐释研究的价值认同。学术界从文化分析、人物形象、叙事学、价值判断等多维视角切入进行阐释研究，由此衍生和强化了对金庸小说的价值认同。第三是基于跨文类演绎的武侠文化体系重构。金庸小说在韩国本土武侠小说创作、传统武艺小说新变、武侠诗歌发展、武侠漫画延拓和武侠游戏开发等方面，全面助推了韩国武侠文化精神体系的创新重构

作者：张乃禹

单位：苏州大学外国语学院

文献出处：《西南大学学报》（社会科学版）2021 年第 1 期

法学阐释学

从“宏大叙事”到“视域融合”：刑法因果关系问题的诠释学分析

王志远　张玮琦

摘　要　传统因果关系理论着眼于为刑法因果关系问题提供稳定而统一的判断标准，然而因为其底层逻辑上的缺陷，最终所提供的实际上仅是对于刑法因果关系的描述。究其根源，是其自古典刑法以来所沿用的宏大叙事理解方式，这使得传统因果关系理论的根本问题不在于其具体理论是否能够细致地应对各种情况，而在于范式上能否完成彻底的转变。从诠释学的路径出发，能更有的放矢地揭示出对刑法因果关系问题的理解如何产生以及这种理解应当如何表述。视域融合的理解方式更贴合于刑法因果关系问题的本质，能够有效地沟通对因果关系问题的理解中的实然与应然。在具体理论层面，客观归责理论更适合视域融合理解方式的展开，能有效支撑刑法因果关系问题的范式转变。

一　以描述为本质的传统因果关系理论

（一）科学因果关系与条件说

刑法中的“因果关系”这一概念自其被认识到，便不可避免地与哲学上的、科学上的“因果关系”相联系。作为结果与原因之间的关系问题，大陆法系刑法学因果关系理论中的条件说，其底层逻辑在于对结果的“必要条件”予以证成。通过“若无即不”的基本原理，先在事实上勾连出因果链条，随即再通过各种具体理论对各种原因进行选择、取舍。然而，一方面，条件说的底层逻辑在于建立行为与结果间对应关系的通则，但并不能真正提供“顺序性”的周延的因果流程判断；另一方面，刑法层面个案的因果关系问题，本质上是以结果来认定某一行为是否应被视为原因的“从后往前”的分析，条件说的“复盘”是以“前见”为起点却又力图脱逸出“前见”而以纯粹的客观性路径来解释“前见”何以发生，毋宁说只是换了一种以现象为本位的描述方式。

条件说本身有着极深的古典刑法学色彩，其思维路径亦是纯然的主客二分前提下的自然主义方法。在“若无即不”的条件关系中，该学说所面向的，毋宁说是事实本身的发生规律。在行为与结果之间，行为的性质与结果的性质成为限定视域的方式。在这样的限定之下，自然主义的因果关系判断才一定程度上成为可能。对于条件说的批判，大多集中于对条件关系中自然主义倾向的攻讦，即认为“若无即不”的判断方式会带来处罚范围的不当扩大等后果，以及无法解决假定的因果关系、择一的因果关系问题。对于处罚范围的问题，条件说主张者的回应往往在于从“实行行为”入手——否认某种行为是实行行为，或通过禁止溯及而为前行为“画上句号”[①]。针对假定的因果关系、择一的因果关系问题，有学者主张条件公式与条件说判断公式有所不同，相对于条件公式的机械判断，条件说判断公式“在假想行为人的行为不存在后，既要看相同的结果是否会出现，还要看结果出现的方式是否相同，置于相同的结果以相同的方式再次出现时，才能否认行为人的行为时该结果的原因”[②]。其实稍加分析即可看出，“条件说判断公式”看似一种对于行为与结果之间的因果关系判断方式的修正，实际上它所针对的是结果。这种判断公式提供了一种新的判断规则吗？毋宁说它是以“相同结果”这一概念，先确定了结论，再套用公式。这里所强调的“相同结果”指的并非同一类型的结果——例如被枪杀、被毒死——而是某时某刻被某人以何种枪何种子弹所杀的这种综合了所有变量的结果，那么客观上任何加功的行为都会造成不同的结果，也即为了解决假定因果关系、择一因果关系的问题，其进一步扩大了条件说的处罚范围，而可想见的是，对处罚范围的限制则又要在“规则”之外的行为或结果上找寻相应的“定理”。

至此，条件说尚能通过对视域的限定，维持规则的有效性；而在更细致地分析存在中介因素的问题时，条件说的基本规则显然难以为继。轻伤他人而他人在救护车中遇车祸死亡、追砍他人以致其跑上高速公路被撞死，对于这类具体情况中因果关系是否中断、是否存在禁止溯及的先行条件、结果是否基于结果避免义务违反而发生的，则显然并不是一种事实性的因果关系公式本身所能解决的——它不可避免地需要结果导向思维的加入。而当不同学者为各种情况建构出具体的原理时，“条件说”的基本架

---

① 张明楷：《刑法学》上（第五版），法律出版社，2016，第 176 页。

② 邹兵建：《条件说的厘清与辨析》，载《法学家》2017 年第 1 期。

构仍然是围绕事实性意义上的因果关系展开的。也就是说，无论通过将问题剔除出因果关系的论域，抑或对各种公式所涉的一些概念进行评价性的内容填充，条件说终究要返归“事实”“现象”的语境中来解读因果关系。问题在于，对于刑法中的因果关系问题，这种围绕事实性展开的理论既不具有科学性，也无法作为能够使得规范分析充分展开的框架而存在。

首先，条件说虽立足于事实层面的因果，但并不科学。在当下的科学方法论中，刑法所面对的因果关系，本质上是个反事实框架的问题，即某一条件变量的有无对于既定结果的出现与否的统计意义上影响是否显著的分析。通常所采用的具体方法在于随机临床实验或倾向值匹配分析，然而很明显的是，刑法学面对个案既不可能列举出所有条件变量也不可能横向对比，所以这些以定量为其“科学性”进行支撑的因果关系分析方法并不能应用于刑法学。“一个既定类型的结果总是在条件联合体存在时才会发生。”① 这就意味着在抛开统计学路径的情况下，需要一套挑选规则来于“等价”的诸多“条件”中挑选出“原因”，条件说一直以来的观点发展实际上正是在补全这套规则。然而，这种限定视域的挑选规则完全忽略了其他条件的影响，现实中各个条件并非真正“等价”，个案的因果关系“技术上无法量化”不代表各个因果关系中的各个条件“事实上没有量化的区别”，条件说以事实上的因果联系作为其刑法认定的支撑，使得这一问题变得不可绕开。例如当一系列客观条件各自均不足以被认定为中断因果链条的介入因素，但其累计的作用却足以使行为人的行为不足以成为刑法意义上的“原因”时，条件说并不能通过自身逻辑来予以解决——毕竟条件说在着眼于“原因”的事实因果性的同时并没有能力从事实层面排除其他条件，且非事实性的筛选规则在条件说的语境中又不能支撑因果关系的存在。

其次，条件说是将真正的判断标准替换成了公式性的描述，而并非真正以这种公式来确定刑法因果关系的存在与否。换言之，某一结果是否能够在刑法意义上归因于某一行为，实际上并非通过条件说的判断方式所得出的，毋宁说，条件说只是提供了便于描述这种归因现象的一种“修辞”。例如，父亲偷了一把枪，放在家中，多年后儿子拿走这把枪并杀死了一个人，被害人死亡的结果显然在刑法上不能归因于这位父亲，包括条件说在内的任何一种因果关系的学说都有相应的理论来否定这种因果关系，但是实际上这种“不应归因于这位父亲”的先在的结论并不是由“若无即不”这样的公式提供给我们的，因类似案例而针对“若无即不”的条件公式进行修正、补充、限制的理论动机也并不是条件公式本身所引起的。也就是说，我们通常是基于其他的考量而认为某一结果不应当归因于某一行为——或许是认为行为与所涉罪名的构成要件过

① 〔美〕H. L. A. 哈特、托尼·奥诺儿:《法律中的因果关系》(第二版)，张绍谦、孙战国译，中国政法大学出版社，2005，第 17 页。

于疏离，或许是认为行为本身根本不值得以刑法评价，或许是认为结果的发生显然有着更直接的原因——继而返归至条件说的语境中完善其规则，而不是因为条件说本身为我们提供了判断刑法上有无因果关系的标准才去“认为”应当或不应当归因。可以说，条件说公式天然地适合“证成”最广义的因果关系的存在——毕竟我们从哲学和科学的标准上对“证成”因果关系向来不存在障碍，但现实中刑法所面临的问题通常在于如何合理地“否定”因果关系。在这个意义上，条件说的公式及其筛选“原因”的规则仅仅只是为我们既有的结论提供一个描述方式而不是判断公式，可关键不在于如何描述才能“说得通”，而在于我们究竟“为什么”认为应当归因或不归因。倡导条件说的观点，基本上是在纯粹的适用角度上考虑对其“补救”或将其作为“补充”的可能性，而未认识到条件说在底层逻辑上的重大缺陷。归根结底，我们本身在面对刑法上某行为与某结果是否存在因果关系时，思维方式上就并非遵循着那种事实分析式的条件公式或条件说判断公式来进行的。

（二）一般化原理与相当因果关系说

不可否认的是，相当因果关系说基本可以就现象上对于几乎所有涉及因果关系的问题给出解释，然而其仍非是真正的“判断标准”，也就是说，它仍然是在试图解答“如何对某一行为与某一结果之间有无刑法因果关系的结论给出合理、自洽的解释”这一问题，而非解答“我们何以认为某一行为与某一结果之间有无刑法因果关系”这一问题。有学者提出，相当因果关系说存在三种形态，即概率论的、经验论的、规范论的相当因果关系。[①] 三种不同的形态以及各自内在的诸多学说，基本都在于将某一具体标准视为言说的核心，而当面对出现介入因素、主客观不相一致等问题时，某一学说的自洽与否又往往在于言说体系是否足够复杂，那么由此带来的一个必然结果是，诸多学说的绝大多数争论似乎往往已经默认了在一些典型案例中何谓“妥当的”处理方式，而争议点仅仅在于如何在不“自相矛盾”的情况下用同一套言说体系对所有情况予以说明。

概率论的相当因果关系，本质上仍是围绕客观的事实性展开的，较“必要条件”“原因”等着眼点，概率论相当因果关系理论以“可能性”来诠释相当性。由于事实性的倾向，其必然面临着诸多适用中的诘问——毕竟归根结底，无论正义直观还是刑法价值构造本身都不是用“概率”大小来判断是否应当在刑法上进行归因的。然而姑且不论这些以典型案例所发起的质疑，单从其自身的逻辑而言，一个事态之后出现另一个事态的“概率”意味着什么？就科学角度而言，即便我们假设样

① 邹兵建:《论相当因果关系的三种形态》,《清华法学》2019年第4期。

本量真的足够使我们确信这种“概率”是真实有效的，那么两种事态之间的这种紧密关系也仅仅能体现出相关性，正如“鸡叫之后大概率会出现太阳升起”一样，并不能证明前者“引发”了后者。而倘若换一种角度，将这种概率性的考量视为对条件说的补充与修正，那么在解决了归因的“量”的问题——虽然仅仅是理论上解决而并无真正的计算方式——的同时，还是没有解决归因的“质”的问题，即这种自然意义上的概率大小既不等同于刑法意义上往往附条件的“客观”考量（例如相当因果关系中的各类“客观说”实际上是预设了“一般人”“一般经验”等条件的“客观”，而非无条件的“客观”），显然也不等同于“主观”考量，这更彰显出这种路径本质是以“他者”于刑法的语境内试图“描述”刑法上的归因。

经验论的相当因果关系说，相较于纯客观的条件说与概率论的相当因果关系说，更贴近于我们的思维方式，这也是通常语境下的“相当因果关系说”。经验论的相当因果关系说通过“一般社会经验”，使行为与结果间的因果关系不再是一种完全的事实性判断。“相当因果关系说之所以成了通说，是因为即便是肯定了实行行为与构成要件结果之间的事实的因果关系，但就连经历了极其异常的经过而产生了结果的场合也肯定因果关系，由于引起了该结果而肯定犯罪的成立，可以认为这是不妥当的。”[①] 在处罚范围的限制上，相当因果关系说直接为行为与结果之间的因果关系添加了一个维度，即一般社会经验。无论主观说、客观说还是折中说，相当因果关系理论最核心的改变即在条件说机械的自然主义的因果关系本身的判断上增加了一个可资判断的视域和可供言说的论域。然而，可以看出的是，其显然仍是对于条件说处理因果关系问题的逻辑方式的一种沿袭。尽管视域和论域有了改变，但最基本的形式——建构行为与结果之间的桥梁并不断增添其内容——被理所应当地视为解决纷繁的个案问题的必由之路。“在因果关系判断中，价值判断只能在一定事实性前提基础上展开，价值判断只是在既有的事实性判断联系基础上，影响事实性的影响力度，软化事实性。”[②] 事实性本身无疑是必要的，这牵涉罪刑法定的要求，然而需要注意的问题是，行为与结果之间的因果关系问题，是否只能在这座桥梁之上，以事实性为骨架，以添加维度的方式来展开？相当因果关系理论直至今日仍被广泛地接受，诚然大多数问题在有结论的情况下可被“解释”，但真正需要因果关系理论的问题——行为与结果之间的关系存在争议、不确定性的情况——是否可用相当因果关系理论解决？笔者对此持怀疑态度，附着于事实性的价值考量、实质判断本身被纳入一种“判断”的路径之中，但其所真正能够发挥作用的，却是言说、论证、理解，于是在相当因果关系理论中，无疑这种矛盾得以更清晰地显现——个案发出

① 〔日〕山口厚：《刑法总论》（第3版），付立庆译，中国人民大学出版社，2018，第56页。
② 叶金强：《相当因果关系理论的展开》，《中国法学》2008年第1期。

诘问，而持不同结论的论者诉诸不同的言说方式。对一般“经验”的不同理解在这一平台上得以对话，然而毋宁说，基于实质的、难以量化的考量而建构出的普适的规律性公式，要么是夏虫语冰式的尝试，要么是以公式为表现形式的不同具体实质判断之间的濠梁之辩。

规范论的相当因果关系说作为客观归责理论的前身，其对行为相当性与因果流程相当性的判断是以“风险”为重要媒介展开的。实际上，“风险”这一概念在这里所起到的作用，正是将纷杂的规范所给予的禁止、允许，纳入同一个“量纲”之中。无论将“禁止风险”的内涵理解为规范目的、注意义务或是其他的什么，这类观点都是试图直接将因果关系的判断与刑法自身的具体内容相互勾连，而不是以“经验”“概率”抑或“反事实的假设”这种规范内容之外的标准来作为判断标准。规范论的相当因果关系说一定程度上摆脱了“事实性”的桎梏，然而因为其在范式上仍然是试图建构一种行为与结果之间关系问题的普遍规律，所以它同样会带来一种视域上的“褫夺”，即把因果关系问题固化成围绕某一种或某几种决定因素而铺开的单一线程，这使得其即便抛开了那些具体适用上可能存在的缺陷，仍然在底层逻辑上存在问题。例如，在“山羊毛案”中，我们通常会认为，因为即便采取了消毒措施也无济于事，所以工厂主并未创设不被允许的风险。但当我们把同一套标准代入其他案件中，例如冲入刑场杀死了几分钟后即将被处死的犯人，显然我们不会因“即便行为人并未实施杀人行为也无济于事”而认为行为人并未创设不被允许的风险。我们可以很轻易地为第二个例子找到归因、归责的理由（例如“否认假定的因果流程”），但这里又要面对着“我们究竟是在试图描述并归纳出各种判断还是在试图思考究竟如何做出判断”的诘问。换言之，究竟是在试图为已经射出去的那些弓箭分别画出靶子，还是真的在试图给出一个如何射箭的“普遍规律”？在寻求一般化普遍规律的因果关系范式中,因为需要“普遍性”“一般性”的保障，所以一些不同情况往往是因其或多或少注定存在的“不同”而被这套“普遍规律”视为“不同类型”的事态，纳入不同的判断规则之中。然而显而易见的是，这种范式旨在先区分情况本身，再寻求各自对应的适当的“判断标准”，各类典型案例也为不同情况划定了各自的视域。这样一来，“普遍性”的规律得到充实的同时，具体的判断路径却变得狭窄，也就是说若离开了起“锚定”作用的典型案例，实际上比较困难的不是这些“判断标准”该怎么运用而是应当运用何种“判断标准”的问题。比如，介于上述两个例子之间，倘若某一工厂依规定必须为全部员工配备防护服，防护服主要作用在于防范生产过程中的生化危害，然而工厂主出于节约成本的考虑并未给全部员工配备防护服，结果因某一员工的误操作致使零件从高空坠落，另一未被配备防护服的员工被坠落的零件砸死，事后证明如若当时穿着防护服，则因防护服较厚，员工必然不会致死。在这一类例子中，我们所面对的并非判断标准的阙如，毋宁说棘手的在于判断标准的冗余：“误操作”在全员配备防护服的情况下是否属于被容许的风险、“未配备防护服”是否在无人误操作且并未实现生化危害的情况下属于被容许的风险、是否存在介入因素、是否可认为是重叠的因果关系，有多种自洽的解释路径可供选择，“一般性的普遍规律”所提供的标准即便有“规范”来提供更精细的内容背书，亦同样无法真正“普遍”地提供唯一的标准。

二　因果关系问题研究范式的前提批判

（一）传统因果关系理论的“宏大叙事”品格

各种传统因果关系理论，无论是围绕事实性还是规范性展开的，其在范式上的共性皆是试图用一种“宏大叙事”风格的理论来讲述刑法中的因果关系问题。如前文所述，传统因果关系理论以描述为本质，其理论动机在于将各种解决方式拟合入同一种表述之中，究其根源，内核仍在于启蒙运动后掺杂于各类理论中的“宏大叙事”品格，即寄望于用统一性的构想形式来解决某一领域中的所有问题。在刑法学的角度上，自古典刑法学至新康德主义刑法学，从自然主义到事实价值世界的二分，行为与结果之间的关系总是被试图纳入统一性的“规律”之中——无论这个“规律”是以条件、相当性还是规范来表述的。

然而因果关系从来不是一个统一的问题。因果关系问题中，普遍规律是否“可能”？当我们认为某结果显然应归咎于某行为时，这是在自然科学式地“发现”规律，即从现象中归纳出普遍关系，针对因果关系理论的诸多修正也正是出于维持普遍规律的动机。然而，当我们无论基于正义直观还是基于既有规律，对某一事态中行为与结果是否存在因果关系并不确定时，“发现”的逻辑即丧失其基础——因为并无确切的、不存疑的对象来让我们从中发掘规律，而旧有的规律亦因其前提改变而不再有效。那么逻辑上，毋宁说因果关系理论在这种情况下所起到的判断作用要么无效，要么仅处于维持惯性的需要而发挥作用。简而言之，当不存在争议时，因果关系理论中的规律仅起到描述作用；当存在争议时，因果关系理论中的规律不再是规律。那么显然，这里真正要面对的，并非理论的选择，而是范式的转变。

对各种传统因果关系理论进行攻讦、质疑时所举出的各类反例，大多数都可以被各自的理论通过补充、修正或细化区分各种“规律”的适用条件来予以消解，但是，其底层逻辑上所存在的问题始终会变换着具体形式来再一次叩问这些基于“宏大叙事”的范式而建构的诸多理论。

首先，作为“判断标准”，传统因果关系理论并不能解决量化问题。例如，我们列出五个案例，强奸完成（无论采哪种既遂标准）那一瞬间被害人自杀、强奸完成一分钟后被害人自杀、强奸完成一天后被害人自杀、强奸完成一个月后被害人自杀、强奸完成一年后被害人自杀。对这一系列案例，“普遍规律”如何区分恰当的临界点呢？或者我们试图对其予以精细的判断，有学者认为结果犯案件存在介入因素的情况下，基本行为与危害结果间的因果关系需要考虑以下几方面：介入因素是否具有可预知性、基本行为导致危害结果发生的危险性大小、介入因素对危害结果的作用大小。[①] 这一系列标准不可谓不精致，在描述一种结论时也总是可以在相当程度上具有形式合理性。但其作为一种“判断”规则，其“判断”活动如何在无限量化细分的事态中给出其所主张的“刑法的精确运行”意义上的精确临界点呢？或许可以釜底抽薪地认为强奸后被害人自杀根本不属于强奸致人死亡的情况，那么大可换成持刀抢劫被害人致使其慌不择路跑上高速公路而被撞死（躲避伤害而致重伤、死亡的情况）、虐待被害人致其自杀（公认的，自杀属于加重后果的情况）。接着，我们依然可以无限量化，然后用各种自诩“精确”的“判断标准”去徒劳地找那个不存在的临界点。不可否认，以将事态无限“量化”的方式去考问刑法学中的一些判断标准，注定过于苛责，但是问题恰恰就在于此——诸如“因果关系”这种并未指向具体问题的行为与结果之间的抽象关系，不可能真正有“判断标准”。当采用了这种以“普遍规律”“判断标准”为表现形式的范式时，就不得不直面这种无限量化的问题，否则其自身的底层逻辑是完全不能成立的，因为它实际上只是对于一些典型案例给出了判断的标准，而对大多数介于典型案例之间的情况只是一种模棱两可的无甚操作性的“可能的解释方式”，这显然在任何意义上都不能被认为是一种“判断标准”。

其次，当出现多个不同质的“原因”时，这些原因之间的关系并不能通过以某一因素为核心的“判断标准”来予以妥善解决。例如：1. 甲违章驾驶将乙撞至重伤，有死亡的高度危险，随后乙在医院死于医疗事故；2. 甲因医疗操作失误，使得患者乙具有死亡的高度危险，随后在紧急转院过程中，乙所乘的救护车失火，乙被当场烧死；3. 甲作为救护车上的医务人员，在救护车行驶过程中随意将烟头扔向易燃物品，致使救护车内失火并点燃了患者乙的病床与衣服，使得被固定在床上的患者乙具有死亡的高度危险，随后救护车被路上一辆违章驾驶的车辆撞上，乙当场被撞死。以经验论的相当因果关系为代表，倘若认为三种致死的方式都是“罕见的”，那么行为相当性均是存疑的；倘若认为三种致死的方式均非足以使因果中断的介入因素，那么似乎可以通过这种“接龙”的方式将无数致死原因全都纳入同一个圈内，也即基本否定了介入因素的存在可

① 徐岱：《论结果加重犯的因果关系》，《法律科学》2018年第2期。

能性;倘若罕见与否的判断是相对的，那么无疑会陷入一种“石头剪刀布”一样的僵局。归根结底，传统因果关系理论的范式在试图统一“普遍规律”“判断标准”的同时，并不能顺带着统一各个问题的视域，这就使得其跳出具体事态而设定出一套普适标准时是难以真正一以贯之的。

综上，传统因果关系理论并非因为无法解释某些现实问题而存在缺陷，恰恰相反，各种因果关系理论，尤其是相当因果关系理论，在多年的发展中基本能够自洽地解释现实的情况。但更关键的在于，其底层逻辑架构是存在重大问题的，这种“宏大叙事”的风格使其过度执着于将刑法所可能面对的所有行为与结果之间的关系问题用统一的表述方式来予以表现并将这种描述性的“规律”视为“判断标准”，这使得这些理论始终是在“重构”，即面对有争议的新问题时是在将基于正义直观、处罚必要性等诸多因素而做出的判断转译并纳入自身因果关系理论范式的表述之中,而非用那些“判断标准”直接做出判断——毕竟那些标准因逻辑缺陷而往往并不能胜任。行为与结果之间并无那么几条颜色各异的细线（条件与原因、相当性大小、风险的种类），真正起到连接作用的是事态与我们的评价（如何产生理解、如何诠释这种理解），毕竟刑法范畴既没有精细丈量一切“原因力”的天平,也没有能够将所有事态转译入统一叙事的经书。所以，范式的转变是刑法因果关系问题进行进一步优化所必须面对的，对“宏大叙事”的拆解需要对因果关系问题的底层逻辑进行正本清源。

（二）从归因到归责的深层理论范式转向

就根本上来看，刑法在因果关系方面的理论所应当解决的并非行为与结果“有无”因果关系的问题，而是结果能否归咎于行为的问题。虽然传统因果关系理论也是通过界定刑法上的因果关系并建构其标准来最终使得结果与行为发生刑法上的关联，但这种范式在其发展过程中将建构出的“刑法因果关系”视为一种实体对象，试图对这种想象出的普遍规律进行深入挖掘并使其自洽，愈发远离了“结果能否归咎于行为”这一问题的初衷。

近年来，我国很多学者围绕归因与归责的问题展开过论述。较为普遍的观点认为，归因是事实问题，归责是评价问题，所以有其各自的视域，如有学者称，“目前我国的因果关系理论是最为混乱的领域之一……症结所在,就是归因与归责没有严格区分。”[①] 然而显然，刑法因果关系理论中的“归因”并不是真正的事实性分析，在刑法学语境中也并不需要真正的事实性分析，事实性层面的“归因”实际上所面向的仍然是刑法意义上的事实性。可以看出，这里的逻辑在于，归因的理论通过形构出一套诸如条件

① 陈兴良:《从归因到归责：客观归责理论研究》,《法学研究》2006 年第 2 期。

关系、相当性等刑法之外的标准来确定结果与行为间的“刑法的事实性因果关系”，同时“刑法的事实性因果关系”的所指又是靠同一套刑法之外的标准来界定的。这意味着，归因的判断并不是在评价性判断之前的事实性判断，而是以刑法外的、具有“事实性”特征的因素替代了一部分评价性的判断。

犯罪论阶层理论将现象上的事态于刑法语境中拆分成多个部分，诸如违法性与有责性这样的区分是基于刑法自身建构而划定的，诸如客观构成要件与主观构成要件这样的区分是基于刑法在形式上的表述方式而划定的，均有各自的合理性。然而因果关系问题上，事实性的因果与评价性的归责的区分，是因为结果与行为之间的刑法关系本身即具有泾渭分明的两种范畴，还是因为受到犯罪论、犯罪构成体系影响而习惯性地一定要在某个阶层的某个“步骤”上基于有限的视域和内容来对其予以认定？诚然在体系自洽上将结果与行为的关系限定于某个认定阶段会更加合理，但体系本身的合理性并不意味着其中所有具体问题都刚好“能够”并“适合”按部就班地在被限定的范畴内解决。如前文所述，传统因果关系理论试图一边用“宏大叙事”的风格来表述因果关系中的“普遍规律”，一边将判断标准限定于构成要件范畴，但这与现实中我们对刑法因果关系的判断并不契合，所以注定其只能起到描述作用而不能真正诠释这种关系是如何被认识的、应如何被理解。在刑法意义上，并不存在“单纯的事实”，只有“被评价的事实”，一些评价可以被拆分，但诸如因果关系这种问题，其必然有赖于整体性的把握，归因考量与归责考量在结果与行为的关系这一问题上不可分割，且本质上归因亦只是归责问题的一个面向。

既有的围绕归因、归责的理论，在范式上需要完成的转变并不在于具体的考量因素，而在于考量所基于的“顺序”——是假定判断者并不知晓是否能够归因、归责，继而面对事态套用相关理论的判断标准，得出结果，还是在判断者已经不可避免地有了结论的情况下，通过相关理论来印证或修正自己的结论，得出结果。两种“顺序”的不同，意味着所需要的理论完全不同：前者自然而然地需要“宏大叙事”风格的、尽可能周详、客观同时又围绕着某一核心因素展开的“公式”，后者则需要一系列可供对话、说服的“语境”“平台”。因此，归责的范式并不等同于客观归责理论，因为客观归责理论在诸多学者的认识中要么是传统因果关系理论的补充，要么是“新瓶装旧酒”的更改了一些考量因素却仍然沿袭着“普遍规律”“判断标准”等特征的新的因果关系理论。这种范式上的根本转变的必要性一方面是由于传统因果关系理论存在的底层逻辑缺陷；另一方面是因为，如若我们希望刑法上的结果与行为的关系问题能够妥善解决，那么我们就必须直面为何我们认为某一结果应归咎于某一行为、我们考虑了那些因素又真正应当考虑那些因素这一类问题。对此，笔者认为哲学诠释学的分析范式适合用来更深入地揭示这一新范式的核心。

三　哲学诠释学构造下的路径

（一）对归咎的理解何以生成

我们能够摒弃某一刑法范畴“过度哲学化”的倾向，但并不能因此使得其中一些仅在哲学领域才能理解的内容无效，正如即便不去将某一犯罪事实作“过度物理化”的理解，也并不妨碍案情中相关的力学原理、热学原理发挥作用。事实上我们对于因果关系 / 归咎问题的理解方式直接关乎着各种结果与行为之关系的理论何以可能以及会怎样生成，这个范畴对于刑法而言是“先验”的，也就是说刑法本身不提供也不解释相关的原理，但同时“刑法规范”本身又是刑法问题的天然前提，这意味着刑法领域中的因果关系 / 归咎问题本身并不是在“笛卡尔式”的彻底的对现象的反思中展开的，而是在“诠释”的路径下才可被理解的。换言之，对刑法领域中因果关系 / 归咎问题的直观、深思，是不可能绕开“刑法规范”的——无论是司法人员、学者所持有的对具体刑法规范的认识还是民众对于刑法“精神”的先行把握，我们面对某一结果与某一行为时，实际上是在就着现象诠释“刑法”。

在诠释学的诸多面向中，作为此在的和存在论的理解之哲学诠释学，无疑是最贴合诠释刑法规范之需要的。刑法规范并非《圣经》式的文献，亦非纯粹的艺术性文本，其本身是个意义的体系，而又无法完全“自在”地独立于解释者。由此，我们这里所指的因果关系诠释学路径，是在海德格尔——伽达默尔的诠释学理论这一基础上展开的。海德格尔将先行具有（Vorhabe）、先行视见（Vorsicht）和先行掌握（Vorgriff）作为诠释的前条件。[①] 我们面对一个事实时，头脑中已在先具有的形式——无论是道德、伦理规范还是法律规范或其他与个人经验有关的直觉性认识——上向着被领会的东西而显现。进而，解释活动瞄着某种可解释状态，使先行具有中所能够涵射到的东西上升为概念。接着，解释活动则断然地或有所保留地对某种概念方式表示赞同，于是形成了现行掌握。对于行为与结果的关系，我们在进行真正的诠释之前，不可避免地通过前见而有了结论。这种前见并非客观的，而是掺杂了个人经验、个人价值取向等内容的意见。“在构成我们存在的过程中，偏见的作用要比判断的作用大。”[②] 在最基本的条件公式之上，我们对行为与结果的关系给出了一个粗糙但真实的理解，它显然是不可被直接采用的。而就在这里，传统因果关系理论式的逻辑路径与诠释学的逻辑路径

① 〔德〕海德格尔：《存在与时间（中文修订第二版）》，陈嘉映、王庆节译，商务印书馆，2016，第214~215页。

② 〔德〕汉斯－伽达默尔：《哲学诠释学》，夏镇平、宋建平译，上海译文出版社，2016，第8页。

出现了不同。

如前文所述，传统因果关系理论所遵循的，仍是“科学方法论”的路径，即对事实进行描述的逻辑经验主义的自然科学式方法论。其本质在于，放弃前见，以“发现”的逻辑借由规律性公式来重新理解事实。而诠释学——尤其是伽达默尔一脉的诠释学——则不将“理解”视为一种方法性的东西，而是将其置于本体论中予以解决。“科学方法论的滥用表明了欧洲人文科学及其人性的危机，这种危机的根源就在于文艺复兴以来的科学主义的泛滥，而忽略了人的存在及其意义。因此，过分强调方法论导致的真理的遗忘，其实质是对人的存在的遗忘。”①或者换言之，传统的因果关系理论实质上是放逐了对事态的理解者本身。因为我们所谈论的因果关系本质上并不是科学上的事实问题，也并不完全是一个法律解释的问题（对于“因果关系本身”并没有相应可解释的素材），但在犯罪论构造中却是个客观问题。所以理解者本身才是应当着眼的。“唯科学主义立场所向往的这种对人类事物的远距离的完整视野，如今通常被称为‘宏观视野’，不过最好还是把它称为望远镜视野（这表示它仅仅是一种远距离视野——除非它是能反转的视野），因为它的目的是故意忽略我们只能从内部观察到的东西。”②传统理论对于因果关系问题的解决方式毋宁说正是在远离我们对争议案件之直观看法的远处，设计宏观的公式，多数时候它总是能够恰如其分地完成其描述的功能，而在争议之处则，这种公式所希求的恰是求助于自己所预留的松动之处。

“诠释活动开始于一个受评价影响的前理解，这种前理解在规范和事态之间确立一种在先的联系，并开启建立进一步关联的视域。”③我们所要展开的诠释活动，并非纯然面对事实，亦非完全面对文本。综合个人经验等质料，在对行为与结果的关系进行理解时，我们不是在挖掘隐含于其中的东西，而是在创造一种意义。“理解从未是再现行为，而是创造性行为。”④在这种本体论意义的理解上，事态进一步被诠释成个人化的理解。对于这一过程的性质，伽达默尔的游戏理论能够予以说明。在“玩游戏”时，玩者进入一个全新的领域，同时一定程度上取消自身。“在进入这种空间时，游戏者把他自己的关注和欲望放在一边而诚服于游戏本身的目的，游戏的目的和需要支配和命令游戏者的行为和策略。”⑤但同时，“尽管游戏支配那些玩它的游戏者，但游戏者的玩仍是主要的，为此理由，伽达默尔称游戏为‘自我表现’”⑥。伽达默尔借此阐释对一书的认知

① 龚群：《哲学诠释学的方法论问题——哈贝马斯与伽达默尔之争》，《哲学动态》2001年第2期。

② ［英］弗里德里希·A·哈耶克：《科学的反革命理性滥用之研究》，冯克利译，译林出版社，2017，第57页。

③ ［德］哈贝马斯：《在事实与规范之间关于法律和民主法治国的商谈理论》，童世骏译，生活·读书·新知三联书店，2014，第247页。

④ ［德］阿图尔·考夫曼、温弗里德·哈斯默尔：《当代法哲学和法律理论导论》，郑永流译，法律出版社，2017，第372页。

⑤ ［美］乔治亚·沃恩克：《伽达默尔——诠释学、传统和理性》，洪汉鼎译，商务印书馆，2009，第60页。

⑥ ［美］乔治亚·沃恩克：《伽达默尔——诠释学、传统和理性》，洪汉鼎译，商务印书馆，2009，第62页。

活动的方式，而真理本身的特点亦是在游戏中显现，即：“作品的意义不决定于作品本身，而决定于观赏者与作品的互动整合。”① 当我们排开主客二分的认知模式，则对于事态的诠释得以在游戏的“规则”下展开，这一规则即在于诠释者所应遵循的基本前提，如刑法原则、对法律文本的解释限度等内容。进而在规范与事实之间，事态本身得以和诠释者形成互动。“在这个意义上我们可以说，在理解中所涉及的完全不是一种试图重构本文原意的‘历史的理解’。我们所指的其实乃是理解本文本身。”② 于是在这个意义上，我们对于事态的诠释得以在互动的基础上进一步展开。

综上，刑法领域中结果与行为的关系问题，不可绕开的一个关隘在于“诠释者”本身，因为这种关系既是把刑法规范作为前提的，又是不能被刑法规范自身所充分表述的，那么这种“意义的再创造”实际上使得因果关系或说归咎问题得以在刑法学视域中产生——诠释者有意识或无意识的诠释活动所得出的理解对在刑法意义上将该结果与该行为相联结予以确证、否定或单纯的存疑。而传统理论在某种程度上而言正是在排除“诠释者”的逻辑前提下展开的，这意味着放弃了对诠释者的先行理解进行深入分析的可能，即不再追问“我们为何认为这一结果应当归咎于这一行为”的实然问题，而是直接抱着尚且混沌的正义直观与并无定理的结果考量，开辟了“我们应当将哪种结果归咎于哪种行为”的应然问题，由此带来的自然就是前文所述的种种源于其底层逻辑的弊端。显然，诠释者的先行理解并不能直接提供刑法领域在归咎问题上所需的应然，但应然正是隐没于实然与目的之间，诠释者、事态与刑法规范的互动既是对外在于现象的理念进行“祛魅”，也是在对未被理念所着色的现象进行“赋值”，同时亦是对诠释者本身进行不间断的“设问”。对话得以展开的语境充分决定了对话所表达的内容能否充分，在结果与行为的关系中，各种具体问题能在其真正的视域内被分析，是归咎的应然属性得以显现的关键。

（二）视域融合的理解方式

“上帝的归上帝，恺撒的归恺撒。”假设面对一个案件时，我们基于被害人承诺而认为结果不该归咎于行为，诚然这是违法性的问题，体系上跳出了客观构成要件范畴，在传统因果理论中我们应当将视域限定于“因果关系”问题而不在这个范畴中考虑被害人承诺问题，但这天然地使得我们的先行理解无效或者不存在么？阶层理论能够将刑法评价区块化，行为人的所作所为可以被拆分成几个不同范畴的考量，它们是一则事态被刑法观照时所展露的不同侧面，但结果与行为之间的“关系”本身是这些侧面

① 高鸿钧：《伽达默尔的解释学与中国法律解释》，《政法论坛》2015 年 2 期。

② 〔德〕汉斯－格奥尔格·伽达默尔：《真理与方法》（下卷），洪汉鼎译，上海译文出版社，2004，第 502 页。

之间的一处或宽或窄的缝隙，这处缝隙可能出现在客观构成要件那个侧面，也可能出现在违法性那个侧面，无论它出现于何处，我们眼前的这块混然的事态都是以其整体来负担着缝隙两端的引力与斥力。换言之，当我们考虑行为人与行为时，能够顺畅地按照阶层来予以分别看待——毕竟阶层理论本身就是为解决这样的问题而设计的，但是某一结果能否归咎于某一行为的问题虽然直接影响的是客观上构成要件的该当性，其所涉及的考量却不能完全限定于客观构成要件范畴，因为正如前文所说明的，无论作事实性还是规范性的理解，将因果关系视为一种“判断标准”注定是脱离了我们思考一个结果是否能归咎于一个行为时所真正予以考量的因素的，而这些因素或是直接影响了我们对有无因果关系问题所选取的判断方式，或是退至违法性、责任层面去借用另一套言说方式发挥作用。那么我们理应直面归咎问题的思想谱系，重新审视归咎所涉的视域问题。

在与事态本身的互动之中，事态本身会牵扯诠释者，使其进入事态的本体论构造之中。“谁进行理解，谁就是已经进入了一种事件，通过这种事件有意义的东西表现了出来，所以这就很好地证明了诠释哲学现象所使用的游戏概念恰如美的经验所用的游戏概念一样，当我们理解某一文本的时候，文本中的意义对我们的吸引恰如美对我们的吸引一样。”[①]我们在这里所面对的行为与结果的关系，将我们拉入其本身的本体论构造，即事态本身的价值理性得以在互动之中呈现。规范的价值理性在于其目的，实然与应然之间于诠释者而言仅能以目的作为勾连，于是规范的本体论显现于此即在于规范本身的目的理性。也就是说，当面向结果与行为的关系进行诠释时，这种关系向诠释者展露其本体论性质的内容，然而因为这种关系并不像违法性、责任等实体一样具有自身独立且边界分明的价值构造，所以它必然呈现出以刑法规范整体为其自身目的理性的来源。正因为在形式意义的刑法规范上，因果关系似乎是不言自明的，并没有如很多实体性的刑法概念一样被妥善地嵌入某一相对独立、封闭、自足的目的理性范畴之中，所以对因果关系的诠释恰是无所不包地以刑法规范整体目的理性来进行的。

于是，接下来所面对的就是如何对待结果与行为之关系所涉的各种视域的问题。传统理论将视域框定于构成要件范畴，无论是事实性的还是规范性的因果关系理论，都不可突破这种源于阶层理论的理想类型所施加的限制。然而削足适履地将问题聚焦于某个视域内的所谓“判断标准”，是忽略了因果关系问题的本体论构造，一些有价值的先行理解及对之进行修正、补充的可能性被单一视域的边界所噤声，需要打破的正是这种语境阙如所带来的沉默。“正因为我们归属于语言，并且因为文本也归属于语言，

① 〔德〕汉斯－格奥尔格·伽达默尔:《真理与方法》(下卷)，洪汉鼎译，上海译文出版社，2004，第634页。

一种共同的视域才成为可能，所出现的这种共同视域，乃是由于效果历史而发生的、而伽达默尔称之为视域融合的东西。”① 这里的效果历史意识，指的是历史对象应被理解成一种关系。这种关系中同时存在着历史的实在以及历史理解的实在，即：“理解者和解释者的视域不是封闭的和孤立的，它是理解在时间中进行交流的场所。理解者和解释者的任务就是扩大自己的视域，使它与其他视域相交融……视域融合不仅是历时性的，而且也是共时性的，在视域融合中，历史和现在、客体和主体、自我和他者构成了一个无限的统一整体。”② 在对事态的理解上，视域融合的方式要求诠释者在几则关系上通过视域之间的交汇、碰触，来完成合理的诠释。也就是这里，诠释学得以在本文所讨论的问题上有了方法论的意义（尽管伽达默尔本人反对“方法论”这一提法）。

刑法领域因果关系问题的诠释学转向，即在于在互动整合基础上，由对视域融合的分析来搭建言说的平台，创造说服的可能性。现实中，真正需要我们考虑因果关系问题的，都是有争议的事态，而这恰恰是传统因果关系理论难以互相说服之处。诠释学的路径并不在于提供一个新的规律、公式——显然科学方法论很难解决这种不涉实体的问题——而在于建构说服的语境。传统的因果关系理论中留给“说服”的空间往往在于“公式”的某个难以量化的环节——如一般人标准，但是这并非我们修正前见的合理路径，而毋宁说是抛弃了前见，同时也抛弃了对事态进行理解的可能性。在视域融合的方式中，我们所能使用的说服语境，是基于对事态的创造性理解的路径所达致的理解的统一整体，即诠释学意义上的“真理”。这种路径所指向的具体语境，在于无数则关系之中，例如历史和现实，即立法目的、规范沿革与刑事政策的语境，再如自我与他者，即诠释者个人经验与“旁观者”的语境。而不同视域的融合，亦在主体和客体的互动整合，即对事态本身的价值理性予以言说的基础上展开。将这些抽象理念落实于刑法适用中，则因果关系问题的视域融合并非要凭空“创造”出新的语境与平台——那亦是背离了实然考量的，而是要一方面使可能涉及的视域得以揭示，另一方面使这些言说能够统合到因果关系这一问题域之中。具体而言，我们需要的是一套能够通过其言说方式，将刑法目的理性体系的多个部分与因果关系问题相勾连的理论，且这种理论不是作为“判断标准”发挥作用而是作为说服的平台发挥作用，这就意味着，关键不在于某种理论的具体观点是否足够精妙、足够妥善地“描述”各种典型案例中的因果关系，而在于其底层逻辑、其范式是否能够使其完成视域融合的任务。

---

① 〔美〕理查德·E. 帕尔默：《诠释学》，潘德荣译，商务印书馆，2014，第272页。

② 〔德〕汉斯－格奥尔格·伽达默尔：《真理与方法》（上卷），洪汉鼎译，上海译文出版社，2004，第8页。

四　诠释学转向与客观归责理论

（一）视域融合下的因果关系理论基本构造

首先，实质化。视域融合的理解方式需要对因果关系问题做进一步的实质化解读，但这里所指的并非诸如社会相当性那种实质化的“判断标准”。视域融合所要融合的“素材”，正在于不同视域中对某一事态的归责问题的理解。具体来看，这一实质化考量至少应当囊括有责性判断之前的所有可能的内容，既包括犯罪论体系上的各种被类型化的范畴，也包括对于规范本身的实质性解读。

诸如是否属于实行行为、是否具有被害人承诺这种不属于传统因果关系理论范畴的考量，并不因其在阶层式犯罪论中的体系位置在因果关系之前或在因果关系之后而不对归责问题的前理解产生影响。事实上，即便我们完全遵从阶层式犯罪论的次序进行判断，那么对于实行行为这种在因果关系之前就已经予以判断的内容，若某一行为不属于刑法中的实行行为，则理应不会在归责问题中重新出现，不会造成什么矛盾；对于被害人承诺这种在因果关系之后的内容，若某一行为中的被害人承诺足够影响到我们对于这一行为的归责问题的前理解，以至于需要我们强行以体系的思维将其“搁置”而留待其后考察，那么它就不该被剔除出因果关系的论域。对于责任、刑罚等范畴，其所可能影响的并非“是否应当将该结果归咎于该行为”的问题，而通常是“将该结果归咎于该行为之后，若不考虑行为人的特殊情况而予以定责量刑是否会有所不公”，这完全是两种思路，前者直接关乎归责，后者则是对于期待可能性、刑罚目的等无关于归责问题的具体考量，并非真正的对于归责问题的前理解，所以这种将归责问题进行实质化处理的方式在犯罪论体系上并不会出现冲突。

诸如规范目的、刑事政策等并不存在于形式化的犯罪论体系范畴的考量，同样应当在归责问题中被考虑到。这一类考量贯穿于刑法解释的方方面面，而在传统的因果关系理论中往往没有言说的空间。例如，交通肇事罪中的逃逸致人死亡，被害人的死亡结果能否归咎于行为人的逃逸行为，关键问题即在于对“逃逸”的规范理解。若采救助义务说的观点，那么留在现场，能够救助却不予救助，显然使得该观点下的“逃逸”行为与被害人的死亡结果有了因果关系；若采逃避法律追究说，那么行为人当场报警并留在现场却不予救助，根本不构成“逃逸”，也就不能将死亡结果归咎于一个不存在的“逃逸”行为而只能归咎于交通肇事行为。在这里，关于规范目的的理解切实地影响到了关于归责问题的考量，而传统因果关系理论并不能解决这样的问题。

其次，去立场化。刑法学中的立场之争不仅是不可避免的，且有些时候是不可或缺的。然而，归责原理本身是否应当有立场？笔者认为，视域融合所要遵守的“规则”，应当在于提供本身并无立场的言说环境。

传统因果关系理论往往本身即有着较深的立场的烙印。以相当因果关系理论来说：“从社会相当性的起源来看，它是在猛烈批判纯粹结果无价值和极力提倡行为无价值的思潮中诞生的。”[①] 对传统法益侵害理念的反思使得其注重富有活力的社会生活中的“社会相当的行为”，于是在其作为“判断标准”的层面上对于一些因果关系问题的判断截然不同于在其之前的条件说、原因说。例如，希望叔父死于火车事故的侄子劝说其叔父乘坐火车从而导致其叔父意外丧生一案，在纯粹的法益侵害说的因果关系理念之下这显然能够完成归因，但相当性理论认为因乘坐火车属于社会相当行为所以叔父的死亡和侄子的劝说并不存在刑法上的因果关系。结果无价值与行为无价值是关于犯罪本质问题的对立，然而下沉到因果关系问题上，直接使得双方所认为的“因果关系”完全不再是同一种“东西”。在早期的法益侵害说看来，因果关系是一个某行为是否客观上导致了某结果的问题；在韦尔策尔等人看来，因果关系是某行为是否违反了社会相当性进而导致了某结果的问题——正如甜粽子和咸粽子的选择可以说是立场问题，但社会学视角的粽子和物理学视角的粽子之间横亘的显然不是立场问题。

立场对立的展开恰恰不能在有立场烙印的语境内进行，“是否具有因果关系”“应该怎样理解因果关系”的问题可以有且应当有不同立场的不同观点，但“因果关系本身是什么”的问题不应因立场不同而被限定答案——因为这样反而无法在同一个“因果关系”语境中展开所谓立场之争。视域融合的理解方式正是要尽可能地融入各类观点，并提供言说平台，所以归责本身应当是没有立场的，立场存在于围绕具体归责问题的言说之中。

再次，去中心化。基于前面两点，视域融合的理解方式在具体“表现”上，应当不存在一个如条件关系、社会相当性那样的理论中心。如前文所述，正是单一的理论中心，使得传统因果关系理论只能沿着单一路径，错误地作为一种“判断标准”而存在，从而无法合理地为归责问题的言说提供语境。故而，在表现形成上，视域融合的理解方式并非围绕着某一个中心点来理解归责问题并杂糅各种因素，而是应当在范式上摒除将归责问题简化成某一个片面的“本质”来思考的路径。是否将某一结果归咎于某一行为并非是如一些理论所“设计”的那样完全围绕某一个点来形成前理解与最终结论的，所以去中心化正是视域融合理解方式的应有之义。

---

① 陈璇：《刑法中社会相当性理论研究》，法律出版社，2010，第131页。

（二）客观归责理论的范式

如何将视域融合的诠释学理解付诸刑法学理论中具象化的、具有可操作性的、为评价与说服提供现实语境的规则？笔者认为，客观归责理论较为适合。近年来，客观归责理论在我国备受重视，关于客观归责理论的论述已汗牛充栋，本文无意具体讨论客观归责理论的内在机理和适用问题，在此仅就其范式的可能性加以讨论。

客观归责是否应放在因果关系中讨论，素有争议，仅就其在行为与结果之关系的处理上来看，其核心意义即在于，既添加了规范评价这一维度，又将其他视域的内容纳入考虑。“由于刑法中因果关系的判断深受事前的与风险分配相关的规范的影响，而规范已变得日益复杂，并对刑法归责的认定产生重要的影响，在此种背景下，试图只通过对传统因果关系理论进行微调而实现重构的目的，明显低估了这项任务的艰巨程度及其重要意义。”① 在以规范性内容为因果关系/归责问题框定新的论域、视域的同时，客观归责理论对自然主义因果关系判断思维的摒弃以及对归责体系的彻底重构，实际上是以规范目的为其背书的。创设风险、升高风险、被害人自陷风险等规则设计，本身涵盖了构成要件判断、违法性判断中的多个部分且包含一定的社会经验、价值判断与对规范的目的解读，这使得客观归责理论本身即是在尽可能整合视域，以之为归因归责问题的解释提供语境。

客观归责理论的另一个主要优势在于其在说服上的便利。在以“程度”为标准的“判断”方法中，两位判断者对于事态中危险性的程度有不同理解，那么然后呢？双方何以在“判断”的逻辑中互相说服？我们可以明显地看到，在客观归责理论中，其在各个视域上，评价往往落于是/否的结论。“是/否”的二元判断，相较于“程度”的线性一元描述，其更能在说服的层面上，使言说具有深入及互相理解的可能。同样针对结果是否该归责于行为的争论，客观归责语境中，我们能够基于多个点的判断来找出分歧，并且对分歧之处进行细分来完成互相理解，例如双方在风险的创设上存在分歧，进一步来看，这一层面的分歧源于对行为人是否减小了风险的看法，那么说服本身即可聚焦于法益衡量上的问题，再进一步则可具体在“法益”这一实体问题上展开说服与理解。而在相当因果关系理论的语境中，当双方分歧存在于事态异常性的大小，那么接下来即是在一把没有刻度的尺子上推测数字的位置，且这种说服本身早已离刑法规范太远。

需要说明的是，某一理论所采用的范式“可以”用来更好地解决问题，不意味着对于该理论的范式及适用的通常理解一定是正确的。在一些持实用主义的观点看来，使用客观归责理论解决问题与用相当性理论解决问题区别不大，因为客观归责理论能够解决的，相当性理论同样也能解决。这种观点实际上仍是在“描述”的角度看

① 劳东燕：《风险分配与刑法归责：因果关系理论的反思》，《政法论坛》2010年第6期。

待归因与归责相关理论。经过漫长发展，至今仍活跃的各种理论对于各类典型案例自然均能一定程度上给予解释，正如神学观点同样能对已发现的各类科学现象给予内部自洽的解释，再如任何两个完全不相干的变量于技术角度都能强行拟合出线性回归方程。然而只要我们仍认可大陆法系传统，那么规范本身及其相关理论就必须于逻辑上有面向未知的能力，要将目光归还给其应处的视域，而不是为本就纤细的理性蒙上忒弥斯的眼罩。还有一种普遍的观点，将客观归责理论视为替代传统因果关系理论的一种新的“判断标准”、一种新的“公式”。关于将归因、归责相关理论视为“判断标准”所带来的必然困境，前文已有论述。如若将客观归责理论完全理解为一种“判断标准”，则在山羊毛案中，若履行消毒程序可使得山羊毛晚两分钟送至女工手中，那么这种“无结果回避可能性”是否如冲入刑场杀死将于两分钟后被处以死刑者的情况中一样归于无效呢？仍然认为前者结果不可避免，而后者的两分钟生命仍值得刑法保护？底层逻辑上存在的矛盾注定这种“判断标准”并不能统一地无差别地适用，理论中所涉的内容只能作为说服的语境来发挥作用，否则各类“标准”终会自我消解于共性与个性之间无尽的“分情况讨论”之中。将客观归责理论视为新的“判断标准”即是又一次封锁了视域融合的可能性，带来的是一种更精致的底层逻辑谬误。倘若客观归责理论能够解决某个传统因果关系理论所不能解决的问题，那是因为传统因果关系理论或是因语境阙如而失语，或是因规范冗余而无从选择，客观归责理论在这个意义上为其提供了理论言说可能性，而不在于客观归责理论的具体内容更适合作为“判断标准”。

综上，在范式的角度，本文认为客观归责理论更契合于视域融合的理解方式。客观归责理论的具体内容不在本文讨论范围之中，然而一个明显的问题是，若不作为“判断标准”发挥作用，那么视域融合的客观归责理论理解方式如何具体地解决归因归责问题？进而，“宏大叙事”“判断标准”的理解所带来的诸如无法解决量化问题、无法处理不同质的原因的困境，如何在视域融合的理解方式中化解？这正是下文所要讨论的主要问题。

（三）视域融合下的因果关系问题困境再审视

在加入了诠释者这一存在后，对于归因归责的先行理解也就不再是理论中不存在的。那么一个重要的影响就在于，我们思考的直接对象是已经存在的一个或正确或错误的结论，而不是“事态”。另外，正是因为我们面对的是针对这一具体事态的具体结论，我们的论述始于对自我和对他人的说服。这种说服在视域融合的理解方式中是围绕着事态本身所涉的几个视域展开的而不是围绕着某一个判断标准的核心因素展开的。

所以这种理解方式恰恰是在以具体事态为中心的，反而传统理论是以条件关系、相当性等外在于事态的因素为中心的。这意味着，对于传统因果关系理论的根本缺陷，视域融合的理解方式所能给予的是另一个维度上的回应。

首先，对于量化问题，传统因果关系理论所面临的困境的本质，在于其就逻辑而言不得不对可能出现的所有情况给予围绕同一核心因素的统一回应。既然作为“判断标准”，那么普适性就是其得以成立、自洽的根本前提。视域融合理解方式的逻辑基点在于围绕具体事态的说服，不需要一个稳定统一的“公式”作为背书。具体事态客观地出现了，且每一个这种“出现”都是先于某种“普遍规律”的，于是结论的成立在于充分视域融合的情况下完成说服，而不在于保持单一路径上的自洽。换言之，针对个性进行合理分析所得出的结论，不必向共性负责。在“五十步笑百步”的情况中，七十五步与七十六步哪一个不该被哂笑，取决于其各自“是否应当被哂笑”的说服有效与否，而不在于从普遍规律中徒劳地计算出“逃跑以多少步为限”。

其次，对于不同质的原因问题，传统因果关系理论的阿喀琉斯之踵在于，排除了其他考量的同时却不能将所有可能的原因都整合为同质的存在以真正统一量纲，所谓不同质的事物不能进行量的比较，各种车祸的相当性、各种失火的相当性以及各种医疗事故的相当性，在复杂案件中只能以伪量化的方式进行直观比较。视域融合理解方式在面对这样的问题时，正因其立足于具体事态的思考方式，而完全可以否决问题本身。与传统因果关系理论相反，不同案件之间或细碎或宏观之处的不同恰是视域融合理解方式中的个案结论得以成立的保障。关于共性与个性何谓本质的问题，在柏拉图与亚里士多德、唯实论与唯名论、唯理论与经验论的对立中被无数次地讨论，然而存在主义的思考方式能够使我们跳脱出那些理念泥沼，放下一些问题中无谓的形而上、普遍规律的累赘，仅就事态本身及其具体所涉的规范进行诠释。不同质的原因在视域融合理解方式中并非天然关联的，当其各自能够被妥善解决，那么各种原因间“质”的不同于逻辑上因从未被纳入同一量纲之中，所以并不存在矛盾。

综合来看，传统因果关系所采用的范式使其不得不在其所追求的绝对自洽与统一之中陷入自身范式所创造出的困境，而本文所提倡的理解方式恰是在范式上改变了理论前提，由此使问题得以解决。于是一些传统因果关系理论中繁冗而艰涩的具体问题，亦可在更明晰的言说中予以讨论。下面以有介入因素的结果加重犯的因果关系问题为例，说明视域融合理解方式与客观归责理论的综合运用。

对于我国刑法中的结果加重犯，其加重结果与行为、行为人主观意思之间的关系，常有大量争论。围绕一些有争议的情况，很多学说亦是从因果关系的角度对其予以分析、解释。我国刑法中，有明确将死亡、重伤规定为加重结果的表述，亦有“严重后果”“特别严重后果”“重大损失”“数额巨大”“情节严重”等表述。鉴于结果加重犯的法定性特征，其所具有的基本犯罪与加重结果二部分组合成整体的结构特征即不同于刑法上其他具有加重处罚结果的加重构成要件。① 故本文所讨论的结果加重犯仅限于将死亡、重伤规定为加重结果的条文。

关于介入因素，有学者认为，介入情况的异常性判断在于：介入因素本身离奇古怪的程度、出现介入情况的类型性的概率、介入情况与实行行为的关联性大小。② 有学者认为，被害人行为的介入中，必须是因为行为人当初的实行行为等给被害人的行为带来了一定程度上的危险性，并且是这种危险性现实化成了结果。③ 这些理论的旨趣皆在于设立一种抽象的“程度”，并以此完成判断。这种路径一方面为有了评价以后的描述提供了便捷，另一方面也放逐了其面对争议案件时的操作可能性。

视域融合理解方式中，我们所面对的真正问题在于，如何进行“理解”且如何将这种“理解”充分地表述出来，而不是如何去“描述”，更不是依照公式去“判断”。刑法理论中，对于量化问题通常交由其他学科解决，例如“轻伤”“重伤”的标准，或者在司法过程中设立标准，例如“追诉标准”。但正如前文所述，因果关系并非一个实体，它仅仅是行为与结果之间的一种想象上的联合关系，故而它亦非一种证明标准所能解决的问题。在结果加重犯的因果关系中，行为与加重结果的关系更是只能完全在一种抽象的“程度”上的思考来设立标准。可是，更关键的问题在于，我们“思考”的到底是什么？“问题的投放引致体系的选择，而且通常导致体系的多元化，却不能根据某个包罗万象的体系来证明它们之间的协调性，在这一点上，体系之范围是狭窄的，甚或是极其狭窄的。”④ 抛开体系的思考，将论题集中于某个结果加重犯因果关系问题的争议案件本身，实际上更是一种捷径。例如有学者在分析被害人被抢劫时因逃跑而遭过往车辆撞击死亡这一事态时，建构并顺从了因果关系体系的思考，然而自觉或不自觉地，真正让其给出结论的，是“让行为人承担一般抢劫未遂的刑事责任明显偏轻（同时如果对有一定责任的司机追究其交通肇事罪的责任也可能不公平）”⑤ 这样的量刑、刑事政策考量。我们的“思考”很大程度绕开了因果关系理论，但言说方式却还是在体系的路径上小心翼翼地踟蹰前行。故而，回到诠释学的面向上，对于争议案件，我们应该立足于理解，而为评价与说服的言说设立语境。

我们何以认为加重结果与行为有着应被刑法评价的关联？在前见上，我们的思考

① 蔡惠芳:《结果加重犯之未遂问题》,《自由·责任·法——苏俊雄教授七十华诞祝寿文集》，台北：元照出版公司，2005，第 115 页。

② 〔日〕前田雅英:《刑法总论讲义》，曾文科译，北京大学出版社，2017，第 122 页。

③ 〔日〕山口厚:《刑法总论》（第 3 版），付立庆译，中国人民大学出版社，2018，第 60~61 页。

④ 〔德〕德奥尔多·菲韦格:《论题学与法学——论法学的基础研究》，舒国滢译，法律出版社，2012，第 29 页。

⑤ 金泽刚:《论结果加重犯的因果关系——以抢劫、强奸等罪的结果加重犯为例》,《东方法学》2013 年第 4 期。

在于，行为与结果是否能在同一个语境内完整地言说，即“它们是否是一个事”。对于前理解，主要起作用是的是一种粗糙的个人经验，最初的视域得以建立，诠释学的循环得以展开。“理解的循环不是一种方法论的循环，而是描述了一种理解中的本体论事件。”[①] 无论持哪种因果关系理论的体系，诠释的循环都并不是一种刻意而为的“方法”。以相当因果关系为例，当我们找寻一种“一般社会经验”之时，我们自身的个人经验真的可以在主客二分的构造中稳坐于主体一方而不沾染客体吗？“被观察的客体存在，本身直接为被观察的存在之条件所微妙地改变着。”[②] 这不仅有一种“海森堡定理”的意味，且我们所理解的一般社会经验一定不可能脱离于我们个人经验通过理解活动而发生的渗入，其他强调“客观”“精确”却依然有“程度”因素的理论亦是如此。进而在循环中，诠释活动所遭遇的即是主客之间的互动整合，我们通过整体意义上的刑法规范来评价事态本身，亦通过规范目的来确定是否应当用相应规范对其予以评价。例如，一个强奸罪的被害人在一个月后自杀是否符合一种通常的行为期望，强奸致死的规范用于此是否牵强？这里的思考形似于“异常性的判断”“规范目的的判断”，然而需要重申的是，这里所发生的是本体论意义上的事情，而非方法论的，也就是说，我们的思考“会”考虑到这些，而非我们“应”考虑到这些——本质的区别在于，“我们的思考是这样来的”与“我们应当可以去以其为标准进行判断”。它们所指向的是截然不同的方法，后者指向的是对判断基准的限定——这种限定过于片面以至于对这个争议案件似乎仅需两三个标准便能真正地“说服”，前者指向的是本体论意义上视域融合的可能性。

视域融合包括但不限于前文所列的关系。于诠释者而言，争议案件在诠释活动中所展开的是其在不同论域中的理解。例如虐待行为的被害人自杀，特定案件中我们会考虑到立法本意上在于维护人人平等的观念、摒弃封建思想并维护家庭稳定，同时亦会考虑到当下的社会现实环境、社会伦理以及当下的刑事政策，于是两种视域的交融之下，我们自觉或不自觉地，所把握到的是面对的事态中我们基于当下环境与具体情况所抱有的预期是被害人会自杀还是不会自杀、对规范的解释应当从何种目的何种语义界限为指向。更多地，在其他视域中，我们还会结果导向地想到如若不将其视为加重犯或将其视为加重犯各自是否会有不妥当的后果，还会在程序意义上考虑其取证的可能性，还是基于个人经历而产生好恶的不同情绪乃至考虑民众对事态的观感，还会因不同诠释者的不同看法而拓宽自己的视域进而形成商谈的基础，等等。视域融合本身即是一种自然而然的说服逻辑，这种说服既是对自己的前见进行不断修正，也是诠释者之间达成“同意”的基础。

仍以结果加重犯为例，在被害人被抢劫时因逃跑而遭过往车辆撞击死亡的事态中，

① 洪汉鼎：《诠释学：它的历史和当代发展》，中国人民大学出版社，2018，第 180 页。
② 〔美〕理查德・E. 帕尔默：《诠释学》，潘德荣译，商务印书馆，2014，第 74 页。

如前文所述的原理那样，一种用于判断的“公式”并不能解决问题。我们对这一事态的评价，是视域融合的结果，即“我们是否要将这个结果在规范上归责于行为人”而非“这个行为与这个结果之间是否存在刑法上的因果关系”。那么，客观归责理论所能提供的，实际上就是多个可用于解释“这个个案中我们何以要将结果归责于 / 不归责于行为”的语境中完成评价。在将事态量化的情况下，个案不可能被单一的公式给出结论，而在以评价为目标的语境中，我们可以使结论在规范中展开——而不是异常性、危险性等基准。

具体个案中，若我们直观上认为被害人的死亡应当归责于抢劫行为，被害人逃跑是直观上较为合理的选择，那么我们的结论在规范意义上可以自然而然地解释为“行为人通过抢劫行为创设了这一不被法所容许的风险”，因为我们的判断在于行为人的抢劫行为在这里直接引起了该罪所禁止的那种侵害；若我们直观上认为被害人反应过于异常以至于不该将死亡结果归责于抢劫行为（例如被害人跑上高速公路后行为人放弃追赶，而被害人心有余悸，在高速上跑了一个小时，终被撞死），那么实际上在规范意义上我们的结论可被解释成“被害人的死亡并不在规范保护目的之中”，因为我们的判断基本上是基于这里所发生的结果显然并非抢劫罪所要保护的法益；若我们直观上认为被害人自身的行为才是死亡结果的主要原因以至于不该将死亡结果归责于抢劫行为（例如被害人已几乎成功甩开行为人，行为人追赶中远远地大喊一句“有本事你往高速上逃，我肯定不追你了”，随即被害人在明显有其他选择的情况下跑上车流密集的高速公路，终被撞死），那么规范意义上我们的结论可被解释成“被害人自陷风险、故意自危”，因为我们的判断在于被害人本身的极不明智的做法导致了结果。

在这些具体的个案中，我们对结论所给出的解释，能够尽量在规范上贴合于我们的判断本身，能够一定程度上避免在“词不达意”的情况下进行对行为与结果间关系的“修辞”，尽可能准确地评价。客观归责理论同样无法提供“临界点”——它本身不应作为“判断”的公式来看待，评价的意义上所需要的正是尽量丰满言说的语境。然而不可否认的是，客观归责理论亦不可能完全包含着契合我们直观判断与规范评价的所有语境，所以客观归责理论并非完美无缺的，它仅是在视域融合的转向上，目前最能合理地完成“言说”的理论体系。

综上，对诠释学路径以及客观归责理论的倡导，根本性的原因在于，视域融合导向的是尽可能拓宽评价的视野，而非如传统因果关系理论中那样尽可能地对视野进行限定。诠释学路径同样不能在一系列量化的个案面前给出明确的临界点，同样不能将不同质的原因纳入同一量纲之中，但这种困境是附随着传统因果关系理论的范式而出现的，当我们不再以“宏大叙事”的方式看待因果关系，则不必再回答唯有身处“宏大叙事”语境才必须解决的问题。视域融合的理解方式所寄望的是回归于我们的“思考”本身，使其重获本体性地位，并在多个视域中通过交流和说服达成统一的完整性。客观归责理论并非一种完美无缺的解决之道，但其思路、逻辑本质上能够契合因果关系问题的诠释学转向，并提供可操作的评价、说服系统。于是从“宏大叙事”的理解方式到“视域融合”的理解方式，客观归责理论自觉或不自觉地建构出了能够起到将问题转向理解与言说的体系，而其基本的形式亦能够使其在视域融合的面向上进一步增添、完善评价与说服的视域。

（作者单位　中国政法大学刑事司法学院）

本文原载《云南民族大学学报》（哲学社会科学版）2021 年第 1 期

法律演化的系统论阐释 *

康　宁

摘　要　演化理论应当回答演化如何启动，又如何持续进展的问题。法律系统的演化，是在系统封闭性运作并维持规范性期望的过程中展开，正因如此，法律系统的演化受到环境的激扰但是不受环境的决定，演化是取决于系统本身的事实进程。卢曼系统论受到达尔文生物演化论的启发，将法律系统类比于生物系统，强调了演化本身的动态性，但是，卢曼弱化了环境在自然选择过程中的重要性，注重演化过程中的系统变异、选择与再稳定机制，最终强调了演化的非目的性、非决定性和非必然性。具体而言，法律演化理论包括演化何以可能、何以展开以及如何走向未来三个层面。

总体上看，演化理论应当回答演化如何启动，又如何持续进展的问题。理论的起点在于一个悖论问题的解决，亦即：原本难以实现的演化，最终如何得以实现？毕竟，依照惯常所见，演化启动的初期都遭遇到阻力，表现为对于个人、家庭或者整体社会而言的较难实现性，可是演化还是不断达成并形成新的结构性内容——这又是缘何可行呢？

一　法律之演化如何可能：系统的自创生

带着这样的思考，德国学者卢曼将系统理论运用于法律之演化的阐释。卢曼预设了有关法律演化的基本观点，即“法律系统也是一部历史的机器……（它）因此透过每个运作而建构出一台新机器”[①]。系统论可以为长久存在的演化理论提供重要补给[②]。在卢曼看来，如果没有系统论的视角，从古至今的法律演化欠缺足够精准的理论分析[③]。对此，

*　基金项目：国家社会科学基金（19BFX011）；中央高校基本科研业务经费项目（2020JKF321）。

① 卢曼:《社会中的法》，李君韬译，台北：五南图书出版股份有限公司，2009，第 80 页。

② 卢曼:《法社会学》，宾凯、赵春燕译，上海世纪出版集团，2013，第 185 页。

③ 卢曼:《社会中的法》，李君韬译，台北：五南图书出版股份有限公司，2009，第 276 页。

18、19 世纪的早期演化论可以提供比较恰当的分析视角，但是，这些演化理论仍旧错失了“差异理论”的分析维度。在这一点上，卢曼颇为认可达尔文的演化理论（Theory of Evolution）①，因为达尔文演化理论已经关注到“变异 / 选择 / 稳定化”的程式，且承认演化不是遵循一成不变的线索，而是具有非计划性与多样性②。尽管如此，达尔文演化理论对于法律演化的诠释仍是不充分的，原因在于达尔文过度强调“自然选择”等诸如环境的因素，而忽略了“变异 / 选择 / 再稳定”之于演化的重要意义。这种不足，构成了系统论进一步阐明法律演化原理的必要性。当然，系统论在演化问题上的适用，无疑是增加了分析演化问题的难度——根据系统论的基本理论预设，系统是具有封闭性的系统，那么系统的改变与演化，是否与系统运作上的封闭性存在矛盾？演化究竟如何在系统论的语境中得以成就？

卢曼认为，演化理论的重点在于“变异 / 选择 / 稳定化”的区分③。基于这一点，系统的变异会制造出新的形式多样性，这种新的多样性会获得选择并稳定成为系统结构性的内容，从而成为再次变异的起点和条件，使后续的演化成为可能。正因如此，卢曼认为达尔文所提出的“自然选择”理论，重要性不及“变异 / 选择 / 稳定化”理论，前者毋宁仅仅是后者的事实性结果。演化理论本身就不应着眼于“自然选择”，而是转为下述问题的解决：系统如何处理差异并启动演化，以及系统与环境的关系在此间起到的作用。

演化之可能，是基于系统“自创生”的特质。系统的自创生（Autopoiesis），是系统自我凝练并确认系统结构的运作，本质是在系统运作的过程中生产运作。这个过程制造复杂性又化约复杂性。自创生的特质使系统在封闭性运作的过程中面临“选择的压力”，换言之，在系统运作的过程中，由于同时具备结构的封闭性和运作产生的复杂性，在维持系统结构封闭性的同时，系统也不得不化约运作产生的复杂性。这种化约仍需在遵循固有结构的基础上进行，它给系统造成了取舍的压力。有了自创生的特质和选择的压力，“变异 / 选择 / 再稳定”可以成为系统演化过程中的关键节点：一是变异，系统某元素基于自创生而产生变异，这种变异是相对于系统的固有模式而言；二是选择，系统会对变异所致的新可能进行选择，这既是巩固系统结构之必需，又是启动演化的

① 达尔文演化理论（Theory of Evolution）目前的通译为达尔文“进化论”。“进化”一词暗藏从低等到高等、从落后到先进的定向性、目的性方向，而这其实与达尔文已经认识到的演化多样性和不确定性并不一致。这里，笔者以“演化”代替“进化”的适用，以弱化定向性、目的性的表述。

② 达尔文《物种起源》之“遗传”“变异”和“选择”。卢曼认为，达尔文在演化论上的伟大革新，就在于他承认演化并非一种拉马克（Lamarck）式的高而更高、好了又好的自发上升过程，而是这样一种现象：生命体在其中表现出了多向发展的自发趋势和保持自己祖先模式的趋势。这两种效应的结合就铲除掉了自然界中乱七八糟的发展，同时通过“自然选择”的过程淘汰掉了那些不能适应周围环境的有机体。这样铲除的结果就留下了多少能够适应其周围环境的生命形式之遗存模式（Residual Pattern）。而“近乎平衡”的模式就其本性而言是要长期持续下去的，至于“远乎平衡”的模式只能暂时地出现。有机体或由有机体组成的社会将在下述活动样式中比较长期地保持现状：组织的各个不同部分按照一个多少是有意义的模式而共同活动着。

③ 卢曼：《社会中的法》，李君韬译，台北：五南图书出版股份有限公司，2009，第 277 页。

前提；三是再稳定，系统接纳了获得选择的变异并再次将其稳定于系统之内，系统的结构做出了有限制的改变，这里实现了系统统一性的维持，也为下一变异的启动奠定了基础[①]。具体如图 1 所示。

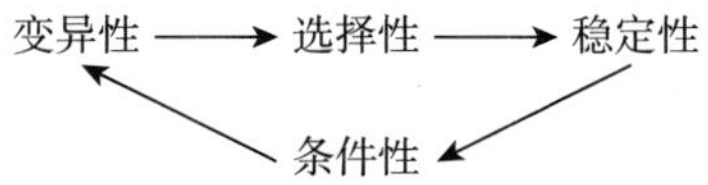

图 1　演化的出现与变异 / 选择 / 再稳定

法律系统存在于全社会系统之中。当人们说全社会系统进行着沟通，且凭借这种沟通，全社会系统与环境做出了区分，法律系统实际上是包括在全社会系统的沟通之内。从这个意义上说，法律系统执行着全社会系统的沟通，也执行着全社会系统的自创生机制。全社会系统的运作依赖其与子系统的结构性耦合，如全社会使用语言，作为子系统的法律系统亦然。但是，这并不意味着法律系统没有独立的演化，因为法律系统也有着属于自己的自创生机制。同全社会系统与环境的区分一样，全社会系统内部的子系统（如法律系统、政治系统、经济系统等诸多子系统）与环境（如法律系统的外部世界、构成法律系统的环境）也有着区分，子系统与子系统的环境之间也是相对稳定的关系。

法律系统的独立演化是成立的。这里要排除两个常见的误区：一是必须排除演化渐进性、连续性、无断裂提升的认识，接受演化可能停滞也可能剧烈改变的非连续形式；二是排除系统封闭性运作会阻碍演化进行的观念。

为了排除第一个误区，卢曼引入了观察者的视角。观察是一种高度复杂的系统运作方式，它导致系统对自身与他者的区分和标识。其中，“一阶观察”使系统将自我与环境做出区分，如法律系统的一阶观察将“法 / 不法”确认为法律系统区分于环境的基础代码；然而“一阶观察”是存在盲点的，因为“法 / 不法”的局限性无法在“一阶观察”中被发现，这就使“二阶观察”成为必要，即跳出一阶观察中的“法 / 不法”而对法律系统进行再观察[②③]；二阶观察的结果，则是能够发现“法 / 不法”代码化的局限性，然后结合法律本身存在的“条件式纲要”（通常为原则性的内容），实现法律系统的演化与改造。正是在二阶观察的层面上，卢曼看到了法律系统自身的长久积累，及其借着“法 / 不法”的代码化进行的法律系统运作——这是可见的、法律演化的基础和前提，但这却不引起演化的连续性，反而更多呈现为偶然性和断裂性的

① 卢曼：《社会中的法》，李君韬译，台北：五南图书出版股份有限公司，2009，第 278 页。

② 观察存在盲点，观察者本身无法看到自己的盲点，但是一个外部的观察者，也就是观察者的观察者可以看到盲点。例如，相对于立法者而言，媒体、法律适用者是外部的观察者，可以看到立法的盲点。

③ 玛格特·博格豪斯：《鲁曼一点通：系统理论导引》，张锦惠译，台北：暖暖书屋文化事业股份有限公司，2016，第 66 页。

演化。

为了排除第二个误区，卢曼不仅不将系统封闭性作为演化的阻碍，反而将之作为演化的动力。早在法律系统实现封闭性独立运作之前，就已经存在丰富的法律素材，这些法律素材以“条件式纲要”的形式获得记录，这就类似于初步的法律原则性指引。这些纲要同样具有规范性和实践性，它们会随着经验不断丰富获得充实，但是，它们都不必然导致演化。只有法律系统实现“法 / 不法”的代码化之后，也就是实现法律系统的封闭性之后，法律系统才能获得演化的动力①，才能探讨“变异 / 选择 / 再稳定”的问题。至此，在法律演化的问题上，卢曼打通了系统理论与演化理论的兼容性。

那么，法律系统究竟如何实现了演化？

二　法律演化的展开：变异、选择和再稳定

演化是系统自创生的结果，演化的条件本是演化的产物。演化与演化条件的关系，约等于文本和诠释的关系。演化可以分解为三个层次：首先是元素的变异，类似于生命体局部的变化，如口腔的缩小、脑容量的增加等；其次是诸结构的变化，类似于生命体系统性的变化，如消化、神经和生殖系统的联动性变化；最后是变化的再稳定化，即重新达成生命体的稳定结构，又为进一步的演化做好了准备。

法律演化的起点在于变异，变异则体现为“期望之失落”。这种期望和失落是以事实为基础的，“法律系产生于事实”（Ex facto ius oritur）②。具体而言，这种“期望之失落”指向当下的规范缺失，即当前的规范体系并不包含某种情形的规定，但这种情形却已经存在于事实之中，期望者便因此而“失落”。对此，期望者可以通过指控与反指控，将事实的情况牵扯进规则的体系并予以安排，这不仅令法律的边界出现了模糊性，并且通过诉诸事实的方式，应对法律的模糊性③。此间，适用何种法律的疑问已经产生了，法律适用的迫切性必然对现行的法律结构形成了压力，而当下的法律体系并不存在直接的、可以对应适用的内容，却必须做出化解压力的相关努力，这就是法律演化的起点所在。一些关键性的法律演化可以为此提供佐证，如近代平权法案演进过程中的黑人受教育问题、男女平等问题，最初都因得不到法律的回应进而表现为“期望之失落”，并体现为既有秩序的干扰者。这些秩序干扰者的动机与权利并不重要，重要的是他们启动了针对现行规范之缺失的自我辩护，法律之演化

① 卢曼：《社会中的法》，李君韬译，台北：五南图书出版股份有限公司，2009，第 279 页。
② 卢曼：《社会中的法》，李君韬译，台北：五南图书出版股份有限公司，2009，第 289 页。
③ 卢曼：《社会中的法》，李君韬译，台北：五南图书出版股份有限公司，2009，第 290 页。

也随之启动。

这里的关键仍然是已经书面化的既存法律。“期望之失落”的现象存在于司法能动主义的普通法系，也存在于制定法传统的大陆法系。这时候法律文本和法律解释必须有先在的结构和存在方式，否则适用法律的压力一旦产生，就无法区分出不同的“失落”，即：到底是法律缺失或者法律的自我矛盾而导致“失落”，还是单纯秩序违反者个别性的“失落”。如果没有法律文本的存在，就很可能无法判断法律究竟遇到了什么问题，因此，法律的不断丰富和固定化都与这种“失落”密切相关。这其实是自下而上、适用并诠释法律文本的进程，而不是“自上而下”创制法律的进程，诸如小亚细亚交易规则的产生和罗马民法的出现，正是基于这样的进程。

启动这样的进程，应对当下的法律规则采取“二阶观察”的视角[①]。只有指明当下法律的模糊性，且人们开始表达当下法律规定的例外，才有可能跳出现行的法律规定，随之进行当下法律的再审视，亦即跳出“一阶观察”的盲点，以观察者的身份进入“二阶观察”。法律问题不断清晰化，人们不仅在“法 / 不法”的判断中，而且在“规则 / 例外”的图示中思考并适用当下的法律。当然，个案的法律冲突不必然导致法律秩序的变异，但是，法律秩序的变异和再稳定则多由个案法律冲突引起。为此，个案与既有法律之间的张力，应当实现足够充分的积累，而针对个案的法律对策也不仅回应暂时性的问题，还应提供相对稳定的解决范式，也就是尽量回应全社会之于法律的规范性期望。

演化的成果，经由程序性的内容达成稳定。规范法律模糊性、解决事实与法律的张力问题，可以首先在程序（即裁判和处分的环节）中获得选择，并最终确认。此时，如果类似的期望者继续保持同样的诉求，将导致这种裁判方式的反复使用，并上升为稳定的规范性内容。这体现出演化的变异、选择以及演化结构的再稳定，如果没有变异和选择，则系统就凝固了，无法回应期望者的需求；但系统又不能仅仅实现变异和选择，还应诉诸再稳定，否则就会导致系统崩盘与失灵。实际上，法律系统是在做出回应的同时维持运作，则法律演化进一步呈现为：

现实对既存法的偏离	（变异）
“二阶观察”＋程序适用	（选择）
一般化确认	（再稳定）

根据这个脉络，可以发现古典自然法学派建立在“所有人赞同”基础上的共识，是根本无法实现的。共识不会成为法律效力的现实基础，更无从产生法律的演化。为

① 卢曼：《社会中的法》，李君韬译，台北：五南图书出版股份有限公司，2009，第 291 页。

了解决社会协调的问题，人们依靠程序，唯程序有一视同仁的拘束力和决定性，并使人们认识到法律的确定性与不充分性——这才真正具有切实的可行性。很明显，具有实际关联性的专门程序的分出，即“由一些人为所有人做决定”①的原则，需要具备三个前提：一是承担专任特殊角色的可能性，这是从曾经的兼任角色过渡而来；二是专任特殊角色的职业性要求提高；三是特殊角色人格中立性的确定。如果说法律文本提供了法律演化的机缘，那么，法律程序使演化过程中的“变异”与“选择”具有了可行的载体。“变异”意味着法律冲突的出现，程序则意味着对这种冲突进行“选择”和界定，且终将导致“再稳定”的实现。

三　演化的“决定性门槛”：司法程序

程序蕴含了“演化的决定性门槛”②。一方面，程序使古老的法律时过境迁。裁判必须不再仅仅针对个案而进行论证，这使裁判具有了一般性，同时也就与古老的裁断形式（如古老的陪审团）进行了分裂，这种程序就可以成为法律演化的“选择”机制。这种一般性的程序机制最初不具有普遍性，但它的存在却使古老裁判机制的淘汰成为必然。原因在于，诸如古老民众裁判的典型做法就是誓约辅助人，此类裁定是极其不确定的，不同个案的裁决都具有差异性，几乎是每次裁判都有改变；对于这种随机性裁判的放弃，相当于人们放弃了法律适用在“弹性上的优势”③，因为一事一议的裁判并不可取。另一方面，人们还发现，由于旧的裁判方式遭到了排挤，古老的法律再也不能提供有效的援引，古老法律中所包含的、法外社会结构对法律运作产生的直接影响，如道德标准的介入、社会地位的差别、裙带关系的影响等，同样失去了约束力，这使法律系统最终得以独善其身，实现了仅仅参考法律自身做出裁判。

总体上看，程序的分出引出了一种特定的正义概念：“对相同的案件应做成相同的决定，对不相同的案件应做成不相同的决定。”④“对相同的案件应做成相同的决定”，是指程序进行一般化的裁断。这种裁断不因为新案件的出现而有差异。这就维持了法律规定的稳定性和法律效力的拘束力。“对不相同的案件应做成不相同的决定”，则昭示了法律适用的变化可能性，新情况会不断在事实中出现，这个时候程序的裁断应该对不同的情况做出不同的对待，但是在程序的裁断和处理之后，针对新情况而出现的新要素会重新融入“同样情况同样对待”的一般化结构中。

① 卢曼:《社会中的法》，李君韬译，台北：五南图书出版股份有限公司，2009，第 293 页。
② 卢曼:《社会中的法》，李君韬译，台北：五南图书出版股份有限公司，2009，第 294 页。
③ 卢曼:《社会中的法》，李君韬译，台北：五南图书出版股份有限公司，2009，第 294 页。
④ 卢曼:《社会中的法》，李君韬译，台北：五南图书出版股份有限公司，2009，第 294 页。

如此，程序就在法律系统的基础上，推动了法律演化的展开。这个过程具体如图2所示。

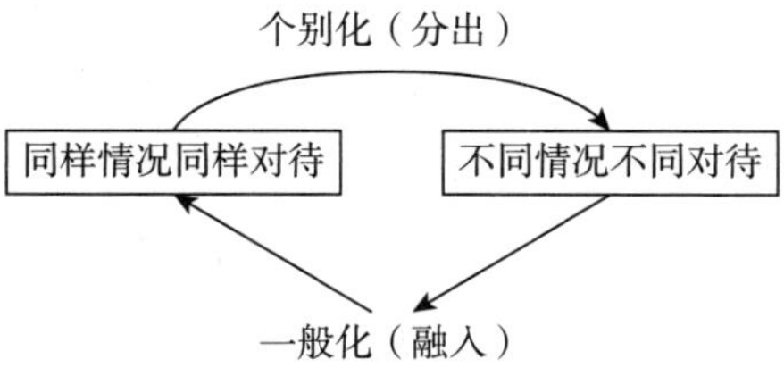

图2　程序导致法律演化的特定走向

罗马法尚不具备法律体系化的特征，但是罗马法却形成了法律演化的两个基础：一是一般化、概念化的法律知识不断增强并形成专业性；二是专业化法律职业群体的生成，如古罗马的裁判官。这里，个案实务是推动罗马法演进的重要因素。对古罗马执政官所任命的裁判官而言，个案的裁判和指示仅具有当下性或即时性，只不过裁判和指示随着情势变迁而越发复杂化，法律才得到校订和细致化的处理。在这个基础上，先前并不存在的法律体系就开始凝练出来，它们从古罗马到中世纪初期越来越多地获得适用。这种法律已经具有了独立性的特征，它仅仅围绕法律本身“法 / 不法”的标准来判断，而不考虑其他外在于法的因素。

法律知识正是来自实务中已决案和新案的对比。这种对比的意义在于突显前后的变异，这种变异的结果“同时是某个演化阶段的终结，也是进一步变异之可认知性与可指明性的条件”[①]。那么，哪些内容值得进行这种对比呢？关于分类的概念和重复使用的裁判规则，都成为这种对比的重点。具体观之，有待做成的新决定对已决案的库存进行测试和类比，类比的结果将突显新裁定的新颖性，这种新颖性回应了既有的法律库存，又构成了进一步变异的条件。这样，法律就处于动态的调整之中，且法律系统存在固有的封闭性又保持着认知上的开放性，从而实现了演化的可行性。作为这一进程实务中的支持，司法裁判“对相同与不相同做出区分，并且对相同者给予相同处理，对不相同者给予不相同处理”，即如果是相同情况，则从既有的法律中援引规则；如果不是相同的情况，则从当下的案件中发展出新规则——也仍旧在新旧规则的对比之中，保持法律系统的封闭与演化。在此，可以借用“控制论”的方式进行论证，用“负面的反馈”或者“正面的反馈”类比法律演化的问题。符合现存法律规则的法律适用，属于“正面的反馈”，而导致更新和结构变动的新型变更属于“负面的反馈”，后者涉及变异、选择和再稳定的问题。法律实务进入了“稳态—对比（新事物是否从属于既有稳态）—更新（正反馈 / 负反馈）—再稳态—再对比—再更新（正反馈 / 负反馈）”

① 卢曼:《社会中的法》，李君韬译，台北：五南图书出版股份有限公司，2009，第300页。

的回溯、变更且稳定的演化过程[①②]。

印刷术在上述过程中起到关键性的作用。在印刷术提供文本传播的途径之前，推动演化的关键力量是法律知识，起初是由口头传递来加以约束的，如“摩西十诫”是作为口头传送的方式而直接适用，中世纪法律呈现的碎片化特征，这些都是因为书面固定和体系化的缺乏。印刷术的出现、改进与适用丰富了传播的途径，法律资料的选择与汇编实现了体系化，并且更加直观可查阅。印刷术也更加方便了有关法律的反思，这也促成了法律系统“二阶观察”的实现。此后，无论是通过缜密思考的技艺理性，还是经由法律汇编的逻辑理性，法律的体系于 18 世纪逐渐形成，法律的地域色彩、民族色彩也随之出现，作为结果，英美法系和大陆法系的地域性法律体系也最终形成。

上述分析，本质上触及法的文本和语意学维持法律体系性与历史连贯性的功能，这种法的语意学素材最初掌握在法律适用者的实际问题之中，这种法律的适用者更多地意指法律关系中的当事人。此时，无论是法律之稳定形态还是演化进程，围绕法律所展开的语意探索，同样构成进一步探讨法律问题的基础。借用法律概念的语意诠释，既可以保障法律适用过程中的一致性，又可以对应当保留的新变化做出论证。当然，无论保持一致还是做出变化，这些语意的建构和论证，终究都体现为法律适用者的实践活动，法律实践成为新的法律建构或者论证的执行者。正是借着这种方式，“那些在概念上可被列举出来的法律制度，就会在其射程范围上出现渐进式的扩张”[③]，也就是在法律概念及其语意所影响到的实务中，法律能够得以演化。纵然存在外部环境的干扰，也只能将其纳入法律自身的诠释中获得认识，诸如借用诚实信用原则所做的法律诠释、借用契约理念扩张而保障的现实利益、借用旧式团体创设的法人主体，都体现了法律演化的结构性固守与扩张性意涵——既受到现行法律框架的拘束，又在法解释学的基础上进行着建构。

---

① 维纳的“控制论”（Cybernetics）来自希腊文，意为舵手、掌舵者，指的是动物和机械中的通信和控制理论。根据控制论，复杂动作乃是这样一种动作：为了取得对于外界的一种影响（也称之为输出），而在这种动作中引入了可以含有大量组合的数据（也称之为输入）。这些组合既有当下放进的数据，又有从过去存储的数据（也称之为记忆）中取出的数据。在控制中，由于经常使用穿孔带或者磁带，放进这些机器中用以指示机器组合信息的操作方式的数据，统称为程序带。为了使任何机器能对变动不居的外环境做出有效的动作，那就必须把它自己动作后果的信息作为使它继续动作下去所需的信息的组成部分再提供给它。这种以机器的实际演绩（Performance）而非以预期演绩为依据的控制就是“反馈”；机器需要使用种种感觉元件，这些感觉元件由启动元件来激发，它们执行着预报器和监视器的职务，亦即执行着对一项演绩做出“指示”的任务。正是这些机构的职能使组织解体的趋势受到控制，亦即它们使熵的正常方向发生了暂时和局部的逆转，最终实现“稳态”（Homeostasis）。稳态是一项重要的生命特征，是由“内环境恒定”的概念衍生和发展而来的。维持稳态就能使机体适应外界环境的不断变化，破坏稳态可导致生理功能的破坏和疾病的产生。稳态是相对的，是有波动的。机体在自身的节律周期中，在千变万化的内外环境中保持着有限度的稳定，才是科学地评价稳态的定位。

② 维纳：《人有人的用处——控制论与社会》，陈步译，北京大学出版社，2010，第 17~18 页。

③ 卢曼：《社会中的法》，李君韬译，台北：五南图书出版股份有限公司，2009，第 301 页。

官方的立法或者立法的诠释成为法律革新的重要方式，司法者尤其能够在适用法律的过程中诠释法律，最终推动完成法律的革新。如普通法的变更方式提供了“众多解决方案”的资料库，法官从中加以摘选并判断；在大陆法系的制定法传统中，可能更加探讨立法者的原意，法官基于立法者原意的解释与判断解决了新的问题，同时又维持了稳定性。这样，也就“部分借着变异而对外在冲击做出反应”“部分重复使用稳定化，作为革新的促动因素”①，也就是一方面迈向革新，另一方面促使自己基于稳定性而获得一致性，并最终实现正义——这两个方面是同时进行的。如果结合时间的延展性，这种形式的法律演化以特定且循环的形式进行，也是不断在稳定化基础上实现再稳定化。

在法律演化的过程中，系统一致性的维持实际并不容易。首先面临的问题是，环境性的因素对法律系统从“稳定化”到“再稳定化”的演化过程有着怎样的影响？法律系统的演化面临政治等环境性因素的干扰，政治会“借着大量不断更新的指令，在法律系统中引发阵阵冲击，这些指令冀望能被接纳、理解与消化”②。然而，并不是外部的冲击可以直接改变法律，而是必须进入法律既有的变异和选择机制，使法律能够以自己的方式驱动着自身的变异，法律之演化仍旧是基于系统自身之运作。法律演化的此种机制使法律制定者不能随心所欲，且为了法律的一致性，立法者要尽量信赖司法者，司法也就成为保持法律一致性的实际担纲。司法实践不得不对新的、法律模糊领域保有较大容忍和调适的压力，法院最先在现有的法律脉络基础上，对变异的问题进行审查和论证，如英美法的法官裁判，以及大陆法系的司法解释、案例公报、指导性意见等。无论如何，这种实务性的、针对既有规范的调适具有滞后性，它与先在的法律规定存在一定的时间差。但是，时间差使人们将对法律整体变革的关注转移到个案裁判之中，法律系统的一致性通过这种时间差之中的个案弥补而最终保持。这意味着法律系统的自我定位越发精准，进而与法律系统以外环境的区分也越发鲜明。法律系统越发坚固，法律系统的壁垒性也越发坚固。

法律演化的载体最终体现为实证法。实证法是获得适用的法律，也被法律系统赋予效力和正当性。实证法在大陆法系的正当性当然毋庸赘述，而诸如英美法系的先例之约束也体现了这样的效力赋予。实证法的效力来自法律系统，实证法在持续的运作中自创生并演化，法的效力又得到反复的认定。有效力的实证法在增加差异性和减少冗余性的过程中持续运转，其每一次的变异、选择和再稳定将构成法律进一步演化的基础。这是法律演化的机制，也是赋予法律效力的源泉，它来自系统的运作以及运作产生的变异。

---

① 卢曼：《社会中的法》，李君韬译，台北：五南图书出版股份有限公司，2009，第 304 页。
② 卢曼：《社会中的法》，李君韬译，台北：五南图书出版股份有限公司，2009，第 304 页。

结论：法律演化的当下与未来

总的看来，卢曼所阐明的法律系统演化理论，包括以下主要的观点：法律系统的演化，是在系统封闭性运作并维持规范性期望的过程中展开，正因如此，法律系统的演化受到环境的激扰但是不受环境的决定，演化是取决于系统本身的事实进程。卢曼受到达尔文生物演化论的启发，将法律系统类比于生物系统，强调了演化本身的动态性，但是卢曼的类比十分谨慎，他弱化了环境在自然选择过程中的重要性，注重演化过程中的系统变异、选择与再稳定机制，最终强调了演化的非目的性、非决定性和非必然性。具体而言，卢曼的演化理论包括演化何以可能、何以展开以及何以走向未来三个层面的主要问题。

（一）法律系统之演化何以可能

系统具有运作上的封闭性，同时保有认知上的开放性。生物体每过一天，生物的记忆结构会有所改变，生理结构也成长、老去或者病变，系统亦是如此。系统随着时间的展开而获得越来越复杂的信息，同时也产生了应对复杂情况的压力，系统需要通过自身的运作容受并化解这种压力。体现在法律系统中，就是在案件受理之后，法律系统对案件的处理，一方面不受环境的左右，另一方面又难以完全按照法律系统内部的现行制定法或者判例机械地做出判决，结果只能是，法律系统在现有基础上化约案件的复杂性并做出立足当下的决断。在这一过程中，无论进入法律系统的案件具有怎样的复杂性，法律系统仅仅考虑自身“法 / 不法”的二值代码，不考虑法律系统以外诸如道德、宗教、政治的意愿——系统就这样一直做出化约复杂性的选择。当然，决断并没有唯一的正解，决断的未来效果也尚不可知。在这个意义上，有关案件的决断实际是难以做出的，决断本是对不可决断之决断。这么一来，每个案件本质上都是独特的艺术品，却同时维持了法律系统内部“同案同判”的外观。人们所知的仅是，法律系统的运作产生复杂性并化约复杂性，而这又成为下次演化的起点。法律系统之演化，唯一必然的只是系统的运作本身，但运作的结果却不可预期。

（二）法律系统之演化何以展开

法律系统的演化机制是“变异 / 选择 / 再稳定”，这主要基于法律系统的自创生。自创生本是生物细胞的自我复制，这种复制不是原版的自我套用，它又包含变异的进程，经过变异之后的自创生进程使生命体实现了演化。凡生命体都拥有自创生的机能，如同蝌蚪成长为青蛙所需的细胞分裂与变异，但是生命体始终维持了自身的稳定性，如同蝌蚪不可能成长为其他种属的生物。同理，法律系统在运作的过程中自创生，但为了维持法律系统的稳定性，自创生实现了法律系统的“不变之变”。法律系统的变异，主要是法律系统中结构性要素的变异，这直接体现为判例或者制定法的变化，它们由偏离当下法律秩序的案件所致，为此，法律系统坚持“同种情况同同对待，不同情况不同对待”。在法律系统自创生的过程中，法律的“变异性”会增加，“冗余性”会缩减；而增加“变异性”并减少“冗余性”，意味着法律系统对时间变化所致的充分资源和材料做出选择，之后实现法律系统的再稳定，且以此作为下次变异的起点。作为结果，法律系统与外部环境的区分也越发鲜明，法律系统的演化将最终达成，且从长时段的社会进程来看，法律之演化又体现为从片段式社会到层级式社会，再到功能分化社会的几个阶段。片段式社会是简单的部落与氏族社会，法律形式具有仪式性；层级式社会则形成了高低不同的层级，且由较高的层级掌握法律实施；这两种社会均未实现法律系统的分化。唯有功能分化社会依托于不同的功能子系统——每个功能子系统在全社会系统的范围内负责一个专门的领域，不同的功能子系统之间是平行的关系，这才是法律系统分化的实现。此后，法律系统的运作依照自身“法 / 不法”的运作来进行，它不受外部环境决定，也不能完全不回应来自环境的规范性期望；否则，法律系统成为“孤岛”并终被环境颠覆。

（三）法律之演化如何走向未来

演化理论不是一个关于进步的理论。无论是进步还是退步，成就或者毁灭，达尔文也拒绝使用高级或者低级这样的词汇来描述物种演化，尽管没有一以贯之。即便是演化客观上提升了系统对环境的适应能力，也不能必然地理解为进步，因为环境也是持续变化的；人们不能得出结论，说物种提升了适应能力，因为物种更是处于动态的变迁之中。斯宾塞将演化理论在社会经济领域加以运用，并将其普遍化为一种规律性的内容[①]，这可能导致理论上的不周延性。事实上，演化理论不应具有控制性，不应当使人们认为可以纠正历史或者把控历史。演化理论毋宁是一种解释的进程，这个进程具有非计划性，它不关心如何实现某个目的，以及是否能够实现。结构的改变就在不经意之间，演化是永恒且无处不在的。

总之，根据卢曼的理论，法律之演化不应在数量多少、重要性大小的层面进行评价。诚然，在全社会沟通不断增加的基础上，法律满足需求的可能性也不断在增长。但是，

① 赫伯特·斯宾塞:《社会静力学》，张雄武译，商务印书馆，1999，第 14~15 页。

复杂性及其化约才是演化不能避免的结果，数量和重要性的描述远没有触及这个症结。可以说，演化是法律的系统“不变之变”——“变”，是指法律系统的代码以及结构的普遍化，这导致法律适用的广泛性与多样性，法律的调整不仅限于国家与社会的生活，还扩及家庭内部事务；“不变”，则是法律系统遵循“法 / 不法”代码进行的封闭式运作不改变。这使人们回到系统稳定与变异的陈述，法律系统的演化完全属于法律系统本身之事务[①]，它在自我限制的基础上获得发展，其他社会功能子系统也是如此。正因如此，人们应当舍弃从数量增长、重要性大小的视角讨论法律演化，并且也应当放弃就演化问题做出预测——因为法律系统的演化并不取决于评判者。无论人们见或者不见，法律系统的“不变之变”是一个事实，仅此而已。

（作者单位　中国人民公安大学法学院）

本文原载《北京航空航天大学学报》（社会科学版）2021 年第 1 期

① 卢曼:《社会中的法》，李君韬译，台北：五南图书出版股份有限公司，2009，第 319 页。

反思、拨正与建构：促进型立法之法理阐释 *

江国华　童　丽

摘　要　促进型立法意指以提倡和促进某项事业发展为基本宗旨的立法形式。究其作为独立立法形式的法理基础，学界现有国家干预论、政府主导论、体系补充论，以解释和支撑促进型立法的立法定位、立法原则、立法价值。但此三论为西方政治经济产物，无法恰当解释、指引相关促进型立法。为此，有必要回溯中国促进型立法之生成背景、功能预设和价值取向。基于功能视角，从其生活世界之规范整合、管制失灵之系统矫正、美好生活之价值引导三个实践性维度予以法理拨正；在价值层面，鉴于其相对于管制型立法而言的价值侧重，从秩序到意义、管理到治理、管制到引导之内在逻辑，探寻其法理建构。

从立法规模看，促进型立法足以成为一种法律现象加以研究。[①] 从社会影响看，促进型立法实践因手段软弱为人质疑。[②] 随着相关立法实践推进，促进型立法应得到正名。从研究趋势看，自 2005 年以来对促进型立法的专门性研究较少，且多集中在立法技术与立法事项。近年来地方促进型立法逐渐增多，但相关学术研究领域对促进型立法的基础性研究仍待深化。其中，法理问题贯穿促进型立法实践始终，是促进型立法研究之关键，关乎促进型立法背后的终极性问题、本原性问题。[③] 对此应持知其然，并知其所以然的态度，探究促进型立法何以成为独立立法形式，何以准确定位促进型立法，何以将促进型立法应用于中国法治。

---

* 教育部哲学社会科学研究重大课题攻关项目“法律制度实施效果评估体系研究”(16JZD011) 成果。

① 以“促进”为关键词，在“北大法宝”数据库筛选相关法律、地方法规，经统计我国共出台 10 部促进法和近 700 部促进型地方法规。

② 广东省社会科学院编《2016 广东省情调查报告：广东经济社会发展热点难点问题与对策》，广东经济出版社，2016，第 122 页。

③ 张文显：《法理：法理学的中心主题和法学的共同关注》，《清华法学》2017 年第 4 期。

一　促进型立法之法理反思

促进型立法意指以提倡和促进某项事业发展为基本宗旨的专门立法形式。促进型立法之法理，在此特指对中国促进型立法作为独立于其他立法形式的理论依据。学术界关于其法理的观点可大致分为：国家干预论、政府主导论、体系补充论三类。[①] 国家干预论以凯恩斯主义经济学理论及西方法治经验解释促进型立法的产生背景与原因，并明确了促进型立法作为国家调控手段法的定位。政府主导论在国家干预论之下，以“守夜人”向服务型政府之角色嬗变，解释并指导促进型立法共同参与原则的内涵及其具体实践。体系补充论在管理型立法模式创制的话语体系内，阐释促进型立法的法律价值与功能。但三种理论与中国促进型立法产生背景和实践不符，存在较多争点。

（一）促进型立法定位及国家干预论之争点

促进型立法的定位是指确定其作为一种区别于其他法规范形式，适用于某类立法调整领域的专门法规范形式的基础所在。促进型立法定位一经确定，立法原则、立法价值和立法功能亦随之确定。国家干预论将促进型立法生成背景追溯至 20 世纪 30 年代美国经济危机后盛行的凯恩斯主义与罗斯福新政，给予促进型立法实践理论支撑。[②] 该立场主张促进型立法模式是混合经济体制下，国家干预市场经济，弥补市场调节局限性的产物。[③] 其原理是：法律制度提供一些在原有制度安排下无法获得的利益来诱致性地改变人们的行为，[④] 并强调国家激励手段对行为决策的影响。促进型立法因此被一些学者称为“政策型立法”[⑤]，即国家调控手段法。国家干预论将经济学理论应用于促进型立法实践中，为立法者选择法律手段，预判法律实施效果提供了程式化的立法设计和可量化的法律评估。[⑥] 但是，促进型立法也因国家干预论的产生背景和工具主义的自身特征而带有一定局限性。

1. 国家干预论产生背景与我国促进型立法不同，张冠李戴式的法理解释，掩盖了我国促进型立法的独特生成动因，最终导致该立法模式无法充分发挥其特殊社会

① 李艳芳：《“促进型立法”研究》，《法学评论》2005 年第 3 期。
② 马瑞麟：《促进型立法浅论》，《南方论刊》2007 年第 6 期。
③ 陈昶屹：《论“促进型立法”的形成背景》，《北京行政学院学报》2005 年第 1 期。
④ 程雨燕：《地方政府生态治理合作之欧盟借鉴——以广东省促进型立法为例》，《南京工业大学学报》（社会科学版）2013 年第 3 期。
⑤ 陈廷辉：《环境政策型立法的法理》，《经济法学评论》2012 年第 12 卷，第 127 页。
⑥ 孙晓东：《立法后评估的原理与应用》，中国政法大学出版社，2016，第 78 页。

价值。经济法学领域多以西方经济学的市场失灵为国家干预的缘由，[①] 而我国促进型立法产生背景恰是借助市场经济改善国家权力过度干预导致的国家整体目标与社会生活的脱节问题，例如我国的第一部促进型立法——《促进科技成果转化法》的诞生就是为了打破科技计划体制，利用市场经济促进科技成果在生活领域的应用，改善科技和经济分离的状态。[②] 前者的本质是权力系统对经济系统的调节，后者的本质是经济系统对权力系统过度干预现象的矫治，二者存在根本差异。以国家干预论为核心的促进型立法，是以市场调控的消极面为逻辑，通过法律引导国家权力积极介入经济生活，但这种促进型立法在以管制型法律为主的中国无法展现其特殊价值，并被人诟病为软弱无力之法。

2. 国家干预论导致了促进型立法唯“目的—效果”论，忽略了法律本身的语境性，[③] 将社会问题程式化、标准化，限缩了部分领域的自主商谈空间，造成促进型立法“对症不对本”，最终影响法律的可实施性。具体而言，国家干预论下的促进型立法带有国家整体目标主义特征，它将立法目的与国家整体目标用激励手段联结，企图通过法律的权威和相应的经济手段改变人们的行为决策，最终实现国家建设。但在新兴或式微的社会领域中，由于特殊的历史背景、社会观念、伦理共识、人口地理等，无法依程式化的经济手段来根本性地激活该领域的自主性和创造性。实践中，国家干预论下的促进型立法，尤其是地方促进型立法因国家整体目标主义导致地方性不足，立法内容抽象不具有可实施性。或者因为过度倚重国家经济手段和相关评估体系，导致促进型立法无法在非经济领域得到充分发挥，并得到恰当的立法效果评价。

3. 国家干预论倚重经济工具法律化，导致促进型法律被谬归为手段法。促进型立法的这种定位易出现三种负面效果：第一，社会公众主体性不足。工具主义世界观之下，世界被二分为主体和客体，尽管促进型立法强调公众参与的重要性，但公众仍被置于需法律管制的客体位置，社会自治的空间被挤占。第二，法律自身功能被忽视。立法着重其他社会工具的法律化，忽视法律规范本身的功能，使其埋没于其他社会调控手段之中，促进型立法的评价功能、引导功能、教育功能未能得到充分展现。第三，促进型立法稳定性不足。促进型立法的唯工具主义导致促进型法律规范的“生命周期”系于其他社会控制手段之上，将一些原本应由行政机关制定的政策事项统揽入省级法规中，出现频繁修订删减的情况，[④] 最终影响促进型立法稳定性。

---

① 卢代富：《经济法中的国家干预解读》，《现代法学》2019 年第 4 期。
② 贾大平：《〈促进科技成果转化法〉的立法背景与主要内容》，《科技成果纵横》1996 年第 5 期。
③ 苗金春：《法律经济学与实用主义》，《河南社会科学》2008 年第 3 期。
④ 例如广西壮族自治区 2002 年到 2004 年连颁三部《广西壮族自治区民营科技企业促进条例》修正案，内容主要为行政手段的增减。

（二）促进型立法原则及政府主导论之争点

促进型立法原则，是指蕴含于促进型立法中，集中反映其区别于其他立法活动的指导性准则。国家干预论下的促进型立法原则为政府主导论。尽管政府主导论认为促进型立法是社会多元共治的法律模式，但这种多元共治绝对化了政府的主导地位和作用。①② 具体表现为强化政府在相关领域中的权力与职责，将政府作为具体促进措施（如鼓励、扶持、促进）的主要供给主体。③ 该观点实则体现了一种法律家长主义——法律在承认人的有限性前提下，认可家长式政府出于增进公民利益的善意考量，积极主动介入公民生活，干预公民行为。④ 理论上，温和的法律家长主义因能够在总体上提高社会功效，确立整体目标并形塑社会共善，提升人们的实质自由而具有正当性。⑤ 但是过度强调政府的社会资源配置能力对整个社会的促进作用，矮化其他社会主体治理地位，忽视社会发展的主体力量是人民群众，使得政府主导论下的促进型立法存在法律主体失位、法律内容失重、法律利益失衡的可能。

1. 政府主导论易致促进型立法的法律主体失位。该类立法实践普遍对政府调控、配置形成了路径依赖，忽视社会主体对社会总体资源的增量、促效作用。诸如就业、医疗、科技、教育等领域，真正促进该类公共事务发展的是利益相关主体。而政府主导论下的促进型立法以政府理性优于个人理性为逻辑起点，政府被当然列为首要主体序位，这一点可从我国的促进型立法的体例结构得到印证。其逻辑带有管理型立法色彩，促进型立法无法实质地展现出共治共享的特征，并激发具体领域的自主性与持续发展动力。

2. 政府主导论易致促进型立法的法律内容失重。政府主导论使促进型立法内容从公共事务的促进变为服务型政府的形塑。主要表现为立法着重政府权力、政府责任以及具体行政手段的规定，而公众参与仅是作为立法基本原则或立法方针等抽象性规则出现，不具备可实施性。因为，政府主导论的语言陷阱隐匿了社会进步发展的根本力量是社会生产力，而直接讨论行政力量在资源分配中的地位，反映人们对政府抱有过度期待与依赖的状态，甚至本应由其他社会主体承担的责任最终都转嫁给政府。当社会责任不断加码至政府身上时，其权力也需不断扩张，但这与简政放权的政策方向不符。

3. 政府主导论易致促进型立法的法律利益失衡。政府主导论使促进型立法的法律

① 罗英：《供给侧结构性改革背景下的质量促进型立法研究》，《求索》2017年第9期。

② 郑曙光：《地方立法中促进型立法探析——以浙江地方立法实践为分析视角》，《宁波大学学报》（人文科学版）2019年第1期。

③ 李艳芳：《“促进型立法”研究》，《法学评论》2005年第3期。

④ 孙笑侠、郭春镇：《法律父爱主义在中国的适用》，《中国社会科学》2006年第1期。

⑤ 郭春镇：《论法律父爱主义的正当性》，《浙江社会科学》2013年第6期。

利益供给对象失衡，政府因促进型立法获得更多权力，但其他社会主体的权利仅得到模糊承认或模糊界定，如公众参与权的立法技术常采用宣誓性规范。此外，法律家长主义下政府替人们做出所谓的最优选择是一种社会资源分配的帕累托改进，它要求立法就既定的、有限的社会公共资源分配方式做出改善，这是管理型立法模式的立法目的所在。但促进型立法的立法目的不是对已有社会资源的分配改进，而是社会资料、社会文明的创造与“再生产”问题。政府主导论使得政府成为社会资源的分配主体，理想状态下，应有一个全能式政府熟悉社会各领域、专业的利益需求，并给予合理的政策扶持，激发各社会主体的条件资源禀赋。但实际上并不存在全能式政府，去准确预判各社会主体所能创造的价值并给予其合理支持。① 这可能导致法律利益分配不均。

（三）促进型立法价值及体系补充论之争点

促进型立法价值预设促进型立法作为独立法模式，旨在探讨其区别于其他立法形式的意义归宿。在国家干预论和政府主导论的基础上，促进型立法被形塑成类管理型立法，体系补充论认为促进型立法的价值是对管理型立法起到补充作用。② 所谓补充作用包含两个层面：一是法律体系上，促进型立法是对管理型立法的补充；二是治理体系上，促进型立法被视作传统法律功能的积极延伸。③ 可以看到，体系补充论未能超越传统管理型立法的视野，它将管理型立法作为促进型立法存在的前提，使促进型立法的体系定位和价值功能困于政府与公众二元对立的博弈之中，对新兴发展的立法现象解读存在偏差，对社会治理理念也认识不足。换言之，体系补充论是对传统管理型立法的现状和价值的维护，无法实质上改变社会变迁过程中政府行政权与公共参与权之间的竞争博弈状态，也无法消解生活世界与权力系统的价值对立，具体分析如下。

1. 体系补充论是对传统法律体系形式的维护，体系补充论下的促进型立法无法实质改变政府行政权力与社会参与权利的竞争状态。因为传统管理型立法的规则设计多以政府—民众的二元对立博弈为逻辑起点，政府与公众之间是管理与被管理、监督与被监督的关系，行政权力和公民权利呈此消彼长的状态；并且由于促进型立法在法律体系中的补充地位，多元治理、公众参与流于形式化。这种促进型立法未能打破管理型立法中法律主体地位不平等、行为效力差异、权利义务不均衡的状态，④ 导致促进型立法在实践中施行的积极性不高。

2. 体系补充论是对传统管理型立法形式及其价值的推崇，认为促进型立法是管理

① 例如，“七五”到“九五”期间，我国政府投资决策失误率在30%左右，经济损失为4000亿至5000亿元。夏金莱：《重大行政决策终身责任追究制度研究——基于行政法学的视角》，《法学评论》2015年第4期。
② 李艳芳：《“促进型立法”研究》，《法学评论》2005年第3期。
③ 陈昶屹：《论“促进型立法”的形成背景》，《北京行政学院学报》2005年第1期。
④ 邓佑文：《行政参与权对新型行政法律关系的构造》，《学术界》2012年第2期。

型立法的“前奏”，在保障新兴、薄弱领域稳定发展之后，将之让渡给管理型立法调控。[①]该理论将促进型立法矮化成管理型立法的“预备法”，经验性地认为促进法所调整的社会领域最终会迈向管理法调整的范围，并受管理法的价值影响。这夸大了管理型立法对社会非经济领域的调整效果，易造成法律强制性对发展中的、仍然健康的社会文化的摧毁。[②]我国精神文明领域的促进型立法实践正是破除体系补充论的例证。诸如全民阅读，母婴哺乳，性别平等的促进型立法是管理型立法无法延伸触及的生活领域。如果强行以体系补充论指导促进型立法，那么这种以管理型立法的价值和逻辑，将可能导致生活世界与权力体系的价值对立。

二 促进型立法之法理拨正

西式舶来的市场失灵理论并不能完整揭示我国促进型立法的供需原因，并且在传统管理型立法创设的语境体系下，也不能引导促进型立法发挥其独特的社会价值和法律功能。为消解国家干预论、政府主导论、体系补充论的法理诘难，须回溯至中国促进型立法实践之功能预设和价值取向，以回应中国促进型立法的独立属性。基于功能视角，可以从生活世界之规范整合，管制失灵之系统矫正，美好生活之价值引导三个实践维度，对促进型立法予以法理拨正。

（一）生活世界之规范整合

国家干预论忽视了我国促进型立法出现的特殊社会背景，在社会自治空间有限且尚待改变的情况下，尽管在具体措施上看似创新地强调正向激励手段，但是促进型立法作为国家调控手段法的定位仅是对传统管理方式的进一步维护。整观我国促进型立法实践活动及其所欲回应的社会问题，促进型立法定位应是国家建设事务法，而非国家调控手段法。它通过加强生活世界之规范整合的形式，保障、促进社会发展。具体分析如下。

1. 从促进型立法的调整范围来看，该立法模式不是激励手段的法律化，而是关于某一公共事务促进的法律导向。我国促进型立法调整领域大致包括就业保障、经济产业、科学技术、文化教育、健康医疗、生态环境、精神文明、伦理道德、城乡综合建设等，它们属于社会公共事务的子项，而非社会治理手段的子项，具有公共性、增益性、抽象性、基础性特征。例如，《循环经济促进法》是关于国家经济与环境事务的法，

---

① 李艳芳：《“促进型立法”研究》，《法学评论》2005 年第 3 期。

② 何锦前：《文化决定论抑或法律能动性——文化立法的前提性论争》，《湖南科技大学学报》（社会科学版）2013 年第 6 期。

该法“减量化”章节中的禁止性条款①可能会减损部分社会主体的短期利益，且无具体的受益主体，但在总体上起到增进社会循环经济和环境保护的作用。这表明，促进型立法中的“促进”特征不特指激励手段法律化，而强调立法对某一时期内国家具体公共事项的促进导向。

2. 从促进型立法的立法方针、立法原则来看，与传统管理型立法相比，促进型立法是对生活世界的规范整合。所谓生活世界，是指非正式的、未市场化的生活领域，如家庭和家务、文化、非党派政治生活、大众传媒、志愿者组织等。在哈贝马斯交往行为理论中，生活世界是人类交往沟通的背景知识，②由于受到系统的“殖民”而丧失活力。③促进型立法正是一种旨在激活社会治理能力和整合社会规范的法治实践。例如《民办教育促进法》是对非国家财政教育经费的社会办学力量的激活和促进；《天津市养老服务促进条例》第2条第2款④注重家庭、政府和社会的资源和制度供给整合；《云南省红河哈尼族彝族自治州多元化解矛盾纠纷促进条例》第4条基本原则⑤有科技支持、当地文化背景等内容的整合；最新的《乡村振兴促进法》也是激活乡村治理能力，整合乡村规范的立法实践。可见，促进型立法不仅是公共事务法，还是整合生活世界规范的事务法。

3. 从促进型立法的立法目的和立法依据来看，我国促进型立法是以《宪法》序言第7自然段的国家根本任务和总纲中的具体建设任务为核心的国家建设事务法。其立法价值和功能体系以宪法确定的物质文明、政治文明、精神文明、社会文明、生态文明为基础。例如《内蒙古自治区文明行为促进条例》《青海省生态文明建设促进条例》《天津市促进精神文明建设条例》的立法目的中都有所体现。尤其是近年在精神文明、社会文明、生态文明相关法治建设领域中，促进型立法承担了重要社会功能，仅2018至2020年就已制定、修改促进型地方法规三百余部。

（二）管制失灵之系统矫正

政府主导论将促进型立法视作经济系统失灵的产物，将政府作为国家经济干预手段的唯一供给主体，所以促进型立法内容以行政制度为主。而我国在某些公共事务领

---

① 例如《循环经济促进法》第18条第2款：“禁止生产、进口、销售列入淘汰名录的设备、材料和产品，禁止使用列入淘汰名录的技术、工艺、设备和材料。”

② 〔德〕尤尔根·哈贝马斯：《交往行为理论（第一卷）》，曹卫东译，上海人民出版社，2018，第412页。

③ 〔德〕尤尔根·哈贝马斯：《合法化危机》，刘北成、曹卫东译，上海人民出版社，2009，第6页。

④ 《天津市养老服务促进条例》第2条第2款：“在家庭成员承担赡养、扶养义务的基础上，由政府和社会为老年人提供的生活照料、文体娱乐、精神慰藉、医疗保健、康复护理、安宁疗护、紧急救援等服务。”

⑤ 《云南省红河哈尼族彝族自治州多元化解矛盾纠纷促进条例》第4条：“多元化解矛盾纠纷坚持党的领导、政府负责、民主协商、社会协同、公众参与、司法推动、法治保障、科技支撑，并遵循下列原则：（一）属地管理与职责管理相结合，权责统一；（二）和解、调解优先；（三）预防与化解相结合；（四）公平、合法、便民、高效；（五）尊重公序良俗和当事人意愿。”

域面临的是行政权力系统失灵的问题，[①] 主要表现为：国家管理能力不足、国家管理效果不佳、国家管理正当性受疑三个方面。[②] 国家管理失灵又直接推动着开放的公共管理与广泛公共参与整合而成的公共治理模式的普遍兴起。[③] 促进型立法作为权力系统失灵的产物，其实质是公共治理法，在内容上主要以矫治管制系统过度干预为主，发挥其他社会主体在公共治理中的作用，通过广泛的社会参与形成社会共识。

1. 促进型立法注重社会自治能力的发挥，强调多元主体参与。这既是民主立法原则的要求，也是实践理性的表现。第一，社会自治表现为承认交易习惯，允许行业自治，尊重地方文化习俗等。以《农业机械化促进法》第 5 章“社会化服务”为例，农民、农业机械作业组织可以按照双方自愿、平等协商的原则，为本地或者外地的农民和农业生产经营组织提供各项有偿农业机械作业服务；并且鼓励农业机械生产者、经营者、维修者自愿成立行业协会，实行行业自律。政府在其中仅起到维护交易秩序、提供无偿信息服务等作用。第二，多元主体参与，是指除政府之外，还有其他社会主体参与到公共事务中。促进型立法采取保障兼激励的方式提高公众参与的积极性。其中包括信息公开、听证监督等程序性规定，以及奖励、优惠、减免义务等实体性规定。例如《吉林省促进大数据发展应用条例》第 4 章“促进措施”章节为鼓励大数据企业、科研机构、高等学校、行业协会、专业人才参与大数据发展应用中，提供了各类促进措施。

2. 促进型立法不预设家长式政府，相关政府职责的立法内容多以政府的信息优势、决策优势、行政职能为基础。[④] 例如，《电影产业促进法》中，未设政府权力责任专门章节，仅在总则明确规定了政府需将电影产业纳入国民经济和社会发展规划，其他章节仅涉及政府的行政审查、许可职能。又如《就业促进法》中政府相关的内容仅限于就业政策支持、就业信息服务、相关监督检查等规定。可以说，促进型立法跳出了政府主导论的思维惯性，以“如何最大化提升治理能力”为主导，政府只是为国家治理提供相应的政策保障、组织保障、信息保障、执行保障等，对社会活动并无过多干涉。

3. 促进型立法注重社会利益共享，强调法律主体间的机会平等，这与管理型立法（尤其是资源管理型立法）不同。第一，公共服务主体开放原则（或禁止垄断原则）：促进型立法对非政府主体之间，政府与非政府主体之间的公共服务竞争、合作持肯定态度。例如《中小企业促进法》第 45、46 条关于信息服务提供的规定。第二，立法倾斜保护之谨慎原则：促进法涉及对特殊区域、特殊产业、特殊社会群体等法律保护，会根据

① 我国是权力系统对生活世界具有主导与控制作用，与西方资本主义国家由经济系统主导的情况不同，因此部分公共事务面临的系统危机主要是权力系统失灵。

② 罗豪才、宋功德：《公域之治的转型——对公共治理与公法互动关系的一种透视》，《中国法学》2005 年第 5 期。

③ 罗豪才、宋功德：《公域之治的转型——对公共治理与公法互动关系的一种透视》，《中国法学》2005 年第 5 期。

④ 张婷：《立法理由说明研究》，中国社会科学出版社，2020，第 29 页。

实际情况制定合理的权利、义务、权力、责任规则，慎重对待法律利益分配问题。如《福建省促进革命老区发展条例》第3条规定的“同等优先”“适当倾斜”“分类推进”“自我发展”基本原则。

（三）美好生活之价值引导

法律不能创造美好生活，但能引导人们实现美好生活。体系补充论对中国新时期的主要矛盾转化持有一种保守主义态度，该理论下促进型立法虽体现了法治政府和依法行政的理念，但立法的逻辑起点仍停滞于政府对公民基本物质利益需求的保障上，诸如社会权利、政治权利等更高阶的利益需求，仍待立法重视。有学者指出中国现阶段的“社会主要矛盾——美好生活需要和不平衡不充分的发展之间的矛盾”包括“人民美好生活需要与具备基本正义内在要素的有效制度供给不足”的矛盾，且该主要矛盾很大程度可归结于“人民日益增长的法治需求与法制不平衡不充分”。[①] 与管理型立法相比，促进型立法便是人民更高法治需求的体现，它需要通过法律引导人们参与社会治理，共同实现美好生活。

1. 促进型立法摆脱管理型立法的话语体系，立足于人民关于美好生活的法治期待（法治需求），为社会协同治理提供共识基础。由于美好生活具有丰富内涵，不同个体对此具有不同理解，促进型立法通过民主立法程序以及促进型立法体系，在某种程度促成了人们关于美好生活的基本共识：首先，民主立法程序使得社会公共事务得到广泛的、严谨的立法论证，社会主体在反思与交流过程中，对美好生活有了更深刻的理解，并形成基本的价值共识。其次，促进型立法能够通过民主立法程序更为准确地回应人们对美好生活的法治需求。最后，促进型立法本身的体系结构、具体规则将原本宏大的美好生活法治建设议题，解构为若干具体公共事务，便于展开民主协商和协同治理。

2. 在形成什么是美好生活的共识之上，促进型立法改变法律唯制裁、强制效果论的路径，通过法的评价、引导、教育、预测作用，引导大家积极、正确地参与公共生活。第一，促进型立法的引导作用。包括通过明确行为模式引导公众正确合理地行使公共参与权利，主动承担社会责任，以及利用授权性规定或委任性规则指导相关公共机构实施具体公共事务建设措施。第二，促进型立法的客观评价作用。通过法律对公共事务及其相关主体行为、活动的肯定性或否定性评价，衡量其合法性和有效性。第三，促进型立法的教育作用。促进型立法的整个实践过程间接或直接地唤醒了公众参与意识，并且法律语言的简洁性和客观性亦起到纠偏、普及、深化公众对美好生活的认知

① 姚建宗：《新时代中国社会主要矛盾的法学意涵》，《法学论坛》2019年第1期。

之效。第四，促进型立法的预测作用。促进型立法涉及多为新兴领域，或待振兴、推进领域，并且以增益性内容为主，政府、社会组织、公众可以根据促进型立法内容适当调整其管理、经营、行为决策。

三 促进型立法之法理建构

促进型立法之法理建构是从人的认识过程的图示结构和演变机制出发，对生活世界之规范整合，管制失灵之系统矫正，美好生活之价值引导的进一步的合理性阐释。① 促进型立法相对于管制型立法而言，其立法侧重由秩序到意义，由管理到治理，由管制到引导的转变。促进型立法的内在逻辑已从“物的世界”迈进“意义世界”，人的社会属性和价值追求得到肯定，实现了从法律客体归位至法律主体，最终呈现以人为本的立法哲学。

（一）从“秩序”到“意义”

维护社会秩序只是社会阶段性的法律目的，法律最终目标是实现人的意义。在人们的基本物质文化需求基本得到满足后，社会对法律制度供给提出了更高阶要求和期待。社会除了需要管理型立法保障公共秩序稳定，亦需要促进型立法促进人的发展。两种立法模式体现了法律的双重价值属性——秩序价值与自由价值。从唯秩序价值到兼顾自由价值的转变，体现了立法主体的实践哲学总体范畴从“物的世界”到“意义世界”的迈进，其包含四个方面。

1. 法律本体论层面，立法实践哲学从“物的世界”转向“意义世界”，以人为本的立法理念得到彰显。所谓“物的世界”是指由物质构成的世界，人亦是物质世界的组成部分。国家干预论是以“物质世界”为逻辑起点，根据客观物质资源有限性，强调完善人类力量，并最大限度地控制人类本性。② 其实质是维护资源分配秩序。所谓“意义世界”就是以人类立场对“物的世界”的延续和建构。它包括人类认识判断、理解反思、改造取效的实践意义世界和人的内在意识世界两个部分。③ 促进型立法所反映、呈现的是其中的实践意义世界，即以人为本的、具有社会属性的物质世界。脱离了中国人民

---

① 夏征农、陈至立主编《大辞海 · 哲学卷》，上海辞书出版社，2015，第 495 页。“建构”是指“人的认识过程中图示或结构的形成与演变机制。

② 罗斯科 · 庞德的社会控制理论的前提是以物质社会为基础，认为物质的有限性需要完善人类力量和最大限度地控制人类本性。〔美〕罗斯科 · 庞德：《通过法律的社会控制》，沈宗灵译，商务印书馆，2010，第 10、39 页。

③ 赵毅衡：《意义世界的复数性与复合性》，《贵州社会科学》2017 年第 8 期，第 150 页。

的实践意义环境，促进型立法既无法反映我国人民的真实立法需求，也无法有效地实现立法主体的立法愿景。

2. 法律认识论层面，“物的世界”转向“意义世界”，指导了立法实践对人类社会和人类自我的认识转变。传统立法观以资源的有限性以及人的有限性为认识基础，使得法律以一种底线式逻辑出发，强调否定形式的禁令、义务规则、制裁规则等限制人的行为。[①] 而“意义世界”较“物的世界”则前进了一步，它认识到人的“二重性”[②]。与之对应的促进立法试图以肯定人的意义和能力为基础，激发人的创造性、主动性、利他性、合作性等属性，实现生活世界之于人的意义。这种认识转变使得促进型立法中的法律主体不再被动地受制于立法工具选择，法律积极集合了人的能力（包括生活世界形成的各类非正式规范），并最终以合作共同体的形式投入改造物质世界的活动中去。

3. 价值论层面，“物的世界”转向“意义世界”的过程，是人对世界和自身的“意义”反思的过程，也是促进型立法产生的价值动因。由于人们对物质世界的“意义”追求，以及对过往法治实践的反思、评价、总结、期待，在传统的管理型立法模式之外，促进型立法得以凭借独特的价值追求（尊严、自由、合作等）成为一种独立的立法模式。正如德沃金关于“法律是什么”的追问中所得到启示：法律是为了我们想要做的人和我们旨在享有的社会。[③] 人们追求的是富有各种意义和价值存在组成的“意义世界”[④]。当中国人民从“物质文化需求”迈向“美好生活”的需求时，对于法律的需求和评价亦随之升级。这些意义共识演化成新的立法原则贯穿于法律规范始终，并反向指导立法者、司法者、执法者、守法者的行动，使促进型立法免于遁入工具主义导致的法律“朝令夕改”的困境。

4. “意义世界”的目的归宿是自由、全面、发展的人，[⑤] 这与促进型立法的最终目的相契合。“意义世界”是基于人的意愿，在物质基础上建立起的社会、国家，以及其他形式的社会组织形式。其目的是使人免于自然初始状态下的“自由”——一种“不受约束，但却无所保障充满战争、恐惧、贫穷、粗俗、孤独……”而达至“受理性统治的，充满和平、安全、富裕、高尚、合作、温和、开化、仁慈”。[⑥] 根据马斯洛的需求层次理论，人类的基本需求由低级向高级的金字塔状分为：生理需要、安全需要、

---

① 〔英〕哈特:《法律的概念》，许家馨、李冠宜译，北京：法律出版社，2018 年，第 261~264 页。

② 这里指人性境界的普遍内涵和个性差异、多样性。参见杨国荣《论意义世界》,《中国社会科学》2009 年第 4 期。

③ 〔美〕罗纳德·德沃金:《法律帝国》，许杨勇译，上海三联书店，2016，第 324 页。

④ 刘森林:《物与意义：虚无主义意蕴中隐含着的两个世界》,《中山大学学报》（社会科学版）2012 年第 4 期。

⑤ 张懿、夏文斌:《马克思的意义世界理论探析》,《中国特色社会主义研究》2019 年第 5 期。

⑥ 〔德〕塞缪尔·普芬道夫:《人和公民的自然法义务》，鞠成伟译，商务印书馆，2009，第 172 页。

归属和爱的需要、尊重需要，以及自我实现需要五个层次。[①] 显然，秩序只是阶段性的法律价值取向，法治之下的尊严生活才是促进法的追求所在。

（二）从“管理”到“治理”

“意义世界”的首要特征和前进动力在于人的反思与批判精神，以及对人的社会属性的肯定。当前整个“意义世界”有两条反思主路线，并且人们就此展开新的社会实践：一是基于对工业社会实践的反思，总结出现代性社会的病症与风险社会的挑战；二是基于自我以及外部环境的关系反思，得出共同体理念以超越风险社会。诸如国家、政府、社区等因人赋予符号意义而存在的“实体”，也随着两支反思实践路径而被重新定义。作为中国社会实践成果的促进型立法，若也从这两条路径反思政府主导论，便会发现国家、政府、社会面临的挑战已不再是 20 世纪初公共服务理论对主权理论的挑战那样单一，[②] 而是现代性背景下，国家、政府、社会，个人都面临着前所未有的挑战。促进型立法从“管理”到“治理”的深层考量也便随之展开。

1. 促进型立法从“管理”到“治理”的转变反映了社会所遇挑战空前，政府管理能力不足以全面应对社会问题，立法整合社会治理能力共同应对。不论学者们将政府管理失效归结为社会断裂、系统危机，还是社会风险，知识、信息在其中的重要性已成基本共识。[③④⑤] 简言之，政府控制能力减弱的部分原因在于有关社会风险信息及其处理技术的复杂化和专业化，另一部分原因是知识信息服务的提供者具有可替代性。但全社会又没有堪比政府的其他社会主体，提供较为完善的、全面的抵抗社会风险的信息。因此，立法将相关主体整合在一起，在知识信息共享、传递的过程形成了利益共生。

2. 促进型立法从“管理”到“治理”的转变，使得政府与其他社会主体之间的关系内容被重新定义。政府与其他社会组织、个人不再是“主客体关系”，而是“主体与主体间的关系”。共同治理理念下，政府在社会公共事务中不再具有近乎垄断的地位，其他社会主体平等参与其中。至于如何平等参与，学者欧文 · 拉兹洛曾基于社会知识体系构建各类社会各成员之参与义务，[⑥] 且不论这种构想是否具有普遍适用意义，仅就社会主体之间的关系而言，在同是人道的行动方向上各主体已初步形成共同体关系。这种通过共同行动应对各类危机的共同体被称作“合作共同体”[⑦]。值得强调的是，合作共同体

① 〔美〕亚伯拉罕 · 马斯洛：《动机与人格》，许金声等译，中国人民大学出版社，2012，第 19~29 页。
② 〔法〕狄冀：《公法的变迁》，郑戈译，商务印书馆，2013，第 36~43 页。
③ 〔德〕乌尔里希 · 贝克：《风险社会：新的现代性之路》，张文杰、何博文译，译林出版社，2018，第 28 页。
④ 〔英〕安东尼 · 吉登斯：《现代性的后果》，田和译，译林出版社，2011，第 47 页。
⑤ 〔德〕尤尔根 · 哈贝马斯：《交往行为理论（第一卷）》，第 66 页。
⑥ 〔美〕欧文 · 拉兹洛：《人类的内在限度：对当今价值、文化和政治异端的反思》，黄觉、闵家胤译，社会科学文献出版社，2004，第 218~222 页。
⑦ 张康之、张乾友：《共同体的进化》，中国社会科学出版社，2012，第 402~403 页。

对主体间差异更具包容性，在合作实践中形成差异互补，反而增强其抵抗风险的能力。这种理想的共同体的重点并不在谁是主导的问题，而是社会主体如何各司其职，且行动方向一致。因此，促进型立法的内容以合作共同体构建为核心，展开具体立法设计。

3. 促进型立法从“管理”到“治理”的理念转变，以“共治共享”为基础，立法最终目的是为人民服务，这是对我国国家建设正当性的维护。现代性的两面特征要求立法在满足人们的物质需求的同时，也依靠非物质社会领域的共治共享，以面对风险社会带来的危机与个人虚无感。但是，当前我国处于社会转型时期，对政府管理形成的路径依赖，致使政府难以和市场、社会分享管理权限，并惯以自身便利出发，忽视人们的多样化需求。[①] 这种治理结构失衡的局面最终会影响公权力的正当性。促进型立法通过公众参与、鼓励市场机制、激活社会治理的方式重新调节国家治理结构，使得治理主体具有多样性和结构稳定性。

（三）从“管制”到“引导”

立法从“管制”到“引导”的理念转变，实质是人从法律客体归位至法律主体的结果。现代法律中，对人类主体性的认识决定了法律的形态与价值取向。例如，以哈耶克为代表的激进主义自由观，从人的主体性对文化发展和物质繁荣之贡献出发，得出人类主体性是文明的基石，并认为法律应当予以积极保护；[②] 以福山为代表的保守主义自由观，通过人类道德的负面性来论证道德自发秩序的不可靠，并认可梅因的法律规则最终会替代道德形成社会秩序的观点。[③] 与此对应的是，传统管理型立法对人的主体性持保守主义态度，常将人作为法律手段实施的客体，为形成稳定良好的社会秩序，对管制型规则具有一定倾向性和依赖性。促进型立法则将人置于法律主体的位置，认可人的自觉性、自为性，培育人的自主性和鼓励人的创造性。

1. 促进型立法的引导功能是由立法主体的自觉性、自为性决定的，而该立法模式的引导功能又反向激发人们的自觉性和自为性，去参与到公共事务中，表达主体意愿。自觉性是主体活动具有自觉的意图或预期目的，能够决定主体行为方式方法。而自为性是主体赋予它物以价值、意义，并且该价值、意义反过来可以约束人的行为。[④] 我国的民主立法制度决定了促进型立法活动是以立法主体之目的展开，法律须充分反映立法主体的目的和意图，促进型立法的引导功能确定是立法主体的自觉性的结果。此外，

① 俞可平等:《中国的治理变迁（1978~2018）》，社会科学文献出版社，2018，第 355 页。

② 〔英〕弗里德里希·奥古斯特·冯·哈耶克:《自由宪章》，杨玉生、冯兴元、陈茅等译，中国社会科学出版社，2015，第 63、230 页。

③ 〔美〕弗朗西斯·福山:《大断裂：人类本性与社会秩序的重建》，唐磊译，广西师范大学出版社，2015，第 10~15 页。

④ 高岸起:《利益的主体性》，人民出版社，2008，第 34~35 页。

若促进型立法未能发挥引导价值或反向出现强制个体行为的情况，则促进型立法失去了立法主体赋予其的“促进”意义，故此不能算作促进型立法。

2. 促进型立法的引导功能是立法主体对民主制度以及公民自主性的信任，公民集体有能力通过参与公共领域事务学习成长，[①] 做出有利于个人与社会的决定。自主性是相对于强制、强迫而言，主要包括道德自律和行为能动两个方面：前者表现为人们对规范的认同与自觉履行，甚至会延伸出利他行为；后者是指积极目的下的行动状态和能力。但自主性在消极状态下也会具有排他、自利、片面、盲目的特征。[②] 促进型立法的利用激励、评价、教育、引导等功能，辩证地对待法律主体的自主性，对人性积极面向给予肯定评价、奖励、保护等，对消极的自主性则采取否定评价、教育、引导的方式。这种引导功能的发挥依靠民主、自由、包容的立法原则和内容，而不是强调某一惩罚性、管制型规则。

3. 人类的创造性是社会发展的前提，需要良法之治对人性积极方面起到引导和教育之效。由于人的创造性与破坏性存在二律背反关系，[③] 尽管立法管制的目的是排斥社会主体的破坏性以维护社会秩序，但法律无法预先识别个体是否具有创造性，普遍的管制措施在排斥破坏性的主体性的同时也排斥了创造性的主体性，使社会主体仅于重复性劳动生产中。[④] 促进型立法的引导功能以非管制的方式调节法律主体行为的同时，赋予个人、团体和机构以权利等，鼓励人们在现行道德观的限度上自由地、负责任地创造自身的生存条件并发挥其作用。[⑤] 无论在认识还是实践方面，创造性对于个体的独立性之彰显，社会发展水平之展现都是一个关键的衡量标准。

结　语

关于促进型立法的国家干预论、政府主导论，体系补充论忽略了中国促进型立法实践的独特生成背景，将促进型立法溯源至西方自由主义经济危机，并用凯恩斯主义经济学理论和以罗斯福新政为代表的政策产物解释促进型立法的生成动因，忽视了社会主义国家公共事业及其法治发展特征，也未能正确理解共治共享。面对新兴发展领域或日渐式微的传统社会区域，以及在客观经济差异化格局下显得力有不逮时，其仍然单纯寄希望于各类基于经济系统、权力系统总结出的经验型工具。对其理论拨正与建构的过程实质是站在现代法治思想“以人为本”的立场检视中国的立法实践，而所

① 〔美〕詹姆斯·C. 斯科特：《六论自发性》，袁子奇译，社会科学文献出版社，2019 年，第 177~178 页。
② 田聪颖、向达：《主体性在构建和谐法治社会中的意义》，《社科纵横》2015 年第 4 期。
③ 〔德〕康德：《纯粹理性批判》，蓝公武译，商务印书馆，1960，第 450~451 页。
④ 郭湛：《主体性哲学：人的存在及其意义》，云南人民出版社，2002，第 201 页。
⑤ 〔德〕伯恩·魏德士：《法理学》，丁晓春、吴越译，法律出版社，2013，第 409 页。

谓的“意义世界”“现代社会”“主体性”，无外乎强调立法者对人性积极的一面抱有希望与理性，立法的最终的目是从基础的维护社会秩序，走向激发人的自觉性、创造性，让人寓于社会之中成为有尊严的个体。

（作者单位　武汉大学法学院）

本文原载《华侨大学学报》（哲学社会科学版）2021 年第 5 期

摘要收录

《民法典》离婚救济制度的体系化阐释

《民法典》规定的离婚救济体系包含离婚家务贡献补偿、离婚经济帮助以及离婚损害赔偿制度，是对家务特殊贡献者、离婚生活困难者以及维护家庭团体和睦的受害者的矫正和补偿，从另一角度增强家庭共同体的凝聚力以及弘扬家庭美德。离婚救济制度的体系化阐释应保持内部体系与外部体系的调和。配偶一方在家务中贡献较多，从而使另一方的人力资本得以提升但尚未取得预期收益的，可以纳入家务贡献补偿。为适应社会的发展进步，应当适当扩大离婚经济补偿的范围并增加抗辩事由。离婚损害赔偿实质是债务不履行责任，系无过错方对于因离婚所导致的婚姻关系圆满期待利益的落空。为了避免重复评价，离婚损害赔偿与夫妻共同财产分割照顾无过错方原则应当选择适用。

作者：冉克平

单位：武汉大学法学院

文献出处:《政法论丛》2021 年第 5 期

海洋法律秩序生成：历史脉络、法治困境与海洋法权

从某种意义上说，海洋法律秩序与海洋法律规范具有同质性，但是两者的发展并不同步。从时空序列和涉海规范角度看，海洋法律秩序的生成可以界分为第一海洋法律秩序、第二海洋法律秩序以及第三海洋法律秩序。社会系统动力学视阈下考察海洋法律秩序生成的规律与发展趋向，成为回应海洋强国标准的重要参照体系。海洋法律秩序生成的核心范畴在于对海洋法权演进的合理阐释，以应对海洋秩序中的法治困境。

展开海洋法权的定量分析有力地佐证了新时期海洋法权基本内涵重塑的合理基础，同时也诠释了中国所倡导的海洋命运共同体理念。

作者：马得懿

单位：华东政法大学国际法学院

文献出处:《上海大学学报》(社会科学版)2021 年第 5 期

正义论视域下体面生活的理论阐释与实现路径

体面生活的实现离不开正义制度的保障。从正义视角考察体面生活，首先需要理解体面生活的含义。体面生活是基于个体的自由选择、受客观条件制约的得体、有尊严并且可以为一般人所接受的生活。从制度正义的视角考察体面生活，就需要立基于正义的过程而不仅仅是结果；从底线正义的角度出发，体面生活需要的满足不能低于最低底线；从多元正义的角度出发，体面生活包含了一系列善品要求。基于需要的体面生活也要警惕需要所带来的欲望黑洞，应当立足客观的社会环境而确定需要的标准。从正义的能力理论出发，体面生活需要关注个体的能力增长，使之有能力创造体面的生活。体面生活的实现要立足于复合正义理论，也要借助于法律的实施去实现。

作者：孙秋玉

单位：苏州大学

文献出处:《求索》2021 年第 5 期

宪法生态文明条款与环境法律规范的体系融贯

宪法生态文明条款应如何指引新时代环境法律规范的形成，构成了环境法律体系融贯路径安排的核心关切。通过对宪法生态文明条款体系化阐释，提炼出作为国家目标和作为规范效力的宪法生态文明条款两种类型，并以此形成与环境法律规范体系融贯的阶层论。初阶融贯表现为环境法律规范对宪法生态文明条款的落实，即宪法生态文明条款的部门法化；进阶融贯表现为环境法律规范对宪法生态文明条款的发展，即宪法生态文明条款的释义变迁；高阶融贯表现为宪法生态文明条款与环境法律规范的“自生自发”交互影响，即环境法律规范的体系融贯，并形成以保障公民环境权利、规范政府环境职责为核心的环境法典。在新时代，宪法生态文明条款与环境法律规范的体系融贯是推进生态文明建设的法治保障。

作者：张震　石逸群
单位：西南政法大学行政法学院
文献出处：《学习与探索》2021 年第 9 期

《民法典》阐释的“体系”依据及其限度

作为体系性存在的《民法典》，在文本层面指向了民法概念体系、民法规范体系、民法价值体系和民法法源体系。“解释论时代”的《民法典》阐释，需要紧密贴合《民法典》的内外体系。在《民法典》阐释的“体系效益”上，概念体系可以便捷概念涵摄，规范体系有助维系规范周延，价值体系能够衍生价值秩序，法源体系益于指引法源应用。当然，由于深受“实益型”法典编纂思路的影响，《民法典》的概念逻辑性、规范纯粹性、价值融贯性和法源完整性难免不足，《民法典》的阐释应当在兼顾法典体系缺漏的基础上恪守体系限度：防止概念专断；阻断规范逾界；规避价值错位；警惕法源封闭。

作者：陈金钊　吴冬兴
单位：华东政法大学法律方法研究院
文献出处：《上海师范大学学报》（哲学社会科学版）2021 年第 2 期

历史哲学视角下环境法独立性之阐释

透过历史哲学的视角，可以对法律体系作原生部门法与次生部门法的“两分法”理解。原生部门法包括民商法、行政法、刑法和程序法，次生部门法包括经济法、社会法和环境法。在这一视角下，经济问题、社会问题和环境问题属于人类社会不同发展阶段所产生的基本问题域，其内在逻辑是经济社会发展所面临的内外界限。在此意义上，解决这些问题的次生部门法在法律体系上具有完备性。作为次生部门法的环境法，其具有独立性的根据是环境法律关系的客体属于环境基本问题域。

作者：陈伟
单位：南京大学法学院
文献出处：《中州学刊》2021 年第 3 期

论司法解释的合法性控制

最高人民法院颁布的司法解释是我国法律体系的有机组成部分，其合法性如何实现是重要的法治乃至宪治命题。作为事后监督的规范性文件备案审查，有其固有的局限性。以系统论为研究范式，超脱备案审查视角，将司法解释的制定、实施、监督视为一个系统，是一种有效的分析工具。经由合法性控制的三个子系统，即制定过程中的预防违法、实施过程中的避免适用违法以及监督过程中的消除违法，可发现不同主体在各子系统中承 载各自独有的功能，相互沟通、对话，使得司法解释在流动的系统内实现合法性。这一发现不仅对司法解释的合法性控制有指导意义，还对法律及其以下规范性文件的合法性控制具有借鉴意义。

作者：杨敬之

单位：中国劳动关系学院法学院

文献出处:《政法论坛》2021 年第 2 期

民间法的人类学范式研究

民间法的人类学范式，可以为理解、阐释和适用民间法提供新的思路与视角。在本体论层面，它坚持从结构与文化的多元主义，以及地方性与过程性的微观主义进路理解民间法。在知识论层面，它强调在参与观察中发现与产生民间法知识，再借由三种不同的论证模型对发现与产生的民间法知识予以科学性论证。在方法论层面，它要求针对不同类型的法律民族志呈现不同的书写逻辑，并在此基础上相继展开“文化－功能”与“历史－过程”阐释。建构民间法的人类学范式，对于加快推进中国特色社会主义法学学术与话语的体系化具有重要的理论与实践意义。

作者：刘顺峰

单位：湖南师范大学法学院

文献出处:《江苏社会科学》2021 年第 2 期

组织法视角下的公司合规：理论基础与制度阐释

——德国法上的考察及对我国的启示

在组织法的框架下，公司合规职责的分配、合规义务的内容、合规工作的组织以及违反合规义务的责任是公司合规领域的核心问题，与此相关的法律规则统称为公司合规组织性规范，其目的在于通过组织化实现公司合规。德国公司法并没有明文规定公司机关的合规义务，但从业务执行机构的谨慎义务中引申出来的合法性管控义务成为其承担合规组织义务的法律基础；监事会在公司治理结构中的监督机关地位成为其承担合规监督义务的法律基础。加之《违反秩序法》和金融领域专门法律中的合规组织性规范，共同构成了德国公司合规组织性规范体系。德国公司合规制度以董事注意义务为基础的发展路径、司法实践中的理论阐释以及公司合规制度责任与激励机制的探索对于我国公司合规制度建设都具有重要启示。

作者：王东光

单位：华东政法大学经济法学院

文献出处:《法治研究》2021年第6期

数据财产化及其法律规制的理论阐释与构建

在大数据时代，数据日益成为一种重要的生产要素，并具有重要的财产性利益。数据具有财产属性，应受到法律保护。符合知识产权法保护条件的数据可以纳入知识产权保护范畴。不具备知识产权客体条件的数据，在存在值得法律保护的财产性利益或竞争性利益时，可纳入反不正当竞争法保护。数据的专门立法也是数据法体系构建的重要走向。关于数据的法律性质以及法律保护模式的认识差异，不应影响其财产化利益受到法律保护。

作者：冯晓青

单位：中国政法大学民商经济法学院

文献出处:《政法论丛》2021年第4期

实事求是的法理阐释

实事求是是马克思主义中国化的理论精髓，是中国特色社会主义法治思想的理论基石。法治体系始终在调和认知、规范和实践的关系，实事求是就是一种处理三者关系的程序理论，它包含“从实际出发—主张正确性—理论证立—实践检验—达成共识”五个环节。由此出发，实事求是作为政治原则，在以党章为首的党规体系当中，体现为探索与纠偏机制、证立与实践检验机制以及深入群众的审慎理性机制。在党规与国法相统一的中国特色的政法体制中，实事求是发挥着党规对国法的引领作用。在立法领域，它化解了科学立法与民主立法的紧张关系，有助于实现最大程度的立法共识；在司法领域，它体现为“事”上严格遵循证据规则，“是”上严格遵循疑罪从无，“求”上严格遵循依法纠错，破除无罪推定、程序正义等形式价值的教条化，实现客观公正、人民满意的司法裁判。

作者：张龑

单位：中国人民大学法学院

文献出处:《环球法律评论》2021 年第 4 期

新时代政党法治建设的核心要义与中国范式

政党法治已成为当前政党政治的研究主流和重大命题。政党法治的探讨应从逻辑阐释、核心要义和实践路径三个基本面着手。政党法治逻辑是指立足于中国共产党政治逻辑这一根本逻辑，将法治精神融入、内嵌到政治逻辑之中，实现法治的政党化阐释、政党的法治化表达。政党法治逻辑的核心命题在于实现依法保障权利、依法规范权力以及二者的良性互动。新时代推进政党法治建设应确立依法保障权利、依法规范权力的立规理念，形成保障权利规范权力的法规体系、政治生活、权力配置方式和政治文化。

作者：季冬晓[1]　郑彬[2]

单位：1 中共山东省委党校（山东行政学院）党建教研部

2 山东大学马克思主义学院

文献出处:《理论探讨》2021 年第 4 期

大学校规司法审查的法理阐释

以大学校规合法性判断为中心，可以从法理争点、法理根据以及法理建构等三个层面对大学校规司法审查进行法理阐释。法官判断大学校规合法性会面临大学校规的法律属性、国家法律与大学校规的分殊以及大学校规的法律效力三个理论争议；法官判断大学校规合法性应基于形式法治观、程序法治观以及实质法治观三重理论依据；法官判断大学校规合法性可诉诸形式合法性与实质合法性的两种面向论、先权威性论证后正确性论证的两个步骤论以及“建构 – 回应”的两重结构论三种理论模式。

作者：高冠宇

单位：武汉大学教育科研院

文献出处:《法学评论》2021 年第 4 期

民法典体系下合伙份额法律属性阐释

对于合伙份额的法律属性及其界定，无论学界与司法实务界，都存在较大争议。民法典框架下我国合伙法确立了契约型合伙与组织型合伙两种类型，形成了二元区分体系。从历史视角，罗马法传统中合伙债结构、日耳曼法传统中共同体结构深刻地影响了近代合伙体系与规则。受到日耳曼法传统的影响，合伙份额的法律属性，从财产说逐步演化为成员资格说。在我国二元合伙体系中，对于《民法典》以调整内部合伙为典型的契约型合伙，合伙份额具有财产属性，其取得、处分及限制规则应受财产法调整；对于《合伙企业法》以调整外部合伙为典型的组织型合伙，合伙份额为合伙成员与组织之间权利义务的具体范围，具有成员资格或社员资格属性，其取得、处分及限制规则应受组织法调整。

作者：宋晓庆

单位：湖南大学法学院

文献出处:《政法论坛》2021 年第 4 期

“铸牢中华民族共同体意识”入法：理论阐释、规范考察与制度完善

铸牢中华民族共同体意识是新时代民族工作的鲜明主线和战略任务，“铸牢中华民族共同体意识”入法是实现国家治理体系治理能力现代化的重要保障，也是对中国特色社会主义法治发展的深刻实践。通过对“法”采取广义的解释方法，可以发现“铸牢中华民族共同体意识”已经从中央立法层面扩展到地方立法层面，在体系与规范化方面实现逻辑上的自洽，但是顶层设计不足、条款的刚性缺失以及制度衔接等方面仍存在问题。实现“铸牢中华民族共同体意识”入法的制度完善需要深刻理解条款的规范功能、提升具体条款的操作性、做好配套制度的衔接。

作者：蒋慧[1]　孙有略[2]

单位：1. 广西民族大学法学院　2. 广西民族大学相思湖学院

文献出处：《广西民族研究》2021 年第 3 期

习近平法治思想的理论体系

习近平法治思想的理论体系可以从政治方向、重要地位、工作布局、重点任务、重要保障等方面来把握。其中，坚持党对全面依法治国的领导、坚持以人民为中心、坚持中国特色社会主义法治道路，阐释的是全面依法治国的政治方向；坚持依宪治国、依宪执政，坚持在法治轨道上推进国家治理体系和治理能力现代化，坚持建设中国特色社会主义法治体系，阐释的是全面依法治国的重要地位；坚持依法治国、依法执政、依法行政共同推进，法治国家、法治政府、法治社会一体建设，坚持全面推进科学立法、严格执法、公正司法、全民守法，阐释的是全面依法治国的工作布局；坚持统筹推进国内法治和涉外法治，阐释的是全面依法治国的重点任务；坚持建设德才兼备的高素质法治工作队伍，坚持抓住领导干部这个“关键少数”，阐释的是全面依法治国的重要保障。

作者：卓泽渊

单位：中共中央党校（国家行政学院）

文献出处：《行政管理改革》2021 年第 7 期

虚假仲裁与案外人权益保护

——实体法与程序法之理论阐释

民事法律关系的错综复杂、主体的多元化以及仲裁裁决已决事实效力的影响，使得受虚假仲裁裁决影响之案外人权益保护成为理论与实践的焦点问题。就实体法与程序法的基本理论而言，变动物权效力的有限性与仲裁裁决既判力的相对性原则，为案外人权益提供了重要的双重制度保障。在此情况下，只要充分重视依据实体法规范另行诉讼的制度，并完善案外人执行异议之诉制度，即可在实现案外人权益保护的同时，兼顾遏制虚假仲裁与尊重仲裁当事人意思自治并维护仲裁裁决稳定性之间的合理平衡。

作者：杨秀清

单位：中国政法大学民商经济法学院

文献出处:《政法论丛》2021 年第 2 期

行政裁量基准适用的现实悖论、消解思路及其建构

——以《行政处罚法》修改为背景

2021 年修订的新版《行政处罚法》增设了有关行政裁量基准的规定，正式在法律层面明确了其作为基层执法机制的重要性。因此可以合理预计，未来我国的行政裁量基准将迎来规模性增长。然而，当前行政裁量基准的现实适用却存在着近乎割裂式的争议与悖论：是严格适用还是适度偏离？是优先适用还是优先逸脱？是以司法审查为主还是以司法适用为主？因此在立法修改之际，必须对上述悖论予以消解，否则将导致裁量基准适用的不确定性、虚置化甚至“污名化”。从法律属性角度考察，悖论源于规范层面的理论催生与工具层面的技术误用，其消解思路是在制规层面通过对裁量基准规范的合理性建构，以区分基于个案不正义的逸脱与基于规范不正义的逸脱，本质上是对价值理性的回归与对行政自制行为的进一步自制。具体的合理性建构，应当在自我规制的范式之下，由行政机关在规范起草阶段通过经验型、实证型或理论型合理性自述，完成对行政裁量基准规范基本理性的逻辑证成。

作者：陈文清

单位：复旦大学法学院

文献出处:《甘肃政法大学学报》2021 年第 2 期

论习近平法治思想理论体系的二元化逻辑结构及功能

本文旨在从理论形态上阐释习近平法治思想的深刻内涵，首先，从“二元化”逻辑建构的角度，将习近平法治思想分为法治的基本原理与中国特色社会主义法治理论两个理论组成部分；其次，在此基础上，进一步再做细微层次的“二元化”逻辑建构。从而从宏观上能够全面和系统把握习近平法治思想的思想脉络与理论特质，从思想理论体系结构与功能之间的相互作用与相互统一关系中，全面推动习近平法治思想理论体系的科学建构，充分发挥习近平法治思想的理论功能和实践效用，将习近平法治思想的理论研究进一步推向深入。

作者：莫纪宏

单位：中国社会科学院国际法研究所

文献出处:《行政管理改革》2021 年第 3 期

公法上无因管理的理论构造

——基于释义学分析

关注公法上无因管理，不仅可以解决公共治理中出现的新问题，而且可以提升公法学的理论品质,进而为我国行政法总则的科学立法提供知识。所谓公法上无因管理，是指未受公法委任，并无公法义务，而为他人管理公法事务。公法上无因管理的构成要件可以概括为三项内容，即管理他人的公法事务、无公法管理义务与为他人管理公法事务。正当化功能与衡平功能是公法上无因管理的主要功能。公法上无因管理与职权法定和法律保留并不矛盾。从一个主体为另一个主体消灭或者履行公法义务的可能性来看，主要有三种表现形态，即私人为公共主体、公共主体为私人与公共主体间公法事务的管理。未来我国行政法总则立法，可以考虑将其设置在公法责任内容之内。

作者：汪厚冬

单位：扬州大学法学院

文献出处:《北方法学》2021 年第 2 期

习近平法治思想的生态文明法治理论之法理创新

习近平法治思想的生态文明法治理论，是习近平法治思想和习近平生态文明思想的重要组成部分，是一个内涵丰富、体系完备的理论体系，在价值论、关系论和方法论等几个层面综合实现了生态环境法治的理论创新。在价值论层面，生态文明法制理论从拓展人的全面价值、彰显和谐发展价值和引入生态安全价值等方面，创新了传统法律价值理论；在法律关系论层面，生态文明法治理论淡化了人与自然的主客体关系二元论，进而主张参与环境公共事务的主体“多元化”，彰显了多类客体之间的结构性；在方法论层面，习近平法治思想的生态文明法治理论秉持整体观方法、倡导协同治理方法、坚持底线思维方法，为我国生态文明法治建设与制度实施提供了理论指导与方法指引。

作者：刘超

单位：华侨大学法学院

文献出处:《法学论坛》2021 年第 2 期

税务行政裁量权的理论阐释、行为纠偏与路径选择

税法中不确定概念下的理论空间以及税务行政的实践需求共同营造了税务行政裁量的制度空间，而不规范的税务行政裁量则为不规范的税收执法提供了操作机会。通过对税法文本中不确定概念理论缘由的寻求，以及税收征管中实践动因的梳理，税务行政裁量权的规范化确有必要性。为达成税法运行各司其职中的彼此制衡，有必要强化比例性原则在税务行政裁量中的运用，以此限制税权介入纳税人私域的范围与限度，并提供明确化的宏观指引；利用行政裁量基准“行政自制”与“规则之治”的双重品质，借助标准化的文本修正，为规范化的税收执法预设行为轨迹、构建外在制约并压缩裁量空间；以纳税人的同意权为基础，设计符合税法特殊性的程序规则，形成立体化的纳税人救济路径。最终形成税务行政裁量权积极运作与规范运行的制度环境。

作者：吕铖钢

单位：浙江工商大学法学院

文献出处:《北京理工大学学报》（社会科学版）2021 年第 2 期

民事诉讼事实主张的原理与方法：主张责任的理论阐释与本土建构

主张责任作为规制当事人事实主张的原理和方法，在民事诉讼理论与实践中占据着重要的地位。民事诉讼主张责任是指当事人如果在诉讼中不提出于己有利的要件事实，则需要承担由此导致法官不认定该事实而带来的败诉风险或不利益。主张责任作为当事人事实主张的规制原理和方法，本应占据重要地位，但由于主张责任法理研究的薄弱，司法实践的不当认识，其在诉讼行为指引、利益保障与裁判制约等方面的功能未能得到有效发挥。有鉴于此，应正确认识主张责任在民事诉讼中的价值、功能与理论定位，积极发展和充实主张责任的理论体系。通过对主张责任的立法规范和司法实践的双重考察发现，主张责任在我国并未有体系化的规定，司法实践中也存在诸多混乱现象。从法解释学的视角来看，主张责任在我国现行立法中得以初步确立。然而，立法对主张责任规定的模糊，主张责任自身规则的不健全以及相关配套制度的缺位，制约了主张责任功能的发挥。对此，一方面需要构建主张责任的适用对象、分配、履行、法律效果等自身规则体系，确立事实主张的真实完全陈述义务、具体化义务和适时提出义务规则；另一方面需要完善相关配套制度，包括构建高效的审前准备程序，完善诉答程序、争点整理程序，加强法官事实主张释明机制的建设。

作者：张润

单位：中国人民公安大学法学院

文献出处:《广西社会科学》2021 年第 8 期

如何阐释法治的内在价值

——基于一种广义法治观念的视角

法治具有内在价值，但是狭义的法治观念并不足以解释这一问题。法治的内在价值并不取决于实施法治所需要的道德基础或者规范性关系，也不取决于其与某种道德价值存在的必然关联，而是在于为人们的行动提供有效的指引，从而保障了人们日常生活中的可预期性。这种基于整体性视角的广义法治观念能够更为充分地回答何为法治的价值，因而优于狭义的法治观念。更进一步来看，狭义的法治观念无法摆脱“人的统治”的阴影；相比之下，广义的法治观念则更能够契合“法律的统治”这一理想。因此，只有从广义的视角来理解法治，才能够解释法治的价值所在。

作者：田一然
单位：中国人民大学
文献出处:《南大法学》2021 年第 5 期

“传播国际人道法”的规范阐释与机制完善

1949 年日内瓦四公约及其 1977 年两项附加议定书均有“传播国际人道法”的规定，确立了“传播国际人道法”的条约义务。红十字国际委员会主张，“传播国际人道法”已确立为一项习惯国际法。红十字国际委员会是传播国际人道法的重要枢纽。国际软法也可以促进国际人道法的传播及遵守。在缺乏成熟完善的传播国际人道法机制时，国际人道法国家委员会的设立和完善确有必要。中国国际人道法国家委员会可以从协调功能、咨询作用、规划报告和交流工作等方面完善相关制度。在此基础上，将自身经验介绍给其他国家，也是中国积极表达制度性话语的体现。

作者：严阳
单位：西北政法大学国际法学院
文献出处:《国际法研究》2021 年第 5 期

乡村振兴促进法的法理阐释

制定《中华人民共和国乡村振兴促进法》，为全面实施乡村振兴战略提供有力法治保障，对于促进农业全面升级、农村全面进步、农民全面发展、全面建设社会主义现代化国家，具有重要意义。该法由党和国家振兴乡村的相关政策转化而成，在规范构造上呈现出正向激励的特征；以促进农民全面发展为价值基础，核心是保障农民发展权，促进农民成为乡村振兴的参与者、支持者和受益者；整体确立促进乡村产业振兴、人才振兴、文化振兴、生态振兴和组织振兴的制度措施，并在城乡融合、扶持措施、监督检查等方面与其他涉农法律法规相衔接。为保障该法有序运转，确保乡村振兴目标全面实现，应当建立党的领导、政府协同的监督机制和科学决策体系。

作者：孙佑海[1] 王操[2, 3]
单位：1. 中国法学会环境资源法学研究会
2. 天津大学法学院
3. 天津大学中国绿色发展研究院
文献出处：《中州学刊》2021年第7期

习近平关于全民健身重要论述的宪法学阐释

在全面依法治国背景下，本文通过系统梳理习近平总书记关于全民健身的重要论述，从宪法学视角探寻其中丰富的理论价值，厘清全民健身与体育强国、全民健康的关联。宪法国策条款是国家机关条款和权利义务条款之外的第3种类型，具有鲜明的指导作用，全民健身是实现体育国策条款“增强人民体质”的重要途径。习近平法治思想是全面依法治国的根本遵循和行动指南，全民健身隐含的法治密码与其核心要义不谋而合，如“党的领导”“以人民为中心”“依法行政”等。今后应该在习近平法治思想指引下，积极推进全民健身国家战略，为其提供坚强的法治保障。具体而言，需要明确体育权属于宪法性权利，全国人大及其常委会及时制定《全民健身法》，并提升全民健身治理能力现代化建设，如此方能取得预期成效行稳致远。

作者：李雷
单位：中南财经政法大学法学院
文献出处：《北京体育大学学报》2021年第6期

《民法典》视域下患者知情同意权的规则阐释与合同进路

《民法典》“侵权责任编”患者知情同意规则的新变化进一步推动患者知情同意权从形式要求迈向实质作为。然而，植根于“侵权责任编”的患者知情同意权，其价值理念被部分遮蔽，制度功能也未能得到全面揭示，应回到医患关系的具象情景探讨其应然内涵，并寻找逻辑周延的法制化实现路径。在医患关系中，患者知情同意是一项具有普遍性的基本原则，其进入民法场域存在“人格权—侵权责任”“医疗合同—违约责任”二元路径。其中，合同进路长期受到忽视，不利于重塑医患信任、平衡医患权益。在医疗合同中，患者通过“知情—默示同意”或“知情—明示同意”行使权利，使具有总体概括性的合同内容逐步具体、明确，权利行使与合同履行在医患沟通互动中实现互构。

作者：王蒲生

单位：清华大学

文献出处：《求索》2021 年第 3 期

我国刑法中犯罪本质的法益侵害性阐释

犯罪的本质主要解决立法和定罪的正当性的问题。从世界范围来看，德日法益侵害说、英美系的危害原则和中俄的社会危害性理论是各自主流的犯罪本质学说。我国刑法规定犯罪的本质为社会危害性，社会危害性这一概念能够揭示行为的自然性质和社会性质。不过，当前据以判断社会危害性的实体内容和规范标准缺失，应当予以修正。将社会危害性理解为法益侵害性，具有理论的可行性和实践的可操作性。我国的社会危害性中的“危害性”与法益侵害性中的“侵害性”具有同一意思，而社会危害性之中的“社会”应当理解为法律所保护的生活利益，而不是抽象的社会关系。

作者：李文吉

单位：江苏师范大学法学院

文献出处：《长白学刊》2021 年第 3 期

间接代理制度法理阐释与规则解释

和行纪相比，隐名代理和本人身份未披露代理具有降低交易成本、适用范围更广的比较优势。我国《民法典》基于兼收并蓄的立法理念，既在合同编第 25 章规定了行纪合同，也在合同编第 23 章规定了“委托合同”，第 925 条和第 926 条分别规定了隐名代理和本人身份未披露代理。为增强这些条款的可诉性、可裁性和可执行性，最高人民法院应尽快细化介入权和选择权行使纠纷的裁判规则。虽然隐名代理和本人身份未披露代理被置于合同编，但这两类代理制度和总则编第七章“代理”无缝对接，不能相互割裂。整体解释方法有助于确保商业实践中业已存在的隐名代理和本人身份未披露代理活动获得法律的确认、规范和保护。

作者：徐海燕

单位：对外经济贸易大学法学院

文献出处:《社会科学》2021年第4期

广告代言民事责任及其阐释辨证

《广告法》第56条第2款沿用《食品安全法》和《消费者权益保护法》的相关规定，要求广告代言人在关系消费者生命健康的商品或服务的虚假广告承担无过错连带责任，但没有注意到它与后者在法律表述和立法目的上的差异。《广告法》规定的代言民事责任没有对“关系消费者生命健康的商品或服务”进行界定，导致其规范效能缺乏司法实践应用性，广告代言人承担无过错责任的法理依据并不充分，要求广告代言人承担连带责任亦与侵权法的体系不一致。要充分发挥《广告法》规定的广告代言民事责任，应在兼顾各方利益的前提下，以性质标准和程度标准作为“关系消费者生命健康的商品或服务”的界定标准，综合考虑商品或服务是否具有独有的风险、商品或服务发生损害的可能性和可能发生损害的程度以及是否属于正常使用，同时还应当对广告代言人承担连带责任的最高赔偿数额进行限制。

作者：王绍喜

单位：天津大学法学院

文献出处:《中国应用法学》2021年第2期

《民法典》第1235条的生态环境恢复成本理论阐释

——兼论修复费用、期间损失和永久性损失赔偿责任的适用

我国《民法典》第1235条规定了修复费用、期间损失和永久性损失赔偿责任。第1235条在很大程度上吸取了我国环境民事公益诉讼和生态环境损害赔偿诉讼司法解释的智慧，也在一定程度上吸收了法国《民法典》和美国自然资源损害赔偿制度的经验。按照生态环境恢复成本理论，修复费用相当于采取基本恢复措施的费用，期间损失相当于采取补偿性恢复措施的费用。因此，生态环境恢复成本是修复费用和期间损失的总和。修复费用和期间损失赔偿责任的适用至少应具备两个条件：其一，生态环境恢

复工程措施在技术上可行，具有可操作性；其二，生态环境恢复工程措施在经济上合理，采取恢复工程措施的成本不得远远高于预期收益。永久性损失赔偿责任不适用于受损生态环境可以自然恢复的情形。为了解决自然恢复情形下生态环境损害责任的具体承担方式问题，《民法典》第 1235 条第 1 项中的“生态环境受到损害至修复完成期间”可以扩大解释为涵盖“生态环境受到损害至自然恢复期间”。在自然恢复的情形下，法院不宜将运用虚拟治理成本法计算出来的生态环境损害数额认定为修复费用。

作者：王小钢

单位：天津大学法学院

文献出处：《甘肃政法大学学报》2021 年第 1 期

其他阐释学

“红色文艺经典”的现代性内涵阐释 *

范玉刚

摘　要　“红色文艺经典”是历史的，不仅在中国革命史也在世界社会主义运动史中有其定位，在中国文艺发展史中不断建构；同时，它也是现实的，以其审美理想和审美追求回到人民性立场，高扬人民性的文艺观，在不断阐释和价值积累中迈向当代文艺经典化。它以文学艺术的方式记录了中国共产党带领人民大众创造的丰功伟业和做出的巨大牺牲，是书写中华民族站起来的伟大壮举的载体，是讴歌中国人民在党的领导下挺直了脊梁的情感历练和精神记忆。对“红色文艺经典”现代性内涵的理解和阐释有四个维度，即历史的、美学的、人民的和艺术的。

“红色文艺经典”（以下简称“红色经典”）是历史的，不仅在中国革命史也在世界社会主义运动史中有其定位，在中国文艺发展史中不断建构；同时，它也是现实的，以其审美理想和审美追求时时回到人民性立场，在艺术本体卓越性的追求中高扬了人民性的文艺观，在不断阐释和价值积累中逐步迈向当代文艺经典化。对“红色经典”的深刻理解和阐释，需要将其嵌入中国新文艺史、社会主义文艺发展史和世界文艺史中来定位，才可以深刻洞察其内涵的丰富性和思想的伟大性。在开启第二个百年奋斗目标和实现社会主义文化强国建设新征程中，“红色经典”是中华民族“强起来”的重要精神源泉，是中国共产党创造的伟大精神的出发地和思想理论的策源地之一。正是立足于中国发展的新方位，在新的历史语境下，本文提出对“红色经典”现代性内涵理解和阐释的四个维度，即历史的、美学的、人民的和艺术的，这也是新时代马克思主义文艺批评应遵循的基本原则。

---

*　本文系 2018 年国家社科基金重大招标项目“习近平总书记关于文艺工作重要论述与新时代中国文艺理论学术体系建构研究”（项目批准号：18ZD006）的阶段性成果。

一　习近平总书记关于红色文化的重要论述

“经典”的命名是一种文化权力，有其正当性与合法性诉求，通常是多方力量博弈形成共识的结果。作为经典类型之一的“红色经典”，它首先是艺术的，要在艺术性的追求上有其高格和审美品位，这是其能够成为经典的根本条件之一；其次它生成和发展与价值建构的语境是红色文化，红色是其价值底蕴和艺术色彩的主基调，是构成中国特色社会主义文化的重要组成部分，是弘扬中国特色社会主义文化的力量之一，这是其成为经典的另一根本条件。对“红色经典”的理解要置身于红色文化的深厚土壤中。一寸山河一寸血，一抔热土一抔魂。这是中国神州大地上红色文化的精神映照，是支撑当代中国人挺直脊梁的精神之钙。人无精神则不立，国无精神则不强。习近平总书记指出：“精神是一个民族赖以长久生存的灵魂，唯有精神上达到一定的高度，这个民族才能在历史的洪流中屹立不倒、奋勇向前。”[①] 在中国共产党领导中华民族实现伟大复兴的奋斗中，形成了红船精神、长征精神、延安精神、井冈山精神、西柏坡精神、沂蒙精神等红色文化的精神图谱，成为中国共产党人红色基因和精神谱系的重要组成部分。这些精神已经深深融入中华民族的血脉和灵魂，是“红色经典”生成的土壤和重要资源，是社会主义核心价值观的丰富滋养，并凝结为“红色经典”，以丰富多彩的艺术形式鼓舞和激励中国人民不断攻坚克难、从胜利走向胜利。

“红色经典”作为红色文化精神最集中的艺术表达，是建构新时代民族精神的重要表现形式和存在形态。“红色经典”艺术地阐释了红色政权来之不易，新中国来之不易，中国特色社会主义来之不易；深刻诠释了“共和国是红色的，不能淡化这个颜色。无数的先烈鲜血染红了我们的旗帜，我们不建设好他们所盼望向往、为之奋斗、为之牺牲的共和国，是绝对不行的。不能被轻歌曼舞所误，不能‘隔江犹唱后庭花’”[②]，从而为当代文艺繁荣启示了应当的发展方向。正如习近平总书记一再指出的，当代文艺和文化工作要紧紧围绕举旗帜、聚民心、育新人、兴文化、展形象的使命任务，在正本清源上展现新担当，在守正与创新上实现新作为，使马克思主义指导地位更加巩固，为人民创作的导向更加鲜明。习近平总书记指出：“正本清源、守正创新，一个国家、一个民族不能没有灵魂，作为精神事业，文化文艺、哲学社会科学当然就是一个灵魂的创作，一是不能没有，一是不能混乱。”[③] 一定意义上，这也是我们理解和阐释“红色

---

① 习近平：《在纪念红军长征胜利 80 周年大会上的讲话》，人民出版社，2016，第 9 页。

② 杜尚泽：《习近平总书记看望文艺界社科界委员的微镜头“共和国是红色的”“心里要透亮透亮的”》，《人民日报》2019 年 3 月 5 日，第 1 版。

③ 习近平：《论党的宣传思想》，中央文献出版社，2020，第 366 页。

经典”的思想指南。新时代中国特色社会主义发展进入新的历史方位，需要新文化的引领，需要在世界舞台上飘扬中国特色社会主义文化旗帜，彰显“红色”的价值追求，自然离不开“红色经典”的助力与推动。一个国家、一个民族只有对自身文化理想、文化价值充满信心，对自身文化生命力、创造力充满信心，才能有坚守的定力、奋发的勇气、创新的活力。人类历史发展表明，一个抛弃或背叛了自己历史文化的民族，不仅难以发展起来，而且很可能上演一幕幕历史悲剧。时时重温“红色经典”，就是在艺术的激励和精神的昂扬中坚守中国共产党人的初心和使命。

二 “红色经典”的现代性内涵阐释

现实境遇中，“红色经典”的内涵不是现成的固定的，而是一个在不同语境下语义内涵流变和不断完善确立的过程，呈现出不同意味的时代特征。因此，对它的理解也不应该是固定不变的，对其内涵的阐发更要回到具体语境来理解。但无论如何，决不能将“红色经典”所蕴含的爱国主义和英雄主义戏谑化、肤浅化、庸俗化、无聊化、虚无化、空洞化，而是要将其置于现代性视野和“诗史结构”的艺术表达中，以此才能深刻洞悉其人民性内涵、道德理想主义、革命乐观主义、视死如归的英雄主义及其人生观、世界观的艺术表达。“红色经典”以文学艺术的方式记录了中国共产党带领人民大众创造的丰功伟业和做出的巨大牺牲，是书写中华民族站起来的伟大壮举的载体，是讴歌中国人民在党的领导下挺直了脊梁的情感历练和精神记忆，是以文艺的形式为国家作了精神文化的奠基。它同样彰显了中国共产党矢志不渝的现代性追求，是中国文化现代性的有机构成部分，并形成了富有现代性意味的“诗史结构”。在一定程度上，它蕴含了人民大众的“集体记忆”和“集体无意识”，在艺术表达中国共产党执政合法性的同时，也展示了中华民族在世界社会主义运动中对现代性的诉求。

究其历史性而言，“红色经典”作为一种现象引起学界和社会广泛关注，主要源自20世纪90年代中后期大众文化中流行的“经典”改编热和取材于革命历史题材的文艺再创作。其中主要是对新中国初期某些作品进行重述和切合时代意识的改写，改编者的诉求大多着眼于商业目标，以所谓的“借用”作为吸引眼球的策略，旨在获取丰厚的市场效益。当时，“红色经典”再生产主要被当作文化资源和文化资本开发，这些作品多为消费主义语境中大众文化的商业化运作，是流行的大众文化和主流意识形态“合谋”与抗争的产物。进入21世纪，“红色经典”逐渐演化为影视生产与消费的一个类型，其内涵逐渐明晰，按照国家新闻出版广电总局的界定，“红色经典”指“曾在全国引起较大反响的革命历史题材的文学名著”，其所指不限于单纯的改编，而泛指以革命历史题材为主的文艺创作，既包括对新中国初期某些作品的改编，也包括新的革命历史题材的文艺再创作，其艺术门类不断扩大，成为大众文化语境下以弘扬主旋律为主的一种流行文化现象，进而引起高度关注。作为对中国革命史的一种“正说”，它以文学的叙事和想象书写了中国共产党的伟大，通过弘扬理想和信仰重新焕发对大众的精神感召力，在赓续革命传统的正当性中融入对社会主义核心价值观的诉求，为主流意识形态的创新进行话语生产和话语权的竞争，从而发挥了主流意识形态对公民的询唤功能，这是在新的历史语境下重构党的文化领导权的一条有效路径。

在实现第二个百年奋斗目标的新发展阶段，对“红色经典”的评判要超越作为类型化的艺术生产，回到中共党史、中国新文艺史的题域中做出正面的阐释，将其视为主流文艺学的一个核心概念，一个富有文艺现代性“诗史结构”的文艺理论术语。在对其现代性内涵阐释上，既要把握好历史理性与人文关怀之间的张力，更要注重文艺的审美表达和作品的审美品质，尤其是创作者以艺术精神及其叙述和想象所能达到的审美境界。随着中国特色社会主义发展进入新的历史方位，中国越来越走近世界舞台中央，越来越成为“世界的中国”，中国文艺的发展不应再满足于“民族的就是世界的”，更应该在为世界进步和人类文明跃升贡献更多特殊的声响和色彩中，强化“世界的就是中国的”理论自信和文化自信，这是新时代中国文艺应有的勇气和新气象。因此，对于伴随中国共产党百年奋斗历程、以艺术形式诠释中国共产党执政合法性、弘扬革命精神和共产主义理想与深沉的爱国主义情感的“红色经典”，应该立足当下的现实境遇——新时代新方位，以发展着的马克思主义文艺批评观，以一种高远的境界和全新的视野对其做出有引领性、示范性和前瞻性的价值评判，从而使其以经典的不断累积和生长助力中华民族迈入“强起来”的新时代。

“红色经典”作为一种价值铸造和艺术符号创新，早已经深深地积淀为中国当代文艺基因、文化基因，甚至是张扬中国特色社会主义文艺的根本点之一，是为世界贡献中国特殊声响和色彩的底蕴（主基调的重要支撑）。其宏大叙事需要“小切口”，在接地气、通人气、扬正气中摒弃思想灌输，激励从内心生成长出一种精神的力量，这是在大众的内心中植根——为共产主义理想奋斗的红色种子，是一种鼓舞人心的精神力量的生长。如电影《上甘岭》及其主题曲《一条大河波浪宽》，新歌剧诗《黄河大合唱》中蕴含的强烈的价值取向和厚重的思想内涵，是对民族抗争精神和人民不屈意志的弘扬，有着永不过时的直抵人心的艺术冲击力，是红色乌托邦和乡愁乌托邦保持审美张力平衡的艺术典范，内蕴了现代性审美价值取向的“诗史结构”，是新时代中国人以艺增信、坚定文化自信的根本力量之一。同时，“红色经典”有着同一题材的多种艺术表达形式，从而呈现出“红色经典”丛现象，这同样是一种对现代性审美追求的显现。如新时代根据真实历史改编的赣南采茶戏《八子参军》和电影《八子》，讲述了当年（1934年中央苏区第五次反围剿时期）瑞金下肖区七堡乡农民杨荣显一家八兄弟争当红军，并全部壮烈牺牲的真实故事。作品的内核是杨大妈连夜缝了八个肚兜，分别装进一把红土，毅然把八个亲子送上战场，最后全部阵亡，艺术地揭示了人民对革命的支持和做出的巨大牺牲，阐明了红色政权的来之不易，从而激发出大众特别是青少年对革命事业的无比崇敬之情，使价值观形塑烙上了鲜明的红色印记。

在一定意义上，“红色经典”始终保有指向现代性的“当下性”审美意味，体现了现实主义精神与浪漫主义情怀的有机统一，在党的历史上和共和国历史上发挥着鞭挞黑暗、启迪光明、鼓舞人心的作用，昭示着不屈的人民“梦想就在前方”，勇敢地向着远方的地平线前倾。唯此，在我们看来对“红色经典”的理解不是对过去的回味，而是一种面向当下年轻大众的向前姿态。所谓“向前”是与当下年轻接受者相对接，与青年人的审美心理相通，从而走入大众的内心深处、俘获青少年的心灵，激励他们为人生、为理想的奋斗意志。可见，“红色经典”究其色彩而言，乃是“青春”的红色、“青春”的中国、“青春”的中国共产党，建党百年，恰是风华正茂。

三　评判“红色经典”的四个维度

究其现实性而言，“红色经典”的生命力在于讲好党的故事、革命的故事、英雄和烈士的故事以及中国特色社会主义建设的故事，以艺术性和人民性的高扬彰显中国共产党人的初心和使命。在广泛开展的革命传统教育、爱国主义教育、青少年思想道德教育和大众理想信念教育的实践中，应传承好红色基因，确保红色江山永不变色。“红色经典”对革命与建设的反思、人性的质疑和自我灵魂的拷问，其中的复杂和深刻无论是广度和深度，都有着构成文艺“经典”的潜质和基础。恩格斯在评论拉萨尔的剧本《弗兰茨·冯·济金根》时讲道：“我是从美学观点和历史观点，以非常高的、即最高的标准来衡量您的作品的，而且我必须这样做才能提出一些反对意见。”[①] 恩格斯倡导的“美学的历史的观点”成为马克思主义文艺批评观的基本原则，强调尊重文艺的审美属性，关注文艺的历史内容，把文艺作品放到一定的历史语境下审视和评价。可以说，这一标准既坚持了艺术本体维度，又凸显了历史人文维度，实现了“较大的思想深度和意识到的历史内容的艺术性统一”。新时代，习近平总书记指出，阐释和评价文艺作品要打磨好批评这把“利器”，把好文艺批评的方向盘，运用历史的、人民的、艺术的、美学的观点评判和鉴赏作品。新时代、新方位，以历史的、人民的、艺术的、美学的标准批评文艺作品，才能揭示出文本的多重意义和价值。“红色经典”是文艺作品在其

① 〔德〕恩格斯：《致斐迪南·拉萨尔》，《马克思恩格斯全集》第29卷，人民出版社，1972，第586页。

生成中通常内蕴了现代文艺观念和叙事方式及其艺术表达。所谓“红色”是指题材和审美追求（审美理念、文化理想），这是其有别于一般性艺术作品的立场和价值取向所在。同样，作为中国现代化进程中的文化产品，“红色经典”也必然有着现代性的价值取向，其在艺术表达和审美追求上有着“诗史结构”，这是“经典”之谓也。

从历史的维度看，“红色经典”一定要在遵循文学叙事的历史逻辑中生动诠释“中国人民为何选择共产党”和“共产党何以救中国”的历史信念，阐明共产主义信仰既是共产党人的自觉追求，也是中国人民认同的一种历史逻辑的展开。因此，凸显历史维度、尊重历史真实是评价“红色经典”的重要维度。原本生成于特定历史语境的“红色经典”，既要尊重历史逻辑真实，再现特定历史环境的残酷性、严肃性，在生存底线一再退守中奋起抗争和义无反顾，从而成就革命大义的合理性；也要立足现实条件，在时代精神中展示真实的人性，生动诠释革命党人并非不食人间烟火，恰恰是在火热激情中闪现出人性的光辉，在眷顾和留恋“小我”中来成就“大我”的徘徊、不舍，而又毅然决然地坚定执着，由此触及时代的精神巅峰，才能合理地阐释中国共产党人的现实选择。这才是真实的人性、人情和舍生取义，是在深沉中国精神的传承中成就真实的自我，这是“红色经典”的精神底蕴，在真实人性和人情的普遍生成和传达中实现党性和人民性的有机统一。为着最大多数民众的自由解放和幸福追求，这不仅是文艺的人民性彰显，也是中国共产党人“不忘初心”的矢志不渝，这是“红色经典”的历史性底蕴所在，这种大爱的情怀和历史担当经得起历史和人民检验。经验表明，历史真实是“红色经典”展示党性倾向、彰显人民性价值取向的基石。

今天，评价“红色经典”应打开特定历史语境下尘封的“知识结构”，在新的历史语境下重新建构，赋予其现代性内涵，在不同的文化权力博弈中建构一个包容性的文化空间，在开放性文本和现代性视野中拓展主流意识形态的认同基础，担当对公民的询唤功能。如电视剧《解放》全方位诠释了人民解放战争的丰厚历史内涵，不仅展示了人民领袖和将帅的风采，还以文学方式论证了中国共产党执政的合法性。《解放大西南》以主旋律的基调和大写意手法，深刻地诠释了“历史抛弃国民党、人民选择共产党”这一历史趋势。这对弘扬中国共产党的革命精神、执政合法性、促进社会主义核心价值体系建设具有重要意义。《五星红旗迎风飘扬》以文学的笔墨书写了新中国的崛起，展示了新中国人民群众的精神风貌，反映党在新中国成立头20年的执政建树，是共产党领导人民创建共和国的形象展示。近年来拍摄的《解放》《外交风云》《东方》等影视剧以史诗般的艺术再现了以毛泽东同志为核心的第一代党和国家领导人为国家、为人民日理万机、运筹帷幄、激浊扬清、呕心沥血的伟人风采，描摹出新中国朝气蓬勃、日出东方的历史胜景。这些作品突破了原有的创作模式和人物塑造的羁绊，以一种大视野的中华民族复兴的高度诠释红色历史，彰显出一种文化的创新力和大气魄。

此外，从历史的维度评价“红色经典”还要有世界史的参照维度。如苏联时期某些伟大作家创作出的不朽的关于苏联红军和卫国战争题材的作品，不论是肖洛霍夫的《静静的顿河》《一个人的遭遇》，还是邦达列夫的《最后的炮轰》、巴克拉诺夫的《一寸土》、西蒙诺夫的《生者与死者》以及瓦西里耶夫的《这里的黎明静悄悄》，都给人以艺术的震惊和心灵的震撼，成为无愧于伟大民族和历史的文学。

从美学的维度看，“红色经典”深刻诠释的那种献身理想和信仰的革命精神和英雄主义情怀，仍然感动今天的受众。“红色经典”彰显了革命文化的魅力，今天回望这个传统不是回到一体化的革命话语时代，而是立足时代语境对这份文化遗产进行阐释，将内蕴“革命”中的政治内涵和文化内涵相互鉴照，在今天的文化心理结构中进行补充、丰富，从而为当下“缺钙”的时代提供思想力量，为富有时代精神的主流核心价值的建构提供资源，其思想指向不是回味而是前倾。因而，评价“红色经典”应改变极端性的肯定 / 否定的简单化思路，着力在对“左翼文学”传统、革命文化传统富有时代精神的传承中，对“暴力革命”话语重新认知。“革命”话语应在文学中保持自己适当的位置。对“红色经典”来说，革命的合法性和人民在观念上的期许与“革命”本身的现代性认识有关，革命的追求与反思必须放在现代性框架中进行合理定位。如何把昔日“封闭式”的情节结构及合理性内核置入开放式文化结构中？这对“红色经典”的评价是一个挑战，要在尊重革命理想和激情的同时，在回归常识、常情、常理中融入更多的人文情怀，及对理想和信仰的执着追求，追求有深度的意义生产。“意义的深度”是衡量作品美学价值高下的一个尺度，也是有可能成为“经典”的价值基础。“深度”意味着一种生产性的意义，它全然不同于意义消费，或只有消费性意义，尤其在平面化价值观流行、精神矮化、俗化的“缺钙”时代，“红色经典”要以文艺力量为大众的精神消费注入阳刚因素，使大众在精神蕴含和精神力量上有新的拓展与成长。在美学追求上如何形成革命话语和文学话语之间的互动，审美把握文艺与政治之间的关系是评价“红色经典”的一个重要维度。

从人民的维度看，“人民”是“红色经典”的主导词。习近平总书记指出，人民是历史的创造者，人民是真正的英雄。波澜壮阔的中华民族发展史是中国人民书写的！博大精深的中华文明是中国人民创造的！历久弥新的中华民族精神是中国人民培育的！中华民族迎来了从站起来、富起来到强起来的伟大飞跃是中国人民奋斗出来的！“红色经典”是对理想信仰的高扬，是对英雄主义、集体主义和爱国主义精神的弘扬，是对文艺人民性的张扬。习近平总书记指出：“为什么人的问题，是检验一个政党、一个政权性质的试金石。”[①] 在中国共产党领导的社会主义中国，党性和人民性是一致的、统一

① 习近平：《决胜全面建成小康社会 夺取新时代中国特色社会主义伟大胜利》，人民出版社，2017，第44～45页。

的。我们党以全心全意为人民服务为根本宗旨，没有自己的特殊利益，体现党的意志就是体现人民的意志，宣传党的主张就是宣传人民的主张，坚持党性就是坚持人民性。党性寓于人民性之中，没有脱离人民性的党性，也没有脱离党性的人民性。究其根本，“社会主义文艺，从本质上讲，就是人民的文艺”。因而，人民性是社会主义文艺的根本属性。作为以艺术方式对血染的风采和理想信念的高扬的“红色经典”，对其评价不可缺失的是人民的维度。

从艺术的维度看，“红色经典”要有艺术的卓越性追求，不断向着民族史诗无限趋近。“红色经典”通常有一种现代性的“诗史”结构，这种叙述的“诗史”结构决定了“红色经典”的艺术性追求的高度。从艺术本体论视角看，“红色经典”文本要有一种现代意味的“诗史”结构，才能承担以文艺想象和叙事方式的“具体的事实来显示”这一“完整的世界”的功能。追求艺术真实、注重审美创造和艺术表达能力，是“红色经典”塑造英雄人物的价值尺度。英雄形象是时代精神的凝练，“红色经典”塑造的英雄群像，要充分彰显马克思主义“人民群众是真正的英雄”的观点，要有把目光投射到普通人身上的创作理念，才能塑造一个“真实的人”以及英雄的成长史。在新时代与历史语境的视域融合中，充分阐释“红色经典”的艺术卓越性价值，才能成为讴歌时代英雄、攀登艺术高峰的典范之作。

总体上看，“红色经典”发挥了点燃“国民精神的火光”的功能，担当了强健国民精神，教化公民意识和宣扬大国心态、大党胸怀的使命。对“红色经典”的理解和阐释，既要尊重历史真实和生活真实，也要遵循艺术真实的美学原则，更要有一种大文化观和大国心态。可以说，“红色经典”是中国共产党在争取民族解放和社会主义实践中的文化创造，它不仅是中国共产党人的诗意栖居地，作为中国文化现代性的重要组成部分同样是全社会和全国人民共有的精神家园。

（作者单位　山东大学文艺美学研究中心）

本文原载《中国文艺评论》2021年第4期

略论近代学人阐释诸子学的路径问题 *

王　锐

摘　要　伴随着近代中国的世变与学变，诸子之学重新受到各派学人的重视。不少人常援引域外之学诠释禹域旧章，从子书当中抽绎出古所未闻的“义理”，将诸子遗言视为各类西学在中国古代的遥远知音，致使所谓“古学复兴”的背后，实质上是远西之学以另一种方式向中国传播。与此同时，近代依然有一些坚持中国历史本位，强调分析问题要从中国历史与现实出发的学者。他们在阐释诸子学之时，多能将其置于中国历史演进的脉络当中来理解，阐发其中关于国家与社会治理的学说，希望能完整地呈现诸子各派面对战国时期社会转型所做的政治思考以及这些思考对后世中国制度设计与政治实践产生的巨大影响。对于这些不同的阐释路径，需要从当代文化实践角度出发予以评析。

晚清以来，中国思想界和学术界的一个明显特征就是诸子学复兴。从渊源上看，这与清代以来的学术传统紧密相关。梁启超尝言:“自清初提倡读书好古之风，学者始以诵习经史相淬厉。其结果惹起许多古书之复活，内中最重要者为秦汉以前子书之研究。此种工作,颇间接影响于近年思想之变化。”① 诚如斯言,清儒多本实事求是之态度,遍校群籍，使得晚周诸子重新为人所重视。流风所及，子学研究成为近代学术研究中的一大热门，不少学界名流皆曾涉足其中。然正如近人罗焌所论:“清代士大夫鉴于文字之狱，不敢放言高论，乃殚精于经籍，上施下效，靡然成风。溯源两汉，辨析今古，经学之盛，超轶唐宋。又以古诸子书，关联经传，可以佐证事实，可以校订脱讹，可以旁通音训。故乾嘉以还，学者皆留意子书，用为治经之助。然当时治诸子学者，亦止辑佚、校勘、解故三派，要之皆考证学也。”②

---

*　基金项目：国家社会科学基金青年项目（20CZS046）。

① 梁启超:《中国近三百年学术史》，载《梁启超论清学史二种》，朱维铮校注，复旦大学出版社，1985 年，第 352 页。

② 罗焌:《诸子学述》,华东师范大学出版社,2008,第 52 页。当然,据今人研究,清代学者研究诸子学,也曾关注到子书之中的义理，只是相关论述，多为只言片语，未能成为比较完整的体系。参见刘仲华《清代诸子学研究》，中国人民大学出版社，2004，第 191~259 页。

第一次鸦片战争之后，中国面临数千年未有之变局，在伴随着坚船利炮而来的西学面前，包括诸子学在内的中国传统学术遭遇到巨大的危机，难以有效地从思想层面回应、解释、应对汹涌而来的西潮，让中国摆脱衰微之境遇。在此背景下，虽然晚清以来诸子学呈现复兴的态势，但总体而言，时人或是希望能在滔滔巨变中坚守中国文化的价值，或是为了让眼界初开的中国人更易于接受域外新说，因此在阐释路径上时常借助他们所了解的西学来解释诸子叙说，从子书当中总结出与近代西方政治及学术有相似之处的"义理"。如认为儒家政论与近代资产阶级民主政治若合符契，《墨辨》里透露出"科学精神"，墨子思想中的兼爱、节用类似社会主义，道家学说乃无政府主义之先驱。将诸子遗言视为各类西学在中国古代的遥远知音，致使所谓"古学复兴"的背后，实质上是近代西学以虽显隐幽却影响深远的方式在中国传播。其影响所及，导致因学制改变而未能接受较为完整的旧学训练，并且在思想上倾向于近代以来愈演愈烈的反传统思潮的青年知识分子，在阅读包括先秦诸子在内的古籍时，经常不自觉地运用各种西学概念来理解古人义理。以此为主要特征的诸子学研究，在很长一段时间里也就成为当代学者论述近代诸子学史时的主要关注点，并且赋予其许多正面价值。

不过即便如此，近代依然有一些坚持中国历史本位，强调分析问题要从中国历史与现实出发的学者。他们在阐释诸子学之时，多能将其置于中国历史演进的脉络当中来理解，同时继承司马谈《论六家指要》里的说法，从"夫阴阳、儒、墨、名、法、道德，此务为治者也"的角度出发，抽绎诸子遗言，阐发其中关于国家与社会治理的学说，希望能完整地呈现诸子各派面对战国时期社会转型所做的政治思考以及这些思考对后世中国制度设计与政治实践的巨大影响及其如何形塑了中国古代政治文明的基本面貌。从当代文化实践角度出发，需要仔细辨析这几种不同的阐释路径，为思考传统与现代关系，树立良好的、自洽的政治与文化认同提供参考和借鉴。[①]

一　以西学释诸子的特征与限度

近代以来，西学开始大规模进入中国，这一过程并非处在一种中西之间相对平等

① 关于近代诸子学的整体面貌，参见罗检秋《近代诸子学与文化思潮》，中国社会科学出版社，1998。另外，罗志田的《国家与学术：清季民初关于"国学"的思想论争》（生活·读书·新知三联书店，2003）与《裂变中的传承：20世纪前期的中国文化与学术》（中华书局，2009）两本著作对近代中国学术（尤其是传统学术的近代转型）之面向进行了细致的梳理，其中多处涉及近代诸子学与中国政治文化关系的内容。尤小立在《胡适之〈说儒〉内外：学术史和思想史的研究》（北京大学出版社，2018）中以胡适的《说儒》一文为核心文本，旁涉诸多关于近代诸子学的重要内容，对于理解清末民初知识分子如何阐释先秦诸子极有助益。

与和平的状态之下进行的，而是以西方（包括日本）的资本主义力量入侵中国，导致中国的国家主权遭受严重损害，社会经济结构弊病丛生，传统治国之道愈显左支右绌为背景的。虽然王国维在辛亥革命前夕曾颇为自信地说："中、西二学，盛则俱盛，衰则俱衰，风气既开，互相推助。且居今之世，讲今日之学，未有西学不兴而中学能兴者，亦未有中学不兴而西学能兴者。"① 但要想实现这一局面，窃以为必须具备两个前提：首先，必须承认中国传统学术内在的脉络、结构与价值具有基本的合理性，并且要从中国的历史流变中总结这些脉络、结构与价值的主要特征，使中学在近代的背景下具备完整的形态与正面的价值。其次，要认识到西学内部的复杂性，明晰在西方世界的历史进程中，各类学术同样有着各自兴衰起伏的过程。特别是在 19 世纪，随着资本主义经济形态的普及，许多之前的学说（或者意识形态）难以有效地解答各国内部新出现的阶级矛盾与内外危机，同时伴随着列强的扩张，许多学科内容沾染上旨在论证殖民扩张合法性的各种意识形态话语（如"文明等级论"），而非因屡遭败绩，所以开始畏惧西方的坚船利炮，进而产生一种文化上的仰慕，认为有一种本质主义的、拥有许多正面价值的、在历史流变中处于静态的西学，是中国必须要低姿态学习（非平等对话）的。

不过，这样的前提条件在近代中国国力衰微的大背景下，其实是不太容易实现的。具体到诸子学领域，由于自汉代以来，儒学一直处于官学的地位，诸子之学大多数情况下被坚持学术正统的士人视为"异端"。晚清以降，当被清廷统治者奉为正统学术的程朱理学难以有效应对时代危机之时，一些抱有救亡图存之念的士人开始提倡重视诸子学，将其中的义理视为应对时代危机的良方。这一时期出现了许多讨论如何用诸子学说来挽救时局的言说，比如唐才常就声称："欲救今日民穷财尽、公私窳败之病，则必治之以管学；欲救今日士农工商各怀私心之病，则必治之以墨学；欲救今日吏治废弛、弄文骫法之病，则必治之以申韩之学；欲画五洲大同之轨，进一千五百兆仁寿之民，则必治以孟子、公羊之学。"② 这一认识在当时具有不小的影响力，以致张之洞在深受清廷青睐的《劝学篇》中秉持官学立场，痛斥诸子各派如何"杂驳"，一旦用之于世，将会害莫大焉。③ 换言之，在他看来，诸子学重新受到重视，必然会冲击到儒学的正统地位。

不过问题在于，唐才常等人虽然坚信诸子遗言可解时代症结，但在他们眼里，诸子学之所以值得重视，很大程度上还需要靠西学来背书，即可以用诸子论著比附相关的西学知识，通过后者的华彩彰显前者的价值。在唐才常看来，"今新学家言，樊然淆矣，综其要旨，不过曰格致也，富强也，公法律例也。若《管子》，若《墨子》，若《庄》

① 王国维：《国学丛刊序》，载谢维扬、房鑫亮主编《王国维全集》卷 14，浙江教育出版社，2010，第 131 页。
② 唐才常：《治新学先读古子书说》，载中华书局编辑部编《唐才常集》，中华书局，2013，第 376 页。
③ 张之洞：《劝学篇·宗经》，载吴剑杰编《中国近代思想家文库·张之洞卷》，中国人民大学出版社，2014，第 293 页。

《列》，若《淮南》，若《吕氏春秋》，其言格致富强，为近人张自牧《瀛海论》、薛福成《四国日记》所勾稽者，弗赘述”[①]。当然，这种逻辑十分简单的“西学中源说”其实早已成为历史陈迹，如此这般解释诸子学也难以获得更多人的认同。[②]但唐才常此论背后的基本预设与文化逻辑即诸子之学的价值必须由西学来证明，在近代其实并未受到很好的检讨，而是以更为学理化、系统化的面目不断出现。

相似的，1900年以后，面对西学在中国越来越流行，一些士人出于对知识界“尊西人若帝天，视西籍如神圣”现象的反感，开始借鉴明治时代日本的“国粹主义”，从中国古籍之中寻找资源，建立中国的“国粹”。在晚清国粹派的视域里，诸子学既源自中国本土的学术，又能与他们所鼓吹的西学接榫（晚清国粹派并不反对西学，而是认为不应用“欧化”来压倒“国粹”），因此受到广泛的关注。比如被时人赞誉熟读古代典籍、具有良好家学传承的刘师培，在1900年以后经常利用域外新说来重新解读中国各类典籍。在发表于1905年的《周末学术史序》中，他认为诸子之学确实值得重视，但必须将子书原来的内容与篇目打散，依据他所理解的源自近代西方的学科分类进行重新编排，使之具有“系统性”，成为符合近代西学标准，属于“新史学”中组成部分的“学史”。因此，他重新整理先秦旧籍，将其分为理学史、伦理学史、论理学史、社会学史、宗教学史、政法学史、计学史、兵学史、教育学史、理科学史、哲理学史、术数学史、文字学史、工艺学史、法律学史、文章学史等类别，以达到与近代西方学术接轨的目的。[③]无独有偶，邓实在当时力倡“古学复兴”，强调“吾人今日对于祖国之责任，唯当研求古学，刷垢磨光，钩玄提要，以发见种种之新事理，而大增吾神州古代文学之声价”，并将先秦诸子与希腊罗马学术并论，将近代重新挖掘诸子义理类比为西方的文艺复兴运动。但不同于文艺复兴时期的西方知识分子通过重新强调希腊罗马的人文主义来对抗当时处于支配地位的宗教势力，邓实认为诸子学之所以值得被重视，主要由于“诸子之书，其所含之义理，于西人心理、伦理、名学、社会、历史、政法，一切声光化电之学，无所不包，任举其一端，而皆有冥合之处，互观参考，而所得良多。故治西学者，无不兼治诸子之学”。[④]必须承认，刘师培出身累世经学之家，邓实曾求学于岭南经学大家简朝亮，二人的旧学根底自然十分深厚，但由于他们对诸子学的整体理解是建立在必须由西学来赋予相应价值之上的，因此对诸子学的阐释很大程度上

① 唐才常：《治新学先读古子书说》，载中华书局编辑部编《唐才常集》，中华书局，2013，第375页。

② 值得注意的是，唐才常式的“西学中源”说虽在晚清颇为流行，但这一阐释路径其实在明末清初就已出现到清康熙年间，为论证西洋历法与算学皆晚于中国，康熙皇帝大力提倡“西学中源”。因此，可以认为唐才常，包括在《格致古微》一书里罗列了许多可以“论证”诸子思想为近代科学之先驱的王仁俊，虽在文化心态上受到晚清国势衰微的影响，在路径上却可视为延续了清初以降一直存在的学术传统。对其详尽分析，参见张明悟《“西学中源”说论证方式的历史考察》，《自然辩证法通讯》2018年第6期。

③ 刘师培：《周末学术史序》，载李妙根编《刘师培辛亥前文选》，生活·读书·新知三联书店，1998，第211~288页。

④ 邓实：《古学复兴论》，载桑兵等编《国学的历史》，国家图书馆出版社，2010，第70~71页。

就与自身对西学的把握息息相关。如此一来，诸子学自身的主体性隐而不彰，不但内在逻辑被拆散，核心义理也遭曲解。虽然他们的主观愿望是通过阐扬诸子学来光大中国传统学术，但结果是诸子学是否有价值依然需要借助西学来论证，反而进一步向世人宣告西学在近代中国的支配地位。

及至五四新文化运动，借助鼓吹新思潮而登上时代舞台的胡适，其旨在讨论先秦诸子思想的代表作《中国哲学史大纲》当时拥有学科典范的意义，被不少青年视为树立正确“治学方法”的样板。他书中的一些基本观点，如认为《庄子》一书具有进化论的影子，孔子的政治主张是“爸爸政策”，孟子的则是“妈妈政策”等，让稍有学术常识者觉得不知所云，但因顶着“留美博士”的头衔，被时人视为西学翘楚。因此，他颇为自信地宣称：“我做这部哲学史的最大奢望，在于把各家的哲学融会贯通，要使他们各成有头绪条理的学说。我所用的比较参证的材料，便是西洋哲学。但是我虽用西洋哲学作参考资料，并不以为中国古代也有某种学说，便可以自夸自喜。做历史的人，千万不可存一丝主观的成见。”[①] 在这里，胡适很明白地强调研究包括诸子学在内的中国古代哲学，必须要以西洋哲学为理论参考，依据后者的门类、内容、观点、价值来“融会贯通”中国古代学术。从后见之明来看，正如陈寅恪 1930 年代对当时中国古代哲学研究风气的批评：“今日之谈中国古代哲学者，大抵即谈其今日自身之哲学者也；所著之中国哲学史者，即其今日自身之哲学史者也。其言论愈有条理统系，则去古人学说之真相愈远。”[②] 这一诠释方式其实并不能恢复古代学说的基本样貌，但关键在于，胡适不但视之为理所当然，而且相信如此这般才是不存“主观之见”。这显示出，他已将西学的“支配地位”视为一桩天经地义的事情，只有以西释中才是“客观”，否则便是心存“主观之见”。而这样的阐释特色，也正如金岳霖所言：在看《中国哲学史大纲》时，“难免有一种奇怪的印象，有的时候简直觉得那本书的作者是一个研究中国思想的美国人；胡先生以不知不觉间所流露出来的成见，是多数美国人的成见”[③]。

面对颇为汹涌的反传统思潮，一些人士强调需要坚持中国传统的正面价值，不能一味对之进行批判。具体到诸子学领域，陆懋德不满意胡适的评价，遂于 1923 年出版《周秦哲学史》一书，意在“明古代道德政治学说之精旨”，不过他依然强调自己曾“在美学习法政”。[④] 这就导致他在阐发诸子道德政治学说时，还是在以西学为标杆，认为

① 胡适：《中国古代哲学史》，载欧阳哲生编《胡适文集》卷 6，北京大学出版社，1998，第 182 页。

② 陈寅恪：《冯友兰中国哲学史上册审查报告》，载《金明馆丛稿二编》，上海古籍出版社，2020，第 247 页。值得注意的是，虽然陈寅恪此文主要是针对冯友兰的《中国哲学史》而发，但正如桑兵对这篇文章的解析，此文“没有指明胡适，但以此前所著中国哲学史作反衬，举墨学为极端事例，又泛指整理国故的普遍状况，胡适均不可避免地首当其冲”。参见桑兵《横看成岭侧成峰：学术视差与胡适的学术地位》，载《晚清民国的学人与学术》，中华书局，2008，第 265 页。

③ 金岳霖：《冯友兰中国哲学史审查报告》，载《中国现代学术经典・金岳霖卷》下册，陈来编校，河北教育出版社，1996，第 1175 页。

④ 陆懋德：《周秦哲学史》，商务印书馆，2019，自叙第 1 页。

诸子遗言或是早已道出近代西学的相关论点，或是认为诸子思想与最近流行的西学颇为暗合。比如在阐释杨朱学说时，他认为："杨子又曰：'智之所贵，存我为贵；力之所贱，侵物为贱。'英人斯宾塞尔'人人自由而不已侵他人自由为限'之说，与此暗合。吾人皆知近时英美派之社会内容为个人主义，实即杨子之为我主义。"① 又如在阐发庄子政治思想时，他强调："英国哲学家罗素在北京时屡称赞《庄子·马蹄篇》，其所作《政治思想论》谓人类有天然的冲动，阻遏此冲动为政治上最恶的势力。其说多与庄子相近。"② 而其在评价韩非政治思想时，动辄指出某些部分"斯宾塞尔之说与此相似"，另一些部分"克鲁朴金"之说与此相似。③ 很明显，这样的做法与其说是在表彰先秦诸子的道德政治学说，不如说是在向近代中国人宣扬西学的重要性。因为如果没有西学背书，诸子思想的优异之处将难以彰显。

对此，近人罗焌的看法值得重视，他认为近代学人阐释诸子，"或以最新之名词比合古义，或以最近之思想衡量古人。于是管子之轨里连乡，即为自治；墨子之兼爱天志，即是耶教；万物皆种，即庄子之进化论；名家者流，即西人之逻辑学。平心论之，但可谓古今东西心理之偶同，不能认为吻合无间。如必勉强附会，适足丧失其研究国学之精神，不若'但寻旧底，不掺新底'之为愈也"④。范文澜认为，晚清以来，以西学释诸子的研究常是"肆志穿凿，强古人以合我轨辙，虽或斐然成文，其离诸子本然也远矣"⑤。这样的阐释路径与其说研究方法存在问题，不如说是政治与文化心态的问题。只有真正克服必须借助西学来彰显中国传统学术价值的心态以及真正改变这种心态得以流行的政治与经济基础，才有可能从诸子著作内在理路与中国历史本来脉络出发，挖掘诸子思想中的精蕴。

二　从传统脉络出发寻求诸子的"实践性"

先秦诸子肇始于春秋战国的社会转型期，面对彼时动荡的政治与社会状况，诸子各派上下求索，或通过继承、改造宗周的礼乐文明以求稳定社会秩序，或根据新的时代面貌探讨经世济民之道。无论是孟子汲汲于和不同学派展开辩论，以仁义之道游说人主，还是墨家摩顶放踵（农家的许行亦类似）以拯生民之陆沉，抑或是法家反复宣扬新的政治制度与统治原则，诸子各派都具有极强的力行特征，都希望将自己的学说应用于政治与社会实践当中。而这种重视躬行实践，主张在实践中检验学理之优劣，正是中国文化的优良品格。如果忽视这种"实践性"，专门从形而上的抽象层面探讨先

① 陆懋德：《周秦哲学史》，商务印书馆，2019，第 44 页。
② 陆懋德：《周秦哲学史》，商务印书馆，2019，第 64 页。
③ 陆懋德：《周秦哲学史》，商务印书馆，2019，第 175 页。
④ 罗焌：《诸子学述》，华东师范大学出版社，2008，第 62 页。
⑤ 范文澜：《诸子略义·序言》，载《范文澜全集》卷 2，河北教育出版社，2002，第 213 页。

秦诸子对某些以西方哲学标准建立的哲学命题的分析，恐怕很难抓住先秦诸子的核心要义。

早在清中叶，魏源诠释老子之学时就认为必须要认识到“有黄老之学，有老庄之学”。前者旨在探讨天下大乱之后为社会保持生机之术，后者则是魏晋清谈者流，专门排斥礼法以遂己欲，致使政治窳败，中原板荡。前者属于实践性极强的政治主张，后者则为个人层面的精神与心理诉求。① 及至近代，在政治与社会实践层面，中国传统被赋予负面的形象，人们越来越坚信，西学不但是“用”，更是“体”。因此，从社会伦理规范到政治制度设计，人们日渐倾向于从远西寻找良方。② 不过即便如此，一些坚持中国历史自身独特性与优越性的学者，在阐释诸子学时依然经常从实践的角度出发，探讨诸子思想中的特色。

1934 年，姜亮夫认为晚近治诸子学“能条达终始，触类旁通者，唯余杭章先生一人”③。言下之意，与同时代其他人相比，章太炎之于诸子学，既能遵循清代汉学家法，实事求是，董理遗言，又能较乾嘉诸老更上一层，探其义理，触类旁通，不局限于考证一字一词的饾饤之学，所以在这个时代里堪称大家。章太炎尝言：“盖学问以语言为本质，故音韵训诂，其管籥也；以真理为归宿，故周、秦诸子，其堂奥也。”④ 而关于如何看待诸子，章太炎在《国故论衡・原学》中指出：“诸子之书，不陈列器数，非校官之业有司之守，不可按条牒而知，徒思犹无补益。要以身所涉历中失利害之端，回顾则是矣。诸少年既不更世变，长老又浮夸少虑，方策虽具，不能与人事比合。夫言兵莫如《孙子》，经国莫如《齐物论》，皆五六千言耳。事未至固无以为候，虽至非素练其情，涉历要害者，其效犹未易知也。是以文久而灭，节奏久而绝。”⑤ 在他看来，诸子各派未将关注点聚焦于玄远抽象的问题，而是着眼于从社会现实出发分析各种与人事密切相关的议题。因此，要想更好地阐释诸子学，必须对社会现实有着极强的敏感度，具备足够的实践经验。所谓“言兵”“经国”，皆为极具实践感的学问，只是“不知者多以清谈忽之，或以权术摈之”。⑥ 正是由此出发，他着眼于从中国历史文化的流变入手，探讨诸子各派思想如何深刻地影响了中国政治基本面貌、人生观及社会基本伦理的形成。⑦ 即便对诸子思想进行批评，他也是从实践角度展开的，如宣称“儒家之病，在以

---

① 魏源：《老子本义》，华东师范大学出版社，2010，序言第 1~2 页。

② 关于近代中国知识分子认识西学，并赋予其越来越重要的地位的过程以及这背后折射出来的思想特征，参见罗志田《从西学为用到中学不能为体：西潮与近代中国思想演变再思》，载《民族主义与近代中国思想》，台北：三民书局，2011，第 98~123 页。

③ 姜亮夫：《诸子古微》，载《姜亮夫全集》第 20 册，云南人民出版社，2003，第 381 页。

④ 章太炎：《与国粹学报》，载马勇编《章太炎书信集》，河北教育出版社，2003，第 236~237 页。

⑤ 章太炎：《国故论衡・原学》，上海古籍出版社，2011，第 102 页。

⑥ 章太炎：《国故论衡・原学》，上海古籍出版社，2011，第 103 页。

⑦ 关于这些问题的详尽分析，笔者在已发表的多篇讨论章太炎思想与学术的文章中皆有涉及，故不再展开。

富贵利禄为心”，“用儒家之道德，故坚苦卓励者绝无，而冒没奔竞者皆是”。①

及至晚年，目睹民族危机进一步加剧，章太炎开始进一步反思晚近学术研究轻实践、重玄谈的倾向。1933 年他在无锡演讲“适宜今日之理学”，强调：

向来儒家之学，止于人事，无明心见性之说，亦无穷究自然之说。“人心”“道心”二语，出于《伪古文尚书》，盖魏晋人之言也。试思尧舜禅让，谅不异今日官吏之办移交。所谓“允执厥中”者，“中”即《周官》小司寇登中于天府之“中”，谓会计簿籍也。汉官有“治中”，犹称主簿尔。然则历数次在其躬，簿籍付与其手，尧舜之事，可以知矣。夫何暇论及人心、道心也哉。盖自古称为圣人者，凡以其能开物成务而已，伏羲之结网罟，神农之制耒耜，黄帝之造书数，帝尧之治历象，其功一也。民非耕稼不生活，敬授民时，修农政也，然四时推候，但以命羲和之官，非人人而命之也。儒家祖述尧舜，尧舜所病，乃在不能修己以安百姓，性天之不谈，一物之不知，非儒者之耻明矣。欧阳永叔于理学无所发明，读谓性非要之道，则可谓知言。②

可见，在章太炎看来，时代危局之下，包括诸子学在内的中国传统学术要想能够真正对时代有贡献，就必须强调其中的实践性，使之有体有用，道术兼具，使古人的义理在社会实践中体现其正面意义，提升先贤“民胞物与”的理想在新的历史条件下得以展开的可能性，而非沦落为学院内一小部分人关注的对象。

前文提到，陆懋德希望借由《周秦哲学史》来表彰先秦诸子的道德政治学说。该书出版后，对五四新文化运动以来的反传统思潮深表不满的柳诒徵专门撰写书评，认为陆懋德“本治法政之学，非哲学专家，然其学颇能根据中国圣哲之理论，针砭欧美近世思想”。不过在柳氏看来，表彰先秦诸子的着眼点或许不应过多放到形而上的方面：

吾尝谓中国圣贤之学，不可谓之哲学，只可谓之道学。哲学则偏于知识，道学则注重实行。观老子之言曰：“上士闻道，勤而行之。”曰：“行于天道。”曰：“吾言甚易知，甚易行，天下莫能知，莫能行。”是老子所重在行也。孔、墨诸家，无不如是，下至程、朱、陆王，所见虽有不同，而注重躬行心得则一。故世人观吾国之学术者，往往病其陈陈相因，初无层出竞进之胜。不知此正吾国注重实学之一脉，不徒腾口说，而兢兢实践，至其受用有得处，略道光景，又虑说破而人皆

① 章太炎：《论诸子学》，载《章太炎演讲集》，章念驰编订，上海人民出版社，2011，第 39~40 页。
② 章太炎：《适宜今日之理学》，载章念驰编订《章太炎演讲集》，上海人民出版社，2011，第 366 页。

易视，徒作言词播弄，道听途说，出口入耳，了不知实际如何。

包括表面看来最显玄虚的道家，柳诒徵认为：“吾谓老子之道，不是期望他人，乃在自身实行，自身能实行，虽在大乱之世，吾人亦可归根复命。”①

此外，针对晚清以来兴起的墨学研究热，柳诒徵亦从躬行实践的角度出发进行评判。他认为，屡被近人称颂的墨子兼爱思想实有违人伦，故难以践行，“盖吾之老、吾之幼，以有天性之关系，故爱之出于自然。人之老、人之幼，以无天性之关系，故自然不能不生分别，若爱之如一，则非视吾之老幼如路人，毫无血族之情谊，即须视人之老幼如骨肉，皆有毛里之私恩，天下岂有此理乎？”因此他如是评价墨学：“夫墨子教人爱利人之亲以爱利吾亲，何尝不讲孝道，然其病根即在兼爱而无差等。爱人之父若己之父而毫无差等，是人尽父也。人尽可父，尚何爱于己之父？父子之伦即不能成立。”②作为五四新文化运动的批评者，柳诒徵非常重视中国古代乡里实践中“劝善惩恶，以造就各地方醇厚之风”③的传统，认为一套稳定的伦理道德对于维系社会正常运作十分重要，中国传统道德风尚虽不适合时代之处，但总体而言精义甚多，不应被轻易否定。基于这样的立场，他对墨学的批评不是如时代流行之见那般，着眼于评价《墨辨》是否符合近代西方逻辑学、墨子思想与社会主义是否有相似之处，而从是否能促进社会道德风俗趋于良善、有助于人们在实践中彰显社会伦常的角度来立言的。本着这样的立场，他强调：“吾国之哲学，与西洋哲学不同者，在不言而躬行。”④在书中论先秦诸子部分，他着力于挖掘诸子思想中有助于人伦践履的因素。例如对于孔子，他强调：“自孔子立此标准，于是人生正义之价值，乃超越经济势力之上。服其教者，力争人格，则不为经济势力所屈，此孔子之学之最有功于人类者也……孔子以为人生最大之义务，在努力增进其人格，而不在外来之富贵利禄，即使境遇极穷，人莫我知，而我胸中浩然，自有坦坦荡荡之乐。无所欣羡，自亦无所怨尤，而坚强不屈之精神，乃足历万古而不可磨灭。儒教真义，唯此而已。”⑤

相似的，在为陈柱《子二十六论》作序时，冯振也认为：“太史公列举文王周易以递韩非《孤愤》《诗》三百篇，概而蔽之曰圣贤发愤之所为作，此人皆意有所郁结，不得通其道，故论书策以舒其愤，思垂空文以自见。然则无行事可见者乃不得不发愤而著书。故吾意若老庄孟荀韩非之徒，其书大抵皆其所自著。由此观之，诸子之

① 柳诒徵：《评陆懋德〈周秦哲学史〉》，载杨共乐、张昭军主编《柳诒徵全集》卷9，商务印书馆，2018，第336页。

② 柳诒徵：《读墨微言》，载杨共乐、张昭军主编《柳诒徵全集》卷9，商务印书馆，2018，第201、203页。

③ 柳诒徵：《中国乡治之德治主义》，载杨共乐、张昭军主编《柳诒徵全集》卷9，商务印书馆，2018，第263页。

④ 柳诒徵：《中国文化史》，载杨共乐、张昭军主编《柳诒徵全集》卷6，商务印书馆，2018，第257页。

⑤ 柳诒徵：《中国文化史》，载杨共乐、张昭军主编《柳诒徵全集》卷6，商务印书馆，2018，第264页。

不自著书，其书可以不著也，已见诸行事也。诸子之自著书，诸子之不幸也，诸子之不得已也。”[①] 言下之意，诸子各派本意皆在实践，将相关主张书于竹帛，本身已属无可奈何之举。要想全面把握诸子学的内涵，必须从后者的实践性出发。杜国庠也提醒人们要注意到诸子各派的实践性特征：“我说诸子‘思想’，仅仅是因为涉及的范围比较广泛，不单限于哲学。大凡在思想史开端的时候，各家的思想大都无所不包，从哲学到政治，从修养到教育，并没有专门化，也不可能专门化的。除了为社会经济的发展阶段所限制，他们在主观上都想‘以其学易天下’，并不是为思想而思想。如果用‘纯哲学’的眼光去衡量他们，结果必然要失败：窥得一斑，失其全豹。”[②]

总之，这些从实践的角度阐释诸子学路径的论说，虽然总体而言在近代并不处于主流地位，但至少开启了有识之士尝试在西学全方位笼罩的时势下，从中国历史自身脉络出发认识和评价先秦诸子的可能，同时能够使人们进一步思考如何将中国传统学术转换为具有现实感与普及性的思想资源，而非按照源自近代西方的学术分科，将其局限于大学与研究机构里。因为一旦沦落于此，其实也就切断了作为历史文化精华的传统与真实、生动的社会生活之间的联系。

三　梳理诸子学与中国政治文明之间的关系

前文谈到，诸子之学兴起，主要目标是“务为治”。就此而言，先秦诸子对后世中国历史的最主要影响，便是形塑了绵延数千年之久的中国政治文明。比如，郡县制的大一统国家治理架构，一整套较为理性与规范的铨选、考核、监察制度，礼法结合的社会运作机制，使一代又一代参与政治活动的人能够具备相应的政治素养与责任伦理，使敬天法祖、经世济民、选贤与能、讲信修睦等观念成为影响中国数千年历史的核心政治伦理。中国历史经验之所以具有不可磨灭的价值，中国文化之所以能够延续并发展，很大程度上就是由于中国拥有高度发达的政治文明。正如今人所言：“中国文明演进的独特性之处在于，它的主流模式是采取了以王权为主，结合族权和神权的模式。王权逐渐凌驾于神权和族权之上，成为利用神权和族权的主体。这表现为宗统和君统关系的演化以及巫和君的地位转化上。在我们看来，这样一种关系的演化，是中国文明形成的关键。它意味着政治动力始终是中国文明形成的核心动力。”[③] 在这个意义上，中

---

① 陈柱：《子二十六论》，广西师范大学出版社，2008，冯序第 2 页。

② 杜国庠：《先秦诸子思想概要》，载《杜国庠文集》，人民出版社，1962，第 3~4 页。

③ 张志强：《“经典时代”还是“子学时代”？——“中国哲学史”的叙述开端与“中国文明的主体性”问题》，载甯应斌编《重新认识中国》，台北：台湾社会研究杂志社，2015，第 106 页。

国是一个历史悠久的政治与文化共同体。这里的“政治”，主要是指在历史进程中形成幅员辽阔、广土众民的大一统国家的政治制度、政治实践与政治学说。而“文化”则是指在此基础上所形成的一套伦理规范、价值准则、学术思想。在中国的历史变迁中，政治与文化密不可分、相互影响，文化具有极强的政治属性，政治则显现出深厚的文化内涵。一旦矮化、虚化甚至污名化“政治”，“文化”本身的价值就要大打折扣，甚至失去历史与现实感，沦为博物馆里的文物。①

因此，近代学者尝试从中国自身历史脉络来阐释诸子学时，除寻求后者的“实践性”外，更着眼于思考先秦诸子的思想学说对中国政治文明产生了哪些影响。甲午战争后，出于对清政府无力应对时代变局的不满，一些士人将批判的眼光投射到深受法家影响的秦政。但问题在于，如果说幅员辽阔、向心力强是中国政治文明的主要特征之一，那么这种大一统格局的形成，其实离不开秦始皇的废封建、行郡县、车同轨、书同文。因此，在思考如何将现代大众民主引入中国的同时，为维系国家统一与主权完整，就不能简单、轻易地否定由秦代开启的政治架构以及这套政治架构背后的儒法传统。

关于这一点，章太炎认为，在政治治理层面不能仅用儒家之道而摒弃法家。因为中国历史上那些行之有效的制度里其实包含了不少法家的元素。历代制度之所以出现弊病，很大程度上并非源于严刑峻法，而是实践者背离了法家所强调的循名责实，导致法律条文趋于烦琐，法律解释互相矛盾，并且放弃法律客观性，只听命于统治者的意志。② 在这个意义上，章氏强调真正宗尚法家者并非局限于刑律的小吏，而是有着广阔治国眼光的政治家。法家并不是君主的帮凶，而是有着一套自成体系的治国主张，其弊病主要在于过分忽略了社会人伦，不太重视培育良好的社会道德。即便如此，像商鞅那样的政治人物，较汉代表面上主张“通经致用”，实际上不断迎合统治者意志的儒生，其人格之高下一目了然。③

此外，在分析中国古代政治流变时，章太炎认为：“铺观载籍，以法律为《诗》《书》者，其治必盛；而反是者，其治必衰。且民所望于国家者，不在经国远猷，为民兴利，特欲综核名实，略得其平耳。是故韩、范、三杨为世名臣，民无德而称焉。而宋之包拯、明之况钟、近代之施闰章，稍能慎守法律，为民理冤，则传之歌谣，著之戏剧，名声吟口，愈于日月，虽妇孺皆知敬礼者，岂非人心所尚，历五千岁

① 关于这个问题，参见王锐《历史叙事与政治文化认同——章太炎的“历史民族”论再检视》，《人文杂志》2020 年第 5 期。

② 章太炎：《訄书（重订本）·儒法》，载章念驰编订《章太炎全集》第 3 册，上海人民出版社，2018，第 137 页。

③ 章太炎：《訄书（重订本）·商鞅》，载章念驰编订《章太炎全集》第 3 册，上海人民出版社，2018，第 263 页。

而不变耶？”[①] 依他之见，从中国历史的进程来看，能称之为良政者，必须包含带有极强法家色彩的综核名实、依法为政。无论何等身份的人，在法律面前必须一律平等，以此来保障广大平民的基本利益，而非沦为豪强权贵的政治代言人。基于这样的认识，他一反当时风气，在发表于 1910 年的《秦政记》一文里总结秦政的正面意义。他指出，秦政的运作在当时的社会条件下（这一点很重要），一定程度上保障了平民的利益。而在铨选人才方面，秦制也体现出一定的社会流动性，实践了韩非主张的“宰相必起于州部，猛将必发于卒伍”，有效动员了基层社会力量，同时杜绝皇族贵戚弄权干位。此外，秦朝厉行法制，赏罚一准于法，拒绝对特权集团施行法外开恩，这一点在古代社会条件下也体现了社会平等，同时形成流传后世的政治文化传统。[②]

被时人誉为近代蜀学殿军的廖平门生李源澄也主张应从中国古代政治文明形成与流变的角度，来审视诸子学。他认为，董仲舒虽表面上主张罢黜百家、独尊儒术，但实际上吸取了不少诸子各派的学说，以不断完善自己的儒学论述。因此，不能从一种教条主义化的启蒙思想出发，去批判董仲舒如何促进“专制”，而应看到，“他不是一个抱残守阙的学者，他是在努力建设他的学术系统，他不是一个保守的儒家，而是以儒家的立场来接收各家的学术，以熔铸成功新的儒家，他之请罢黜百家，并不是要排斥异家，以定于一尊，乃是要求有一个合于大一统时代的学说出来以指导这个时代”。就此而言，“有了汉武帝的统一，自然应该由董仲舒的新儒学出来与他相呼应，才配合得起来，我们看董仲舒本人并不得意，他在思想界的影响竟如此大，此中容有必然之因素，非偶然作得成功的”。[③] 这就表明，理解诸子学在汉代的命运，必须结合政治上大一统格局的形成。学术与政治的互动一方面固然影响不同学派自身的兴衰，另一方面也促成新的政治伦理与政治价值，塑造政治文明的基本特征。

关于诸子学说与中国古代政治变迁之间的关系，具有深厚政治学素养的萧公权曾展开颇为细致的观察。他指出，从中国历代政治变迁的角度来看，“每逢政治比较安定的时候，儒家思想便占上风，道家思想就随之衰微。反过来，到了社会衰乱的时候，道家思想便一时盛行，而儒家思想就相形见绌。不但如此，先秦儒家政治思想有孟荀两大宗派。孟倾向于民本思想，荀倾向于尊君思想。秦汉以后的道家有‘黄老’与‘老庄’两派。黄老倾向于以清净之术用世，老庄倾向于以逍遥之旨养生。当儒家独尊的盛世，荀派尊君的学说较受欢迎，而孟派的民本学说往往在大乱方治或盛极而衰的时候代之兴起。

① 章太炎:《官制索隐》，载章念驰编订《章太炎全集》第 4 册，上海人民出版社，2018，第 92~93 页。
② 章太炎:《秦政记》，载章念驰编订《章太炎全集》第 4 册，上海人民出版社，2018，第 64~66 页。
③ 李源澄:《汉代大一统政治下之政治学说》，载林庆彰等主编《李源澄集新编》第 3 册，巴蜀书社，2017，第 832 页。

老庄思想虽然每应乱世而生，但是在乱极初治的时候黄老思想却占优势。我们不敢说这是中国思想史里面的定律,这只是中国思想史里面的事实”[①]。而从中国古代政治文明的总体面貌来看，“古人所谓‘法’是指整个的政治制度。其精神与‘礼’有异，而其范围则与‘礼’相同。孔子政治哲学包含了一个正名的原则，荀子传之而为礼治，韩非李斯再传而变为法治。古代亲亲的宗法社会既转变而为战国以后贵贵的政治社会，礼治当然会随之转变而为法治。假使秦汉以来二千余年之中没有法家所立的学术及制度，虽有孔孟的道德仁义,恐怕是‘徒善不足以为政’。中国人民虽未必弄到‘披发左衽’的地步，中国社会必然难免江翻鼎沸的危险。照这样看来，法家之功真不在禹下”[②]。据此，要想较为完整地把握诸子学对中国政治文明的影响，不但需要认识到在中国历史的不同时期里，随政治形势变化，诸子各派起到了不同的作用与影响，中国历史的多元性与复杂性也由之而生，而且还需总结那些真正形塑中国政治文明核心特征的要素，看到历史脉络里一以贯之的连续性与稳定性。只有将“变”与“常”有机结合，方能彰显中国历史的一些基本面貌。

在笔者看来，中国现代学术史上从中国古代政治文明演进的角度阐释诸子学，观点最为精彩者莫过于张舜徽。他认为，“夫周秦诸子之言，起于救时之急，百家异趣，皆务为治。虽各自成一家，不相为谋;然亦有所见大合、殊途同归者”[③]。基于这样的认识,他从先秦时期流行于世的“道论”入手,考证“道”的主要意涵为“君人南面之术”,即关于如何进行统治的理论。由“道论”衍生而出的“无为”观念,也绝非个人修身之语,而是一种立足于当时政治社会状况的统治原则。这并非道家所独具，而是为诸子各派所共享的内容。由此出发，他认为“人心惟危，道心惟微”一句虽出自后世伪书，但其内容在战国时期就已经存在。这句话的主要意思也并非如后世理学家所言，乃关于道德修养之言，而是秉持先秦“道论”的基本意涵，强调统治者应无为而治，让各级官僚机构处理日常事务，同时面对复杂的政治局面，应保持冷静的心态，避免判断力受到不必要的干扰。他在书中旁征博引，逐一罗列分析先秦诸子各派关于统治原理与政治分工的言说，彰显诸子各派在分析政治问题上的共性；[④]同时从后世典籍当中钩沉索隐，通过细密的解析，指出这一统治原则一直存在于中国古代政治进程中，并不断被赋予新的内涵。[⑤]他进一步分析先秦时期的道论与战国时期变法运动的关系，强调要重视在学术流变上本于道家之学的法家对后世历史的影响,认为“历代有所作为之人物,

① 萧公权:《圣教与异端——从政治思想论孔子在中国文化史中的地位》，载《迹园文录》，中国人民大学出版社，2014，第 28 页。
② 萧公权:《诸子配孔议》，载《迹园文录》，中国人民大学出版社，2014，第 96 页。
③ 张舜徽:《周秦道论发微》，华中师范大学出版社，2005，前言第 3 页。
④ 张舜徽:《道论通说》，载《周秦道论发微》，华中师范大学出版社，2005，第 29~60 页。
⑤ 张舜徽:《道论足征记》，载《周秦道论发微》，华中师范大学出版社，2005，第 63~82 页。

必自周秦法家书中吸取精理，身体而力行之，而后能毅然任天下之重”[①]。总之，他这些观点对于进一步理解先秦诸子与战国时期政治社会转型，极具启发性。正如其言，当时中国大地上出现了规模庞大的政治体之雏形，在古代的物质生产条件与信息传递条件下，如何进行有效统治，无疑是一项颇为紧迫的时代课题。先秦诸子各派虽然在具体政治主张上各有差异，但都意识到了统治者必须重视政治分工，重视必要的清静无为，不可以一人之力兼顾所有事务，这无疑是在当时的经济生产条件下所能实现的最节约统治成本与最有助于政治整合的治理模式。

余　论

诸子之学在近代成为学术界关注的重要对象，除深受清学传统的影响，更与近代中国的世变与学变息息相关。因此，立足于当代的视角，重新回顾晚清以来的诸子学研究思潮，需要在较为全面地绎读相关文献基础上，充分认识近代西学对中国传统学术体系的影响，分疏那些因受西学熏染而对诸子遗言另作别解，以求符合近代西学价值规范的论著，与那些目睹时代新局，坚持从中国历史自身的演进过程出发，将诸子学视为中国历史与文化的重要部分，并从中总结、阐发具有体系性与实践性价值因素的论著。[②]对于前者，必须要从今天中国与世界的基本形势出发，从当下与未来文化建设的角度出发予以一个较为准确的定位。必须承认，这种“以西学释诸子”的路径提供了一些认识古典的新视角，在具体学术论著中体现的新方法也能对阐发中国传统有所推进，尤其是其背后凸显的中西比较视野。即便这类比较的具体结论可以商榷，但基于更为广阔的视野来认识中国古代学术的做法不可被轻易否定。因此，不必以后见之明将其简单否定，但需要进行分疏，别其良莠。使一些无论是方法、立场还是观点皆存在明显问题，如对诸子学与西学都缺乏真正了解，并沾染上特定历史时期文化心态的论著“史料化”，即看作特定历史时期的产物，从中去窥见时人的文化与政治心态，而非继续将其“经典化”，将相关论著当中呈现出来的心态、感觉与立场延续至今。对于后者，则需引起进一步的重视，以发潜德之幽光，将其中的一些基本论点做更为深入的探讨，并由此为切入点，重新回到先秦典籍的世界里，从当代中国的历史与现实出发，传承前贤之苦心孤诣，探究那些真正影响了中华文明整体面貌，并且在当代依然具有重要价值的内容，使先秦诸

① 张舜徽：《爱晚庐随笔》，华中师范大学出版社，2005，第 85 页。

② 必须说明的是，如果对近代诸子学史进行细分的话，晚清时期、五四新文化运动时期、20 世纪 30 年代、抗战时期等阶段其实都有一些各自的时代特点。但总体来看，近代诸子学史的整体特征还是比较明显的。本文并非详尽叙述近代诸子学史，因此就不从每个阶段出发展开阐释了。

子等古代经典再次焕发生命力，成为人们认识人生、认识社会、认识国家、认识世界的重要思想资源。①

（作者单位　华东师范大学历史学系）

本文原载《社会科学战线》2021 年第 9 期

① 中国近代学术史的基本进程表明，在近代以来中西文明交汇的背景下，所谓“从中国自身历史脉络出发”，其实也需对西学有基本的了解，否则无法在新的时代变局里认清何谓“中国自身历史脉络”，无法判断哪些中国传统思想资源是具有永恒生命力、可以凸显中华文明核心根柢的。比如一直强调“自国自心”，对中国传统进行许多极具原创性阐释的章太炎，其实从甲午战争后，一直到 1906 年东渡日本主笔《民报》，都在持续阅读他那个时代所能接触到的西学（包括因由日本人译介而体现出明治时代日本思想烙印的“东学”），只是他在文化观上面并不一味唯洋是尊罢了。总的来说，从阐释路径上看，这是一个既要学有所本，又需开眼看世界的过程，而非把率由旧章、故步自封看成“从中国自身历史脉络出发”。只是这种为认清中国传统思想资源而进行的开眼看世界，是要以平等的、自信的眼光去看世界，而非用一种仰视的、崇敬的心态去求“真理”。进一步来说，以仰视的、崇敬的心态，其实更难以全面把握西学的完整特点，容易把一些旨在为近代西方全球扩张而进行的意识形态说教视为真实的历史进程或深邃的学理主张。

马克思形象在中国美术创作中的阐释与构建

冯　晗[1]　沈宝莲[2]

摘　要　20世纪初，马克思主义传入中国，为探寻救亡图存出路的中国人民提供了思想来源、指明了前进方向，而伴随其传入中国的还有马克思的形象。回顾中国共产党成立百年间关于马克思形象的美术创作，不难发现，随着历史演进、马克思主义在中国指导地位的确立以及其真理力量的显现，中国人对马克思形象的认知经历了一个由符号象征到真理表征的过程，塑造了一个个鲜活、饱满的马克思形象。

“十月革命一声炮响，给我们送来了马克思列宁主义。”① 伴随着马克思主义在中国的传播，尤其是中国共产党的成立，马克思的形象也随之传入并被中国人熟知。德国人卡尔·马克思被誉为全世界无产阶级革命导师。他与弗里德里希·恩格斯共同创立的马克思主义是工人阶级及其政党的指路明灯。马克思及其为实现共产主义理想而奋斗的革命历程也成为中外美术创作中的重要表现对象。随着马克思主义中国化、时代化与大众化的不断推进，中国人对马克思形象的阐释也发生了改变：从最初单一的符号象征逐步发展成为对真理力量的多维阐释。

一　马克思形象的符号化阐释

最早传到中国的马克思像是载于1907年世界社刊于巴黎发行的《近世界六十名人》一书中的马克思半身照。在这张拍摄于伦敦的照片中，57岁的马克思坐在椅子上，一手置于腿上，一手置于桌子上，凝视前方、眼神沉稳，表现出内心的坚毅与自信。随后，马克思的照片又被多次刊印，出现在了《马克思纪念册》《今日》等刊物上。

在马克思照片出现的20世纪初，一批中国的先进分子，以救国救民、改造社会为己任，重新考虑中国的前途。他们纷纷撰写文章、创办刊物或成立社团，以介绍、传

① 《毛泽东选集》第4卷，人民出版社，1991，第1471页。

播和研究国外的各种新思潮，寻求改造中国社会的方案。在新思潮大量涌现、诸多学说流派争鸣斗胜的形势下，马克思主义以其高度的科学性和革命性逐渐吸引着越来越多的进步青年。而标志着马克思主义公开问世的《共产党宣言》的中文版，在 1920 年由陈望道以日语译本为底本，参照英译本，翻译而成，这也是中国发行的首本全译本《共产党宣言》。封面上选用的是马克思摄于 1875 年的半身照，意在彰显马克思作为世界上第一个无产阶级政党的缔造者身份。

中文版《共产党宣言》的发行，为武汉、济南、东京、巴黎等地成立的共产党早期组织提供了行动指南。1920 年初冬，长沙的共产党早期组织在毛泽东、何叔衡等人的积极活动下在新民学会的先进分子中秘密诞生。周树桥的《湖南共产主义小组》为我们展现了小组开会时的瞬间。画面中的青年毛泽东凭几而立，左手直杵桌案，右臂微屈作阐述状，面容坚毅而深沉；其他小组成员作认真倾听状，将注意力集中在了正在讲话的毛泽东身上；而在他们围绕而坐的桌子上放着一本不久前刚刚发行的《共产党宣言》。这幅作品整体基调相对低沉凝重，但是高挂的一盏明灯却冲破黑夜，照亮了每位革命者的面庞。值得注意的是，墙上马克思的画像熠熠生辉，这无疑强调了湖南共产党早期组织在马克思主义旗帜下，为共产主义事业而奋斗的决心。

各地的共产党早期组织相继成立后，开始有组织、有计划地扩大对马克思主义的研究与宣传，为中国共产党的成立创造了思想条件。1921 年 7 月 23 日，中国共产党第一次代表大会在上海召开，标志着中国共产党的正式成立。陈逸飞、邱瑞敏的油画《在党的一大会议上》截取了上海“一大”会议的一角。画家在“画面背景的空间处理上采用了两个墙壁交接的位置，红漆木板墙与白色砖墙的交叉凸显了空间纵深，两墙色彩的对撞更是将主视角直接聚焦在交接墙前的青年毛泽东身上。画面中青年毛泽东作为主角左手扶桌，右手挥动，眼朝前方，目光坚定。其右手边由近及远为何叔衡、王尽美，左边依次是董必武、邓恩铭、陈潭秋。他们 5 人或坐或站，但都与毛泽东目光方向相同，寓意党员之间的团结一致。特别是同为长沙马克思主义小组成员，何叔衡与毛泽东之间的紧密联系在画面中也得到了强调”[①]。何叔衡的手中此时正拿着一本《共产党宣言》，封面上的马克思半身像清晰可见。这意味着：从此，在古老落后的中国出现了一个全新的，以马克思列宁主义为行动指南的，以实现社会主义和共产主义为奋斗目标的统一的无产阶级政党。中国共产党的成立昭示着马克思主义成为指引革命方向的明灯。正如毛泽东所说，“中国人找到了马克思列宁主义这个放之四海而皆准的普遍真理，中国的面目就起了变化了”[②]。从此，马克思的形象也开始作为马克思

① 吴端涛：《启航——党的“一大”题材美术创作的视觉还原与审美创造》，《美术》2020 年第 7 期。

② 《毛泽东选集》第 4 卷，人民出版社，1991，第 1471 页。

主义信仰的隐喻而广泛出现。

古今中外，图像从来就具有重要的宣传教育作用。张彦远在《历代名画记》中说“画者，成教化，助人伦”；贺拉斯在《诗艺》中强调绘画的“寓教于乐”；马克思也认为艺术是“掌握世界”的四种方式之一。毛泽东历来重视绘画在宣传方面的重要作用，他于1926年发表的《宣传报告》一文中指出：“中国人不识文字者占百分之九十以上。全国民众只能有一小部分接受本党的文字宣传，图画宣传乃特别重要。”① 正是因为党的领袖对图画的宣传功能高度重视，所以为了促进马克思主义的大众化传播，无论是在各革命根据地发行的钱币、大会的会场抑或是刊发的报纸期刊上，我们都能看到对马克思的照片或画像的使用。

1927年，秋收起义失败后，毛泽东辗转到井冈山，创建了第一个农村革命根据地——井冈山革命根据地。随后共产党人又先后建立了湘鄂西革命根据地、闽浙赣革命根据地等，中国革命的星星之火开始呈现燎原之势。为了冲破国民党对根据地的经济封锁，“发展工农资本”“流通社会金融”，中国共产党在各个革命根据地建立了造币厂，并发行纸币、铸币等货币。而在由江西工农银行、平江县工农银行发行的货币上，我们看到了马克思、列宁的头像，这也让生活在苏区的老百姓能够对马克思的形象有所了解与熟悉，成为马克思形象大众化传播的方式之一。

为了加强中国人对马克思其人及其学说的了解，《国闻周报》《每周评论》《民国日报》② 等一批报刊纷纷刊发介绍马克思生平、宣传马克思主义的文章，其中很大一部分是马克思、恩格斯著作的译文，与这些文章一起出现在报纸上的就有马克思像。与此同时，在由解放社出版③ 的一部分马克思著作的封面上，也会选用马克思的照片或画像。

作为马克思主义信仰的符号象征，马克思的图像出现次数最多的地方还是在各大会场。即使是在条件极度艰苦的农村革命根据地，中国共产党人依旧高擎马克思主义的旗帜，在会议现场悬挂党旗、标语以及领袖的画像。比如在龙江书院以及茅坪所还原的中国共产党湘赣边界第一次代表大会的现场，我们都能看到用毛笔在木板上勾勒出的马克思和列宁像。同样，在何孔德展现中国工农红军第四军于1929年12月底，

① 毛泽东：《宣传报告》，《政治周报》1926年第6~7期。

② 具有代表性的如《每周评论》在1919年发表的《共产党宣言》（摘译）与《无政府共产主义与国家社会主义》；《民国日报》在20世纪20年代先后发表的《马克思的思想》《马克思的经济学说》《马克思政治学》以及李季的《与陶孟和先生论马克思主义》等文章；《晨报副刊》于1922年5月出版了“马克思”纪念专号，刊载了纪念马克思的几篇文章；《国闻周刊》在1924至1937年间刊登的《马克思像》《马克思回想录》《马克思主义在日本的发展》等文；1933年3月中华苏维埃共和国临时中央政府机关报《红色中华》发表纪念马克思逝世50周年的社论和文章，如《纪念马克思与学习马克思列宁主义》。

③ 如解放社出版的《哥达纲领批判》（1949年5月版）、《法兰斯阶级斗争》（1949年11月版）、《马恩通信选集》（1949年12月版）。

在福建古田召开第九次党代表大会瞬间的油画《古田会议》中，处于画面中景的毛泽东高立于参会人员当中，正在发表演说，画家虽未对毛泽东着墨太多，但形神兼备。通过认真观察，我们会发现有几个代表是坐在用土砖临时搭建的矮凳子上的，虽然条件简陋，但是与会者神情专注、反应热烈；而在画面左墙壁鲜艳的党旗下，则醒目地张贴着马克思与列宁的头像——这个细节也突出表明了这次会议确立了党对军队的绝对领导，肯定了要用无产阶级思想进行党和军队的建设。

作为生死攸关的转折点，1935 年的遵义会议在中国共产党和红军历史上有着特殊的意义，它在极端危急的历史关头挽救了党，挽救了红军，挽救了中国革命。在沈尧伊的油画《遵义会议》中，画家怀揣着对历史的敬畏感，生动地描绘了会议现场。此时会场气氛凝重，20 位参会者神态各异、内心世界各不相同。画家对人物性格以及地位的捕捉都真实可靠，还原了一个具有说服力的历史场景。画家特别在画面左侧的墙壁上绘制了马克思的画像，其深刻的寓意在于：这次会议是中国共产党在和共产国际失去联系的情况下，第一次独立自主地运用马克思列宁主义基本原理解决自己的路线、方针和政策方面问题的会议。

在延安时期，中国共产党特别重视对马克思主义经典著作的编译、研究和传播，先后提出“读马、恩、列、斯的四十本书”“中央指定读五本理论书”等号召。毛泽东也发表了题为《改造我们的学习》《整顿党的作风》《反对党八股》3 篇论著。纪晓秋、陈玉先的《延安整风报告》、罗工柳的《毛主席在延安干部会议上作整风报告》、邵亚川的《窑洞中的灯光》以及王珂的《延安时期学习马克思主义蔚然成风》，无不是对这次思想教育运动的生动写照。在罗工柳的油画《延安整风报告》中，站在主席台的毛泽东以他经典的姿态和手势，正在向与会者侃侃而谈，台下是聚精会神的听众，他们或埋头记录，或凝神听讲，或会心微笑。毛泽东作为中心人物被强调与突出，形象高大、色彩亮丽，而在毛泽东身后的深红色幕布上显赫地悬挂着马克思与列宁的画像，意在向观者点明这是一场深入开展马克思主义思想的教育运动。而在王珂的国画中，画家不以主要领袖人物为切入点，而选择了张闻天和博古向普通党员群众宣讲马克思主义思想的场景，远处的宝塔山交待了特定的环境，窑洞外墙上的马克思画像欲意阐明这次学习的内容，以及随着此次教育活动的开展，马克思主义中国化的进程也被大力推进。

在新民主主义革命时期，中国共产党人会借助各类象征符号建构自己的政治象征体系，以此来传播其政治理念。在此阶段，被视为无产阶级革命导师的马克思是以胸像或半身像的形式，作为马克思主义价值理念的符号象征而出现。这个符号有别于普通符号或语言符号，是一种艺术符号，而且这个象征物与意义之间有着直接统一的关系。正如黑格尔所言：“作为象征来用的符号是另一种……象征所要使人意识到的却不应是它本身那样一个具体的个别事物，而是它所暗示的普遍性的意义。”[①] 而在以上画面中所出现的马克思像，则意欲向人们揭示中国共产党所领导与开展的革命斗争是以马克思主义理论为指导的，为中华民族谋解放、为中国人民谋幸福的斗争，目的在于最广泛地动员民众参与到革命斗争的行列中来。与此同时，用马克思的名字和形象对一些具有重要意义的时间、场所、事件、报刊、学校等进行建构装点，使之具有革命象征意义，也成为推进中国共产党所领导的中国革命社会化的重要媒介，有助于中国共产党获得更加广泛的群众认知。

二　马克思形象的真理化阐释

随着新中国的诞生，马克思主义中国化实现了一次历史性飞跃。从此，美术作品中马克思的形象也超越了单一的符号性存在，开始变得更加生动与饱满。而且，随着马克思主义中国化、时代化与大众化的不断推进，马克思主义作为真理的力量也在不断显现，艺术家们对马克思的刻画也呈现出多维度的阐释，赋予了马克思人本化特征，马克思的形象因此也变得鲜活起来。这在两次主题性活动中体现得尤其明显。

1983 年，为纪念马克思逝世 100 周年，中共中央编译局和人民美术出版社共同编写了《卡尔·马克思画传》，栩栩如生地还原了马克思的光辉一生和伟大精神。2018 年，为纪念马克思诞辰 200 周年，中宣部、中国美协等单位联合组织了“真理的力量”主题创作展，全景式地呈现了马克思的生平、革命实践、理论贡献和精神境界，展现了马克思主义在中国传播运用和丰富发展的历程。虽然这两次大型的主题创作时隔 35 年，但都选择以马克思的生平为题材，以多个画种为媒介，诠释了马克思为实现共产主义理想而奋斗的革命历程。

开会的场景是主题性创作中经常涉及的题材，王铁牛的《在国际工人协会海牙代表大会上》、王明明的《在共产主义者同盟第二次代表大会上》以及张红年的《在莱茵省第一届民主主义者代表大会上》都是对这一场景的再现。面对前人创作的马克思形象，如何推陈出新，表现出时代性？如何进行合理的场景调度准确地传达出马克思的革命者形象？这些都是每一位艺术家在创作时所面对的难题。顾盼的素描《在国际工人协会成立大会上》以及冯远的中国画《马克思在国际工人协会成立大会上》以两种不同的艺术手法表现了 1864 年 9 月 28 日国际工人协会在圣马丁教堂成立时的盛况。在前者中，顾盼没有将马克思置于画面的中心位置，而是一反传统，让马克思坐在主席台上，注视着面前的讲话人。但是画家有意截取了一个令人激动的时刻，我们从画

---

① 〔德〕黑格尔:《美学》第 2 卷，商务印书馆，1996，第 10~11 页。

面前景中人物高扬的手臂以及远景中因情绪激动而站立起的人的形态，均能感受到会场的热烈气氛。不同于前者，冯远“选择站在大会主席台左侧，略带仰视地表现马克思一手执讲演稿，一手握拳示意‘全世界无产者联合起来’，面向工人代表发表激情演说的视角”。尽管艺术家吸收了素描塑造形象的表现手法，但仍选用线勾勒出人物的脸部形貌，“同时辅之以适度的水墨渲染和山水皴法，以求取微体积人像效果，远处空间的天花板纹饰和窗棂基本以淡墨一遍完成，寓细微的笔墨变化于大块连体的黑白灰对比之中，达成近、中、远三层次空间响亮、强烈的视觉反差效果，使中心人物更为突出，会场气氛的烘托营造也达到预期目的”[①]。以上作品通过对会场中马克思形象的塑造，强化了马克思的理论与人民群众之间的紧密联系。

除了会议这种宏大场面的叙事，也有艺术家选择从细微处着手，以个体视角展示马克思为共产主义事业所付出的辛劳。姚有多的《向最忠诚的朋友报捷——〈资本论〉第一卷完成》定格在了 1867 年 8 月 16 日凌晨两点，马克思在看完《资本论》第一卷的清样后，连夜将这一喜讯告诉了自己的战友恩格斯的瞬间。此时的马克思坐在椅子上，明显处于放松的状态，面部呈现出欣慰的神情，手里拿着写给恩格斯的信，有一种身心释然的感觉。在孙立新的《潜心写作〈资本论〉》中，艺术家把重点放到马克思的思考上，体现出马克思“作为一个思想家的风范”；[②] 画中的书籍与资料暗示着工作量的繁重、马克思所付出的艰辛以及严谨的科学态度；黎明的曙光从窗外投到书房，则寓意着《资本论》的诞生为人类社会带来了光明。[③]

在探寻革命真理的道路上，马克思也遇到了志同道合的战友，而其中最感人至深的莫过于他与恩格斯的相识。列宁就曾评价说马克思与恩格斯之间的友谊“超过了古人关于人类友谊的一切最动人的传说”[④]。王为政的《巴黎会晤》、李晓林的《伟大友谊》以及丁一林的《支持恩格斯写〈反杜林论〉》无不是对两人无产阶级革命友谊的生动写照。在苗再新的《写作〈共产党宣言〉》里，画家将场景设置在了书房中，马克思坐在书桌前，手中拿着羽毛笔，恩格斯站在壁炉旁，手里拿着草稿，反复推敲。画家基于对马克思和恩格斯的照片的深入思考与反复研究的基础上，运用现实主义创作方法，对人物形象进行了细致的刻画。丁一林的《支持恩格斯写〈反杜林论〉》同样发生在书房当中。艺术家将情节设定在恩格斯“念”、马克思“听”这个节点上。“念”与“听”不但让两人的关系更加具体生动，而且为构图人物一坐一站的造型变化提供了想象基础。

---

① 冯远：《追记历史瞬间的艺术图像——中国画〈马克思在国际工人协会成立大会上〉创作琐记》，《光明日报》2018 年 5 月 13 日。

② 徐里编《真理的力量——纪念马克思诞辰 200 周年主题展览美术作品集》，中央编译出版社，2020 第 141 页。

③ 徐里编《真理的力量——纪念马克思诞辰 200 周年主题展览美术作品集》，中央编译出版社，2020 第 141 页。

④《列宁全集》，人民出版社，2013，第 10 页。

为了在画面中突出马克思，画家“采用了绘画中黑、白、灰的造型手段——让画面中的马克思身着白色衬衣和灰冷色的西装背心，坐在暖红色沙发上，这三个颜色放在一起在暗色背景的映衬下显得异常醒目”[①]，从而达到突出马克思所在位置的目的。

除了恩格斯，家人也给予了马克思事业上莫大的支持与帮助。这是一个令人敬仰的革命家庭，同时也是一个温馨的 5 口之家。尤其妻子燕妮，她是马克思人生中的革命同志、工作助手以及灵魂伴侣，二人共同谱写了爱情与理想的命运交响曲。基于这样的认识，王嫩的《终身伴侣》以古典油画的写实主义技法描绘了两人在一起的场景。画面中的燕妮“身着传统长裙，手执稿纸，立于马克思身旁，神色坚毅，体态优雅，身处逆境而不失身份的高贵。她身上明丽而温暖的长裙与马克思的深色西服相映衬，愈益衬托出马克思的深邃与沉稳”[②]。画家有意在画面中增添了书桌、台灯、书架、老式挂钟等道具，尽可能地为观众真实地再现历史情境。朱乃正的油画《逼债》则侧面描写了马克思拮据的生活状态。面对着法警的逼迫，燕妮丝毫不畏惧，坚定地面对着敌人。画家有意将燕妮置于光线下，正面迎向观众的视线，法警则被画家放在了画面的暗部，背对观众。这种一明一暗、一正一反的处理也吻合燕妮作为一名坚强女性的品质。而在孙景波的《革命的一家人》中，艺术家为我们展现了马克思一家在一起读书时的其乐融融。时钟指向晚上 8 点多，马克思坐在桌子的一头，正沉浸在诗歌朗诵会的氛围里。壁炉上的莎士比亚像告诉了观众朗读的内容。劳拉依偎在母亲燕妮身旁，小燕妮坐在桌前出神地凝视着父亲的表情，不满 8 岁的小女儿爱琳娜，看着爸爸动情的样子，眼神里充满了喜悦和好奇。[③] 画家用写实的表现手法，通过光影、虚实等因素的设计，为观众展现了一个氛围浓郁，充满温情的画面。

早在马克思主义传入中国前的 19 世纪 50 年代，马克思就心系殖民地和附属国人民的命运，特别关切中国、印度等亚洲国家的人民革命斗争和民族解放运动。在第二次鸦片战争期间，马克思先后撰写了《中国革命与欧洲革命》《英中冲突》《鸦片贸易史》等一系列关于中国的通讯，揭露资本主义列强侵略中国的真相。高莽的《瞻望亚洲曙光》、刘健的《晚年关注俄国和东方经济落后国家的发展道路》，以及郑艺的《马克思遥望东方》都是对一个心系东方的革命家、思想家的再现。在高莽笔下，马克思站在桌前，遥望窗外，一手拿着文章，另一只手拿着点燃的烟，呈思考状。闪现在马克思脑海中的情景被画家展现在了画面上方，“China”“太平天国”的字样告诉了观者马克思正在思考有关中

① 丁一林：《油画〈战斗的友谊——马克思支持恩格斯撰写《反杜林论》〉创作谈》，《美术》2018 年第 9 期。

② 徐里编《真理的力量——纪念马克思诞辰 200 周年主题展览美术作品集》，中央编译出版社，2020，第 33 页。

③ 徐里编《真理的力量——纪念马克思诞辰 200 周年主题展览美术作品集》，中央编译出版社，2020，第 45 页。

国的问题。而在刘健的水墨重彩中，艺术家强化了视觉造型，用时空跨越意识统领画面，以散点透视的方式将俄国征候置于背景，以配合画面前景中作为主体的马克思。

以上这些主题性画作“对于历史的再现，不完全是对原历史的机械重现，而是作者所代表的某种历史观对于那些事件与人物的历史价值的表达或判断”①。在不同的社会关系网络中，马克思总会显现各异的情感、性格与状态。他既是一个鲜活的个体，也是一个社会性的存在。每位创作者会基于自己对当时历史情景和马克思的认识，刻画出自己内心独特的马克思形象。在这些作品中，马克思既是国际共产主义的开创者，也是一位患难与共的丈夫；既是一位伟大的思想家，也是为朋友提供无私帮助的友人；既是一名嫉恶如仇的革命者，也是一位充满慈爱的父亲。

可以说，中国共产党领导开展的纪念马克思忌辰、诞辰的主题性创作活动是一种政治仪式和象征。这种仪式的开展源自马克思主义在中国传播、运用和丰富发展的光辉历程。由于它的科学性和真理性得到了一次又一次的检验，因此也成为一种信仰。法国社会学家涂尔干认为：“仪式是为维护这些信仰的生命力服务的，而且它仅仅为此服务，仪式必须保证信仰不能从记忆中抹去，必须使集体意识最本质的要素得到复苏。”② 同时“仪式作为象征性的行为与活动，不仅是表达性的，而且是建构性的”③。这两次以绘画创作形式展开的政治仪式，目的在于帮助中国人民了解马克思的革命实践、理论贡献和精神境界；建构马克思的光辉形象以及马克思主义的指导地位；宣示我们对马克思主义科学真理的坚定信仰。

三　马克思形象与中国现代美术

关于马克思的艺术创作是伴随着马克思主义在中国的传播、中国共产党的百年历程以及中国现代美术的发展而同时发生的。因此通过对20世纪以来有关马克思艺术作品的梳理与回顾，有助于我们认识马克思主义中国化过程中所经历的种种曲折，更能探寻在中国共产党文艺政策指导下的中国现代美术在创作理念、发展规律以及审美追求等方面的演变历程。

在中央苏区时期，图像的宣传普及性和大众化特征得以重视，毛泽东等革命人士在湖南创办农民运动讲习所时，就开设了革命画课程，培养美术人才，宣传革命思想，比如我们在各个会场所见的宣传员用简单的艺术语言所勾勒出的作为伟大信仰象征的马克思像。在古田会议上所形成的决议案就明确提出：“军政治部宣传科的艺术股，应

① 尚辉：《重识主题性绘画的叙事特征与审美价值》，《美术》2018年第9期。
② 〔法〕爱弥尔·涂尔干：《宗教生活的基本形式》，渠东、汲喆译，上海人民出版社，1999，第495页。
③ 郭于华：《仪式与社会变迁》，社会科学文献出版社，2000，第4页。

该充实起来，出版石印的或油印的画报，为了充实军艺股，应该把全军绘画人才集中工作。”①20世纪30年代，中国共产党积极引导美术社团建设，组织了“中国左翼美术家联盟”和“铁马版画研究社”等革命美术社团，掀起“新兴版画运动”，以木刻的形式介入社会现实，揭露黑暗统治，宣传革命思想。随后，在1942年的延安文艺座谈会上，毛泽东就开宗明义地指出：“要使文艺很好地成为整个革命机器的一个组成部分”，发挥文艺“作为团结人民、教育人民、打击敌人、消灭敌人的有力的武器”之作用。从此，延安美术家以木刻版画的形式探索艺术为人民大众、为民族解放战争服务的新方向。比如苏光的木刻版画《马克思像》《恩格斯像》《毛泽东像》等作品，构成了革命美术的一部分。

1949年11月，毛泽东批示同意由文化部部长沈雁冰署名发表文化部《关于开展新年画工作的指示》，指出画家要“深入生活，深入群众，对新事物要深刻观察，要在群众能看懂的前提下，按其本身不同的艺术运用，不同的手法与形式，创作出反映现实生活的新作品”。于是在侯一民、邓澍回应这次指示的年画《庆祝中国共产党成立三十周年》中，马克思依然以无产阶级伟大思想的隐喻出现在了画面中。20世纪80年代，关于马克思的创作迎来了一次高潮。为了促进革命历史画创作，1983年2月底，文化部、中国美协联合发出《关于创作革命历史题材美术作品的通知》。同年6月25日至27日，中国美协、中国革命博物馆以及中国历史博物馆联合召开了关于革命历史画创作问题座谈会。17位与会学者回顾和总结了新中国成立30年来革命历史画创作的经验和教训。而1983年所组织的这次纪念马克思逝世100周年的大型主题性创作无疑是对这次讨论的回应。正如参与了这次创作工作的李天祥、赵友萍所认为的“革命历史画是历史，同时也是艺术。它不满足于单纯历史的描述，重要的是从历史画中体现出高尚的革命精神，这是历史画的灵魂”②。他们共同完成的油画《法庭上的胜利》记录了作为《新莱茵报》主编的马克思与编辑恩格斯在科伦的法庭上取得胜利的瞬间。31岁的马克思和29岁的恩格斯站在法庭上望着下方鼓掌的群众，面带着革命胜利的喜悦。在此艺术家有意突出了二人在画面中的位置，表现出两人不畏强权，敢于反抗的顽强精神。

在当时有关历史题材美术创作方面上存在着两种倾向：其一是高举“忠实于历史真实”的现实主义旗帜，揭露“伤痕”，批判现实的创作，比如何孔德就提出“历史画的灵魂是真实”③，在谈到《古田会议》的创作时，他称自己坚决不同意将还是支队长的林彪画在台上，认为这是不符合历史真实的，“历史题材的美术作品作为一种历史的图像，当然是对缺失的历史纪实影像的弥补，但更重要的是对符合历史逻辑与想象的历

① 中央档案馆编《中共中央文件选集》第5册，中共中央党校出版社，1990，第834页。
② 李天祥、赵友萍：《革命历史画是新时代的产物》，《美术》1983年第7期。
③ 王小箭：《总结经验，继往开来——革命历史画创作问题座谈会发言摘要》，《美术》1983年第7期。

史史实的一种艺术创造"[①]；其二则是突破"写实绘画"表现方法的局限性，尝试和探索包括现代主义在内的各种艺术表达，[②]比如杨刚的工笔画《同维利希—沙佩尔集团作斗争》就打破了对人物写实性的刻画，转而用平面化的艺术语言表现出马克思面对维利希—沙佩尔集团时表现出的大无畏精神。

"21世纪以来，随着一系列国家重大主题性美术创作工程的相继立项实施，主题性美术创作从20世纪90年代被冷落和边缘化中再次被唤醒，成为中国美术发展史上令人瞩目的事件和具有独立美学价值的视觉史诗书写"[③]。近年来，随着中华文明历史题材、纪念长征胜利80周年等大型美术创作的开展，主题性美术创作蔚然成风。对有关主题性美术创作的学理特征、艺术规律以及审美价值等问题的讨论已形成争鸣之势。这既是对这一时期主题性美术创作规律的总结，也在实践层面上对主题性创作进行了有益的引导。在主题性美术创作的语境下重新审视有关马克思的美术创作，我们不难发现在对其形象的建构上，艺术家们进行了多维度的呈现。创作者们不拘于将马克思单一地塑造成伟大的革命领袖，而是以平民史观为切入点，着力为我们树立起了一个更加贴近生活、贴近现实的伟人形象。比如，高莽的《童年》和于文江的《马克思童年时代的特里尔城》都回归到了马克思平凡的童年生活；金瑞的《中学时代》以及许钦松的《写作博士论文》都聚焦了作为学生的马克思；甘正伦、王庆明的《阅读莎士比亚作品》、李以泰的《一家人》以及林墉的《星期日郊游》都定格了马克思与家人在一起的温馨时刻；高虹的《同曼彻斯特纺织女工交谈》、高莽的《走访工人理论家》则侧重刻画马克思进行社会调研的严谨态度；韩国臻的《马克思与肖莱马》、潘世勋的《与诗人聚会》以及李天祥、赵友萍《探望老战友》塑造了与朋友们在一起的马克思。在这些作品中，马克思有着多重的身份，他是孩子、学生、父亲、丈夫，也是朋友。"他不仅是顶天立地的伟人，也是有血有肉的常人。"[④]这些作品强调从个体视角看待历史，从普通的人际关系中显现出历史情境，进而刻画出一个更加多维的马克思形象。而且，这些作品的重要价值不仅在于强调了马克思及其革命奋斗历程作为重大选题所具有的深刻意义，也在于这些作品在传达手法和立意表达上所呈现出的对主题性创作经验所提供的示范作用。

对于历史人物的塑造，一直都是中西方艺术中关于现实主义创作方法的实践，以塑造鲜明生动的人物形象为核心的典型亦是西方文论中的重要概念。恩格斯就提出了要真实地再现"典型环境中的典型人物"。艺术家们为了准确、真实地刻画出马克思

① 尚辉：《人民的艺术——中国革命美术史》，河北美术出版社，2019，第343~344页。
② 高虹、何孔德：《要用历史唯物主义的态度对待革命历史画的创作》，《美术》1979年第1期。
③ 孙小光、孔新苗：《一个需要自主探索理论的时代——21世纪开启的主题性美术创作研究综述》，《美术》2020年第4期。
④ 习近平：《在纪念马克思诞辰200周年大会上的讲话》，新华网，2018年5月4日。

性格的丰富性和复杂性，表现人物深邃的灵魂与内心世界就需要从生活真实与艺术真实出发，查阅大量文字和图片资料，将马克思所经历的真实生活加以艺术的加工和艺术的处理，从而创作出一个个具有典型特征的马克思形象。孙景波就在《我如何创作〈马克思和家人的莎士比亚之夜〉》一文中谈道："在画历史题材的绘画时，画家首先不是我个人能够以什么样的技巧来显示我的技巧，为所欲为地凭空编造，而是以诚实的态度去考证画面里的任何一个细节，考虑能以什么样的形式和表现手法，最贴切地揭示当时的真实情景。"① 尤其是在 2018 年举办的马克思 200 周年诞辰主题纪念展上，参与艺术家们"在主题性美术创作有关历史事件的宏大叙事与人物形象真实性塑造方面有了较大突破。这种突破体现在通过对历史真实情景的还原而对人物形象的真实性塑造上，情节营造与精神刻画成为当代对马克思及马克思主义这个我们信仰力量的形象诠释"②。

在对马克思的形象进行诠释时，艺术家们不拘于单一的艺术传达手段，而是尝试多种物质媒介与表现语言，以中国画、油画、版画、素描、水彩、雕塑等门类为载体，力图在对人物形象进行准确塑造的基础上，提高作品的艺术表现力。尤其是伴随着中西艺术交流程度的不断加深，两种异质的艺术在绘画观念、绘画语言等层面不断进行借鉴与融合，比如将写实主义融入中国画，将写意性汇入西画，兼收并蓄，博采众长，推陈出新，极大地丰富了艺术形象的审美层次。值得一提的是，2018 年为纪念马克思 200 周年诞辰，吴为山应邀完成了青铜雕像《马克思》，并由中国政府赠送给德国特里尔市。这座总高 5.5 米的雕塑以西方写实主义与中国传统写意主义相结合的手法表现了阔步前行中的思想家形象。马克思表情凝重，目光如炬，左手持书，右手自然紧按在大衣衣领处，身上的大衣一角迎风展开，左脚朝前迈进，步伐坚定而自信，眉宇间充满对人类社会走向哪里去的思考。这座坐落于马克思故乡的雕像，表达了中国人民对马克思这位世纪伟人的崇高敬意，同时也成为加强中德友好往来，促进两国文化交流的桥梁。

综上可见，围绕马克思展开的主题性艺术创作，是伴随着中国现代美术的发展而同时进行的。对马克思形象的塑造，无论是对其主题性的理解还是表现形式的丰富性，其实都打上了时代的烙印，同时彰显出艺术审美特点的变化，这使得关于马克思的美术创作始终与中国现代美术的发展同频共振。在中国共产党百年华诞之际，回顾马克思形象在中国的建构与传播过程，可以看出，关于马克思的形象创作与中国共产党的百年历程同向同行。随着历史演进、马克思主义在中国革命和建设中指导地位的确立

---

① 孙景波：《我如何创作〈马克思和家人的莎士比亚之夜〉》，《美术》2018 年第 8 期。

② 尚辉：《信仰力量的形象诠释——纪念马克思诞辰 200 周年主题绘画对当代主题性创作的突破》《美术》2018 年第 6 期。

及其真理力量的显现，对马克思形象的塑造也超越了符号性的存在而成为一种真理的表征，并且开始变得更加丰富、生动和饱满，体现出中国人对这位无产阶级革命导师的认知与重塑。

（作者单位　1. 陕西师范大学美术学院　2. 西安美术学院马克思主义学院）

本文原载《美术》2021 年第 7 期

摘要收录

对音乐文化持有者阐释的再阐释

——《音乐民族志方法导论：以中国传统音乐为实例》教学与辅导之五

（音乐）民族志以往主要强调描述性书写，继而强调“描述 + 阐释”。如今“超民族志”，或“溢出（传统）民族志的书写”已经渐成主流。音乐民族志研究者一旦关注到了音乐表演这一较为具体的实践活动场域，其阐释方式、内容和研究视角都发生了前所未有的变化。音乐民族志有三个阐释层面：“阐释什么？”直指阐释的对象和内容，即某种包含音乐文化文本在内，作为文化传统存在的音乐文化活动文本。“怎样阐释？”“谁来阐释？”又分两种阐释途径：其一是通过即时性、在场性的“演文化”行为及音乐表演活动过程，这是一种以艺术形式呈现的、第一层次的阐释性手段和文化表述方式。音乐表演者（同时身为内文化传承人）便是传统音乐文化的第一阐释人。其二是采用语言、文字或其他媒介（如影视音乐民族志）进行的“写文化”“文化”阐释活动。也包括那些局内音乐“非遗”传承人的口述史描述，这是居于第二、三层面的“对别人阐释的再阐释”，也是“对别人音乐美学观的再阐释”。音乐民族志的研究思维与方法论也就此经历了由关注“作品”样态的、静态的外部研究转向考察“生产（编织）过程”的、动态的内部研究的转化过程。

作者：杨民康

单位：中央音乐学院

文献出处：《南京艺术学院学报》（音乐与表演）2021 年第 2 期

真的是“全盘照搬照抄”吗

——中国学者对苏联教育学的阐释与选择

教育、教养和教学是苏联教育学的三个基本概念。20 世纪 50 年代中国教育学者依据马列主义原典，对比苏联教育学文本，确定了三个概念的译词，并阐释其具体内涵。教育分广义与狭义，苏联教育学中广义的教育是学校教育，狭义的教育指人格陶冶，后被替换为思想教育；教养指知识、技能和技巧的传授，因与中国文化传统不合，终被弃用；教学是狭义的教育和教养实现的基本途径。通过对三个概念的阐释，苏联教育学的“学校中心”“教师中心”“知识中心”的特点被呈现出来，它在马克思列宁主义理论和教育学科知识之间架起了一座桥梁，为中国教育学科指明了方向，也为师范教育培育师资做出了贡献。中国教育学者并不只是照搬照抄苏联教育学，这一过程中有思考、选择和接受，基本依据是本国的学术传统与现实语境。

作者：包丹丹

单位：山东师范大学教育学部

文献出处：《教育学报》2021 年第 4 期

20 世纪上半期“气韵生动”概念的跨语际实践

20 世纪上半期，在中西方文化、语言之间围绕着“气韵生动”发生了两次“跨语际实践”。先是翟理斯、宾庸等汉学家立足西方文化语境对该概念的翻译与介绍，将“气韵”与“节奏”对等，并最终形成 rhythmic vitality 这一主流译法。后有中国学者对相关译法的回译与解读，其中包含两种阐释模式：以陈师曾、黄宾虹等为代表的传统派画家有意识地回归、延续“气韵生动”的传统阐释；以滕固、宗白华为代表的现代学者则基于“节奏”与中国传统的宇宙观念、生命意识的高度契合对之进行现代赋义。两次“跨语际实践”以“节奏”为媒介隔空对话，共同参与了“气韵生动”概念的现代语义转换与跨文化传播，同时影响了中国艺术史的现代书写。

作者：李雷

单位：首都师范大学文学院

文献出处：《文艺研究》2021 年第 2 期

从观念出发与从材料出发的汉字阐释

——以“也”及其所构成的文字为例

汉字阐释的学术研究成果是汉字文化普及的基础。汉字阐释是对已识字的形音义、构形理据、历史演变、字际关系、文化内涵等不同层次的全面描写和解释。《说文解字》是汉字阐释的开山之作，直到清末已积累了大量的研究成果，占据汉字研究的主流地位。随着现代学术范式的确立与古文字学等相关学科的兴起，汉字阐释却逐渐远离学术研究，其重要原因之一是汉字阐释从一开始就存在着从材料出发的学术研究与从观念出发的思想表达两种阐释方法的纠缠，直到今天也没有建立起可操作的研究方法与表达范式。梳理“也”及其所构成的“攺”“地”等字的阐释学术史，解释许慎文字学低级错误背后的深层文化背景，有助于确定现有材料下“也”字阐释的路径与可能的深度。汉字文字学的阐释与文化学的阐释并不是对立的，而是不同层次的深入探讨。汉字阐释的基本原则是：从材料出发甄别字料，全面占有、充分理解、准确应用材料；从文字记录的语言事实出发，背离文字记录语言事实的阐释与文字学无关；坚守历史性原则，在客观描写基础上做出合理解释。

作者：李守奎

单位：清华大学人文学院暨出土文献研究与保护中心

文献出处：《吉林大学社会科学学报》2021 第 6 期

融合主题指纹 – 引文的方法逻辑：理论阐释与数据呈现

【目的 / 意义】从文献实体的多特征数据融合的视角构建基于主题指纹 – 引文耦合的数据融合理论模型，并对数据融合过程进行实证分析。【方法 / 过程】对融合主题指纹 – 引文的方法逻辑进行理论阐释和数学机理分析，以乳腺小叶癌为案例呈现文献特征项的数据融合过程，通过主题指纹的类别归属与引文期刊所属 JCR 学科的对比发现二者在揭示知识表征方面的功能特征。【结果 / 结论】融合主题指纹 – 引文的 2– 模知识网络能够发挥主题指纹和引文共同揭示学科主题和知识结构的功能；引文信息表征了研究的学科基础、学科背景等稳定性知识结构信息，主题指纹代表了学科研究前沿、突变主题、新兴趋势等动态性知识主题信息。【创新 / 局限】融合主题指纹 – 引文的理论模型和分析方法是从数据融合层面将内容分析方法与引文分析方法进行结合的有效尝试，未来的研究将聚焦多模知识网络构建、网络结构分析和量化测度研究，进一步提高该理论模型在知识服务领域应用的科学性、普适性。

作者：胡玉宁[1, 3]　韩玺[2]　朱学芳[3]

单位：1. 北京师范大学马克思主义学院

2. 广东财经大学工商管理学院

3. 南京大学信息管理学院

文献出处:《情报科学》2021 年第 11 期

代表理论中的“回应性”问题

——柏克视角的新阐释

与以往学界对柏克政治理论的相关阐释不同，本文指出，在柏克关于代表制问题的论说中，他经常强调人民在理论上的至高地位，他主张“普遍意义上的人民”应对公共事务进行积极审查并由此增益其公共德性，代表需对人民的普遍诉求做出积极回应，以期巩固人民对政府之信心。这种审查—回应机制与柏克的两种代表制论述恰为一体之两面，互相起到支撑和巩固的作用。本文的研究表明，在柏克的两种代表制理论中，他既强调人民对代表的广泛监督权，也认为代表需要积极回应人民的普遍诉求。

作者：李海默

单位：复旦大学国际关系与公共事务学院

文献出处:《国外理论动态》2021 年第 5 期

数字经济驱动体育产业高质量发展的理论阐释与实践路径

数字经济是以创新为核心驱动力的新型经济形态，与体育产业深度融合，可以为体育产业高质量发展注入新的动力。运用文献资料、案例分析、专家访谈等研究方法，阐释数字经济驱动体育产业高质量发展的内涵特征、理论依据和作用机理，以 vSport 体育价值链和中国移动咪咕公司直播 CBA 赛事为例，分析区块链、5G 等数字技术的应用场景。针对我国存在数字政策供给体系薄弱、数字信息资源利用效率不高、体育产业数字化发展水平受限、体育科技创新人才紧缺等现实困境，提出实施体育产业创新驱动战略、以体育产业供给侧改革为主线、推动体育产业数字化发展、培养体育领域的数字经济人才，加快体育企业数字化转型等实践路径。

作者：沈克印[1, 2]　曾玉兰[2]　董芹芹[1, 2]　牟粼琳[1, 2]　吕万刚[3]

单位：1. 武汉体育学院体育社会科学研究中心

2. 武汉体育学院经济与管理学院

3. 武汉体育学院校办

文献出处：《武汉体育学院学报》2021 年第 10 期

中国数字化转型的理论阐释与运行机制

“数字化转型”是具有高度中国实践特色的概念，它指国家运作系统中的政治、经济、文化、社会、生态文明建设的全域数字化。基于现有文献甄别研判和国内外数字化转型动态，从高效性、增值性、全局性和开放性四个维度探析数 字化转型引领国家治理现代化的作用机理。从总体框架来看，数字经济、数字政府、数字社会、数字生态各有独立范畴，构成了中国数字化转型的“一体四翼”。数据是数字化转型的动力源，精准定位数据赋能场域，及时洞察并消解长期桎梏数据要素活力的沉疴，方可为国家治理现代化提供活水源泉。展望未来，还需从宏观层面及早谋划数字化转型的制度体系框架和建构微观层面的数字生态系统。这样的建构逻辑为后续绘就“十四五”规划蓝图和全面建设社会主义现代化国家奠定可以因循的理论借鉴和框架基础。

作者：翟云[1]　蒋敏娟[2]　王伟玲[3]

单位：1. 中央党校（国家行政学院）电子政务研究中心

2. 中国社会科学院大学政府管理学院

3. 工业和信息化部中国电子信息产业发展研究院

文献出处：《电子政务》2021 年第 6 期

运用中华文化提高国际话语权

中华文化不仅可以为提高国际话语权提供丰富的话语资源，而且可以坚定文化自信，激发勇气和智慧，并从文化上解构西方中心主义，推动构建话语和思想多元化的时代。通过比较中华文化与西方文化的差异表达中国特色，把“姓社姓资”的生硬意识形态对立还原或者转化为中西方文化差异的文化问题；建构并阐释富有中华文化底蕴的中国话语；讲好中华文化的故事，尤其是中华民族对外友好交往的故事和自强不息的故事。

作者：陈方刘
单位：中共上海市委党校马克思主义学院
文献出处：《人民论坛》2021 第 29 期

戏曲图像与地方生活：鲁西南地区戏曲年画的文化阐释

在山东西南部一带，曾经有大量民间自发性的年画作坊存在，清末民国时期，该地年画制作进入高峰，尤以戏曲题材为重。这些戏曲图像具有典型的地域性、功能性、叙事性特征，刻制精巧、构图多样，对色彩与造型的把控也颇具特色。本文通过为期三年的田野考察，深入挖掘了该地各类别及功能的戏曲年画图像，并在对图像风格进行立体阐释的基础上，力图还原其在地方生活中的重要作用与文化意义。

作者：张宗建
单位：江苏师范大学美术学院
文献出处：《艺术设计研究》2021 年第 5 期

现代汉语语法的语体研究之发展

伴随对书面语、语体等基本概念和语体与语法关系的不同认识，现代汉语语法的语体研究进程可分为三个阶段：第一阶段是对语体中语法的描写研究，包括对新语文的观察和探索、欧化书面语语法研究、语法的语体分布研究。第二阶段是对语体区分的倡导、探索及语法运用的阐释研究，包括对区分语体研究语法的倡导、功能语法下语体 / 文体对语法选用的解释研究。后者在国内形成一个基于语体 / 文体以交际功能或交际特征阐释语法运用的研究领域。第三阶段则构建了语体语法理论，包括汉语书面语独立语法的研究、语体语法的理论构建和语体语法具体研究。该阶段在研究对象、研究思路、理论观点上具有革新性和开创性。

作者：王永娜
单位：烟台大学国际教育交流学院
文献出处：《烟台大学学报》（哲学社会科学版）2021 年第 6 期

核心素养视域下的 K-VPI 教师课程领导力：模型建构与内涵阐释

教师课程领导力是贯彻基础教育课程改革的迫切诉求，深入把握教师课程领导力的意涵要旨与构成要素是深化课程改革与落实核心素养的基本前提。本研究在核心素养视域下建构了 K-VPI 教师课程领导力理论模型，诠释了核心素养与教师课程领导力的互构互促关系。内部互构层面，核心素养为教师课程领导力提供目标指引，教师课程领导认知力、实践力与认同力三大向度充分体现了核心素养的育人要求。外部互促层面，在课堂、专业共同体、学校与校外四种领导情境中，教师既能对课程领导力要素进行动态重组，并借由生本化课程实践、同事间专业合作、学校课程制度与文化建设、校外经验推广等实践载体，使领导活动最大限度地契合各情境中核心素养的培育诉求，也能够借此过程蓄积自身发展势能。

作者：许锋华　陈俊源

单位：华中师范大学教育学院

文献出处：《南京社会科学》2021 年第 11 期

开拓“四库学”研究的新领域

——“四库总目学”史的构建与阐释

《四库全书总目提要》自清乾隆年间修成后，就被许多学者视为治学的津梁之作。许多学者对《四库全书总目提要》做了大量的研究。陈晓华教授对这些成果进行了系统梳理，撰写了《“四库总目学”史研究》一书。该书的特点是横向论述，专题剖析；竭泽而渔，收罗详尽；详人所略，略人所详；阐微发覆，决不盲从；中外对比，东西互证。当然白璧微瑕，在所难免，但这无损作者的宏论。“四库学”是中华优秀传统文化的集中体现，《四库全书总目提要》作为《四库全书》的核心部件，自然应该受到应有的重视。陈晓华教授这部著作自然应该是“四库总目学”的筚路蓝缕之作。

作者：王龙

单位：四川省图书馆　成都体育学院

文献出处：《四川戏剧》2021 年第 9 期

中华民族共同体意识融入高校思政课教学的逻辑阐释

中华民族共同体意识是国家统一之基、民族团结之本、精神力量之魂，高校对大学生进行铸牢中华民族共同体意识教育教学是其神圣责任和基本要求。思政课作为高校落实“立德树人”根本任务的关键课程，必须把中华民族共同体意识融入思政课教学之中。思政课教学要担当起铸牢中华民族共同体意识教育的责任，要认识到高校思政课是中华民族共同体意识教育的重要渠道重要阵地，要充分发挥思政课在中华民族共同体意识教育中的优势，让思政课成为铸牢中华民族共同体意识教育的新平台，实现思政课教学与铸牢中华民族共同体意识教育教学二者相互融合和一体化发展。

作者：韩宁[1]　阎占定[2]

单位：1. 中国地质大学马克思主义学院

2. 中南民族大学马克思主义学院

文献出处：《中南民族大学学报》（人文社会科学版）2021 年第 11 期

从记忆到历史：图片编辑的视觉媒介学阐释

大型照片图录《佚名照》辑录了 20 世纪 50~80 年代民间摄影实践所产生并散失的图片，其编辑出版是一种社会图景的压缩文本，充分呈现了技术性的媒介工具在中国本土的社会普及和文化展示的活力和潜力。这部作品成为考证新中国史框架下的大众性和时代性的互动结构的媒介标本。从德布雷的普通媒介学原理出发，把相纸转化为纸质图录意味着三种分析路径：物质符号是产生抽象价值的基础，物质符号的流行性是社会心理的指标，被物质化的媒介记忆是社会建构中大众性和时代性的互动结构的媒介标本。

作者：刘宏

单位：中国传媒大学广告学院

文献出处：《现代出版》2021 年第 5 期

逻辑与进路：新时代民族事务治理能力现代化研究

——一个理性行为的阐释框架

从理性行为理论视角来看，民族事务治理能力现代化乃新时代民族事务治理的理性选择。价值理性是民族事务治理能力现代化之“体”，以确保其建设方向的正确性；工具理性为民族事务治理能力现代化之“用”，以有效提升其效率性；“体用合一”则是民族事务治理能力现代化建设之“理”。由此，“体—用—理”相统一成为民族事务治理能力现代化逻辑的运行方向与进路，以指导与保障民族事务治理能力现代化建设的有效开展。然而，在价值理性与工具理性的互嵌中，若遵循各自的逻辑运行开来，民族事务治理能力现代化必受影响。因此只有“明体达用”深化价值理性内涵，才能确保民族事务治理能力现代化方向的正确性；只有“琢玉成器”优化工具理性结构，才能确保民族事务治理能力现代化的效率性；只有“体用合一”形成治理合力，才能推进民族事务治理能力现代化进程等逻辑优化进路。

作者：米恩广

单位：云南民族大学政治与公共管理学院

文献出处：《西北民族大学学报》（哲学社会科学版）2021 年第 5 期

占断、识象与阐释：先秦占梦书写的三重维度

先秦占梦书写兼备占断、识象与阐释的多重维度，从中化生出多种书写形态。殷商占梦活动具有偶然性和自发性，往往起于商王对梦的畏惧，由商王及贞人进行甲骨占卜，得出吉凶二元的占断结论。西周时期，梦象被符号化，“占断”逐渐被“识象”取代。春秋以后，大量职业占梦者服务于上层贵族，通过辨识梦象进行占梦并提出对策，此外还负责编纂和保藏“占梦书”这类职业文献。与此同时，一些贵族卿士也利用其历史知识及道德思辩介入占梦活动。这一群体的政治身份与话语优势，使其在史传占梦叙事中成为更受关注的主体，并为占梦书写提供了更多阐释空间。

作者：林甸甸

单位：中国社会科学院文学研究所

文献出处：《文学评论》2021 年第 5 期

藏传佛教般若中观中国化的诠释学解读

佛教中国化问题由来已久，并且至今仍在研讨，但由于缺乏学理准则，还存在众多疑问需要厘清。如果按旧有的语义和路数探究下去，尽管还有很多新的史料可能披露，但因方法论上的瓶颈所限，很难在理念上有新的突破。这说明佛教中国化的研判面临着学理衡定和范式转换的挑战。本文以大量尚未汉译的藏传佛教般若中观论的系列藏文史料链为依据，以藏传佛教般若中观发展的历史脉络为线索，辅以汉地佛教在地化的时空间距为参照，以西方诠释学与中国传统诠释话语双轮驱动的视角聚焦佛教在中国西藏与汉地自我诠释与意义增长的本体论事实。本文提出佛教中国化过程经历了以印度佛教的文本原义与作者原意为主的方法论诠释，即我注六经；以中国汉地和西藏的读者及文本为主的本体论诠释，即六经注我，从而形成了印度佛教与中国佛教主体间性的双本体论结构体系，二者既一又异，通而不同，由此走了中国佛教三大语系各自的本土化历程。藏传佛教般若中观论域中六大特色命题的产出及各教派人士见仁见智的解读便是典型案例之一。本文的结论是，既要肯定和注重印度佛教文本义理事情本身的共相诠释学解读，又要肯定和强化中国佛教诠释者基于自身生活世界而对印度佛教文本义理内容创造性建构的本位性、合法性、合理性的殊相诠释学的认同。本文在此双重诠释基础上提出“共殊本体诠释学”概念，意在从学理、历史、现实三位一体的向度，推动中国三大语系佛教各自照着讲、接着讲、我在讲的历史进程。这正是我们力求达到的学术境界。

作者：班班多杰

单位：中央民族大学哲学与宗教学院

文献出处：《中央民族大学学报》（哲学社会科学版）2021 年第 5 期

论解释学对教育研究的方法论意义

解释学主要是指关于文本的意义理解与解释的理论和学问，它的方法论意蕴主要包括视域融合促成新意义的生成、超越文本促成新思想的发明、主体间性的关系是视域融合的必要前提、解释学循环是个体认识发展的重要机制、文本意义的增益需求理解和解释、彼此共识的达成依赖于对话与互动、一切的理解建基于个人的历史经验。解释学方法论对教育研究的启示在于：教育研究应将对象“文本化”，促进文本意义的生成，形成一种新型关系，深入挖掘教育存在的本质意义，使用解释和理解的方法，将其作为一种对话，了解并解释教育事实背后的意求。

作者：贾静

单位：山西大学音乐学院

文献出处:《教育理论与实践》2021 年第 25 期

国家治理经典阐释的两个前提性问题

当代中国语境下，围绕马克思主义国家学说一般原理，深刻把握“国家治理”这一重大命题的本质内涵，必须处理好两个前提性问题：一是以揭示国家的实质为前提讨论国家治理，即以建立在国家利益之上的政治上层建筑为核心，把国家治理解释为与特定的统治阶级或其利益相关的国家社会公共事务管理；二是考察经典作家在对资本主义的批判中阐发未来社会的一般原则，由此而揭明坚持无产阶级专政在国家治理阐释中的理论优先地位。这两大基本问题，回答了国家治理经典阐释本身何以可能以及如何展开，成为推动建构中国特色哲学社会科学话语体系的重要桥梁。

作者：龚锦涛

单位：武汉大学马克思主义学院

文献出处:《理论月刊》2021 年第 9 期

面相、阐释与实践：近代“迷信”话语的三次建构（1900~1937）

1900~1937 年是中国近代史上政权更迭和思想激荡的特殊时代。这一时期，由日本传入的“迷信”一词，在内外因素的作用下，历经三次社会建构，而个体、群体和政党依次充任三个时期的建构主体。从“迷信”话语建构的阶段性特征来看，清末新政时期是“迷信面相”的呈现阶段；五四时期是“迷信”话语的阐释阶段；南京国民政府初期是“反迷信”的实践阶段。从“迷信”话语折射出的思想冲突来看，“中体西用”和“崇尚西化”构成知识分子认知冲突的内在逻辑，而国家权力不仅可以限定“迷信”的指涉对象，而且在舆论宣传中扮演重要角色。从“迷信”话语建构的历史趋势来看，其内在逻辑不以权力干预而转移方向，而是在中西文化冲突与调适的社会语境下，沿着既往思想路径循序渐进和逐步升华，最终内化为人们思维意识和语言表达的一部分。

作者：黄昆
单位：安徽大学历史学院
文献出处：《天府新论》2021 第 5 期

对新兴（型）权利现象的一种阐释学反思

新兴（型）权利研究不能停留于既有权利概念与理论的应用，而应该进入对既有权利概念与理论的反思与提升层面。无论新兴还是新型权利，最终必然落入对权利本身之研究。一种实践的权利概念能为反思既有权利概念与理论提供切入点。在阐释视角下，权利与善在概念上相互依赖，而非传统所理解的相互排斥，权利规导政府供给善所诉诸的理由类型，引导并最终指向对生活意义和政治道德问题本身的实质讨论；权利所相关的义务不仅在于维护个人自治，而重要的在于在友爱的关系中维系一种良善的社会交往；权利虽然允诺了内在个人自由，但不能忽视这种内在自由对外在平等关系的依赖以及权利所内含的分配效能。以自由为基底，迈向一种更为平等的权利形象是可能的。

作者：张洪新
单位：周口师范学院中原三农研究中心
文献出处：《学术交流》2021 年第 8 期

论美国后“9・11”小说的国家认同阐释

美国后“9・11”小说具有鲜明的现实主义倾向，尤其表现为对“国家认同”这一公共领域中核心议题的批判性介入。作家们就国民身份强化、国族记忆建构以及国家身份选择等议题进行探讨，他们不仅捕捉超越种族、阶级、文化差异的共同体情感，表征不同族裔对于美国国民身份的认可，还倡导基于国族身份探寻理想自我。后“9・11”小说关于国家认同的多重阐释，对于多民族国家内部个人身份建构、族裔群体团结、国家意志强化具有启示意义。

作者：朴玉
单位：吉林大学公共外语教育学院
文献出处：《湖南科技大学学报》（社会科学版）2021 年第 4 期

教学社会性的本土阐释及其当代意义

——基于先秦儒家教学思想的考察

要解决如何将外在于学生的文化知识转化为学生内在社会素养这一教学根本问题,前提需要明晰教学活动的社会属性。《论语》和《孟子》中特殊的教学对话式体例,不仅内隐着蕴含先秦儒家哲思的教学内容，也外显着孔孟与其弟子之间生动多样的教学交往。通过“还原”先秦儒家的教学内容和教学交往，在其与当代教学理论可能的“对话”中发现：以“社会实践”为目标和以“社会秩序”为取向的教学内容奠定了先秦儒家教学的社会性基底；基于“经验”的认知观和基于“价值”的行动观的教学交往赋予了先秦儒家教学的社会性内涵。先秦儒家的教学社会性释义不仅为理解教学根本问题提供了观点参照，也在方法论层面为本土化教学理论的建构路径提供了必要反思。

作者：吴彦彤

单位：北京师范大学教育学部

文献出处:《贵州师范大学学报》（社会科学版）2021年第4期

马克思恩格斯民族国家思想意涵与当代启示

——基于马克思恩格斯经典文献的梳理与阐释

民族国家是备受关注的理论与现实议题，马克思恩格斯并未缺席对它的关注，其民族国家思想具有丰富意涵。在他们看来，民族国家是民族过程与国家形态的结合，是国家形态的一种标识性提法。马克思恩格斯肯定了民族国家的历史进步性，主张超越资本主义民族国家，支持被压迫民族建立民族国家的诉求，并充分意识到民族国家的存续性和民族构成的复杂性。马克思恩格斯民族国家思想对于全面正确认识诸多民族国家理论与现实问题具有当代启示意义，有助于深刻理解多民族基本国情和铸牢中华民族共同体意识的辩证统一。

作者：张三南

单位：天津师范大学政治与行政学院

文献出处:《学术界》2021年第7期

牵一发动全身

——《春花秋月何时了？》新乐态阐释

文章以极富典型性的《春花秋月何时了？》为解剖现代音乐对象，兼及历史进程中与之关联的节点，相应代表人物宣传，鼓动“现代音乐”时出具的谱例、名词、言论，在此感召下新式音乐作品及“在场”论者的分析；而现代音乐面世，即被批判，是其历史“运命”；笔者反倒认为其不推不行、不批不进！在历史演进中，德国、苏联当代音乐创作及论说“功莫大焉”，但与苏联意识形态批判现代主义音乐“契合”，却对发展中的现代音乐呈灭顶之灾。当其再以“新潮”续写“前缘”，批判者依然秉持“日丹诺夫”腔调，虽新时期有“除伊里奇外衣，去日丹诺夫幽灵”话语“闪现”，却出尔反尔，终使其当断未断。

作者：李岩

单位：中国艺术研究院音乐研究所

文献出处：《中国音乐学》2021 年第 3 期

阐释守诺义务的三种理论——基于反自然主义视角的评析

人们普遍承认我们负有守诺的义务，却很少有人能清楚地说明我们为什么负有守诺的义务。不了解守诺义务的道德基础，人们在推导守诺义务的过程中就会出现自然主义谬误：从“做出了承诺”这一事实判断直接得出“有义务遵守承诺”的价值判断。对守诺义务的道德基础的规范阐释可以消除自然主义谬误。当前对守诺义务的道德基础主要存在三种阐释：习俗论、期望论和自愿论。由于习俗论与期望论只能阐释部分守诺义务的道德基础，它们并不能完全消除守诺义务推导过程中的自然主义谬误。就目前来看，只有自愿论能以反自然主义的方式清楚地说明守诺义务的道德基础，因而利用自愿论能够有效地消除自然主义谬误。从消除自然主义谬误的角度来看，自愿论对守诺义务的阐释是正确的阐释。

作者：戴廷明

单位：黑龙江大学政府管理学院

文献出处：《伦理学研究》2021 年第 4 期

非传统逻辑关系下的印象主义：德彪西单簧管《第一狂想曲》阐释

德彪西的单簧管作品《第一狂想曲》被誉为单簧管艺术发展史上的里程碑式作品。以非传统逻辑关系为触点，纵观德彪西单簧管《第一狂想曲》，透过对作品的解构，可以发现这部作品融汇了德彪西所有的创作风格，乐曲旋律简练，结构自由松散，色彩丰富多样、富有幻想，具有印象派音乐典型的美学风格。

作者：庞亮

单位：沈阳音乐学院管弦系

文献出处:《四川戏剧》2021 年第 6 期

“黑色”作为方法：香港犯罪电影的分类和阐释路径

黑色电影除了被视为类型和风格，毋宁说是一种“家族相似”或语词用法。以之为方法，香港犯罪电影中被认为是“黑色”的影片，可划分为三个阶段并各有侧重的问题意识：战后黑色电影模仿好莱坞，既是先驱，也是经典阶段，黑色指向对特定时期的社会批判；英雄片虽具有暴力犯罪的元素，但“义”的价值观仍然是道德清晰的保守主义；银河映像的宿命主题真正触及了“黑色性”内涵，经过动作景观的发展，最终转化为权力批判和政治隐喻，体现出一定的现实主义倾向。

作者：张春晓

单位：苏州大学文艺学教研室

文献出处:《电影艺术》2021 年第 4 期

铸牢中华民族共同体意识的诠释学理路

——来自汉斯 – 乔治・伽达默尔的分析视角

铸牢中华民族共同体意识已成为习近平新时代中国特色社会主义思想的重要构成。以伽达默尔诠释学为研究工具分析中华民族共同体意识，主要涵括历史文本、文化教育、团结实践三个维面的价值理据。一是历史文本的维面，旨在神话中理解中华民族共同体意识。图腾、创世、始祖神话皆为形塑中华民族共同体意识的重要元素。二是文化教育的维面，意在中华民族多元一体的文化格局中，通过推广通用语言和文字凝聚中华民族共同体意识。三是团结实践的维面，马克思的实践认识论是铸牢中华民族共同体意识的思想指南，社会主义核心价值观是铸牢中华民族共同体意识的道德取向，守护民族团结是铸牢中华民族共同体意识的实践进路。

作者：田建荣[1]　司建[2]
单位：1. 陕西师范大学教育学部
2. 陕西师范大学
文献出处:《青海社会科学》2021 年第 3 期

解构与重构：农村体育盛会变迁的人类学阐释

运用文献资料和田野调查等研究方法以及人类学相关理论，以安徽省知村为主要案例，研究农村体育盛会的变迁。基于民族志文本书写，近 30 年农村体育盛会经历早期平等化阶段、中期阶层化阶段和后期功利化阶段，对各阶段的结构进行解构：早期表现为娱乐与团结的全员体育盛会，中期呈现为彰显与分化的精英体育盛会，后期体现为引进与固化的内守体育盛会。建议通过强化符号、完善结构、重拾功能、优化效益等策略，从而重构农村体育盛会的结构，塑造和谐共生的乡土文化。

作者：孙贵龙[1]　胡媚[2]　陈佳贺[1]
单位：1. 中南民族大学体育学院
2. 中南大学体育教研部
文献出处:《体育文化导刊》2021 年第 6 期

启蒙、超越与共在：女主播对话的“第二性”哲学阐释

西蒙娜·德·波伏瓦的《第二性》并不囿于狭义的女性问题，虽基于存在主义但做出部分修正，对于精神分析学说、马克思主义等亦有独到的认识和新见。“第二性”在后现代和后结构主义的发展中逐渐演化出多元和流动的特质，作为一个文化符号，承载着不同群体对社会正义的追求。基于贸易争端中刘欣与翠西·里根的话语往返，阐释从“约辩”到“对话”的“第二性”超越。超越“第二性”、差异中的平等和互为

主体的共在，对于我国对外传播和更广阔意义的人类命运共同体传播或有别样启示。

作者：於春
单位：华东师范大学传播学院
文献出处:《现代传播（中国传媒大学学报）》2021 年第 6 期

习近平新时代伟大社会革命重要论述的历史唯物主义阐释

按其本质而言，马克思主义是无产阶级社会革命的理论和实践的总体系。无产阶级社会革命是实现无产阶级和全人类解放的根本途径，是最为深刻的社会革命。新时代伟大社会革命以推动建成更加完善的中国特色社会主义制度、实现国家治理体系和治理能力现代化为总目标，将满足人民日益增长的美好生活需要的价值追求进一步落实在经济社会发展的各个环节；以社会主义文化的繁荣发展为目标，将马克思主义文化建设放在全局工作的突出位置，更强调社会革命的整体性；以人类命运共同体为价值理念，在世界历史视野上拓展了无产阶级社会革命的实现机制，将世界历史推向共产主义的深层次，在现实上印证并拓宽了马克思恩格斯社会革命思想的内在理路。与此同时，以党的自我革命推进伟大社会革命作为新时代伟大社会革命的有机组成部分，以中国共产党的“意识自觉”“方法论自觉”“争取从胜利走向胜利的精神状态”为基本特征，科学地回答了无产阶级社会革命的主客体关系问题，揭示了百年世界大党如何实现长期执政的奥秘所在。

作者：刘雅琪　钟明华
单位：中山大学马克思主义学院
文献出处:《河南师范大学学报》（哲学社会科学版）2021 年第 3 期

做好《古兰经》阐释工作　推进伊斯兰教中国化

宗教教义教规的阐释是重要的基础性工作，是宗教自身健康发展的内在要求。《古兰经》的阐释工作是坚持伊斯兰教中国化方向的重要内容，是推进伊斯兰教中国化的重要路径。一在继承和弘扬优良传统的基础上，结合社会发展和时代进步要求，对伊斯兰教教义教规做出新的阐释，是宗教中国化的重要内容。对《古兰经》阐释，要坚持从实际出发，既要态度坚决、积极作为，又要绵绵用力，久久为功。

推进伊斯兰教中国化，做好《古兰经》阐释工作：第一，要进一步挖掘《古兰经》"爱国守法"的价值理念；第二，要进一步挖掘《古兰经》"崇尚和平"的价值理念；第三，要进一步挖掘《古兰经》"倡导团结"的价值理念；第四，要进一步挖掘《古兰经》"坚守中道"的价值理念；第五，要进一步挖掘《古兰经》"讲求宽容"的价值理念；第六，要进一步挖掘《古兰经》"奉劝善行"的价值理念。

作者：张五军[1]　叶其军[2]

单位：1. 新疆伊犁州党委统战部

2. 伊犁州党委统战部民族经济发展处

文献出处：《中国宗教》2021 年第 5 期

非遗美学视域下中国节庆"事象之美"的阐释与重构

从非遗美学视角看，在农业文明的大背景中，中华民族的节庆体系历经漫长的过程，逐步形成了"事象之美"，并渗透于各类节庆之中。但是随着中国现代化和城市化进程的深入，中国节庆传统逐渐蜕变，节庆文化面临解构与重构的问题，其中很重要的一点就是：传统节庆文化的"事象之美"，有的依然存在并具有一定的生命力，有的面临固化成遗产的命运，有的则在当代文化土壤中演化成新的"小传统"。当下，我国的节庆"事象之美"重构路径包括：一是对于依然适应当代文明的传统节庆"事象之美"，应当科学保护和传承；二是对于已经异化或者蜕变的节庆"事象之美"，要分析并适度改造；三是对于全新的节庆"事象之美"，要理性看待并积极引导，使之成为当代中国节庆文化创新的一部分，并参与建构中国新时期的节庆文化符号体系，最终形成节庆文化的情感认同。

作者：朱逸宁

单位：南京信息工程大学

文献出处：《江苏社会科学》2021 年第 3 期

正名与重构：中国人情感的文化生态偏好诠释

——评《中国人的情感：文化心理学阐释》

本土心理学的发展路径基于这样一种创造或重构：将我们不与任何现有理论知识

相符的内隐观念拿出来品味，并用更加适合的概念或术语描述它们。《中国人的情感：文化心理学阐释》正是一本品味纯正，致力精描本土经验的文化心理学著作；理论架构清晰并游历于文化的深层，对文化心理学领域的学者启发颇深；其对称性与非对称性文化理想中认知类型和认知风格的理论框架加深了我们对中西文化的理解。

作者：杨帆
单位：武汉大学哲学学院心理学系
文献出处：《心理研究》2021 年第 6 期

双循环新发展格局的理论阐释与实践价值

文章基于国内外经济发展的现实，按照马克思主义政治经济学的分析范式，运用马克思主义政治经济学的社会再生产理论和社会资本循环理论，从理论、历史、实践等角度，对双循环新发展格局的科学内涵、生成逻辑、实践价值进行了深入研究，回答了“什么是新发展格局、新发展格局从何而来、新发展格局价值何在”等热点问题。研究认为，双循环新发展格局是一个具有丰富科学内涵的战略决策，与新发展理念、供给侧结构性改革、现代经济体系、安全发展等理论全方位对接，是中国特色社会主义政治经济学发展的新成果。双循环新发展格局适应了新时代中国发展的新要求，反映了新时代中国发展的目标和规律，为未来中国经济发展开辟新道路，为世界经济的复苏注入了新动力。

作者：王新城[1]　霍忻[2]
单位：1. 中共唐山市委党校（唐山行政学院）
　　　2. 中国航空综合技术研究所
文献出处：《技术经济与管理研究》2021 年第 11 期

从信息公开到数据开放的历史演变与逻辑阐释

——基于权力转移理论的视角

信息是数据时代公共权力的特定载体，在一定驱动力作用下，信息日益从封闭独享转向开放共享，这种转移内在包含某种公共权力的转移逻辑。构建“政府－社会”二元信息权力转移模型，分析我国从信息公开到数据开放的演变历程及权力转移逻辑。在信息公开到数据开放的历史演变中存在三次权力转移，即从政府主导信息公开到信息权力逐步向社会转移再到数据权利的开放共享，集中体现出政府信息权力的收缩及公众信息权力的扩张。宏观驱动力和微观驱动力发挥决定性作用。未来应加快推动政府的数字化转型，实现数据资源有序共享；稳步提升全民数字技能及数字素养，激发社会创新红利；全面推进信息权力形态从“信息权力”到“数据权利”的演变。

作者：陈德权　朱鑫　周倩

单位：东北大学文法学院

文献出处：《中共天津市委党校学报》2021 年第 6 期

仪式的意图：绘画中仪式符号的象征人类学阐释

跨学科综合性研究方法是当下人文社会科学研究的主要手段之一，绘画人类学作为新的课题引起学术界的关注与探讨。人类学绘画将人类学关注的因素进行语义的重构并形成艺术审美的再度转译，仪式主题及其象征符号是艺术家关注的焦点。艺术家进入人类学视域探索仪式与象征的本意，超越传统文字书写，直观当地社会精神气质的综合的艺术体验，形成有别于常规美术创作的人类学绘画创作实践。本文以文化与艺术的双重视角，运用人类学、符号学、民俗学、美术学研究方法，结合人类学绘画创作实践的具体案例，阐释仪式中符号象征在人类学绘画创作中的图式转换和价值系统。

作者：胡继宁

单位：上海戏剧学院绘画教研室

文献出处：《西北民族研究》2021 年第 3 期

图绘、媒介与性别：明代《采莲图》的视觉呈现与性别阐释

“采莲”作为一个以女性为主体的活动，在中国传统的文本及图像表述中皆为构建与呈现美人的重要题材。在视觉文化蓬勃发展的明代晚期，该题材的图绘亦出现于诸多媒介之上，成为满足视觉享受及观看欲望的载体。本文以明代采莲图绘为中心，讨论该题材的母题构建及其在不同媒介上的视觉呈现与意涵。同时，本文亦指出在晚明时期，随着该题材从文学及绘画领域走向各式大众化媒介，“采莲”逐

渐从一个蕴含男性视角及对女性审美品鉴的主题，转化为一种以视觉装饰为主的女性形象的符号。

作者：赵丹坤
单位：香港中文大学艺术系
文献出处：《南京艺术学院学报（美术与设计）》2021 年第 3 期

中国大一统的历史密码破译

——基于政治经济制度的阐释

中国“大一统”国家形态的形成源于治理水患与抵御外敌所需要的国家管理能力，而其维持则需要适应性的政治经济制度设计以维持中央政权的全面掌控能力。在农业社会，国家的控制能力取决于有效的组织体系与稳定的土地税收。为此，中国历代政权经过长期调整形成了以科举制为选拔机制的核心政治密码及建立有效土地制度和税收制度的经济密码。科举制能够更多地促进社会阶层的有序流动，延缓了侵占国家权力与土地税收的大地主的崛起，而土地制度虽然为适应人口及生产状况最终走向了私有制为主的道路，但在科举制确立以后的土地兼并再未形成影响国家行政能力的门阀地主阶层，从而有效地维持了国家的统一。因此，有序社会流动与土地税收制度设计正是保持历史上中国大一统的核心政治、经济密码。

作者：夏庆杰[1]　唐琦[2]　刘翔洲[3]
单位：1. 北京大学经济学院
2. 北京大学医学人文学院
3. 中华人民共和国农业农村部国际合作司
文献出处：《浙江工商大学学报》2021 年第 3 期

集体记忆的延续：作为文化载体和阐释路径的电影

——以绘本动画《伦敦一家人》为例

《伦敦一家人：一个真实的故事》是雷蒙德·布里格斯（Raymond Briggs）继《鹅妈妈》和《雪人》等绘本之后的又一力作，并于 1999 年获得英国最佳插画奖。后来，在绘本作者的参与下动画电影《伦敦一家人》于 2016 年在伦敦电影节上首映。影片讲述了绘本作者的父母从1928年初遇至1971年相继逝世的平凡一生，以琐碎的家庭点滴透射出在时代、地域和社会背景下的一系列重大事件。影片延续绘本结构，旨在呈现和展示一段私人的记忆，

作者：张玥唯[1, 2]　黄倩[1]
单位：1. 贵州师范大学国际旅游文化学院
2. 贵州民族大学社会学与公共管理学院
文献出处:《电影评介》2021年第9期

文化间性：“丝绸之路”文化阐释的逻辑起点

从文化阐释的角度看，文化间性作为一种尊重文化差异、规避文化冲突、促发新意义生产的“程序”，隐含在丝路文化的历史生成中，是丝路文化的重要遗产。丝路文化要在人类命运共同体构建中发挥积极作用，就要彰显文化间性精神，将文化间性作为其现代阐释的“前理解”。文化记忆和审美创意是文化间性助力丝路文化阐释实践的主要场域。通过文化间性的置入，提升丝路文化在时间和空间两个维度的认同度。文化间性不仅确保了丝路文化持续向现代的开放，更为促进跨文化互通与理解提供了独特的“丝路文化阐释学”思路。

作者：柴冬冬
单位：杭州师范大学文化创意学院
广东外语外贸大学阐释学研究院
文献出处:《内蒙古社会科学》2021年第3期

网络制度主义的理论阐释与领域延展

网络制度主义源自政治科学、组织理论、公共行政学、经济社会学的交叉领域，大体遵循普遍性、复杂性、行动性与差异性等基本假设，致力于分析权力运作与人际关系渠道的联系，并关注公共部门联结模式对政治结果的影响，从而缓解个体主义与集体主义的研究张力。网络制度主义不仅运用定量分析技术考察网络特性，而且对构成子群基础的内聚性与等值性做出区分，据此围绕政策网络、组织与市场以及社会运动与社会影响等理论及现实议题展开深入研究。网络制度主义可能存在过于强调静态

化与结构性要素且偏重描述现象的局限，但其仍可为政治科学解决复杂问题提供有益视角。

作者：克里斯托弗·安瑟尔[1]　张贤明[2]

单位：1. 加利福尼亚大学伯克利分校政治科学系

2. 吉林大学行政学院

文献出处:《学习与探索》2021 年第 5 期

乡村振兴情境下图像与视觉造型的功能阐释与资源转化

——2020 年度中国艺术人类学图像与视觉造型研究综述

乡村振兴的主题是 2020 年度中国艺术人类学最关注的焦点问题之一。在 2020 年度艺术人类学公开发表的论文中，对图像与视觉造型的研究主要分为三个层面：关于图像阐释与地方性文脉发现方面的研究；视觉艺术符号与民族文化建构的运行机制研究；对传统视觉艺术资源转化的探索与研究。这三个层面的研究成为热点有着深层的原因，即这些研究的终极指向都是艺术与乡村振兴的关系问题，揭示出中国艺术人类学研究作为应用型艺术学学科能够始终聚焦于现实，积极探索艺术在当前社会发展中的作用与意义，从而为构建本土化的艺术学理论体系提供重要参考。

作者：安丽哲

单位：中国艺术研究院艺术学研究所　中国艺术人类学学会

文献出处:《民族艺术研究》2021 年第 2 期

物、空间和智慧：海马宫村茶的文化人类学阐释

毕节市海马宫村汉族拥有自己传统的制茶技艺以及套用茶智慧，茶在村民的生活中扮演着重要角色。海马宫村通过对茶社会文化的建构，赋予茶区别于其他世俗物质的功能和灵性，同时让茶作为一种物质实体成为海马宫村的符号象征，使之蕴含了人生存的“大智慧”，形成了特有的文化空间，彰显了物在人的不同实践行为下被打上自身烙印后再实践的价值。通过对茶的文化研究来体现人造物背后的智慧，在茶的“文化时空”里透视这一文化现象社会深层意义和结构关系。

作者：杨昌儒　李少鹏　杨凯

单位：贵州民族大学

文献出处：《贵州民族研究》2021 年第 2 期

“证实规律”与“阐释意义”：人工智能时代教育研究范式的两种旨趣

人工智能已经成为社会变革的动力源。在人工智能为教育赋能的浪潮下，教育研究范式迫切需要调整以促进教育与人工智能的深度融合。当前我国教育研究范式以证实教育规律为主要旨趣，其弊端逐渐显现：研究信念被唯科学主义所困、教育理论受功利主义遮蔽、研究方法遭实证主义挟制。人工智能时代向人们展示，复杂性科学观念势不可挡，教育观念亟待创新，教育研究范式旨趣必须转变，应在证实客观规律和阐释教育意义之间实现必要的融合。为此，教育研究者需要明确教育学是以人文科学为起点的综合科学，破除唯科学主义信念；加强教育理论分类研究，推动教育理论创新；构建跨学科学术共同体，促进教育研究方法规范化。

作者：王洪才　田芬

单位：厦门大学高等教育发展研究中心

文献出处：《西北师大学报》（社会科学版）2021 年第 3 期

课堂教学理解：内涵、特性与策略

——基于解释学的视角

课堂教学理解是在课堂环境中教师和学生以成见为基础、以解释学循环为过程、以问答逻辑为方式、以视野融合为本质的一种意义重构活动，具有主体间性、生成性、生活性和生态性等特性。在课堂教学中，教师应采取“以生为本，体现主体地位；积极对话，实现教学相长；开放思想，达到动态生成；回归生活，彰显生命意识”等策略，提升课堂教学的理解，推动课堂教学变革。

作者：郑雨露　沈建民

单位：湖州师范学院教师教育学院

文献出处：《教育理论与实践》2021 年第 11 期

《三国演义》的影视艺术阐释

以现代视角对古典文学名著进行再度阐释是电影创作的一种重要方式。近年来上映的“三国”题材电影就沿用了这一创作方式。在具体的创作实践中，此类影片选取了明代章回小说《三国演义》中的经典故事情节，很好地保留了原著的文学风貌和审美倾向，并结合现代观念对原著中主要人物的艺术形象进行重新塑造与定位，通过多种艺术创作手法展现出对历史的再度思考。这一创作思路为同类型的国产影片创作提供了宝贵的经验，将有助于更多令观众喜爱的同类影片问世。

作者：张啸

单位：广西民族大学文学院

文献出处：《电影文学》2021年第8期

教育研究的文化学范式及其方法论阐释

作为一种范式规范和方法论框架，文化学范式的教育研究致力于从文化学的范例理解教育，表现为文化哲学和文化人类学两种典型样态。教育研究引入文化学范式具有不同的方法论取向，发掘传统文化中的教育智慧、践行学校教育变革的文化使命、彰显教育文化问题的方法价值，是其主要类型。文化学范式之于教育研究具有独特的方法论特征，关注教育的多元文化主体、重视教育日常生活研究、倾听社会底层文化声音、人类学田野工作的运用，是具体表现。文化学范式作为教育研究的方法论选择或趋势，开拓了教育研究的问题域，促进了本土教育学的构建，开创了新时代教育治理和促进教育公平正义的新思路。

作者：满忠坤

单位：聊城大学教育科学学院

文献出处：《中国教育学刊》2021年第4期

盛衰之理：关于清朝嘉道变局性质的不同阐释及其反思

嘉庆、道光两朝向来被视为清代由盛转衰的转折期。对于这一时期社会变迁的性质及其动力机制，以往的主要阐释模式可以概括为三种，即王朝周期的变动、社会形态的发展和传统社会的转型。但是，这三种阐释都存在着认知上的局限，并不能准确描绘嘉道变局的面相。而要超越这些局限，就需要转换研究视角、重塑问题意识。根据“从实践出发的历史社会学”这一视角，重新思考嘉道变局中认定“变”的标准、以整合性思维认识其中“变”的线索、以综合性眼光看待此种“变”的格局，必然有助于确切勘察嘉道变局的具体历史进程，而唯有如此才能在下一步的实证研究中避免落入以往的方法论窠臼。

作者：朱浒

单位：中国人民大学清史研究所

文献出处:《史学理论研究》2021 年第 2 期

资本积累视域下脱贫攻坚的社会学阐释

党的十八大以来打响的脱贫攻坚战取得了令全世界刮目相看的重大胜利，从社会学角度来理解我国的扶贫机制，具有重要的理论意义和现实意义。本文在场域—资本—惯习理论框架的基础上，基于中国扶贫的大量文献记录与报告资料，剖析了贫困人口致贫的原因,阐释了扶贫政策得以有效实施的理论机制。根据这一理论框架，中国的扶贫工作体现了从资本转换、场域改变和惯习培育三个维度构建减贫扶贫的长效机制。巩固拓展脱贫攻坚成果仍然是我国未来面临的长期任务，应当在对现有经验进行总结提升的基础上继续建立健全长效机制，让全体人民共享经济社会发展的美好成果。

作者：刘翔英

单位：中国社会科学杂志社

文献出处:《人文杂志》2021 年第 3 期

婚姻关系与女性身份重构

——斯坦顿的女性主义婚姻思想阐释

女权主义运动发展至今，婚姻关系始终是其关注重点和中心议题。斯坦顿作为美国第一次女权运动浪潮的先驱，相较于同时代的女权领导者，对改革婚姻机制的想法更为激进，她的女性主义婚姻思想在当时也更受争议。但不可否认的是，她所倡导的对婚姻机制的改革，对平等自主的婚姻契约的构建，对婚姻中女性独立自主的个体身份的重建，为后来婚姻制度的发展、婚姻中女性地位的提高起到了积极的作用。

作者：常艳娇

单位：南京大学哲学系

文献出处:《海南大学学报》（人文社会科学版）2021 年第 2 期

从瓦砾废墟中寻找有趣的灰姑娘

——批评阐释与文献、文学史构成方式摭拾

文学批评可分为两种时态,既可以是及时性的,也可以是后发性的。前者属于时评，需要批评者具有前瞻性的眼光；后者则需要批评者站在一个更高的文学史角度，将作品文本文献和批评文本文献加以重新整理和鉴别后，朝着一个经典性的方向进行评点，使其在文学批评史和文学史的长河中具有长时段的权威性。毋庸置疑，我们两千五百多年来所做的文学批评史工作，就是沿着这样一条“古典阐释学”的理路进行的。

作者：丁帆

单位：南京大学中国新文学研究中心

文献出处:《文艺争鸣》2021 年第 3 期

以中致和：管理的和合本质追问

——基于传统和合思想的阐释

面对管理本质的多元化认知，当代管理理论必须跳出寻求一元管理本质的传统窠

臼而另寻新路。作为中国传统文化核心精神的和合思想，以其包容差异而又融合统一的中庸之道智慧为把握管理的本质提供了一个新的思路，这就是和合管理。和合管理的有效实践需要管理者的中庸智慧，即组织多种管理职能的和合发挥、多种要素（资源）的和合配置、各方利益的和合分配、多元化管理方式的和合运用、与环境之间的和合互动等，就是要以正确的方式在正确的时间和地点做正确的事情。

作者：纪光欣[1]　宋红燕[2]

单位：1. 中国石油大学（华东）公共管理系

2. 中国石油大学（华东）马克思主义学院

文献出处：《领导科学》2021 年第 6 期

学习评价的过程性阐释

近年来关于评价的理论研究成果颇丰，但在实践领域中仍存在实体思维视域下的单向度取向，以具体的结果性评价解释并当作学生学业成就的“具体性误置的谬误”的现象仍频频发生。超越实体思维的局限，建构一种过程—关系视角的学习评价观，应反思评价主体及方法的多元性、评价内容的整合性及评价过程的节奏性，建构师生协作性的、基于信任的评价实践，关注教学评过程的连贯性与评价的适切性，聚焦评价过程中的描述性反馈，提升师生的评价素养，使学习评价真正助力提升学生的“学力”并帮助其成为独立自主的学习者。

作者：魏善春

单位：南京师范大学

文献出处：《现代教育管理》2021 年第 3 期

历史阐释：政治、叙事与言辞结构

19 世纪欧洲的历史意识面对一个问题是：历史研究的规范应当如何满足于对所论题材的理解，而不仅仅吁求对它们的解释。在阐释的阐释者与阐释者之间获得历史阐释权威性的竞争具有分享权力的政治意涵。它从特定群体之中获得合法性且在群体之上施行它的权威。历史阐释真理性就会因其政治权威诉求而受到贬低，但将政治权威视作历史阐释的工具并予以抑制或升华是能够产生实质意义的。后现代历史叙事学以为，唯物史观只有借助于辩证法的形式论证方面才有可能证成。它所牵涉到的关于历史实在的内容未被现实化之前，辩证法之叙事话语形式就是它的内容。若错失这种“形式的内容”，就意味着唯物史观叙事能力或意义本身的缺失。后现代历史叙事学的要害是受制于历史解释的形式特征，但它也更易在 20 世纪的历史转折点上自行暴露出形式主义的虚妄。当形式主义被当作免遭非难地为所欲为的方法，这里成为时代错误的正是作为形式主义的方法。

作者：张文喜

单位：中国人民大学哲学院

文献出处：《理论探讨》2021 年第 2 期

区隔与认同：影评社群话语阐释

以豆瓣影评文本作为研究案例，将影评社群划分为欣赏者阐释共同体和批评者阐释共同体，通过 UCINET 对整体网进行社会网络分析，深入剖析话语阐释机制，得出“辩证说理—情绪召唤—补充纠误—单向白话”四类阐释路向。在竞争性话语“叙事”和“观众”的建构中，欣赏者略微占据优势，在合作性话语“宣传”的建构中，双方都在有意识地制造区隔，以强化社群成员的身份认同。批评者阐释共同体的主动反抗并不意味着艺术审美的大众化。双方依然默认艺术是小众的而非大众的，趣味的区分功能与惯习的结构化作用依然存在。

作者：张宏邦　陶艺

单位：西安交通大学新闻与新媒体学院

文献出处：《现代传播（中国传媒大学学报）》2021 年第 3 期

信息史学基本特点再阐释

历史在发展，历史学也必然要发展。新的历史研究，需要新的思维和新的表达。信息史学正是基于这样的理论认知，作为对 20 世纪下半叶以来时代变革潮流和新世纪新挑战的一种积极回应而提出的。信息史学认为，历史学的存在依赖于“文本”承载的信息，而历史的本原是信息；历史认识论架构实际上存在复杂的嵌套结构，其主客体在这一架构中的有效互动依赖于信息流作用；探究信息时代人类历史发展需要全方位跨学科“新综合”，为此信息史学倡导开放性的方法论研究和运用。信息史学旨在清除不同学科话语体系之间的藩篱，营建能够将历史学与信息科学予以融合的跨学科语境，以促进我国古老历史学学科建设的现代化。

作者：王旭东

单位：中国社会科学院世界历史研究所

文献出处:《中国社会科学评价》2021 年第 1 期

中华民族共同体意识的内涵阐释与理论拓展

通过梳理有关“中华民族共同体意识”的知识生产脉络，发现目前学界已经完成了元概念引入、主体概念生成、内部结构要素整合等理论建构过程，理顺了理论内部结构要素之间的逻辑关系，实现了文化认同铸牢中华民族共同体意识等实践路径的理论拓展。同时，对该理论的未来研究趋向进行了探索性分析，认为未来的研究进路应从四个视角展开：一是基于效果评估和意见反馈的社会学视角，二是基于个体与共同体认同的心理学视角，三是基于文化传承与互动的传播学视角，四是基于制度完善和国家治理视角。

作者：朱尉[1]　周文豪[2]

单位：1. 陕西师范大学马克思主义学院 / 教育部高校思想政治工作队伍培训研修中心（陕西师范大学）

2. 陕西师范大学新闻与传播学院

文献出处:《中南民族大学学报》（人文社会科学版）2021 年第 3 期

地域如何介入思想：法家源起的再阐释

先秦诸子百家有规律的空间分布清楚地显示出地域因素在其源起过程中扮演了不可或缺的角色。法家源出三晋。三晋自然地理赋予法家浓烈的现实主义底色，四战之地的三晋地缘政治环境是法家独特历史观的生成前提，多元的地域文化传统与天下居中的文化地理区位为法家注入了强兼容性特征。与周边文化尤其是齐鲁和荆楚两地的持续交流，法家对儒、道等各家思想得以吸纳再造。地域的枢纽功能将时代精神、地域文化等要素加以榫合，并从思想品格、历史观念等方面塑造了别具一格的法家学派。

作者：张岩阳

单位：山西大学政治与公共管理学院

文献出处：《天府新论》2021 年第 2 期

新时代中国特色社会主义社会体制改革思想的五维建构及其阐释

新时代中国特色社会主义社会体制改革思想对新时代社会体制改革的诸多理论与现实问题进行了深刻解答，是新时代全面深化社会体制改革，提升社会建设质量的指导思想。文章着重研究了新时代社会体制改革思想的战略基点、目标指向、价值旨归、逻辑进路与实践路径；揭示出新时代社会体制改革思想的创新之处在于其极为重视统摄改革的整体性、系统性、协同性与关联性；认为新时代社会体制改革思想是为全民谋福祉、为全民建小康、为民族谋复兴的重要战略性指导思想。

作者：杨尚勤　谭亮亮　钱周伟

单位：西北工业大学马克思主义学院

文献出处：《社会科学家》2021 年第 3 期

阐释、自得与公理

——宋明理学“诗可以兴”的阐释学

区别于汉儒解经的还原性认知活动，宋明理学“诗可以兴”的读书法表征了一种以体验为中心、具有强烈自省精神的阐释理念。在“诗可以兴”的视野下，理学的“自得”话语联系着阐释者的此在生命体验，“公理”范畴则指向了阐释的公共理解问题。宋明理学在天理层面上达成世界同一性的基础，而理学阐释的核心即在于贯通“自得”与“公理”，从而实现阐释者的此在与存在、阐释之个体性与公共性的统一。总之，宋明理学较为完整地反映了中国古典阐释学的文化品格，具有不可忽视的现代意义。

作者：郑伟

单位：山西大学文学院

文献出处：《社会科学战线》2021 年第 3 期

虚无主义诠释学视域中真理的政治取向

当代西方虚无主义诠释学哲学家瓦蒂莫站在诠释学的立场上，首先批判了传统的符合论真理观以及奠定在这种真理观之上的西式政治民主的虚假性；其次吸收尼采和海德格尔的虚无主义观点，在真理观上否认现实世界的存在，把真理看作一种解释事件，一种个人的主观选择，进而认为只有建立在这种诠释学真理观之上的政治才是真正革命的、解放的和进步的民主政治。值得肯定的是，瓦蒂莫积极地阐释诠释学真理的政治意义，并由此揭露资本主义民主制度的虚伪性，倡导共产主义的民主制度。但是，他否认真理的认识性质，把民主政治奠定在虚无主义真理观基础上，曲解了共产主义观念，则可谓走入了歧途。

作者：铁省林

单位：曲阜师范大学政治与公共管理学院

文献出处：《河北学刊》2021 年第 2 期

地方应用型大学特色发展：内涵阐释与实践策略

地方应用型大学是中国高校的一个重要类别，个性化、特色化是地方应用型大学生存和发展的必然战略选项。当今中国大学的特色发展通常局限于解决个体行为趋同化问题，这种单一的定位不但有悖于特色本义，而且难以反映对现代大学的多重解读。应然意义的地方应用型大学特色发展包括国家特色、大学特色、类特色、校本特色等多维指向，每一指向都有其丰富的、具体的内涵。地方应用型大学特色发展从理念构想向实践层面的转化，关键在于明晰地方应用型大学特色发展的主体结构及其关系，并明确地方政府、学校与社会在推动特色发展中的实践策略。

作者：周友士　蒋亦华

单位：淮阴师范学院教育科学学院

文献出处：《华南师范大学学报》（社会科学版）2021 年第 1 期

郑律成音乐创作风格的新时代阐释

郑律成是我国近现代杰出的音乐家，他创作的优秀的音乐作品是音乐史上璀璨的瑰宝。他的作品体裁多样、题材广泛、个性鲜明、意蕴深刻，成为一个时代的精神标志。本文以郑律成一生特殊的经历及其多元的文化背景为视角，对他的音乐创作风格进行阐释，以期对郑律成其人及作品做更深入的探究。

作者：侯庆琦

单位：南京特殊教育师范学院音乐与舞蹈学院

文献出处:《音乐创作》2021 年第 1 期

认知的算法阐释：人工智能对当代认识论研究的启示

计算机和人工智能赋予了“算法”专门的含义，使其成为联结人的认知和智能机器信息处理过程的纽带，也使得我们对认知的理解和阐释新增了算法的视角。认知和算法的相关性为认知的算法阐释提供了根据和条件，而算法驱动下的认知增强则使相关性阐释推进到因果性阐释，使得认知的机理得到一系列新的说明。算法以机器的运行为载体时，就成为映射在人工系统上的“活体”，可以作为我们对认知加以客观研究的实在对象和新的平台。

作者：肖峰

单位：江西师范大学马克思主义学院　华南理工大学哲学与科技高等研究所

文献出处:《学术界》2021 年第 2 期

论恩格斯对“历史”本质的科学阐释

历史本身是否有目的以及发展是否合目的的问题，一直是学界颇具争议且又不可回避的问题。之所以如此，表层地看，可能源自马克思、恩格斯当年对以黑格尔哲学为典型的历史目的论的极其严厉的批判；深层地看，则在于人们对“历史”的理解存在着不同看法或意见分歧。因此，重新解读经典作家对传统历史目的论的“批判”，并结合恩格斯前后一贯思想，力求能够论述恩格斯如何科学地阐释“历史”的真正本质及其相关问题，进而推动学界对这一问题的深化研究。

作者：叶泽雄

单位：华中师范大学马克思主义学院

文献出处:《马克思主义理论学科研究》2021 年第 1 期

苏辙《老子解》对老子思想的阐释与发挥

《老子》一书是先秦道家思想最重要的著述之一，对后世影响深远，从战国时期韩非子的《解老》《喻老》开始,历代学者都热衷于对《老子》进行注释和研究。在历代《老子》注本中，北宋“蜀学”学者苏辙的《老子解》是比较有特色的一个注本。《老子解》成书于苏辙被贬谪筠州期间，修订于贬居海康期间，晚年又对此书有多次修改，最终成为我们现在看到的样子。北宋时期三教合一思想盛行，苏辙的《老子解》以“复性”为主旨，援引儒佛二家思想，对老子思想做了别开生面的阐释。

作者：梁绎

单位：中央民族大学哲学与宗教学学院

文献出处:《中国道教》2021 年第 1 期

好莱坞科幻电影中的城市符号：基于城市空间生产悖论的母题阐释

好莱坞科幻电影作为现代性的产物，绘制了形态万千的城市图景，而广泛存在于这些城市空间中的诸多城市符号的另类呈现与演绎，实则是对现实世界里空间生产、后都市化等多方面发展问题的剪影，关于未来领域的想象同现实存在始终保持着极强的亲缘性。本文立足于列斐伏尔的城市空间生产批判理论，从符号学角度切入，通过对好莱坞科幻电影中城市符号的细读与分析，探讨其在影片中的表意功能及其所传达出的对未来城市空间的危机思考，以期裨益于中国科幻影片中城市空间的研究与再造。

作者：马琳

单位：中央戏剧学院

文献出处:《电影文学》2021 年第 4 期

高校课程思政教师的政治底蕴：学理阐释与厚植路径

作为深藏于高校课程思政教师政治素质最深层次的政治品格和精神气质，政治底蕴主要借助于教师的政治方向感、政治敏锐性和政治是非观等为课程思政根本性质和教师主体自觉提供稳固而持久的内在保证。随着课程思政的全面推进，厚植高校课程思政教师的政治底蕴既是党和国家的政治要求，又是来自教育哲学的理论要求，还是课程思政实践中的现实要求。厚植高校课程思政教师的政治底蕴，需要教师自身注重反思性实践，高校积极搭建教师合作平台，教育部门组织有效教师培训。

作者：王莹　孙其昂

单位：河海大学马克思主义学院

文献出处：《高校教育管理》2021 年第 2 期

论朱熹对《仪礼》的庶民化阐释

礼者时为大，奠基贵族社会的“三礼”在唐宋社会大转型后有效性逐渐式微。特别是“三礼”之一的《仪礼》，人们能“陈其数”，却不能“知其义”；能“知其义”，却不能“敬守之”。于是，朱熹开启礼学阐释新路径，一改郑玄《仪礼》为“曲礼”的传统“解经”“注经”模式，将《仪礼》作为本经，实现礼学庶民化阐释转向；开创“民之礼”，使大宗法与小宗法并用，礼仪更加从俗、从宜、从简，创新礼仪庶民化标志性的祠堂制度。此次礼学的阐释转向，在宋代礼学史上意义重大，也影响了后世上千年的社会结构与社会秩序。

作者：毛国民

单位：广东外语外贸大学阐释学研究院

文献出处：《社会科学战线》2021 年第 2 期

媒介技术、文本和时空场景

——对读书笔记“书写实践”的媒介学阐释

将读书笔记的“书写实践”视作一种媒介实践,在借鉴“三重勾连”理论的基础上,从媒介技术、文本和时空场景三个维度展开考察,可以发现:“书写实践”中碳基媒介物和硅基媒介物在储存技艺方面存在差别,硅基媒介物克服了碳基媒介物过于依赖“外存”空间和容易“衰老病死”的“生命”缺陷;对应不同媒介技术及身体参与方式,读书笔记的文本在美学特征上体现出格式化和非格式化的差异,在实践特征上呈现出融合文化趋势下的“参与式”转向;不同媒介物形塑着不同“书写实践”的特定时空场景,包括时间上的“加速—减速”场景与空间上的“私密—公开”场景。

作者:段鹏[1, 2] 徐煜[3]
单位:1. 中国传媒大学
2. 中国传媒大学媒体融合与传播国家重点实验室
3. 中国传媒大学传播研究院
文献出处:《现代出版》2021 年第 1 期

毛泽东对马克思主义中国化本质内涵的多维阐释

在长期的实践和理论创新过程中,毛泽东提出了马克思主义中国化的科学命题,揭示了马克思主义中国化的总体性内涵;辨析了两种马克思主义观的根本区别,阐发了马克思主义中国化的科学态度;揭示了理论与实际相结合的丰富内涵,阐发了马克思主义中国化的根本原则;从基本理论走向具体实际的维度,强调了“使马克思主义在中国具体化”的任务;从具体实际走向科学理论的维度,强调了“使中国革命丰富的实际马克思主义化”的任务;从中国理论走向世界的维度,强调了中国化马克思主义国际性传播的任务。这些思想对马克思主义中国化的本质内涵进行了多维阐释,为马克思主义中国化的发展奠定了坚实理论基础,规定了正确发展方向。

作者:金民卿
单位:中国社会科学院近代史研究所党委 中国社会科学院大学
文献出处:《毛泽东研究》2021 年第 1 期

“意境”范畴的现代阐释尝试

——从 20 世纪中叶的系列论争谈起

在 20 世纪 50 年代末至 60 年代初这段时间里，“意境”范畴的现代阐释问题引发了学者们的系列论争。论争各方观点不同，但都聚焦于如何在当代语境中赋予传统范畴有效性的问题。推动“意境”范畴的现代阐释和现代转化具有重要意义，这是中国传统理论自我革新的内在需要，也是外部环境变化之后的时代需要。作为推动古典审美范畴现代转型的一次重要尝试，它启示学界在阐释古典美学和构建当代美学时，既须正视传统美学本身存在的前现代缺陷，同时也须避免出现脱离本土传统深厚的思想脉络的“无根”创新。

作者：简圣宇

单位：扬州大学

文献出处:《中国文艺评论》2021 年第 1 期

新中国成立以来中国共产党对制度优势的认识与阐释

中国共产党对中国特色社会主义制度优势的认识与阐释是一个不断深化和发展的过程。社会主义革命和建设时期，中国共产党主要以对制度优势的阐释激发广大人民群众建设社会主义的积极性；改革开放新时期，中国共产党坚持以生产力标准衡量制度优劣，并在实践中对制度优势进行了概括总结；中共十八大以来，逐步形成了关于制度优势系统化的阐释。中国共产党坚持以马克思主义唯物史观为基础进行纵向分析、与资本主义制度之间的横向比较和人民至上的价值维度阐释制度优势。新时代需要进一步深化对中国特色社会主义制度优势的认识，以科学理性的态度看待制度优势，坚定制度自信。

作者：肖贵清[1]　车宗凯[2]

单位：1. 清华大学习近平新时代中国特色社会主义思想研究院、马克思主义学院

2. 清华大学马克思主义学院

文献出处:《当代中国史研究》2021 年第 1 期

道德化与先秦两汉儒家《诗经》阐释学的建构

先秦《诗经》的阐释经历了由礼仪阐释、政治阐释到道德阐释的历程。政治阐释的个性化、碎片化消弭了《诗经》的普遍价值，使其面临合法性危机。孔子及儒家把道德作为《诗经》的合法性来源，确立了道德阐释模式，《诗经》阐释学发生转向。先秦道德阐释有四项基本原则：意图优先性、去语境化、以情为本和去音乐化。汉儒试图重建《诗经》的历史性，以之为道德阐释的合法性来源，形成了本事阐释。本事阐释力图恢复创作的事件性，还原诗歌的创作意图，呈现《诗经》的历史本真性，确立道德教化的历史依据。《诗经》被视作历史，读者体味其中的道德启示，习得情感的恰当表达。大部分本事出于虚构而非历史事实，建立的是虚构的历史语境。

作者：马草

单位：中国社会科学院哲学研究所

文献出处:《南开学报》(哲学社会科学版)2021年第1期

人民获得感：美好生活期待与国民经济绩效间的机理阐释

——主客观数据的时序比较分析

人民获得感作为衡量改革成效的重要标尺，是民众美好生活期待和国家发展绩效相互作用的结果。通过构建人民获得感评价指标体系以及民众期待与发展绩效作用机理模型，运用21世纪以来四波CSGS社会调查和国家统计数据进行时序上的比较分析，有助于揭示人民获得感与发展绩效之间的不匹配、不同步的现实困境。结果表明：国家宏观经济向好发展、个人收入增加和城乡收入差距缩小能有效回应民众对美好生活的期待，但两者间存在相互预测效应、时间滞后效应、复合累积效应、间断均衡效应、路径依赖效应等多重作用机理。为此，提升人民获得感的关键在于回应美好生活期待，同时引导民众预期，理性看待获得感与发展绩效间的差异。

作者：文宏　林彬

单位：华南理工大学公共管理学院

文献出处:《学术研究》2021年第1期

毛泽东政治话语“一切反动派都是纸老虎”的修辞学阐释

思想政治教育过程中,既要关注“谁在说”“说什么”“对谁说”的问题,更要关注“怎么说”的问题。“要人家服，就要说服”，说服的策略与方法离不开修辞理论的指导。毛泽东政治话语“一切反动派都是纸老虎”有深刻的修辞意蕴，对这一话语进行修辞学分析与阐释有助于我们准确揭示、深刻理解、正确把握思想政治教育话语修辞规律，进而构建受众注意听、听得进、有好感的话语体系，从而增强思想政治教育话语的说服力、感染力和传播力。

作者：刘先锐　王习胜

单位：安徽师范大学马克思主义学院

文献出处:《湖南科技大学学报》（社会科学版）2021 年第 1 期

粉丝批评的崛起

——粉丝文艺批评的形态、策略与抵抗悖论

泛社交化的当下，粉丝们对于大众文化文本的“盗猎”活动不再是单独的、私人的行为，而是社会的、公开的过程。由不同粉丝群体结成的大大小小的阐释共同体，使得粉丝文艺批评逐渐崛起为一种新型的文艺批评形态。与学院派批评不同，粉丝批评多采取沉浸式文本解读，这主要体现在沉浸于文本所营造的切身的虚拟现实及相关文本所带来的持续性情感记忆。粉丝批评合法性的确立，建基于文艺批评公共领域的有效建构，但粉丝社群的圈子化、狭隘性和排他性等弊病，及其文艺批评呈现出的“信息茧房”趋向，使其容易封闭于自身所严格设定的价值观、本真性、文本等级之中，从而破坏了文艺批评公共领域的构建，并限定了其文艺批评的价值与文化抵抗的效力。

作者：李雷

单位：首都师范大学文学院

文献出处:《探索与争鸣》2021 年第 1 期

全球影像的在地想象：中英文电影简介的诠释学分析

借助 96 部全球电影的中英文简介，采用诠释学的进路，发现中文读者对全球影像的想象是“社会定义的个人及其命运”，英文读者对全球影像的想象则是“自主性的个人及其行动”。诠释学分析有别于西方客观经验主义研究范式，以整体代入和体悟的方式来把握事物“内在性的根源”。利用影像理解的暧昧性，使不同文化背景的受众产生各自愉悦的在地想象，可能是一部全球电影成功的关键。

作者：林升栋[1]　王婷婷[2]

单位：1. 中国人民大学新闻学院

2. 厦门大学新闻传播学院

文献出处：《现代传播（中国传媒大学学报）》2021 年第 1 期

美国民俗学的实践理论

——兼论西蒙·布朗纳的有关阐释

西蒙·布朗纳于 2020 年在北京师范大学的系列讲座，紧紧围绕民俗学的实践理论这一主题进行。民俗学在世界范围内的兴起曾深刻影响了美国民俗学的道路，但美国不同于欧洲的特点使其民俗学长期以来强调个人主义、语言学路径与艺术文本，使得美国民俗学在“超级时代”来临后面临许多挑战。为此，布朗纳提出了以传统为中心的民俗学实践理论，这要求我们重新理解和阐释“实践”和“传统”这些重要概念，并从心意与认知的角度去解释现代社会中究竟是什么激发、活化与生产了传统。这种研究路径强调将物质与非物质交织在一起研究，也强调不同文化之间的比较与发现。在此系列课程中，他以大量中国民俗的事例与美国民俗相互比较，并大胆提出自己的猜想。他提出的实践理论和对中美民俗比较的设想，都可以为中国民俗学界带来启发。

作者：鞠熙　许茜

单位：北京师范大学社会学院

文献出处：《民俗研究》2021 年第 1 期

卡尔·波兰尼经济伦理思想的阐释与批判

——以《大转型》为中心的探讨

卡尔·波兰尼的社会经济学著作《大转型》主要探讨经济与伦理的关系。在他看来，经济“嵌入”社会表明经济行为背后具有道德基础，而经济“脱嵌”于社会将诱发道德沦丧；“虚拟商品”将会剥离文化和道德所构建的保护层，因而是一种道德堕落；“双向运动”之市场化运动是极端人为性的、不道德的，而抵抗市场化的反向运动即社会的自我保护运动是自然的、道德的。波兰尼对“虚拟商品”的批判脱离了资本主义生产资料私有制，没有抓住“虚拟商品”不道德性的根源所在。他只看到“虚拟商品”的自利性而看不到利他性，这也不全面。他把“双向运动”中的市场化全部归结为人为性的、不道德的，这完全否定了在现代人类生活中具有基础性地位的经济增长，而他极为尊崇的作为反向运动表现形式的国家干预有可能形成集体控制，对经济自由和个体权利构成伤害。

作者：龚天平[1, 2]　刘潜[1]

单位：1. 中南财经政法大学哲学院

2. 湖南师范大学中国特色社会主义道德文化省部共建协同创新中心

文献出处：《华中科技大学学报》（社会科学版）2021 年第 1 期

自媒体文艺短视频的媒介神话学阐释

——以李子柒古风艺术短视频为主要考察对象

自媒体文艺短视频可以被定位为“媒介神话”理论观照下的新媒介神话。媒介神话理论由罗兰·巴特的语言符号神话理论改造、扩展而来。其中，无论是初级系统还是次级系统都更加凸显由符号、载体、制品、技术、媒体等结合而成的表达面及其意指行为。作为新媒介神话，自媒体文艺短视频主要通过诉诸接受者视听感官的媒介系统达成直接意指实践，其关键之处是发生了从初级媒介系统直接意指向次级媒介系统含蓄意指的转换。李子柒艺术短视频的新媒介神话所指意义可以归结为：在今天工业社会城市化带来的快节奏、现代性的都市生活语境中，传统手工时代建立起来的慢节奏、田园牧歌式生活是人们的理想和应该追求的精神价值指向。“消费文化”和“农耕田园文化”成了这一含蓄意指实践的重要依托。李子柒的自媒体艺术短视频不过是新媒介与商业资本合谋形成的“审美乌托邦”，具有典型的新媒介神话属性。

作者：单小曦[1]　支朋[2]
单位：1. 杭州师范大学人文学院 / 文艺批评研究院
2. 杭州师范大学人文学院

文献出处:《内蒙古社会科学》2021 年第 1 期

找回自知之明：费孝通文化自觉论再阐释

“文化自觉”这一概念,从早年的“一个词汇”发展到包含了当代个人、群体、学术、文化、现代化与全球化路径及全球化时代不同文明相处方式等不同层面的议题。结合费孝通有关不同文明之间共处之道的十六字箴言，反思中国社会学在西方话语主导下如何失去了对自身文化传统的“自知之明”，以及通向“文化自觉”的困境。借助于对费孝通倡导的“文化自觉”的解读，了解中国叙事在本土文化解释和社会科学理论建构与发展中的重要性，一方面要突破西方文化中心主义的窠臼，另一方面以中华文明作为一个完整的自在体，从本土文化语境发展出“中国社会的生长能力”的解说，逐渐养成与其他文明对话的文化信心与能力，在全球化的大格局中确立中华文化的定位。

作者：范丽珠　陈纳
单位：复旦大学社会发展与公共政策学院

文献出处:《西北师大学报》(社会科学版) 2021 年第 2 期

“三全育人”的生态主义理论阐释与实践路径探索

生态主义理论是对“三全育人”进行理论阐释与实践路径探索的有益视角。就“三全育人”的意义而言,全员育人指向人员的整合与合力的形成、全过程育人指向“过程”的实现与融入、全方位育人指向育人领域的明晰与融通。全员、全过程、全方位三者紧密联系，构成一个全系统、整体育人的态势。作为一个有机的、复杂的系统，实现系统要素的良性互动和最优化产出，落实立德树人的根本任务，需要从凝聚教育理想与共识、强化课程与科研主渠道、构建一体化长效机制、重视方法创新以及营造文化氛围等五个方面着力，构建合乎生态的“三全育人”体系。

作者：余嘉云

单位：南京师范大学教育科学学院

文献出处：《南京师范大学学报》（社会科学版）2021 年第 1 期

基线 / 阐释视角下类指“一量名”结构的语义构建

本文以认知语法基线 / 阐释模型为框架，基于其结构、系统和功能的整合分析思路，探讨汉语类指“一量名”结构三种类型的语义构建机制。研究表明，“一量名”类指义的浮现以类指光杆名词为基线，经历了将光杆名词植入“一量”情境和转喻“例代类”两次连续阐释，并在虚拟现实内触发了表概括义的心理空间。与光杆名词相比，“一量名”表类指时更突显言听双方的互动。同位“一量名”结构的前件基线决定复合结构的指称性质，后件构成阐释并参与塑造话语语义。兼指“一量名”结构在篇章内同时关联先前特定实体和后续属性谓语，通过视窗之间对应组合触发其类指义。

作者：马辰庭　王义娜

单位：北京航空航天大学

文献出处：《现代外语》2021 年第 2 期

重动句的基线 / 阐释模型

重动句的基本特点是同一动词在谓语中重复出现。现有句法解释方案难以兼顾典型与边缘格式。以认知语言学的基线 / 阐释模型作为理论框架，本文统一解释了重动句生成中动宾结构居前以及动词重复的原因：句子成分间的顺序关系、配对关系与累进关系在句法生成中起关键作用。

作者：陈禹

单位：华中科技大学

文献出处：《现代外语》2021 年第 2 期

新时代国家治理的内涵阐释

——基于话语理论分析

以话语理论为视角，新时代国家治理的内涵，或曰话语，应以中国共产党领导的群众工作为价值核心。其孕育于革命政权建构时期，以《兴国调查》为代表文本，奠基于新中国成立初期的《必须重视人民来信》信函，改革开放后经历了以《信访条例》为代表的群众工作法治化进程。党的十九届四中全会以来，凭借新时代的语境划分和依靠人民推动国家发展的治理导向，其话语正式建构。唯有通过法治平衡制度整体性与技术嵌入碎片化，以公平公正平衡动员的价值传统与稳定的改革思维，以多元合作平衡政策的静态化与风险的未知性，方能在新时代寻找到话语完善的方向坐标。

作者：徐亚清[1]　于水[2]

单位：1. 南京师范大学马克思主义学院

2. 南京农业大学公共管理学院

文献出处：《重庆大学学报》（社会科学版）2021 年第 1 期

习近平生态文明思想的环境治理现代化视角阐释

习近平生态文明思想蕴含着丰富的环境治理现代化内涵，而环境治理观念现代化是推进环境治理现代化的思想基础。全面加强党对环境保护的领导是推进环境治理现代化的政治保障。为此，推进环境治理体系现代化必须完善生态环境监管体系、完善环境治理政策支撑体系、健全生态环境保护法治体系及构建生态环境保护社会行动体系；推进环境治理能力现代化必须运用绿色技术创新破解环境治理难题、加强生态环境监测网络信息化建设及运用环境大数据分析手段，提升环境治理的科学化水平。

作者：王旭[1]　秦书生[2]

单位：1. 沈阳航空航天大学马克思主义学院

2. 东北大学马克思主义学院

文献出处：《重庆大学学报》（社会科学版）2021 年第 1 期

第二部分

学术动态

大事记

1. 2021 年 1 月 18 日上午，中国社会科学院大学阐释学高等研究院、中国文学批评研究会、广东外语外贸大学阐释学研究院联合举办的 2021 年“中国阐释学理论与实践”高级研修班开课。本届研修班邀请张江、洪汉鼎、李春青、潘德荣、张政文、李红岩、傅永军、周裕锴等 10 余位国内知名阐释学专家授课，历时一周，30 名来自全国 26 所不同高校的青年学者参加了此次研修班。

2. 2021 年 4 月 12 日至 16 日，中国社会科学院张江教授做客曲阜师范大学文学院，讲授高端系列课程——“阐释学引论”。首先，张江教授主要从“阐释”词源释、阐释的三个环节和九个问题、阐释的功能：居间说话、从对文史哲看居间说话四个方面进行基础讲授；其次，张江教授从中国文化背景的角度对阐释学进行进一步的讲解，主要讲述了“阐”“诠”义考、主体观辨、目的观辨、结论四个方面的内容；然后，张江教授从何为自证、阐释就是自证以及自证的阐释学意义这三个方面重点讲授了阐释与自证的关系；最后，张江教授重点讲授了阐释的期望和动机。

3. 2021 年 4 月 24 日下午，中国社会科学院张江教授做客大连理工大学“大工讲坛”，为师生带来题为“何为阐释——‘阐’‘诠’辨”的主题讲座。讲座由人文与社会科学学部王前教授主持。张江基于我国古文字学经典文献，全面探讨了“阐”与“诠”的形音义源流，深入挖掘了两者的阐释学内涵，并详细辨析了其中蕴含的主体观和目的观。张江指出，“阐”与“诠”各自包含深刻的阐释学意义，各有其适用范围，两者共同为构建我国当代阐释学提供了思想源泉与无尽动力。

4. 2021 年 5 月 21 日 ~25 日，广东外语外贸大学阐释学研究院邀请中国社会科学院大学原副校长、中国社会科学杂志社原总编辑张江教授为师生进行了为期五天的阐释学系列线上讲座。张江教授第一场讲座的题目为“中国阐释学总称谓”。张教授从中国古代文字发生学入手，以原始字形的追索为方法，厘清中国古代阐释学的建构路径，为中国当代阐释学的发展提供可靠的文字根据。第二场讲座题为“理与性—阐释的基本矛盾之一”。张江教授解释了“理”与“性”在中国古代文字与语义学的意义上，其能指与所指，与作为整体概念的“理性”语用差异甚大。然后重点对比研究了中国之理与西方之理的区别。第三场讲座，张江教授以“作者能不能死”为题，重点探讨阐释学中原点性的问题——如何看待作者与文本的关系。5 月 24 日的讲座主题是“通达辨”，旨在探讨如何构建当代中国的阐释学。张江教授通过对汉语中两个字“通”与“达”的考察，提出阐释标准的中文表达。第五场讲座，张江教授站在更新更高的视角系统讲授了他的原创理论“强制阐释论”。他认为强制阐释是当代西方文论的基本特征和根本缺陷之一。

5. 2021 年 5 月 26 日中国社会科学院大学文学院教授、博士生导师刘国民在广东外语外贸大学阐释学研究院进行了题为“郭象《庄子注》对《庄子》的强制阐释”的学术讲座。刘国民教授首先从宏观上介绍了我国古代哲学的发展与经典文本阐释的密切关系，指出阐释者往往以经典注释的方式展开哲学体系的建构，并结合郭象的《庄子注》厘清了过度诠释和强制阐释的区别。接下来，刘国民教授从郭象《庄子注》的诠释特征、诠释目的及诠释方法三个层面进行了深入剖析。刘国民教授重点分析了《逍遥游》《应帝王》《列御寇》等注文和原文，指出了《庄子注》的形式和内容特征。《庄子注》的诠释目的是宣扬“内圣外王”之道，即把方外之书《庄子》，转化为“外内相冥”之书，把方外之道转化为“冥内外之道”，圣人养心养神即治国平天下。郭象的诠释方法“寄言以出意”，其本质是重意轻言甚至废言，夸大言与意的对立性，有利于郭象较为自由地发挥其主观思想，以填补重大意义间距的空间。

6. 2021 年 8 月 23 日至 8 月 28 日，举办“中国阐释学理论与实践”高级研修班（2021 暑期班）。本届研修班由中国社会科学院文学与阐释学研究中心、中国社会科学院大学、中国文学批评研究会主办，由中国社会科学院大学阐释学高等研究院、中国社会科学院大学文学院、《中国文学批评》杂志承办。研修班邀请国内阐释学领域的重要学者，讲授国际国内阐释学发展的前沿理论和最新成果，与学员共同分享研究心得和治学经验。

7. 2021 年 9 月 17 日，受清华大学哲学系、清华大学道德与宗教研究院邀请，陕西师范大学文科资深教授尤西林教授做了一场“本体主体化与主体本体化—诠释的两极张力”的学术报告。在主场发言之后，学术报告以一种对谈的方式继续进行。来自清华大学哲学系的圣凯教授、黄裕生教授、田薇教授、唐文明教授、瞿旭彤副教授参与了交流。与会者认为，诠释不是主体对客体的认知把握，也不是主体与主体之间的知性说明，而是超越特定经验对本体根源及其意义的领会。主体对本体的诠释禁忌以主体的经验僭越本体而代神立言，而需要观察聆听本体的信息。其语式将命题判断消解为前谓词的过程描述。诠释基于主体的经验并提升主体趋向本体。主体消解于本体的极端是诠释的终结与沉默，其原型是无言的上帝。诠释须要本体主体化亦即本体借助人言自我诠释，这构成耶稣到施莱尔马赫的方向，但其极端却走向近现代吞并本体的主体中心观。海德格尔诠释学突破主体本体化而终生走在探寻本体主体化的语言表达途中。基于天人合一与生生本体的中国本体诠释学是本体与主体相即统一体。但这一两极结构仍然存在，其张力消长成为中国诠释学深层线索。今天特别需要反省主体僭越本体及其恶俗演变，这也是诞生现代性自由主体的前提。

8. 2021 年 9 月 18～20 日在上海华东师范大学召开 2021 年度中国诠释学专业委员会年会暨“经典诠释与诠释学的伦理学转向”学术研讨会。会议主题：经典诠释与诠释学的伦理学转向。主要议题包括：（1）诠释学的历史及谱系学研究；（2）诠释学的伦理学转向；（3）中国经典诠释思想；（4）中国诠释学建构；（5）中西诠释学传统的对话与互鉴；（6）诠释学视域下的真理、方法论、实践等问题探讨；（7）诠释学在人文社会科学领域的扩展与应用。会议主办方为上海市社会科学界联合会、中国现代外国哲学学会诠释学专业委员会。承办方为“中国诠释学”上海市社科创新基地、华东师范大学诠释学研究所。

9. 2021 年 10 月 29 日，广东省社会科学界联合会发布了广东省社科联研究基地 2020 年检查结果通报：广东外语外贸大学阐释学研究院，良好。

10. 2021 年 10 月 31 日，旨在“探讨中西方阐释学发展新动态，推动中国阐释学理论创新”的学术研讨会在广东外语外贸大学黄埔研究院与广东外语外贸大学学术交流中心举行。本次国际高端论坛由广东外语外贸大学黄埔研究院、中新广州知识城开发建设办公室主办，由广东外语外贸大学阐释学研究院承办，来自中国社会科学院大学、中国社会科学杂志社、北京师范大学、华南师范大学、广州大学等多所国内外高校与科研机构的专家学者参加了讨论。

11. 2021 年 11 月 10 日，华东师范大学邀请上海交通大学文科资深教授，中国社会科学院研究员，中国比较文学学会会长，文学人类学研究会荣誉会长，中国民间文艺家协会前副主席叶舒宪做了题为“‘神话中国’的理论阐释”的学术讲座。本次讲座由华东师范大学民俗学研究所教授，博士生导师，华东师范大学中华优秀传统文化创新研究院执行副院长，华东师范大学非物质文化遗产传承与应用研究中心主任田兆元主持。神话学伴随西学东渐传入中国一个多世纪以来，关于中国神话的命题已经深入人心，文学人类学一派在 2009 年针锋相对地提出“神话中国”的新理论命题，指中国历史上没有经历过类似古希腊的哲学突破或科学突破，神话信仰和神话思维自古及今始终支配着国族上下的思想观念，文学中的神话传说只是神话中国总体表现的一个方面。目前对神话中国的研究又提出“万年中国”的目标，要说明一万年来农耕文化赖以建构的特殊信仰底蕴和华夏独有的崇拜传统，到先于甲骨文汉字的史前文化发展脉络中找出神话核心信仰和文化认同表征，并以此为起点，重新诠释后起的文字记录的神话历史传统。

12. 2021 年 12 月 3 日～6 日，在上海大学举办了中国文学批评研究会 2021 年年会暨“文学批评的中国经验与中国阐释学的当代形态”学术研讨会。本届大会由中国文学批评研究会、上海大学中国阐释学研究院、中国社会科学院大学阐释学高等研究院、上海大学文学院主办。会议议题包括：（1）中国文学批评的百年发展历程；（2）中国阐释学的理论建设与当代形态；（3）新媒体、新媒介背景下的文学批评面临的新问题、新挑战；（4）其他相关问题。

13. 2021年12月5日，第三届北京大学、清华大学、南京大学三校艺术学博士生论坛在线上召开。本届论坛由清华大学美术学院艺术史论系举办，主题为“经典阐释与理论重构”。论坛共包含20场学术报告，涵盖了艺术史研究的多方面内容。报告主题分别为：（1）文艺复兴时期“斜卧维纳斯”图式研究——以波提切利、乔尔乔内、提香为中心；（2）作为正典女画家的安杰莉卡·考夫曼；（3）分歧之下的合作——英国皇家美术学院中的解剖学与艺术；（4）宗教与民族视角下的维米尔——19、20世纪《绘画的艺术》的再发现；（5）约翰·拉斯金“纯真之眼”论再思考——一个新视角的切入；（6）批评精神与中西艺术——论傅雷艺术批评的内在理路；（7）阿尔珀斯描绘性艺术理论研究；（8）档案冲动及其三重面向；（9）感知的突围——艺术界对于杰夫·昆斯艺术的批判性接受；（10）跨文化美学对当代艺术理论的启发——以“见山”公案在丹托文本中的六次旅行为中心；（11）作为人文学科的艺术社会史何以可能；（12）读书与闺乐——从文人画到清代苏州桃花坞木版年画的女性图像生产；（13）“画框”的回归——绘画的危机、拯救与再危机；（14）潜匿的“性倒错”——新解席勒艺术中的性别意识；（15）街头艺术与城市壁画——论城市平面空间中艺术的“越界”与“商业化”；（16）循环的向度——从“暮”意象看中国绘画中的时间意识；（17）20世纪初“国粹”的形象塑造与文化选择——以《神州国光集》为中心；（18）媒介中的艺术史——拓片收藏与早期“无名石刻”的经典化；（19）逝去的桃李园——民国漫画中的小品文运动及“论语派”文人；（20）图像的更迭与权力的让渡——贵州施洞苗族龙纹地位衍变现象之探析。

著作出版

1.《反对阐释》(译文经典)

作者:〔美〕苏珊·桑塔格(Susan Sontag)著,程巍译

出版社:上海译文出版社

出版时间:2021 年 5 月

原版书名:Against Interpretation and Other Essays

内容简介:《反对阐释》是与波伏娃、阿伦特并称西方当代最重要的女知识分子苏珊·桑塔格久负盛名的文集之一,也是奠定其美国“现有的目光最敏锐的论文家”地位的成名作该评论集的锋芒遍及欧美先锋文学、戏剧、电影,集中体现了“新知识分子”“反对阐释”与以“新感受力”重估整个文学、艺术的革命性姿态和实绩。

2.《社会学方法的新准则——阐释社会学的建设性批判(第二版)》(吉登斯作品集)

作者:〔英〕安东尼·吉登斯(Anthony Giddens)著,徐发寅译,郭忠华校对

出版社:商务印书馆

出版时间:2021 年 9 月

内容简介:本书主要由“批判”和“建构”两部分组成。前者体现在对 20 世纪中期“解释社会学传统”的批判性反思上,后者则体现在对“社会学方法”的新构想上。本书在吉登斯的思想发展史上具有重要的地位。如果说吉登斯对于社会学方法的贡献主要体现在“结构化理论”(structuration theory)上的话,本书是理解其灵感来源的一本重要著作。结构化理论的灵感来源主要有两个方面:一是对结构主义、功能主义等社会学研究方法的反思,集中体现在对“客体主义”理论传统的清理上;二是对解释社会学方法的反思,主要是对“主体主义”理论传统的反思。结构化理论将主体主义和客体主义的优点糅合在一起,同时又摒弃其不足。本书所阐述的内容正好是对主体主义理论传统的反思。在本书中,吉登斯以孔德、涂尔干等社会学始祖作为反思的起点,系统清理了以舒茨、温奇等为代表的常人方法学,以伽达默尔、阿贝尔、哈贝马斯为代表的解释学和批判理论,认为这些理论流派尽管注意到了“行动”在社会分析中的

重要性，但存在种种缺陷。比如，仅仅将行动视为“有意义的”而非“实践的”，未将权力置于社会生活的核心地位；未注意到社会规范或规则在某种程度上是可以讨价还价的；未能更多地讨论制度变迁及历史问题。在此基础上，作者分三个层次提出自己的观点：一是对于能动行为、交往意图、行动合理性等的理解，从个体心理层面建构起有关人类行动的理解；二是超越对行动的“个人化”理解，从行动分析延展到社会生活和社会再生产分析，考察人类行动如何形成了社会整合和社会再生产；三是社会学研究方法的提升，认为社会学研究应当秉持“双重解释学”（结构二重性概念）的立场，并为此提出这一解释立场的基本规则。

3.《女性的天空：女性主义视域中的文学经典诠释》

作者：傅守祥

出版社：中国社会科学出版社

出版时间：2021年9月

内容简介：文学经典包罗万象、洞幽烛微，却坚持给人留存希望、带来人性的温暖、品察生命的本真。本书从女性主义视域出发，精选19世纪以来的若干中外文学经典详加分析，基于换位思考和回归常识的立场，以“美学的、历史的”尺度重新诠释这些经典名作。女性的天空，曾经是低的；仰望天空的女人，始终向往着自由飞翔。关注、体察女性作为人类群体的“另一半”的现实困境与精神需求，是人类智慧与文明程度切实提高的标志。

4.《诠释学与他者的声音：重读伽达默尔的哲学诠释学》

作者：〔美〕詹姆斯·里瑟尔（James Lisser）著，李健盛译

出版社：北京大学出版社

出版时间：2021年7月

内容简介：本书解释了什么是诠释学，为诠释学的入门图书。内容涉及哲学、历史、文学、伦理学等人文社会科学理解和阐释的普遍性问题。本书沿着施莱尔马赫、狄尔泰、海德格尔、伽达默尔的传统诠释学路线进行阐释，内容全面，不但涉及伽达默尔前期作品，还囊括了为人们所忽视的伽达默尔后期的著作，细致阐发了批评家们一直误解的诠释学的关键概念。

5.《激进诠释学：重复、解构与诠释学筹划》

作者：〔美〕约翰·卡普托（John Caputo）著，李建盛译

出版社：北京大学出版社

出版时间：2021 年 7 月

内容简介：本书是美国哲学家（John D. Caputo）撰写的一部有影响的诠释学著作，研究的角度、思路和提出思想，迥异于其他的诠释学研究。本书从一种非常不同的谱系研究和阐释了诠释学的逻辑发展和历史演变，新颖、别致地诠释学发展的另一条发展路线，即从基尔凯郭尔、胡塞尔、海德格尔到德里达的激进诠释学发展，比较性地探讨和论述了他们的诠释学思想，并提出了许多富有创见性的诠释学观点。作者说："我关心的不是诠释学的历史谱系，而是诠释学的激进化，不是诠释学的起源，而是诠释学最内在的方向和动力。"

6.《诠释学与人文科学——关于语言、行为与解释的论文集（新译本）》（当代世界学术名著）

作者：保罗·利科（Paul Ricoeur）著，洪汉鼎译

出版社：中国人民大学出版社

出版时间：2021 年 8 月

内容简介：在这本书中，利科提出了其现象学诠释学的观点，提出了这一观点与其传统前辈们之间的关系及其对社会科学的重要意义。本书分为三个部分：部分考察了诠释学的历史、核心主题及其所面临的突出问题。利科在第二部分提出了自己当前的建设性观点。文本概念的提出构成了语言和解释的系统化理论的基础。第三部分探讨的是有关社会学、精神分析和历史等领域中的理论意义。

7.《诠释学与开放诗学——中国阅读与书写理论》（语言学与诗学译丛）

作者：〔美〕顾明栋著，陈永国、顾明栋译

出版社：商务印书馆

出版时间：2021 年 3 月

内容简介：本书研究中国的阅读和诠释理论，但由于阅读与书写密不可分，因此，本书又是一部对书写创作的研究。本书除了系统探索中国的阅读诠释理论之外，也重点关注一种在现代西方理论进入中国以前中国人即已发现，并在数千年中不断探索的文化现象。根据西方现代主义和后现代主义的诠释理论，这一现象可被称为"开放性诠释"。当然，古代中国人并没有对这一现象赋予现代的概念性范畴。本书将其核心定义为"诠释的开放性"，对其进行系统的思考，并试图找出有助于建立跨文化的阅读诠释理论与诗学的概念性见解。

本书探讨阅读与创作的纯理论问题，涉及这些基本要素，如作者、读者、文本、语境、意义、表意、再现和诠释等，并重新审视这些中心问题：什么构成了阅读与诠释的开

放性？开放性在特定作品中是怎样显示的？自觉使用语言和书写技巧可以在什么程度上产生开放性？开放诗学对创造语言艺术具有什么意义？虽然本书的直接目标是在研究的数据中发现开放元素和开放的机制，建立中国传统的诠释学，但更大的目标是要寻找理性构思阅读书写的新方法，建立可与西方现代理论对话的跨文化诠释学与开放诗学。

8.《诠释建构：诠释理性批判》（当代德国哲学前沿丛书）

作者：〔德〕汉斯·伦克（Hans Lenk），励洁丹译

出版社：商务印书馆

出版时间：2021 年 5 月

内容简介：在 20 世纪，精神科学和历史学科以及所谓的“理解的科学”取得了蓬勃的发展，但与此同时，在客观的自然科学和理解的科学之间出现了一个壁垒。在本书讨论的中心问题就在于，认识论能否对弥补这条鸿沟做出贡献。作者认为，诠释建构主义首先被构想和发展成方法论的思想。它能够在传统认识论模式下被理解和构建成康德的超验诠释方式，因此成为人类这一文化和符号本质的一种认识理论。

9.《康有为儒家经典诠释研究》

作者：刘星

出版社：中国社会科学出版社

出版时间：2021 年 12 月

内容简介：本书以康有为儒家经典诠释文本为研究对象，以康有为儒学思想为主线，具体涉及康有为维新变法思想、物质救国的工业化道路以及大同社会的理想设计等一系列政治、经济、文化和科技问题的探究。康有为对儒家经典的创造性诠释产生于中西文化激烈冲撞的近代中国，是传统中国向现代中国转向的重要拐点。康有为关于儒家经典的创造性诠释，对新儒家缘起、孔教运动发展等问题具有重要意义。

10.《药食同源物质诠释》

作者：黄璐琦、陈敏

出版社：人民卫生出版社

出版时间：2021 年 8 月

内容简介：本书系统考证并总结本草文献的记载，梳理 111 种药食同源品种的历史源流，以现代科学的视角予以更丰富内涵，为合理使用药食同源物质提供科学指导。全书分为总论和各论两篇。总论通过本草考证的方式分别从药用、食用两个角度提供

文献支撑。各论按品种对食用和药用的用法与用量进行介绍和规范；对品种的来源和使用部位进行了科学考证；介绍了各个品种的药理、营养成分等现代研究概述，以及常见食用方法。本书以现代科学的视角予以更丰富内涵，为合理使用药食同源物质提供科学指导。

11.《中国话：九大领域诠释中国话的前世今生》

作者：郑子宁

版社：九州出版社

出版时间：2021 年 1 月

内容简介：本书从语言学的角度切入，分别深入探讨了中国的饮食、数字、动物、称谓、地名等方面的文化。一方面，作者从纵向的时间维度，分析语言的发展、演变；另一方面，又从横向的空间维度，探讨不同语言之间的传播、交流。作者借由语言，探索中国人的历史与文化记忆，为我们描绘出一条清晰的、不同民族间的历史发展与文化交流轨迹。

12.《诠释人性：如何用自然科学理解生命、爱与关系》

作者：卡米拉·庞（Camilla Pang），姜帆译

出版社：机械工业出版社

出版时间：2021 年 12 月

内容简介：本书作者卡米拉是一位出色的青年科学家，她身患自闭症、多动症和焦虑症，天生就不会与人打交道，不知道如何与他人建立联结，然而她渴望拥有爱与信任的感觉。自闭症让她对外界的言行过于敏感，情绪很容易崩溃。焦虑症和多动症让她常常在无聊和高度专注这两种状态中来回切换。可是卡米拉并没有因此而气馁，为了更好地了解自己和身边的人，聪明的卡米拉从科学中找到了自我救赎的方法，活出了我命由我不由天的姿态！

13.《郭象〈庄子注〉对庄子思想的诠释和建构》

作者：刘国民

出版社：中国社会科学出版社

出版时间：2021 年 11 月

内容简介：我国古代哲学的发展与经典文本的诠释具有密切的关系，解释者往往以经典诠释的方式展开哲学体系的建构。郭象《庄子注》是“诠释性的哲学著作”，是“六经注我”的典范作品。本书系统阐述了郭象的诠释学思想，包括诠释特征、

诠释目的、诠释方法、创造性诠释、融贯性诠释、“庄子之意”的真理性等内容。本书采用专题形式，以重要命题、基本观念及其相互关系为中心，集中而深入地论述了郭象的哲学思想；以发展和比较的观点，论述了郭象对庄子思想的继承、发展、转化和创造，不仅展现了从庄子到郭象思想的演变轨迹，也揭示出他们思想的冲突和融合。

14.《先秦儒家经典的理解与诠释》

作者：隋思喜

出版社：人民出版社

出版时间：2021 年 10 月

内容简介：本书主要从“礼乐之维”和“政治向度”对先秦儒道经典中的思想进行深度犁耕：第一，我们把中国哲学的思想特质理解为人生。第二，我们理解先秦儒道为所开显的人生是一种礼乐的人生。第三，实现这一礼乐人生的关键在“政”。第四，这种道德的政治的理想范式是“王道政治”。第五，中国政治哲学作为一种“道德的政治”之类型，是由重德性的传统所造的。下篇则是按照礼乐之纬和政治向度的上述精神，对先秦儒道经典进行“掘井及泉”式的思想解读：第一，通过掘井大学，开显儒家“内圣外王”的理论规模。第二，通过掘井论语，开显儒家“道德的哲学”的思想典范。第三，通过掘井孟子，开显儒家“道德主体性”的内在心性自觉之路。第四，通过掘井中庸，开显儒家“极高明而道中庸”的精神。第五，通过掘井荀子，开显儒家“礼乐政治哲学”的基本范式。第六，通过掘井老子，开显道家“自然的哲学”的思想典范。第七，通过掘井庄子，开显道家“心灵逍遥”的自由精神。

15.《古韵新声——中国传统范畴的现代诠释》

作者：王前

出版社：科学出版社

出版时间：2021 年 8 月

内容简介：本书对中国传统文化中的“天”“道”“生”等 22 个重要思想范畴进行了现代诠释，展现了中国传统范畴的合理思想成分在现代学术背景下的理论价值和应用途径，使传统智慧的古老“神韵”转化成现实社会生活中的时代“新声”，具有新的解释功能和启发意义。

16.《知入与知行〈注维摩诘经〉诠释研究》

作者：李进

出版社：宗教文化出版社

出版时间：2021 年 8 月

内容简介：本书是一本在博士学位论文基础上写成的学术专著。《注维摩诘经》是南北朝关河旧学时期承载中观般若学的一部重要文本，由鸠摩罗什法师、僧肇、道生、道融等人集体撰著而成。本书的研究着眼于，以性空论为本体理解展开的菩萨不二论的内涵及其可能的若干种哲学后果，最终说明或者意图展开一种空性本体意义的纯粹实践论，并且尝试探讨其来由与原理。依托经文以及什肇师徒的注解，深入讨论不可思议法、性空原理、菩萨不二行（论）的哲学内涵，并最终归结为一种空性本体的。本书以不可思议法（性空辩证与神迹）、菩萨不二论作为本经的主旨，并进行初步的论述。同时提出以性空论为依托的不二论无论在譬喻的角度还是教理意义上，都包含着一种三乘归一（无尽法门皆是我法门）的意图。

17.《走近理解——西方诠释学演进逻辑研究》

作者：姜峰

出版社：中国社会科学出版社

出版时间：2021 年 7 月

内容简介：本书力求在西方诠释学理论的形成和发展的逻辑脉络中，在西方哲学对于人的“理解”问题的关照下，分析诠释学理论的形成与发展；并尝试在古希腊语文学和宗教经典文本诠释方法的考察中，勾勒出诠释学理论内涵的原初样态和初始诉求；在文艺复兴“人之发现”的背景下，考查西方诠释学演进逻辑中主体性意识的觉醒；在近代科学理性发展中，反思诠释学方法论意识形成中所蕴含的理论诉求，并在诠释学普遍性的诉求中，探索其对于“人”的关照；在当代哲学诠释学的本体论转向中，思考诠释学视域内海德格尔揭示“有限性”的奠基意义，从而挖掘当代诠释学重建的理论价值。在挖掘西方诠释学奠基意义的同时，关注西方诠释学与形而上学演进逻辑的内在关联，从中总结出诠释学理论构建的逻辑向度与西方精神文化传统的内在关系，从而为中国诠释学未来的发展与理论构建提供启示。

18.《文本诠释与思想传统》（《古代文学理论研究》第五十二辑）

作者：胡晓明

出版社：华东师范大学出版社

出版时间：2021 年 6 月

内容简介：本书汇集了中国古代文学与文艺理论研究领域的研究成果，本辑主题设置尤其突出文本诠释与思想诠解、传统诗文技艺与理论，并旁及中国传统艺术等，另特别关注学科建设历史及海外研究史。分为“连载”、“回忆”、“丛录”、“文本”、“诠释与思想之间”、“诗词与文”及“文献”等专题专栏，收入有关中国古典文学、文体学、文论研究及诗词理论研究等方面的学术论文和稀见文论文献的整理与研究 30 余篇，体现了中国古典文论学科的研究进展与学科发展面貌，具有较高的学术价值。

19.《〈资本论〉中国化诠释及其意义生成》

作者：张凯

出版社：人民出版社

出版时间：2021 年 6 月

内容简介：本书运用诠释学的理论和方法，完整梳理了《资本论》中国化诠释史，从其各时期很显著特征上划分为前后相继的四个范式，即“政治—经济学”诠释范式、“理论哲学—经济学”诠释范式、“实践哲学—经济学”诠释范式和“新时代中国特色社会主义政治经济学”诠释范式。在阐述每一范式的历史成因、目标任务、诠释重心的基础上，归纳了四范式的基本特征，分别是“挑着说”“照着说”“接着说”“融创说”。正是四范式的依次展开、丰富发展和指引实践，推动了中国革命、建设和改革的历史进程，展示出马克思主义经典中国化诠释的逻辑演进。书稿特别注重从《资本论》中国化诠释范式的逻辑演进中引出对中国特色社会主义政治经济学研究的启示，对于深化《资本论》的研究以及启发中国特色社会主义政治经济学的理论建构，都具有重要的价值。

20.《多视角诠释跨文化适应能力及其提升策略研究》

作者：雷淑华、欧阳偶春

出版社：中南大学出版社

出版时间：2021 年 4 月

内容简介：本书立足于国际化、全球化以及改革开放的大背景，从跨文化适应的概念与特点入手，从驻外商务人士、中国留学生、来华留学生、跨国经营人员、对外汉语教学人员等多视角出发，对以上人群的跨文化适应能力的影响因素、适用原则以及跨文化适应能力提供详细研究与分析。

21.《儒释道思想的现代诠释》

作者：周淼

出版社：生活・读书・新知三联书店

出版时间：2021 年 4 月

内容简介：作为“现代儒学”系列丛书的第四本，本书重在同时对中国哲学思想的既有论点与其理论性进行检视，并探索推进其理论性的可能发展向度。所收录的文章并不局限于儒学之研究，并兼及于道家与佛教的理论探讨。当吾人在进行哲学上的探讨时，有一个应当注意但往往容易被忽略的向度，此即某个学说之论点与其理论性之区分。我们可以指出，儒家思想蕴含了丰富的政治思想与伦理学说，并整理出这些理论的内容，赋予各种现代诠释。这所涉及的是儒学的具体论点问题。然而，这些论点与诠释是否能成立？其理论效力又如何？相对于西方哲学在相关领域的理论发展，这些观点的长短优劣又如何？以上所追问的就是儒学之理论性问题。就哲学研究而言，论点的整理与理论性的检视这两个面向必须齐头并进。

22.《诠释与考证：中国现代史学大家的文学研究》

作者：郭士礼、严丹

出版社：文化艺术出版社

出版时间：2021 年 5 月

内容简介：梁启超自述 30 岁以前常做文学的东西，王国维早年也是在文学的“可爱”与哲学的“可信”之间徘徊，胡适则更以考证《红楼梦》《水浒传》等扬名。在中国传统的学术研究中，史学似乎与文学总是“剪不断，理还乱”地纠缠在一起。这就不能不引起我们思考：现代史家运用文学作品研究历史的外缘因素有哪些？在现代史家眼中传统文学作品何以能够作为史料？现代史家对文学作品史料价值的解读及运用体现在哪些方面？不同史家对文学作品史料价值的认知与运用有何异同？原因何在？上述问题便是《诠释与考证：中国现代史学大家的文学研究》探讨的主要内容。

23.《东周两汉社会转型背景下的〈春秋〉诠释》

作者：朱松美

出版社：中国人民大学出版社

出版时间：2021 年 3 月

内容简介：在中国历史上，《春秋》诠释以其特有的政治属性承担起了引领社会变革的重大使命。东周两汉社会转型期《春秋》诠释的活跃，正是其背后社会变革大背景下政治诉求在思想学术领域的表现。先是，春秋战国贵族政治的崩溃在《春秋》诠释中淋漓尽致地表现了出来。其后，汉承秦制，“巩固、完善君主政治及与之相应的文化创建”，成为政治和思想家思考的历史命题。西汉武帝时期《公羊春秋》、宣帝时期《穀梁春秋》和成、哀以后《左传》的交相轮替，除经学内部规律使然外，都是其时政治诉求的客观反映。直到东汉建立，光武帝君主政治的再强化标志着阶级社会以来首次社会转型的完成，与之同步，《春秋》诠释也在今、古经学的激烈争斗中走向总结阶段。

24.《当代西方的〈论语〉哲学诠释研究》

作者：曹威

出版社：中国社会科学出版社

出版时间：2021 年 3 月

内容简介：本书系统考察了儒家思想的代表性著作《论语》在英语世界的翻译及传播情况，在此基础上特别分析了 20 世纪 70 年代以来西方哲学家在《论语》的诠释方面所做的工作和取得的成效，展示了 20 世纪 70 年代以来《论语》在英语世界的哲学诠释图景。西方对于孔子思想研究的深入，不仅是西方社会的需要，也为中国的儒家文化研究带来了新鲜的力量与思考，为儒家文化研究的进一步深入提供了新的视角，同时也是国内学者反观中国文化在世界文化中的接受度和认可度的一个重要途径。

25.《电影的诠释学：坐忘、梦游或解构》

作者：黄宝富

出版社：中国电影出版社

出版时间：2021 年 3 月

内容简介：本书集中探讨艺术电影，将那些因为文化的隔阂、审美的距离或资源的缺乏，而被遮蔽、被掩埋在商业化、娱乐化的喧嚣之中的艺术电影点亮。

26.《旅游案例的心理学诠释》

作者：张薇

出版社：经济管理出版社

出版时间：2021 年 2 月

内容简介：科学的主要目标就是要透过事实建立理论，而不是停留在事实层面，心理学家也如此。其实我们之所以要丰富和发展旅游心理学理论，就是因为对事实可能还没有接近把握。新时代人们的旅游行为已不再是有钱任性，而是呈现出精细化、主题化、个性化、非标准化、多元化等特点。这就决定了围绕着旅游的消费、营销、服务等一切活动，都必须以人的心理为依据展开。如果忽视了心理的分析与研究去大谈宏观问题，那么一切理论假设都可能成为无源之水，无本之木。本书将从感觉、知觉、学习、态度、情绪情感、人格、意识与无意识等维度对旅游管理、旅游服务、旅游消费、旅游营销等旅游活动案例给出科学解释。

27.《电影批评：阐释与建构》

作者：陈旭光

出版社：陕西师范大学出版社

出版时间：2021 年 10 月

内容简介：本书是著名学者陈旭光对近年中国电影批评暨艺术批评问题的深度理论阐释和建设性思考。其在 20 世纪艺术批评史的历史背景和互联网时代媒介文化背景下，以 21 世纪以来电影的创作、批评与产业状况为依托，从批评主体、批评方法与话语方式、批评功能与接受传播等维度切入，对“互联网＋”时代的电影批评进行全面深入的研究。

28.《文化产业：创意经济与中国阐释》

作者：徐锦江、包亚明

出版社：上海远东出版社

出版时间：2021 年 10 月

内容简介：创意经济与中国阐释属于“城市创新研究读本”丛书中的一种，是上海社会科学院文学研究所研究文丛、上海社会科学院城市创新研究院智库文丛的近期新研究成果之一。本书从“城市产业理论”“城市产业研究案例”“上海城市产业聚焦”和“靠前视野中的城市产业发展”四个部分分析和研究城市产业，立足实践角度探索上海产业的现实问题与解决方案。

29.《文学史家鲁迅：史料与阐释》

作者：鲍国华

出版社：百花文艺出版社

出版时间：2021 年 6 月

内容简介：作为文学家和思想家的鲁迅，一直得到学术界的公认，而作为文学史家的鲁迅，近年来才引发研究者的重视。鲁迅作为文学史家的身份，虽然不能自外于文学家和思想家，但仍有较为独特的研究视角和较为广阔阐释空间。本书以鲁迅的文学史研究为切入点，重点考察《中国小说史略》《中国小说的历史的变迁》《魏晋风度及文章与药及酒之关系》等文学史论著，通过史料爬梳和理论阐释，展现文学史家鲁迅的学术成就，进而凸显其文学史研究在中国现代思想史和学术史上的地位与意义。

30.《强制阐释论研究》

作者：叶金宝

出版社：商务印书馆

出版时间：2021年3月

内容简介：本书所收24篇论文，对强制阐释论所包含的具体概念范畴、理论范式意义、批评实践价值、当代理论启示等做了深入的阐发、讨论与研究，丰富和完善了强制阐释论的理论内涵，不仅对中国当代文学理论如何恰当地把握西方文论范式具有积极的理论意义，而且对构建中国当代文学理论话语体系具有重要的理论价值。该组论文发表后，多篇被《中国社会科学文摘》、人大复印报刊资料等转载，产生了良好的学术反响。本书也是“强制阐释论”相关讨论的首次结集出版。

31.《比较文学阐释学研究》

作者：王超

出版社：中国社会科学出版社

出版时间：2021年5月

内容简介：本书以当代法国学者弗朗索瓦、于连（又译：朱利安）的中西比较研究为例，重点论述“迂回”“中庸”“良知”“裸体”“原道”等中国文论话语范畴在西方语境中发生的跨文明阐释变异。深入分析于连借用“无关”的中国思想阐释西方思想的“间距/之间”差异比较策略，并在此基础上总结提炼出比较文学阐释学的方法论体系。比较文学阐释学是对比较文学变异学的进一步垦拓，它将阐释作为一种“不比较的比较”，着力探寻不同国家的文学与文论在差异化语境中遭遇的阐释变异及他国化结构变异，用“以中释西”“中西互释”替换“以西释中”“强制阐释”，对比较文学学科理论创新和话语体系建设具有一定参考价值。

32.《借鉴与传承：闻一多的文化阐释批评研究》

作者：陈欣

出版社：社会科学文献出版社

出版时间：2021年11月

内容简介：对于古代人类在生活习俗和诗歌艺术中所体现出的强烈的生命意识，闻一多从新的角度进行了较为全面的透视，其学术研究方式既继承了清代以来的朴学之传统，又借鉴了当时西方的人类学和社会学的研究方法。本书从文化阐释批评角度，对闻一多的原始思维的象征性、原始巫术的情感性、原始图腾崇拜的想象性，以及文化阐释批评下的神话、古代人类的生命观、诗性批评等研究成果进行详细梳理、综合分析，探讨其现代学术研究之经验，为此领域的当今研究提供理论与方法借鉴。

33.《中西文化典籍隐喻阐释的认知语用研究》

作者：尹丕安

出版社：科学出版社

出版时间：2021 年 10 月

内容简介：本书根据语用学的关联理论和顺应理论，以及认知语言学的概念隐喻理论和概念整合理论，以经验现实主义为哲学基础，以中西文化典籍“四书五经”和《圣经》中的隐喻为研究对象，建构了隐喻阐释的 R-A-C-C 理论框架。该理论框架在中西文化典籍的隐喻阐释方面具有其他语用学和认知语言学理论无可替代的优越性，是隐喻阐释的一个有力工具和理论保障。笔者运用 R-A-C-C 理论框架对“四书五经”和《圣经》中的隐喻阐释进行解析和文化对比研究，发现在“天人合一”“天人感应”“和谐辩证”“中庸之道”四个主题方面，二者具有文化交融性和贯通性。

34.《俄国文学的中国阐释》

编者：首都师范大学外国语学院

出版社：商务印书馆

出版时间：2021 年 10 月

内容简介：本书由二十余篇视角独特的高水准论文汇集而成，围绕俄国文学的中国阐释的历史和现状、类型和风格，从不同的角度描绘出俄国文学的中国阐释图景。内容涉及作家研究、流派研究以及俄罗斯思想研究，既有具体作家作品分析，又有宏观思想的把握。此外，还补充了俄国文学名学者刘文飞教授的采访与报道，透过他的研究生涯和学术观点，可以一窥学界对俄罗斯文学研究的概况。

35.《资本逻辑与社会危机：基于〈资本论〉及其手稿的阐释》

作者：刘礼

出版社：经济科学出版社

出版时间：2021 年 10 月

内容简介：本书从人的自由与平等、个体与共同体的关系视角做了深入分析。指出资本主义流通领域的云雾遮蔽了资本主义生产领域中的不自由与不平等，前者遵循等价交换的市场原则，在现象层次抹平了人和人之间的身份差异，本质内容的不自由与不平等表现为形式上的自由与平等，这种悖论性的自由与悖论性的平等为资本主义阶段所独有。在个体与共同体的关系中，资本主义社会盛行的个人主义原则，构成了个体与共同体的紧张与冲突，这种冲突的背后，实则是资本主义私有制所造成的人与人之间关系的对抗性，由此也带来了资本主义社会所特有的共同体悖论。只有扬弃资本主义私有制，才能消除人和人之间的对抗性关系，才能形成真正的共同体，才能实现人的自由而全面的发展。

36.《中国精准扶贫经验的理论阐释》

作者：李钢、秦宇

出版社：社会科学文献出版社

出版时间：2021 年 10 月

内容简介：2020 年中国全面建成小康社会，消除贫困。在十四亿人口的大国取得这样的成绩是值得骄傲的，是人类包容性发展史上的重大事件。始终坚持“以人为本”的发展理念，持续的人力资本相对超前的投入使得中国经济实践取得巨大成功，为中国实现包容性增长打下了坚实基础。本书从理论视角和实践经验两方面论述了中国精准扶贫取得巨大成功的深层经验，将人力资本相对超前投入的理念贯彻始终，结合制度建设、基础设施改善、产业扶贫、绿色生态发展、社会保障机制等因素，分析了中国能消除贫困、实现包容性发展的原因。

37.《19 世纪欧美现实主义文学的影像阐释》

作者：王欣

出版社：浙江工商大学出版社

出版时间：2021 年 9 月

内容简介：本书对 19 世纪欧美现实主义文学作品的影像改编内容进行了综合研究，以电影发展史为出发点，研究 19 世纪欧美现实主义文学作品影像改编的发展历程，注重对文学经典文本原著的研读，注重对二次改编、多次改编形式的互文性研究。

38.《庄子的思想世界：一种哲学的阐释》

作者：杨国荣

出版社：北京师范大学出版社

出版时间：2018 年 8 月

内容简介：庄子从不同方面澄明了个体性原则；以逍遥之境为指向，庄子进一步彰显了人的自由问题。本书以史与思的统一为进路，在分析庄子哲学的内在主题及理论张力，并由此进一步揭示其思想脉络的同时，又注重在总体上展示其深沉的哲学内涵和独特的理论品格。

39.《近代美学中的〈庄子〉阐释与接受》

作者：杨艳秋

出版社：中国社会科学出版社

出版时间：2021 年 8 月

内容简介：本书以近代《庄子》研究和阐发实际为基本依据，融合中国古典美学传承特点与西方现代阐释学理论，重点考察近代学人在古典美学传统、启蒙思想生发、中西学融合等不同学术背景下，评点《庄子》时所做出的义理阐释、个人著述中对庄子美学思想的论析，以及相关创作实践，厘清近代《庄子》阐发线索，总结庄子美学阐释成果，关注庄子美学在中国近代美学研究中的地位与影响，为相关学术研究提供借鉴。

40.《见证与阐释——纪实影像论》

作者：牛光夏

出版社：中国社会科学出版社

出版时间：2021 年 8 月

内容简介：作为与虚构的故事片相对应的片种，包括纪录片、纪实性节目、纪实短视频在内的纪实影像因其对人类社会及其生存的外部环境的相对真实的记录，而与现实和历史世界有着更为密切和直接的联系。这种对真实素材的创造性处理既有堪称可贵的见证的魅力，也有不容回避的阐释的维度。本书以纪实影像为考察对象，精选集纳了十年来作者发表在《电影艺术》《现代传播》《中国电视》等各类学术期刊和《光明日报》等报纸上的文章，以见证与阐释为关键词，对中国纪录片的发展变迁进行思考，对纪录的理念与叙事的维度加以辨析，既有美学的审视和史学的追溯，也有纪实理论的论证、叙事策略和传播效果的解读及经典个案的剖析，是一部理性深入又有具体个案支撑的纪实影像论著。

41.《宋代学记文研究：文本阐释与文体考察》

作者：倪春军

出版社：复旦大学出版社

出版时间：2021 年 8 月

内容简介：本书是第一部全面研究宋代学记文的学术专著，从学记文的起源、成立、开拓、衍变、传播和接受等角度，梳理宋代学记文的文体发展和艺术流变。全书坚持“文学”和“文体”之研究本位，一方面将学记文作为文学作品进行考释和解读；另一方面则打通学记文内部的文体界限，以呈现其较为明晰的文体特征和形态嬗变。在文献考证、文本阐释和文体分析等方面，均有一己之见，且能自成其说，试为文章学和文体学研究方法之探索。

42.《文艺学宏观阐释——陆贵山文艺学文选》

作者：陆贵山

出版社：山东文艺出版社

出版时间：2021 年 8 月

内容简介：本书收录了陆贵山的一些代表作。陆贵山运用宏观、辩证、综合、创新的思维方式，提炼出三大观点（史学观点、人学观点、美学观点）和七大学理（生态学理、历史学理、人文学理、审美学理、文化学理、心理学理、文本学理），建构了一个宏观文艺学的框架体系。

43.《面对存在与实存：历史唯物主义的当代阐释》

作者：罗骞

出版社：人民出版社

出版时间：2021 年 7 月

内容简介：本书揭示马克思主义三个理论组成部分之间的内在关联和基本性质，用历史唯物主义来论证整个马克思主义的思想体系。历史唯物主义作为一种实践贯穿的历史内在论，它是在社会性和历史性的维度上探索人类如何存在和去存在的存在智慧。这样一种探索，在思想史的层面上宣告了抽象形而上学的终结，同时也扬弃了单向度的实证主义思维，避免将思想仅仅看成是对现实的理论直观。在对现代性的存在论批判中，现实向未来开放，理论向现实开放，历史唯物主义因此始终保持着与存在历史的紧密联系是在对存在历史呼唤的呼应中与历史同步同在。

44.《体育学科核心素养的解构与阐释》

作者：尹志华

出版社：华东师范大学出版社

出版时间：2021 年 7 月

内容简介：体育核心素养颁布之后，广大体育教育工作者高度关注。全国各地各校开展了大量的基于体育核心素养的研究、培训与实践教学研讨，但由于《普通高中体育与健康课程标准（2017 年版）》中对体育核心素养的解释很简略，在过去的两年中，体育教育工作者对体育核心素养出现了一些误解和误读。本书可以让广大体育教育工作者真正了解体育核心素养，从而加深理解，以推动课程改革。

45.《城市政治——社会学角度之阐释》

作者：〔英〕彼得·桑德斯著　夏家驷、时汶 译

出版社：商务印书馆

出版时间：2021 年 7 月

内容简介：本书主要从社会学的视角，对城市权力、住房和阶级利益、城市政治行动等进行了全面分析，并对新城市政治学、城市政策、市民参与，商业利益与地方政治，城市政治学与社会学的关系等做了深入分析。全书分为理论研究与实证运用两部分，在部分中，作者主要关注当时英国城市社会学的论辩中心，针对其中的一些问题，对其中涉及的理论进行细致的梳理；在第二部分中，作者试图将这些理论放到克罗伊登案例研究的实证材料的环境中进行分析。

46.《美国经典小说的跨媒介改编与文化阐释》

作者：毛凌滢

出版社：科学出版社

出版时间：2021 年 7 月

内容简介：在西方，文本与视觉的互动或文学的跨媒介改编是重要的文化现象和文化再造模式，随着视觉文化转向的发生，这种文化实践和文化现象成为重要的跨学科研究课题。《美国经典小说的跨媒介改编与文化阐释》以 19~20 世纪初期美国经典小说为对象，结合电影发展史及美国社会、文化、政治等因素，从跨学科视角考察 20 世纪以来美国经典小说跨媒介改编与传播情况。前四章对改编研究中的相关理论问题、美国改编研究的历时变迁与当前研究趋势、改编面临的文本内外制约因素和文化权力关系等进行了分析；后五章主要分析美国经典小说的跨媒介改编及其文化意义，阐明小说的跨媒介改编既是小说多元化存在的样态和生命的延续，又是文化和民族记忆的循环。

47.《女作家作者身份焦虑空间性阐释》

作者：沈潇

出版社：中国社会科学出版社

出版时间：2021 年 6 月

内容简介：《女作家作者身份焦虑空间性阐释》首先对作者身份焦虑说的内涵进行阐释，侧重于对作者身份焦虑说包含的性别维度进行描摹，试图完成对已有学说的二次阐释和发展。接着探讨了基于性别身份的作者身份焦虑的空间性，并对这种空间性的成因做了分析。重点论述了基于女性性别身份的作者身份焦虑的空间表现，具体包括现实文化空间的女性焦虑表现，思想空间的女性焦虑表现，文学空间的女性焦虑表现。

48.《马克思经济学经典问题阐释与当代发展》

作者：方敏

出版社：社会科学文献出版社

出版时间：2021 年 6 月

内容简介：作者批判地分析了马克思经济学与西方经济学的“范式之争”，从生产关系的高度，强调商品经济和市场经济的制度属性，批判了西方经济学和市场化改革中的“科斯主义”；对劳动价值论、工资理论、危机理论等马克思经济学的经典理论做了进一步的辩护，对“转形问题”做了进一步的澄清；围绕新时代我国经济发展的理论和现实问题，作者提出社会主义国家经济和政治的有机统一、社会主义经济合规律与合目的的发展，离不开当对经济工作的领导。

49.《史料与阐释》（总第七期）

编者：陈思和

出版社：复旦大学出版社有限公司

出版时间：2021 年 5 月

内容简介：本书为中国现当代文学研究集刊，通过相关板块对中国现代文学相关史料进行了整理和研究。全书内容包含特辑、论述、文献、史料、年谱、目录等板块。“特辑”中包含对当代著名学者罗飞的纪念；“文献”收集了傅斯年的书信的资料；“论述”部分对中国现当代文学重要的作家作品，如刘师培、瞿秋白、梁漱溟等做了研究，并涉及海外汉学评论的相关内容。“史料”部分对苏雪林的英文论著《中国现代小说和戏剧》进行了翻译。其中所发掘的新资料对于作家研究和文学史研究均具有一定意义。全书各文大多言之有物，材料翔实。一本较有价值的现代文学研究论集。

50.《朱敦儒词的阐释与接受》

作者：郁玉英

出版社：中国社会科学出版社

出版时间：2021 年 5 月

内容简介：本书主要研究朱敦儒其人其词之特质内涵及其身后的影响效应。作为一位经宋室南渡。历神宗、哲宗、徽宗、钦宗、高宗朝的词人，其传世词集《樵歌》具自传体特质，记录了朱敦儒从伊洛名士至南奔流民，从仕宦官员到嘉禾隐者的心路历程。朱敦儒词的嬗变是两宋之际词质演进的典型样本。《樵歌》中彰显的朱敦儒之人生风致则折射出了两宋之际的士风和时风。近千年的流传过程中，宋金、元明、清代、现当代的读者对朱敦儒及其词的选择和接受阐释是变与不变的辩证统一。传承与新变的离合之间，朱敦儒终成为两宋之际颇有影响的词人。

51.《英诗汉译的阐释学研究》

作者：刘颖

出版社：中国社会科学出版社

出版时间：2021 年 4 月

内容简介:本书以阐释学为理论基础,选取了英诗汉译“变译”为研究对象,论证“变译”本质上是“语言融合”和“文化融合”后的“视域融合”。这种“变译”实现了诗歌意义的重建，赋予诗歌翻译“二度创作”的机会，充分体现了文学翻译的创造价值和美学价值。研究内容主要围绕以下三方面展开：首先，借助“视域融合”的理论视角探讨“变译”之“变”、变译之“源”、变译之“策”，进一步加深了对文学翻译中意义的重建、衍生和变异的研究。其次,在具体论证方面,选取“文本视野的变译”和“阐释者视野的变译”作为“视域融合”的论据，这种“视域融合”实现了语言融合和文化融合，将“变译”研究从方法上升到理论的高度，同时将“变译”研究回归文学翻译意义的创造性。最后,本书探讨作为“创造性叛逆”的“变译”之“度”,即如何“从心所欲不逾矩”进行意义重建，实现“外师造化，中得心源”的“视域交融”。

52.《保守主义意识形态：阐释与批判》

作者：王金玉

出版社：南京大学出版社

出版时间：2021 年 4 月

内容简介：本书运用历史唯物主义的方法论原则，从社会历史、文本分析等视角对现代保守主义意识形态进行批判性阐释，指出保守主义意识形态的核心是对传统价值观的保守。在批判性阐释的基础上，本书还运用比较分析法，阐明了马克思主义传统观与保守主义传统观的本质区别，揭示了马克思主义传统观批判与继承、继承与创新的科学内涵和辩证本质，为更好地实现对中国传统文化的创造性继承和创新性转换提供一定的理论支撑。

53.《中国教育文化的阐释》

作者：丁钢

出版社：教育科学出版社

出版时间：2021 年 2 月

内容简介：本书立足中国教育文化的多元形态和丰富内涵，对不同历史时期的中国教育文化进行了扼要的阐释。第一章将对于教育文化的阐释置于社会文化历史发展的语境之下，从教育的文化功能、教育文化历史研究的知识图景和教育文化研究的价值取向三个方面阐明相关研究理路。第二章强调教育文化传统具有非常丰富的表现方式，如汉字教育、乐教、书院教育等，其背后则是重视直观形象而融通的思维方式。第三章关注的是中国教育的现代化进程，反映了在这一过程中书院教育、现代学制等具体领域的变革努力及其对中国教育的深远影响。第四章则将目光投向当代教育文化的发展和创新，对人文课程中的传统文化内容、教师专业发展的文化内涵和全球视野中的中国现代教育传统等进行了阐释，强调中国教育文化应探索出一条具有自身文化特征、适合于自我发展实践的创新途径。除了上述主体章节，作者还在“尾章”中梳理了自己的中国教育文化研究历程，表达了自己继续致力于中国教育文化研究的心愿。

60.《莫言小说的文化哲学阐释》

作者：王雪颖

出版社：浙江大学出版社

出版时间：2021 年 2 月

内容简介：本书以当代著名作家莫言的小说为研究对象。莫言在小说中反复展现出“历史生存质询”“人性探索”“何以抱慰生命与安妥心灵”等浓厚的哲理问题探索。而这些可贵的哲理思索在目前海量研究中尚未引起足够重视，但这些思考有着深厚价值，不仅见证着“思考者”莫言激活中国传统诗性哲学智慧的深层人生关怀，且更隐含着其作品何以抵达普世性价值的深层缘由，能为中国文学走向世界提供借鉴与参照。因而，学界亟待从独到的哲学视域深入莫言小说的精神腹地探寻其哲理蕴藉的研究。本书即从此切入讨论相关问题。

图书在版编目（CIP）数据

阐释学年鉴. 2021 年 / 陈开举主编 ; 周新, 张伟副主编. -- 北京:社会科学文献出版社, 2022.12

ISBN 978 - 7 - 5228 - 1160 - 4

Ⅰ. ①阐… Ⅱ. ①陈… ②周… ③张… Ⅲ. ①阐释学 - 2021 - 年鉴 Ⅳ. ①B089.2 - 54

中国版本图书馆 CIP 数据核字（2022）第 225837 号

阐释学年鉴（2021 年）

主　　编 / 陈开举
副 主 编 / 周　新　张　伟

出 版 人 / 王利民
责任编辑 / 卫　羚
责任印制 / 王京美

出　　版 / 社会科学文献出版社 · 人文分社（010）59367215
地址：北京市北三环中路甲 29 号院华龙大厦　邮编：100029
网址：www.ssap.com.cn
发　　行 / 社会科学文献出版社（010）59367028
印　　装 / 三河市东方印刷有限公司

规　　格 / 开 本：787mm × 1092mm　1/16
印 张：24.75　字 数：491 千字
版　　次 / 2022 年 12 月第 1 版　2022 年 12 月第 1 次印刷
书　　号 / ISBN 978 - 7 - 5228 - 1160 - 4
定　　价 / 268.00 元

读者服务电话：4008918866